青年发展导论

Introduction
to Youth Development

张良驯 著

北京师范大学出版集团
BEIJING NORMAL UNIVERSITY PUBLISHING GROUP
北京师范大学出版社

图书在版编目（CIP）数据

青年发展导论/张良驯著. —北京：北京师范大学出版社，2021.3
ISBN 978-7-303-26273-1

Ⅰ．①青…　Ⅱ．①张…　Ⅲ．①青年工作－研究－中国
Ⅳ．①D432.6

中国版本图书馆 CIP 数据核字（2020）第 157513 号

营　销　中　心　电　话　　010-58802135　010-58802786
北师大出版社教师教育分社微信公众号　　京师教师教育

QINGNIAN FAZHAN DAOLUN
出版发行：北京师范大学出版社　　www.bnup.com
　　　　　北京市西城区新街口外大街 12-3 号
　　　　　邮政编码：100088
印　　刷：鸿博昊天科技有限公司
经　　销：全国新华书店
开　　本：730 mm×980 mm　1/16
印　　张：21.25
字　　数：388 千字
版　　次：2021 年 3 月第 1 版
印　　次：2021 年 3 月第 1 次印刷
定　　价：78.00 元

策划编辑：鲍红玉　　　　　　　责任编辑：张　爽
美术编辑：李向昕　　　　　　　装帧设计：李向昕
责任校对：段立超　陈　民　　　责任印制：马　洁

序　言

　　接到良驯学兄新著《青年发展导论》，嘱我为之作序，实在惶恐不敢当。但思之再三，我于青年发展和青年研究倒是有些体会，谈点认识和感受也算不负所托。如作者所言，"本书是关于青年发展的理论探究和实践指引"。我想，在中国特色社会主义进入新时代这一新的历史时期，关注我国青年发展、深化我国青年发展的理论研究有如下三大方面的逻辑必要性和重要性。

　　首先，从现实逻辑来看，青年的社会地位和作用正在发生新变化：青年既是生力军，也是中坚力量。

　　青年的社会地位和作用同他们拥有的时间性质密切相关。按照历史唯物主义的观点，与动物不同，人拥有的时间具有自然性和社会性，即人这种真正的类存在物不仅经历着自然时间（自然成长过程），而且经历着历史时间（在历史发展中的社会成长过程），所以青年的发展除了表现为随自然时间的推移发生的变化效应外，更重要的是还内含着历史时间给个体成才所带来的时代烙印。如果从本书提到的生命历程理论的视角来分析当代青年的特点及其意义，那么首先他们正处于一生的黄金时期，在此时期的成长成才为自己一生的发展奠定基础。更重要的是，"新时代中国青年处在中华民族发展的最好时期"①，其人生黄金时期"同'两个一百年'奋斗目标的实现完全吻合"②。这意味着我国青年的全面发展对整个社会的发展进步具有特别重要的意义，青年兴则国家兴，青年强则国家强。

　　作者在最后一章对中共中央、国务院印发的《中长期青年发展规划（2016—2025年）》（以下简称《中长期青年发展规划》）进行了解读，指出

---

　　① 《习近平谈治国理政》第3卷，333页，北京，外文出版社，2020。

　　② 《习近平关于青少年和共青团工作论述摘编》，18页，北京，中央文献出版社，2017。

《中长期青年发展规划》序言部分从青年的社会地位和作用谈起，在继承马克思主义青年观的基础上，实现了两个提法上的创新：第一，在青年是国家经济社会发展的生力军的通常说法上，进一步提出了青年是党和人民事业的生力军，用两个生力军的说法突出了青年这个特殊的社会角色和作用。第二，在生力军的提法基础上肯定了青年是中坚力量，明确指出"青年是国家经济社会发展的生力军和中坚力量"。这是第一次在国家青年政策中认定了青年是国家经济社会发展的中坚力量，集中体现了党对新时代青年的社会地位和作用的基本价值判断，丰富和发展了马克思主义青年观。中坚力量的提法不仅将青年战略地位的时间向度从未来提前到现在，而且肯定了青年骨干的支撑作用。这就意味着青年发展成为中国强国战略的重要支撑，所以促进青年发展是我国一项基础性、战略性工程。《中长期青年发展规划》提出，要"站在党和国家事业后继有人、兴旺发达的高度，把青年发展摆在党和国家工作全局中更加重要的战略位置，整体思考、科学规划、全面推进"，明确了"党和国家事业要发展，青年首先要发展"的理念。这一理念的贯彻落实，必将推动我国青年发展驶入快车道，给我国青年研究提供广阔空间。

青年发展是一个与时间有关的"叙事"，与变化有关的"故事"。作者将青年发展界定为"随时间的推移在青年身上发生的良好变化"，把青年发展理论界定为"指明这些变化并阐释这些变化之所以如此发生的一种科学方法"，并指出青年发展不是一个自发的成长过程，而是一个社会干预下的成才过程。在我看来，这种干预主要包括教育引导和发展政策的有效供给。对当代青年实现首先发展的社会干预集中体现在时代新人培养目标的提出与落实和《中长期青年发展规划》的制定与实施上。

其次，从历史逻辑来看，我国青年发展事业进入一个新阶段：时代新人的培养阶段。

不管是从共产主义远大理想来看，还是从中国特色社会主义现代化建设的战略布局来看，培养时代新人都是促进青年全面发展与社会全面进步的伟大工程。习近平在十九大报告中首次提出培养担当民族复兴大任的时代新人的重大命题，在不同场合有关培养时代新人的重要论述深刻地回答了党在新时代"培养什么样的人、如何培养人、为谁培养人"的根本问题，为我们在新时代进一步做好青年培养工作，落实教育立德树人的根本任务，全面推进党的青年工作，促进青年全面发展提供了根本遵循和科学的行动指南。

注重培养社会主义新人，是我们党的历史传统。从毛泽东提出青年应当身体好、学习好、工作好，培养"三好青年"，邓小平提出要培养有理想、有道德、有文化、有纪律的"四有新人"，江泽民提出对大学生的"五点希望"，胡锦涛鼓励青年做"四个新一代"，到习近平提出培养担当民族复兴大任的"时代新人"，不同时期有各自关于"新人"的具体标准。从中可见，时代新人是在我国社会主义事业发展过程中，随着我国现代化发展阶段的推进，在对育人目标的传承和发展中提出的。换言之，时代新人的提出是守正创新的结果，体现了历史传承性和时代创新性的统一。一方面，成长并奋斗于新时代的时代新人与成长于革命战争年代、社会主义建设时期、改革开放时期的新人在理想目标、立场情怀、价值追求等方面是高度一致的，守正集中体现在对共产主义理想是一以贯之的，对实现中华民族伟大复兴的追求是一脉相承的。传承关系还体现在新时代的时代新人继承和发扬革命战争年代、社会主义建设时期、改革开放时期积淀下来的优秀传统上。另一方面，创新体现在根据历史新方位、使命新内容、时代新特点、社会新变化对新人的内容、标准加以拓展和升级，主要地讲，时代新人是具有如下特点的历史主体。

第一，从历史使命看，时代新人是承担最终实现民族复兴的中国梦的历史主体。马克思曾说："作为确定的人，现实的人，你就有规定，就有使命，就有任务，至于你是否意识到这一点，那都是无所谓的。这个任务是由于你的需要及其与现存世界的联系而产生的。"① 历史使命构成新人内容的核心。习近平指出："一个时代有一个时代的主题，一代人有一代人的使命。"② 新时代的主题是"强起来"，实现中华民族伟大复兴的中国梦。所以"新时代中国青年的使命，就是坚持中国共产党领导，同人民一道，为实现'两个一百年'奋斗目标、实现中华民族伟大复兴的中国梦而奋斗"③。这是时代新人内涵的核心。

第二，从能力素养上来讲，时代新人是德智体美劳全面发展的历史主体。"把青年一代培养造就成德智体美劳全面发展的社会主义建设者和接班

---

① 《马克思恩格斯全集》第 3 卷，329 页，北京，人民出版社，1960。
② 习近平：《在全国政协新年茶话会上的讲话》，载《人民日报》，2016-12-31。
③ 《习近平谈治国理政》第 3 卷，333 页，北京，外文出版社，2020。

人，是事关党和国家前途命运的重大战略任务，是全党的共同政治责任。"①
习近平强调，要在学生综合素质上下功夫，努力构建德智体美劳全面培养
的教育体系。可见，培育时代新人在内容上更加关注人的全面发展。这是
对马克思主义实现人的自由全面发展这一崇高理想的坚持和时代化探索。
马克思认为，共产主义社会实现了真正的人的自由个性，而真正的人的自
由个性建立在人的全面发展基础上。人的全面发展是"人以一种全面的方
式，也就是说，作为一个完整的人，占有自己的全面的本质"②。"完整的
人"是自然存在物、社会存在物和精神存在物的有机统一，所以青年发展
的内容丰富，领域广泛。"由整个社会共同经营生产和由此而引起生产的新
发展，也需要完全不同的人，并将创造出这种人来。"③ 中国特色社会主义
事业由富起来走向强起来的发展，对时代新人的培养、对青年的全面发展
提出了要求，也提供了条件。

第三，从视野格局看，时代新人是具有国际视野的历史主体。时代新
人除了要坚持人民立场，具有家国情怀外，还要有世界眼光、国际视野。
当今社会，"人类交往的世界性比过去任何时候都更深入、更广泛，各国相
互联系和彼此依存比过去任何时候都更频繁、更紧密。一体化的世界就在
那儿，谁拒绝这个世界，这个世界也会拒绝他"④。时代新人的提出既是党
的教育方针在社会主义教育实践中持续探索的结果，也是顺应经济全球化
趋势的必然选择，所以具有国际视野是时代新人的应有之义。《国家中长期
教育改革和发展规划纲要（2010—2020 年）》提出，要适应国家经济社会对
外开放的要求，培养大批具有国际视野、通晓国际规则、能够参与国际事
务和国际竞争的国际化人才。

第四，从精神风貌看，时代新人是具备奋斗、创新、无私精神的主体，
即"走在时代前列的奋进者、开拓者、奉献者"。习近平在给北京大学考古
文博学院 2009 级本科团支部全体同学的回信和在纪念五四运动 100 周年大
会上的讲话中，反复强调青年一代要做"走在时代前列的奋进者、开拓者、

---

① 习近平：《在纪念五四运动 100 周年大会上的讲话》，12 页，北京，人民出版
社，2019。

② 《马克思恩格斯全集》第 42 卷，123 页，北京，人民出版社，1979 年。

③ 《马克思恩格斯选集》第 1 卷，307 页，北京，人民出版社，2012。

④ 习近平：《在纪念马克思诞辰 200 周年大会上的讲话》，22 页，北京，人民出版
社，2018。

奉献者"。因为中国梦的实现不能靠等来、靠别人给予，也不是敲锣打鼓轻轻松松就可以实现的，必须要靠当代青年的奋斗实干。毛泽东曾讲："什么是模范青年？就是要有永久奋斗这一条……没有这一条，什么都是空的。"[①]与这一精神风貌相反，作为时代新人的反镜像的则是懈怠者、旁观者、犹豫者。除了青年自身出现这种问题需要教育引导外，作者在书中也提到，共青团工作的行政化也影响到了青年的积极性、主动性，所以在探讨青年发展路径方法的部分时指出，要彻底打破青年工作中存在的行政化思维和让青年当看客的工作惯性，真正以青年为本，还包括敢于和善于变青年工作的对象为青年工作的力量。

习近平不仅在党的十九大报告中提出了培养时代新人的重大命题，而且指出了三大基本路径："要以培养担当民族复兴大任的时代新人为着眼点，强化教育引导、实践养成、制度保障"，即着眼通过教育、实践及制度三个方面的有力举措，培养时代新人。

新时代青年发展事业还有一个突出特点，是处在我国全面深化改革的新阶段。习近平指出："相比过去，新时代改革开放具有许多新的内涵和特点，其中很重要的一点就是制度建设分量更重，改革更多面对的是深层次体制机制问题，对改革顶层设计的要求更高，对改革的系统性、整体性、协同性要求更强，相应地建章立制、构建体系的任务更重。"[②] 制定《中长期青年发展规划》就是把青年发展纳入了国家治理体系，对青年发展进行了总体规划、制度安排。治理视域中的青年发展事业，必然会强调制度化、法治化，本书第九章着眼于青年发展的制度和机制建设，阐述了青年发展政策。第七章把青年发展上升到法律权利的层面来认识和把握。本书最后一章从《中长期青年发展规划》的制定、实施、评估、思想创新等方面进行了全方位的解读。

最后，从学术逻辑来看，我国的青年研究进入一个新阶段：理论思维阶段。

2016年习近平在哲学社会科学工作座谈会上的讲话中指出："历史表明，社会大变革的时代，一定是哲学社会科学大发展的时代。"[③] 同样，历

---

① 《毛泽东文集》第2卷，190页，北京，人民出版社，1993。

② 《习近平谈治国理政》第3卷，112页，北京，外文出版社，2020。

③ 习近平：《在哲学社会科学工作座谈会上的讲话》，http://www.xinhuanet.com/politics/2016-05/18/c_1118891128.htm，2019-07-11。

史表明，社会大变革的时代，一定是青年大发展、大有可为的时代。"中国青年发展的实践，需要青年发展的理论，也催生这一理论。"（本书导言，1页）新时代，我国青年的地位更加重要，青年工作的任务更加繁重，更需要科学理论的指导。《中长期青年发展规划》提出："社会科学研究机构、高等院校加强青年学研究。"2015年《中共中央关于加强和改进党的群团工作的意见》就要求："加强群团工作学科建设，群团工作研究列入国家哲学社会科学研究规划。"在此大背景下，国内青年研究学界开启了新一轮青年学的研究工作、青年学科的建设工作，相较于此前的青年研究，当前的青年研究需要突出以下两点。

第一，青年学研究不是国外青年社会学的翻版，群团学科建设必须坚持以马克思主义为指导，坚持党管青年的根本原则，坚持为党的青年工作服务。青年学研究、群团学科建设的任务是为把青年培养成担当中华民族复兴大任的时代新人提供理论和人才支撑。包括青年学在内的我国哲学社会科学坚持以马克思主义为指导，是近代以来我国发展历程赋予的规定性和必然性。因为我们实行的是社会主义现代化，而不是其他主义的现代化；是中国特色社会主义现代化，而不是其他特色的现代化。我们必须以我们正在做的事情为中心，从我国青年发展的实践中挖掘新材料、发现新问题、提出新观点、构建新理论，建设立足中国大地、中国青年发展实际，具有中国特色、中国风格、中国气派的青年发展理论。

第二，青年学研究、群团学科建设要从实证研究推进到理论研究阶段，由碎片化研究进入整体性研究。在此之前，学者更多的是从不同学科的视角出发，对现实中存在的各种青年现象、青年发展问题进行实证调查和研究分析。但"一个民族要想站在科学的最高峰，就一刻也不能没有理论思维"①。作者在书中也指出了这一问题："从现有文献看，学术界目前关于青年发展的研究，更多的是对青年某些发展的具体问题进行社会调查，或者从社会学、心理学、教育学、法学等单一学科的角度，在某一领域各自阐述某一方面的青年发展问题，总的说来还没有形成统一的关于青年发展研究的基本框架和知识体系，对于青年发展的一般性理论问题还没有给予完整的系统性阐述。青年发展研究这种知识不足和理论滞后的状况亟待改变，因为它制约着中国青年政策的有效实施和青年发展政策效益的充分实现。"（本书导言，3页）同时，面对我国改革开放和社会主义现代化事业进入攻

---

① 《马克思恩格斯选集》第3卷，875页，北京，人民出版社，2012。

坚期和深水区，各种深层次矛盾和问题不断呈现，各类风险和挑战不断增多的新形势，如何提高我国青年工作的政策体系的科学化和系统化，提高青年工作决策的执行能力，从而为推进国家治理体系和治理能力现代化做出贡献，我们迫切需要坚持总体性视域，将青年及青年工作研究推进到理论思维阶段。如此，青年学才能更好地发挥理论指导实践的作用，为教育引导青年在积极实现中国梦的伟大征程中大有作为，做出应有的贡献。只有将青年研究推进到理论思维的阶段，将中国青年的发展经验进行理论概括，才能实现意义升华，从而在全球青年发展论坛上发出中国的声音，呈现"发展中的中国"的青春篇章、"哲学社会科学中的中国"的青年学篇章，为全球青年公共事务治理提供中国方案和中国智慧。中国学者应该有这样的学术使命的自觉和自信。

如何培养能够担当民族复兴大任的时代新人，促进青年的全面发展，是思想政治教育学界、青年及青年工作研究学界共同关注的重要理论课题和实践问题。

作者一直在青年研究领域深耕细作，研究我国青年发展、青年工作面临的重大理论问题和主要实践问题，并提出了一系列明确的观点，这是他对青年及青年工作研究厚积薄发的学术成果。作者基于问题意识和理论自觉，运用了哲学、政治学、社会学、教育学、公共政策学等多学科的理论和方法，对青年发展问题进行了学理化的探讨、系统化的阐释，阐述了青年发展的基础理论，揭示了青年发展的普遍规律，提出了支持青年发展的路径方法，以理论研究的方式参与了我国青年发展事业。

冯刚

2020 年 9 月

目　　录

导　言

　　发展是几千年人类文明的历史轨迹，更是当今时代的现实主题。人是万物之灵，人的发展是万物发展的中心。青年期是人的发展的关键期，在人的发展中居于特殊位置，具有特别的意义。如果说人的发展在万物发展中是最耀眼的皇冠，那么青年的发展就是人的发展这一皇冠上璀璨的明珠。青年具有独特的生理、心理和社会特征，具有人的一生中最健康的身体、最旺盛的生命力和最丰富的理想，因而拥有自身发展的巨大潜能和广阔空间。人的发展关键在于青年的发展。青年如何发展，不仅具有青年阶段独特的意义，还决定着青年个体的人生历程，具有社会意义，关系到社会的进步和国家的强盛。青年兴则国家兴，青年强则国家强。青年与时代同发展、共进步。随着中国进入新时代，中国青年发展步入了全方位、深层次发展的快车道。中国青年发展的实践，需要青年发展的理论，也催生这一理论。

　　青年的发展要符合人的发展的自然规律，但不是自动发生的，离不开人自身的作用和推动。自人类社会诞生以来，青年发展就一直是家庭重视、社会关注和国家支持的重大而优先的事务。大量史实表明，我们的先辈十分重视青年发展，为青年发展倾注了辛勤的汗水，展现出宝贵的智慧，留下了"孟母三迁""岳母刺字""后生可畏"等许多传世佳话。品学兼优、德才兼备、家国情怀、仁人志士、国家栋梁、民族脊梁，成为中国历代先进青年追求的远大目标和崇高理想。在任何时代，青年都走在时代发展的前列，成为推动时代发展的青春力量，在社会发展和文明进步中做出了杰出的贡献。可以说，一代又一代青年的自身发展和艰苦奋斗，铸就了中华民族的灿烂文化，汇聚成璀璨辉煌的中华文明。

　　倾听青年声音、重视青年需求、发挥青年作用，对社会发展至关重要。从世界范围看，青年发展问题自20世纪60年代以来逐渐显现，催生了全球性的青年发展研究。从20世纪80年代开始，青年发展问题成为国际社会普遍且重要的关注点。联合国大会把 1985 年确立为"国际青年年",号召世界各国重视青年的成长,为青年的发展创造更好的条件。联合国大会于 1995 年通过的《到 2000 年及其后世界青年行动纲领》,公布了世界青年发展的政策措施。进入 21 世纪,青年的发展成为联合国千年发展目标中的一个内容,世界各国普遍把青年发展作为非常重要的公共事务,在广泛领域采取具体措施和实际行动,积极支持、帮助和促进青年实现更优发展。近年来,联合国高度重视青年发展,把青年发展作为众多全球议程中的跨领域议题。2017 年 12 月,联合国大会确认,青年人口为可持续发展提供了重要机遇,肯定青年在维护和促进社会和平与安全中做出的积极和重要的贡献,重申必须让青年及由青年主导和以青年为重点的组织参与联合国在国家、区域和国际各级开展的与青年有关的各项工作。2018 年 9 月,联合国发布了《青年 2030:联合国青年战略》,提出了到 2030 年全球青年发展的目标、行动和措施,致力于全球青年在推动形成和平、安全、公正和可持续世界过程中发挥更加积极的作用。《青年 2030:联合国青年战略》提出了应聚焦力量的五大优先领域:一是接触、参与和倡导,让青年发出更有力的声音,以促进建设一个和平、公正和可持续的世界;二是教育和健康基础,为促进青年获得优质教育和保健服务提供支持;三是通过体面工作增强经济权能,支持青年更多地获得体面工作和足酬就业;四是青年与人权,保护和促进青年权利,支持青年的政治参与;五是建设和平与复原力,支持青年人作为和平、安全及人道主义行动的推动者发挥作用。

在中国,对青年发展的研究始终是与人们对青年健康成长的希望和对青年的社会作用的期待密不可分的。近代以来,青年发展始终与振兴中华的历史进程紧密相连。在革命战争年代,广大青年满怀革命理想,为争取民族独立、人民解放冲锋陷阵,抛洒热血。在社会主义革命和建设时期,广大青年响应党的号召,向困难进军,向荒原进军,保卫祖国,建设祖国,在新中国的广阔天地间忘我劳动,艰苦创业。在改革开放时期,广大青年发出团结起来、振兴中华的时代强音,为祖国繁荣富强开拓奋进,锐意创新。进入 21 世纪以来,青年发展日益成为中国强国战略的重要支撑。如何促进青年发展,如何培养能够担当民族复兴大任的时代新人,既是青年研究界需要认真研究的一个基础理论课题,也是中国在走向现代化、实现强起来的过程中面临的一个重大实践问题。

中共中央、国务院 2017 年 4 月印发《中长期青年发展规划(2016—2025年)》(以下简称《中长期青年发展规划》)。这是中国历史上第一次在国家层面对青年发展做出了专门的政府规划，是第一个综合性、跨部门的青年政策，为中国青年能够实现更好的发展搭建了新的平台，开辟了新的道路。伴随《中长期青年发展规划》的制定和实施，青年发展迅速成为中国青年工作新的重要着力点和青年研究新的焦点问题。从学理上说，青年发展的理论价值和实践意义的凸显，既与人的发展问题已经成为中国现代化进程中的时代焦点直接相关，也是当代青年在自身成长和发展中面临实际困难和障碍的现实反映。关心、支持和帮助青年得到更好的发展，是政府、学校、社会和家庭的共同责任和重要使命。就各级党委和政府来说，要立足青年所处的现实环境，找准制约青年发展的各种障碍，从政策、制度和行动上努力消除这些障碍，为青年激发自我内生动力、实现自身更好发展提供更多的资源，创造更为有利的条件。

从一般意义上说，每个青年都面临许多自身发展的任务，如学习知识和技能，形成正确的道德观念，适应社会生活，建立良好的社会关系，实现职业的不断提升，发挥更大的社会价值等，因此，青年发展涉及广泛的领域，包含丰富的内容。青年发展的每一个任务都需要学术界开展认真的研究，给予理论的阐述，做出科学的说明。对青年发展的学术研究，固然离不开青年发展的实景呈现、实况报告和实证研究，但不能仅仅停留在这个层面，而应该毅然向理论解释的道路上前行。这是因为，青年发展不只是一个实证性概念，也是一个理论性概念。鉴于长期以来青年研究在整体上存在学理性欠缺，没能补全学科和知识零碎的不足，青年发展的学术研究在根本上要进行知识的拓展、思想的创新和理论的建构，力争建构出一个关于青年发展的知识不断积累、思想不断提炼和理论不断形成的理论体系。从现有文献看，学术界目前关于青年发展的研究，更多的是对青年某些发展的具体问题进行社会调查，或者从社会学、心理学、教育学、法学等单一学科的角度，在某一领域各自阐述某一方面的青年发展问题，总的说来还没有形成统一的关于青年发展研究的基本框架和知识体系，对于青年发展的一般性理论问题还没有给予完整的系统性阐述。青年发展研究这种知识不足和理论滞后的状况亟待改变，因为它制约着中国青年政策的有效实施和青年发展政策效益的充分实现。因此，对青年发展的基本理论进行系统的研究，是当下青年研究和青年工作研究中一个非常重要的现实课题，具有重要的理论价值和实践意义。

要提升青年发展研究的层次和水平，我们就必须增强理论上的自觉，通过明确青年发展的基本范畴，阐述青年发展的主要内容，说明青年发展的基本原理，揭示青年发展的内在规律，分析青年发展政策等途径，努力搭建起青年发展的学理框架，构建青年发展的理论体系。青年发展研究要强化理论自觉，夯实理论基础。基于青年发展研究的问题意识和理论自觉，青年发展理论体系建构之关键是确定基本的问题域。这些基本问题包括青年发展的相关思想有哪些，青年发展的主体如何界定，青年发展的内涵是什么，青年发展包含哪些内容，青年发展的影响因素是什么，如何理解青年发展权，青年发展存在哪些问题，青年发展政策是什么状况，如何对青年政策进行政策分析等。对这些基本问题做出学理的回答和学术的阐释，可以形成青年发展研究的基本理论体系。对青年发展的学术研究，要有纲有目，纲举目张。只有阐明青年发展的基本理论，我们才能对各种青年发展的具体问题有一个整体性的理论把握，才能为青年发展的各种具体研究提供基本的理论范式，从而促进青年工作研究理论水平的提升，推进青年研究学科化的进程。

青年发展理论来源于青年发展实践，反过来又对青年发展实践具有方法论的意义。青年发展理论既是描述性理论，又是指示性理论，不仅能够说明青年如何发展，描绘青年发展的现实图景，而且能够提出青年应该怎样发展，描绘青年发展的未来愿景，揭示青年应为之努力的理想目标。如果把青年发展看成是随时间的推移在青年身上发生的良好变化，那么，我们就可以把青年发展理论界定为指明这些变化并阐释这些变化之所以如此发生的一种科学方法。这种科学方法是针对青年发展状况、基于青年发展事实而形成的。从理论与实践的关系看，青年发展的理论就是从青年发展的事实中得到有意义的知识，形成有价值的认知。如果把与青年变化相关的事实或数据看作对青年发展状况的观察和测量，那么，青年发展理论就可以理解为一种把青年变化的事实进行有机联系和科学组合的理论阐释。青年发展的理论化过程是这样一种行为，即它说明哪些青年发展的事实对于认识青年的发展至关重要，这些事实之间的何种关系对于产生这种认识最为重要。

本书试图从青年学、教育学、政治学、哲学等多学科的角度，对青年的发展进行多层面的理论阐述，分析青年发展理论的基础内容，探索形成青年发展理论的基本框架。本书除导言外共分为十章。第一章阐述了青年发展的三种思想理论基础，即人的发展思想、人与社会互动的发展思想和积极青年发展理论。这一章的基本考虑是，青年发展属于人的发展范畴，首先适合于人的发展的一般思想。其次，青年发展不是青年自己的封闭发展，而是在社会环境中进行的，受到社会环境的直接影响。最后，对青年发展的研究，更多的不是对问题视角的探究，而是应采取积极的态度和行为，借鉴积极青年发展理论。第二章对青年发展的主体即青年进行了多方面的分析，包括对青年的概念进行拨乱反正，对青年的特征做出一般性的描述，对青年的社会作用给予针对性的阐述。第三章基于人的发展的共同规律，立足各学科的广泛适用性和高度抽象性，从优质发展、全面发展、自由发展、阶段发展四个方面阐述了青年发展的含义。第四章和第五章着眼于青年发展的整体情况，把青年发展的内在性与外在性相结合，从人的素质和人的本质两个维度，阐述了青年发展的基本内容。其中，第四章"青年在人的素质上的发展"，包括青年素质发展的意义、青年健康的发展、青年知识和能力的发展、青年道德的发展、青年理想信念的发展、青年人生价值的发展六个方面；第五章"青年在人的本质上的发展"，包括人的本质与青年发展、青年实践活动的发展、青年社会关系的发展、青年自身需要的发展四个方面。这十个方面构成了青年发展的具体内容。第六章从人性、教育、制度三个方面阐述了影响青年发展的主要因素。人性、教育、制度三个因素各不相同，各有特点，共同作用于青年发展过程，成为推动青年发展的动力因素。第七章从人权理论出发，阐述了青年发展权，包括什么是青年发展权、青年发展权有什么特性、如何实现青年发展权三个方面。这就把青年发展上升到法律权利的高度来认识和把握。第八章阐述青年发展问题，包括什么是青年发展问题、青年发展的问题有哪些、青年发展问题产生的因素、治理青年发展问题的措施。第九章着眼于青年发展的制度和机制建设，阐述了青年发展政策，首先论证了青年发展政策存在的客观性，其次对青年发展政策做出了价值分析，在此基础上阐明了青年发展政策的内容和形式。此外，本章把青年发展指标的设置作为青年发展政策的重要措施，做出了专门的阐述。第十章运用公共政策学的理论和方法，从政策制定、政策思想、政策实施、政策评估四个方面，对《中长期青年发展规划》进行了完整的政策分析。这十章从整体上阐述了青年发展的基本方面和基础内容，初步建构了青年发展理论的基本体系。

　　本书适合青年工作者、共产主义青年团（后文简称为"共青团"）干部、教师和家长阅读，既可以作为高校思想政治课的参考书和青年学相关专业的教材，也可以作为各种青年工作培训班和共青团干部培训班的学习读本。对于所有关心、参与和支持青年发展的人来说，了解和熟悉青年发展的不同理论之所以是一件非常重要的事情，是因为每个人看待和处理青年发展的方法都是建立在他对青年发展是什么、青年怎样发展、青年为什么会这样发展的观点的基础上的。这些观点集合起来，实际上就形成了青年发展理论的基本要素。对各种青年发展理论的研究之所以有益于青年发展的利益相关者，不仅在于这种研究能够帮助他们对自己看待青年发展的理念进行评价，而且还能够为他们提供可资借鉴的关于促进青年发展的多种方法。对青年发展理论进行研究，能够帮助人们认识和理解为什么其他人的青年工作方式会与自己有不同，并可以根据取长补短的原则，自觉地调整和完善自己的青年工作方式，更有针对性地开展新时代的青年工作，更切实有效地帮助青年实现更优质的发展。相信本书能够增加青年研究者的知识储备和知识积累，推进青年学的学科化进程，同时为青年工作者、共青团干部、教师和家长提供有益的青年发展的理论和方法，促进中国青年政策的科学制定和有效实施。

第一章　青年发展的思想理论基础

　　学术界存在许多与青年发展有着密切关系的思想理论。这些思想理论给予青年发展以某种角度的理论解释，对青年发展研究起到导向和规范作用，对青年发展研究的内容、方法和结果产生直接的影响。青年的发展属于人的发展，是人的发展在青年这一特定年龄段中的具体体现，因此，青年发展研究的理论来源是人的发展思想。另外，青年作为社会中的人，其发展不是自我封闭的，会受到外部环境的影响，与外部环境存在多元互动。同时，我们对待青年发展要持正确的青年观，采用积极视角看待青年发展，把青年发展作为青年追求先进、积极向上的一个过程。这样看来，与青年发展相关的思想理论还包括人与社会互动的发展思想和积极青年发展理论。概言之，人的发展思想、人与社会互动的发展思想和积极青年发展理论，能够从不同的视角解释青年的发展，使人们对青年发展的认识更加深刻和宽广。

第一节　人的发展思想

一、人是发展的中心

　　人类社会自产生以来，就一直处在发展变化之中，从而产生了关于人的发展的思想。

　　在历史长河中，以人为中心的发展思想是源远流长的。古希腊哲学家普罗泰戈拉提出"人是万物的尺度，是存在的事物存在的尺度，也是不存在的事物不存在的尺度"[①]。德国哲学家康德在哲学领域发动了一场"哥白尼

---

　　①　北京大学哲学系外国哲学史教研室编译：《古希腊罗马哲学》，112页，北京，商务印书馆，1982。

式"的革命，提出了"人是目的，而不仅仅是手段"，"人是自然的立法者"①的论断。他说，在目的秩序里，人就是目的本身。一个人绝不能被任何人单单用作手段，若非在这种情形下他自身同时就是目的。② 德国哲学家黑格尔用精神哲学界定人的本质，认为人是"绝对精神"自由自觉的呈现，劳动是"绝对精神"活动的展开。他指出："社会和国家的目的在于使一切人类的潜能以及一切个人的能力在一切方面和一切方向都可以得到发展和表现。"③马克思指出："全部人类历史的第一个前提无疑是有生命的个人的存在。"④马克思、恩格斯在《神圣家族》中说："历史不过是追求着自己目的的人的活动而已。"⑤马克思关于人的发展的思想，确立了人在世界中的主体地位和活动价值，追求人类社会发展和个人发展的和谐一致。先哲们提出的人的发展思想深刻地揭示出，无论外部世界如何发展，都服务于人的发展。人是发展的中心，是社会活动的参与者和社会关系的承担者。人的发展是社会发展的根本内容，也是整个社会发展的前提。社会是人们实践活动的产物，不可能存在脱离人、外在于人的社会。一旦离开了人的发展，社会的发展就无从谈起。

从历史的角度看，由于物质生产力的低下和资源的短缺，"在很长的一段时间里，人们认识不到人的发展与社会发展的区别，把人的发展淹没在社会发展之中"⑥。这导致在社会发展的过程中，长期存在重物轻人、以物为本的问题。近代以来，在以生产资料私人所有为基础的社会分工和市场交换中，物质生产力的发展与人的发展出现了对立。物质生产成了社会生产的目的，人的发展反而被置于物质生产发展的从属地位，仅仅被当作生产力的一个要素，当作促进生产的一种手段。

20世纪60年代，针对一些发展中国家存在的经济增长率提高而经济结构没有变化，贫困、失业、收入分配不均三大问题没有得到改善的状况，国际经济学界提出了"无发展的增长"的概念，即单纯经济总量的增加，对人类自身生存与生活质量的提高毫无益处，并强调人类发展的目的是减少

---

① ［德］黑格尔：《美学》第1卷，朱光潜译，81页，北京，商务印书馆，1979。
② ［德］康德：《实践理性批判》，韩水法译，144页，北京，商务印书馆，1999。
③ ［德］黑格尔：《美学》第1卷，朱光潜译，59页，北京，商务印书馆，1979。
④ 《马克思恩格斯文集》第1卷，519页，北京，人民出版社，2009。
⑤ 同上书，295页。
⑥ 张友谊、涂可国：《人的发展与社会发展》，2页，济南，济南出版社，2010。

贫困、不平等和失业。到了 20 世纪 70 年代初，随着人口、资源、环境压力的增大，一批科学家根据计算机模拟的结果，描绘了世界经济和环境的未来，出版了《增长的极限》一书，提出了可持续的发展观。在注重社会可持续发展的同时，人自身的发展问题随之凸显。一些具有人文主义思想的学者日益关注人的自身发展问题。美国经济学家古雷特提出，发展的核心价值和基本要素应包括三个方面：一是"生存"，指创造满足人类基本需要的能力；二是"自尊"，指自重和独立性的感觉；三是"自由"，指从贫困、无知和卑贱三种状态中摆脱出来，使人们具备更大的能力来决定他们自己的命运。①

20 世纪 80 年代，法国经济学家佩鲁针对早期经济增长论的弊端，提出了人是发展的中心的观点。他说："市场是为人而设的，而不是相反；工业属于世界，而不是世界属于工业；如果资源的分配和劳动的产品要有一个合法的基础的话，即便是在经济学方面，它也应依据以人为中心的战略。"②真正的发展是经济、社会、人、自然之间的协调共进，人的发展应成为发展的根本目标和核心价值取向。美国经济学家托达罗运用整体思维的方法，阐述了人在社会发展中的意义。他指出，虽然经济进步是发展的基本部分，但它不是唯一的部分，发展不纯粹是一个经济现象。"从最终意义上说，发展不仅仅包括人民生活的物质和经济方面，还包括其他更广的方面。因此，应该把发展看成包括整个经济和社会体制的重组和重整在内的多维过程。"③发展除了收入和产量的提高之外，还包括制度、社会和管理结构的变化，以及人们的态度、习惯和信仰的变化。

印度经济学家阿马蒂亚·森提出"以自由看待发展"的理论，认为扩展自由既是发展的首要目的，也是发展的主要手段。所谓扩展自由是指，发展可以看作扩展人们享有的真实自由的一个过程。扩展自由作为发展的主要手段，主要是指政治自由、经济自由、社会自由、透明性自由、防护性自由。这五种自由能够帮助人们更自由地生活并提高他们在这方面的整体

---

① 常修泽：《人本型结构论——中国经济结构转型新思维》，63 页，合肥，安徽人民出版社，2015。

② ［法］弗朗索瓦·佩鲁：《新发展观》，张宁、丰子义译，92 页，北京，华夏出版社，1987。

③ ［美］迈克尔·P. 托达罗：《经济发展与第三世界》，印金强、赵荣美等译，50 页，北京，中国经济出版社，1992。

能力。按照他的观点，发展的本质在于扩展人的可行能力，即人们过自己认为有价值的生活，做自己想要做的事情，以及实现自己想要达到目标的能力。这里的"过""做""实现"是人自身能够得到自由发展的三个支点。以人的能力扩展为核心的人类发展理论是当代世界人类文明发展的共同结晶。① 联合国开发计划署界定了人类发展的概念，提出发展应把人置于中心，发展的目的在于扩展人的可行能力，并提出了人类发展指数。联合国开发计划署在《1996 年人类发展报告》中指出，应避免以下五种"有增长而无发展"的情况：一是无工作的增长，指经济增长未能制造足够多的工作岗位，甚至恶化了就业形势；二是无声的增长，指经济增长未能带来民众参与和管理公共事务、自由表达自己的意见和观点的可能性；三是无情的增长，指经济增长导致了收入分配格局的恶化，财富的扩大带来了新的贫困阶级；四是无根的增长，指经济增长对文化多样性造成破坏；五是无未来的增长，指经济增长对生态、资源和环境造成的破坏，影响了经济增长的可持续性。②

总的来说，自 20 世纪中后期以来，社会发展所带来的生态环境恶化、社会冲突频发、人的物化等问题日趋严重。人们着手解决发展中出现的各种问题，矫正社会发展中以物为本的价值追求，批评以经济为中心的传统发展观，从而形成了以人为中心的发展观。

既然人的发展是人类社会发展的本源，我们就不能把人作为人类社会发展的工具和手段，就不能忽视人在社会发展中的主体地位。人固然是生产力中最活跃的因素，是一种非常重要的资源，但是，人的发展不同于人力资源的开发。"人的发展"这个概念的使用，意味着人本身应该是经济、政治、文化发展的目标。人是为了满足自己的需要而进行物质生产的，因此，满足人的需要，促进人的发展，是物质生产发展的根本目的。如果人与物的关系被颠倒了，不是人支配物质资本，而是物质资本支配人，不是劳动者支配物质生产过程，而是物质生产过程支配劳动者，那么这就会导致社会上只有少部分幸运的人，即那些拥有物质资本所有权的人，可以在主宰社会物质生产活动的同时，主宰社会精神活动。因此，我们要把以物为本变为以人为本，坚持社会发展的人的尺度，把人的发展作为评价社会

---

① 常修泽：《当代"人"的发展问题论纲》，载《改革与战略》，2008(8)。
② 常修泽：《人本型结构论——中国经济结构转型新思维》，64 页，合肥，安徽人民出版社，2015。

发展的最高标准，实现从物的增长尺度到人的根本利益和人的全面发展尺度的根本转变。①

　　人是发展的主体，所有的发展都是以人为目的的。社会发展因人而起，发展的成果由人来享用。与人相分离的发展不但不可能，而且也是毫无意义的。人既是历史发展的"剧作者"，同时又是"剧中人"，社会发展史说到底是人的发展历史。"任何发展都不是脱离主体的抽象发展，而是同人的进步和完善分不开的。社会的进步和发展实质上是人进步与发展的表现。"②"个人的发展、个人的自由，是所有发展形式的主要动力之一。这种个人的发展和自由能够在每个人所赞成的和在其各种活动中所感受到的各种价值范围内充分实现他们的潜力。"③只有人的发展才是社会进步的尺度。从根本意义上讲，人类社会发展的元价值在于追求人的发展，人类社会的发展是以人为价值原点和绝对价值的多种价值的集合。人是发展的主体，是发展的规划者和决策者，同时又是发展的参与者和实践者。不是人为社会及经济而存在，而是社会及经济为人而存在，因此，发展问题的实质就是人的发展问题。发展必须以人为目的，人是一切发展的最终目标，其他发展都为人的发展创造条件和机会。发展的最高目标就在于满足人们的基本需要，改善人的境遇，解决人的生存和发展问题。

二、人的发展的自然性

　　人的发展是一种必然的自然和社会现象。人的发展是为了适应社会环境，其中固然有社会因素，但基础在于人具有不同于动物的特性。

　　动物的生理特性是受自然界的压力形成的。动物在适应自然环境的过程中产生出与自然环境相适应的特定的器官，动物的器官在构造和功能上是特定的，就像一把钥匙只能开一把锁的特定关系。"动物的特定化一方面决定了每一个物种的直接的机体生命需要，另一方面又决定了每一个物种

① 肖潇：《马克思人的发展理论及其当代中国论域》，222页，武汉，湖北人民出版社，2014。
② 隽鸿飞：《发展：人之生存方式的变迁》，12页，北京，社会科学文献出版社，2004。
③ ［法］弗朗索瓦·佩鲁：《新发展观》，张宁、丰子义译，175页，北京，华夏出版社，1987。

所能适应、所能依靠的生活环境的范围，从而也决定了它的生命活动的时空界阈。""动物赖以生活的自然界，就是它的机体器官被特定化、被定向了的生理构造和机能及其行为方式能够适应的环境世界。"①动物的器官天然地是适应特定的生活条件的。正是这种高度适应的完善，限定了动物的属性和功能，终止了动物的发展空间。这导致动物器官是封闭的、本能的存在，这时动物只有适应自然环境的进化，难有多大的发展。对于动物来说，器官及其功能的完善，就意味着停滞；对自然条件的适应，就意味着自我限制。

人的生理器官及其机能与动物不同，是非特定的，因此，人对自然条件的适应能力很低。人是一种未完成的存在物，这种未完成蕴含着可塑性和发展性，因而总是处在不断的自我塑造和自我完善之中。人要维持自身的生存，就必须超越纯粹动物的生存方式，在超自然的、非本能的生存方式中求得自身的发展和进化。从生物学角度看，"人与动物的最大区别是非特定化"②，这是指人的器官在构造和功能上具有行为非特定化的特征。"这就是说，它们具有极大的可塑性、广泛的适应性，可以不确定地适合于人的一切行为方式。"③人的器官的非特定化促使人必须追求自身发展。人的非特定化的生理构造和功能，由于没有最后限定的非确定性，因而具有普遍地适应一切环境的潜在可能性。关于人的潜在的素质和能力，自然界没有在人一出生时就给予人，没有使它们一步就达到完成状态，它们只是一种潜在的可能性，因此，人必须不断地发展和完善自身。"人的非特定化、不确定性，表明人有非限定的可塑性，有可以发展普遍性的能力，来弥补在特定化方面的匮乏。"④从一出生就适应自然环境的角度看，人的生理器官和功能在特定化方面存在不足和不完善，这促使人必须尽力地、持续地发展自身的素质和能力。人在生物学上的不足，恰恰成了人的发展的起点和空间。人的发展之所以有必要和可能，是因为人与生俱来的自然结构具有非特定化、非专门化、不确定性、不完善性、未完成性的特征。

人的发展并不是一种劝导性的行为规范，而是植根于人的自然结构的

---

① 徐春：《人的发展论》，16 页，北京，中国人民公安大学出版社，2007。

② 同上书，13 页。

③ 同上书，14 页。

④ 夏甄陶：《人是什么》，101 页，北京，商务印书馆，2000。

必然选择。"人的未完成性和不完善性构成了人的发展的自然基础。"①人的非特定化导致人从自然本能的状态下解放出来，拥有了自我发展的动力，获得了自我创造的机会。在不断的创造性活动中，人不断地超越自我，完善自我，处在自我生成、自我超越、自我实现的动态过程中。人的一生中，青年时期是自我创造、自我发展的快速进步时期，也是人的生理功能形成和成熟的时期。当然，人在青年时期没有全部完成和终结自身的发展，进入中年后也处在一个面向未来、充满可能的发展过程之中。这是人的终身教育、终身学习存在的基本依据。

三、人的发展的现代性

当代社会，人们追求现代化，也创造现代化，从而推动着经济和科技的快速发展。在享受现代化带来的丰富物质产品时，我们要清醒地认识到，"现代化的实质既不能理解为物质化程度的不断提高，也不能理解为人们的心理水平随工具化水平的增长而提高，而应理解为现代化是'人化'程度的不断提高，是'人性水平'的逐步发展，是人格境界的日益提升。概括地说，现代化的实质是人的价值的不断实现和人性的不断解放和提升"②。美国社会学家英格尔斯(Alex Inkeles)说："人的现代化是国家现代化必不可少的因素，他们并不是现代化结束后的副产品，而是现代化制度和经济赖以长期发展并取得成功的先决条件。"③人是一个国家走向现代化的基础因素。"一个国家，只有它的人民是现代人，它的国民从心理上和行为上都转变为现代的人格，它的政治、经济和文化管理机构中的工作人员都获得了某种与现代化发展相适应的现代性，这样的国家才可真正称为现代化的国家。"④身处现代化进程中的人，如果不能够从传统人格转变到现代人格，那么就会出现片面的甚至是畸形的发展。民族的进步与社会的发展，要通过人的解放和人的生命活力的激发来实现，任何社会的转变最终都要落实到每一个具体的人身上，最终归结为人的素质的提高，体现为人格的升华和理想人

---

① 徐春：《人的发展论》，19 页，北京，中国人民公安大学出版社，2007。

② 余潇枫：《哲学人格》，188 页，长春，吉林教育出版社，1998。

③ 殷陆君编译：《人的现代化——心理·思想·态度·行为》，7 页，成都，四川人民出版社，1985。

④ 同上书，8 页。

格的实现。发展最终所要求的是人在素质方面的改变，这种改变是获得更大发展的先决条件和方式，同时也是发展过程本身的伟大目标之一。"我们之所以强调要从现代性的角度探求人的发展，就是因为社会现代性与人的现代性，现代社会的制度发展与现代人的人格和素质之间有着深切的内在构成性关系。"①

英格尔斯认为，人的现代性表现在人的态度、价值观念和行为方式等各个方面。他从以下 12 个方面勾勒了现代人的形象：一是准备和乐于接受未经历过的新的生活经验、新的思想观念、新的行为方式；二是准备接受社会的改革和变化；三是思路广阔，头脑开放，尊重并愿意考虑各个方面的不同意见、看法；四是注重现在与未来，守时惜时；五是有强烈的个人效能感，对人和社会的能力充满信心，办事讲求效率；六是善于制订计划；七是尊重事实和验证，愿意吸收新知识；八是有可依赖性和信任感；九是重视专门技术；十是对教育的内容和传统敢于挑战；十一是相互了解，尊重和自尊；十二是了解生产及过程。② 他重视学校教育、大众传播媒介及城市生活的经验，尤其是工厂环境在个人现代化中的作用。他认为，工厂是培养和促成个人获得现代性的最重要的社会环境，现代工厂里蕴藏着改变人、迫使人适应现代社会的力量和条件，工厂的生产过程和环境充当了教育人们走向现代化的无声的教师。英格尔斯关于人的现代性的研究对于青年发展具有借鉴意义。一代青年有一代青年的发展形象，新时代的中国青年要培育和展示符合时代特点的青春形象。

第二节　人与社会互动的发展思想

一、人的发展情境论

人是自然的产物，更是社会的产物。人们在社会生产、社会生活中建构了社会环境，而社会环境又反过来对人的发展产生了重大的影响。任何个人的发展都离不开他所处的社会环境，这是他在与社会环境的互动中实现的。

美国心理学家勒温(Kurt Lewin)在 20 世纪 80 年代提出了人的发展情境

---

① 朱红文：《在现代性的视野中探求人的发展》，载《学习与探索》，2005(5)。
② 凌道明主编：《教育学教程》，45 页，成都，西南交通大学出版社，2011。

论。人的发展情境论受到了人类发展生态学理论的影响。美国心理学家布朗芬布伦纳(Urie Bronfenbrennen)1979 年出版的《人类发展生态学》一书提出了人类发展的生态学理论，试图揭示人的个体发展与其所处的环境之间的动态关系。布朗芬布伦纳认为，人的发展是在一个层叠的、互相联系的生态系统中发生的，是人与环境的复合函数。他把人的发展的生态环境分为微系统、中间系统、外层系统和宏观系统四个环境系统。其中，微系统指的是学校、家庭等独立的环境系统，中间系统指的是由一个或多个微系统相互作用产生的系统，外层系统是指父母的职业条件、学校的办学质量等，宏观系统指的是大环境如政府的就业条件、政策等。这些环境系统直接或间接地以各种方式影响着人的发展。人的成功发展是主动的个体与多重支持性的生态背景之间持续进行互惠性的交互作用的结果。在这一理论影响下，越来越多的心理学和教育学研究者把发展环境看作人的发展的潜在要素。[①]

勒温认为，"行为(B)是一个关于个人(P)与环境(E)的函数，即 $B = F(P，E)$，这一公式中的 P 和 E 是相互依赖的变量"[②]。人们如何理解周围的环境，取决于其所处的发展阶段、过去的经验、已有的知识和自身的个性。要理解人的行为，就必须把人与环境看成一个由相互依存的因素构成的集合体。在互动中所涉及的环境和个人因素的综合叫作"生活空间"。人的生活空间包含所有决定人的行为的物理因素、社会因素和心理因素，以及人的现实存在和想象中的障碍。

情境是指"由影响个体发展的各种变量所构成的交互作用系统"[③]。情境作为发展情境论的核心概念，包含以下四种含义。第一，最普遍的情境是指物质背景、周围、大环境。这包括家庭的地理位置及房间和家具，学校建筑及教室、办公室、公告板等，社团及娱乐设施等。第二，社会组成部分。这包括家庭、同龄人、同伴、教师和其他有标志性意义的人物。这些都是个人生活的一部分，影响着个人并被个人所影响。第三，成长中的人。

① 王仕民主编：《德育研究：思想政治教育学科 30 年发展报告(2014)》，146 页，广州，中山大学出版社，2014。

② ［美］罗尔夫·E. 缪斯：《青春期理论》，周华珍等译，150～151 页，上海，上海社会科学院出版社，2014。

③ 张文新、陈光辉：《发展情境论——一种新的发展系统理论》，载《心理科学进展》，2009(4)。

成长中的人不仅被环绕在周围的物质和社会情境性因素影响，也对那些情境因素，包括其他人施加影响。第四，情境因素的改变可以看作时间延续所产生的后果。这包括人们变得更年长、更成熟，新学校建立并配套了更先进的设备。情境因素包括父母吵架、学习挂科、坠入爱河或被人拒绝等经常发生的事情。环境改变对成长中的人产生不同的意义。"发展情境论只能被理解为是一个辩证的过程，环境背景和社会系统不仅彼此影响，且影响个人，也会受到个体的影响。所有这些组成部分都随时间而改变。"[①]"改变"成为对每个人产生不同影响的不可避免的事件，成为发展情境论的核心所在。据此，青年的成长比想象中更具个性化，难以找到通用的模式。

人的发展情境论着重研究人的成长因素之间的相互关系，关注人与情境之间的相互作用对人的发展的影响，强调个人与所处情境之间动态的交互作用，该理论认为，人的发展是通过发展中的个体与其所处情境之间持续的交互作用而得以实现的。"发展按其性质，首要且最重要的是社会相互作用的现象。"[②]例如，某高中生在学校的不良表现会影响他的心情、态度和在家的行为，以及他与家长的互动。家长反过来被他的心情、态度和行为所影响，随后家长会在他身上施加约束，限制他玩耍和看电视，这又会激发家长与他之间的矛盾。我们从中可以看到，成长中的青年个体与环境之间存在着广泛而循环的相互影响。青年个体的发展既不是单纯成熟的，也不是纯粹受环境或经验影响的。青年个体的成熟与他的经验之间，存在着一种动态的交互作用的关系。在同样的发展情境下，青年个体的发展存在着某些共同性，如生活在同样宗教的国家中的青年具有共同的信仰，但更多的是发展的差异性。不同的青年个体在生理、心理的发展和知识、技能的发展上存在差异，这种差异使得青年个体与情境间的交互作用也存在差异。青年个体之间的差异和青年个体与情境之间交互作用的差异，会导致不同的青年个体会随着时间的推移而形成不同的发展轨迹。

人的发展情境论建构了用来解释人们如何实现良好发展的拟合优度模型。由于个人行为发生在他所处的社会环境中，这个拟合优度模型不但要考量某个人的个性，而且要考量这个人的父母、兄弟姐妹、朋友、同行、教师、同事和老板等与其密切联系的周围人的个性。"拟合的对象是指个体

---

① ［美］罗尔夫·E. 缪斯：《青春期理论》，周华珍等译，398 页，上海，上海社会科学院出版社，2014。

② 同上书，400 页。

的自身特征(气质、人格、价值观、态度、信念、技能和习性等)和个体所处的情境(物理与社会环境、重要他人等)。"①如果某个人的个性与他所处的情境之间匹配良好,那么这就能够促进这个人及其所处情境的发展,反之亦然。"拟合优度模型主张,互动的成果最依赖于个人与背景之间的一致性或匹配度。如果一个人的气质、人格与社会背景是一致的,或两者适合,其结果将是自适应的、建设性的和发展提高的。但是,如果个人的特点与背景是不匹配的或不一致的,结果将是相反的,可能会损害社会关系,甚至阻碍发展。"②

从拟合优度模型的视角看,青年个体是否能够得到良好的发展,既不取决于他自身的某一特征,也不取决于他所处的情境的某一特征,而取决于他与所处情境的拟合程度。青年学生的发展水平与所处学校环境之间的良好拟合,会促进他们的成就和学业的发展;相反,如果大中学校没有与青年学生的心理需要拟合良好,青年学生的动机、兴趣和行为表现就会随着他们进入大中学校而变得越来越差。如果青年个体的自身特征与所处的情境拟合良好,他就会得到良好的发展。青年个体会评估具体的情境对自身发展的要求、自身的心理和行为特征,以及二者之间的匹配程度。为了实现自身与情境的良好拟合,青年个体一方面有意识地选择那些能够与自身特征具有更高匹配度的情境,另一方面有目的地根据既定情境的要求来调整自身的特征。这两个方面都体现了青年个体在实现自身发展过程中对发展速度和质量的调控。

青年的发展不可能是一帆风顺的,这既源于青年自身的生理、心理发展特征,又源于青年发展的外部影响因素。个人、家庭、学校和社会因素都会对青年的不良行为造成风险性或保护性的影响。在个人因素方面,身体虐待、感官刺激、青春期早期、慢性压力、抑郁等因素,都会增加青年产生不良行为的可能性;相反,自尊感强、拥有内在控制感、有信仰、具备社交技巧等,都有助于青年远离不良行为。在家庭因素方面,单亲家庭、恶劣的亲子关系、家中缺乏鼓励学习的气氛、父母吸毒、低社会经济地位等因素,都会增加青年发生不良行为的风险;相反,良好的亲子关系、父

---

① 张文新、陈光辉:《发展情境论——一种新的发展系统理论》,载《心理科学进展》,2009(4)。

② [美]罗尔夫·E.缪斯:《青春期理论》,周华珍等译,407页,上海,上海社会科学院出版社,2014。

母的支持与期望、父母的管教等，都有助于青年远离不良行为。家庭结构、家庭大小、家庭社会经济条件，都有可能成为影响父母与子女关系及青年发展的因素。这些因素或许会促进青年的良好发展，或许会加剧青年问题的发生。不同的家庭结构形成了不同的青年发展环境。与单亲家庭、离异家庭和重组家庭相比，生活在原生的完整家庭中的青年具有更良好的发展环境。家庭中不同的生活氛围和亲子关系会直接影响着青年的社会性发展，甚至家庭的地理位置都会影响到青年的发展。在学校和社会因素方面，缺课、学业成绩欠佳、欠缺良好的社会网络等因素，会增加青年产生不良行为的风险；相反，家长与教师经常沟通、理想的学业成绩、良好的学习氛围，都能减少青年产生不良行为的机会。[①]

青年个体对自身与生俱来的生理特质没有选择性，对自身所处的家庭、学校、社区和社会环境在很大程度上也是无力选择的，因此，青年的发展不仅会持续地受到遗传的制约和规定，而且在自身的发展过程中，还会受到来自父母、教师、同学、同事、领导等重要他人的直接或间接的影响。在这个意义上说，青年的发展具有某种被动性的特征。但是，青年具有主体性，在自身的发展过程中能够发挥主观能动性。14 岁至 18 岁的未成年青年由于年龄小，更多地会受到家庭、学校、社区环境的影响。随着年龄的增大，18 岁以上的青年已经是成年人，他们或接受高中和大学教育，或走出学校，进入职场，进入社会，此时他们在自身的发展过程中就拥有比之前更多的选择性和判断力。对于 25 岁以上的青年，他们很多已经就业，在受到自身发展情境影响的同时，还能主动地对这种情境施加影响，甚至能够创设有利于自身发展的新情境。

二、社会学习理论

社会学习理论兴起于 20 世纪 60 年代，是关于个人在社会情境中的学习现象的一种理论，"它研究各种社会因素如何影响和改变人的思想、情感与行动的过程，目的是要说明和解释人的行为及其规律"[②]。与人的发展阶段

---

① 石丹理等主编：《儿童青少年与家庭社会工作评论》第 2 辑，11 页，上海，华东理工大学出版社，2014。

② 高申春：《人性辉煌之路：班杜拉的社会学习理论》，1 页，武汉，湖北教育出版社，2000。

理论预设具体的、与年龄相关的行为改变不同，社会学习理论具有跨情境的一致性。社会学习理论认为，个人的行为主要是由他所处的具体情境中的社会与环境因素决定的，因此，"着力关注作为约束条件的环境、社会变化与作为情境结果且发生于特定个人的行为变化之间的内在关系，而非关注年龄的作用结果"[①]。社会学习理论是兼收并蓄的，取材于许多相关的理论观点，以模仿、示范、观察学习，尤其是以双向影响的理论为基础。

美国心理学家阿尔伯特·班杜拉著有《社会学习理论》一书，是社会学习理论的主要创始人之一。班杜拉认为，人的行为产生于人与环境之间的相互作用。"人与环境因素并非作为独立的决定因素发挥其功能的，相反，它们是相互决定的"，"相互作用是一个交互作用的过程，行为、人的因素和环境因素都是相互连接着起作用的决定因素"[②]。社会学习理论用人的因素与环境因素之间的交互作用来解释人的心理机能。也就是说，人既不完全受内部力量的驱使，也不完全受环境刺激的支配。

观察学习是班杜拉社会学习理论的核心内容。班杜拉把观察学习的基本含义界定为，"一个人通过观察他人的行为及其强化结果而习得某些新的反应，或使他已经具有的某种行为反应特征得到矫正，同时，在这一过程中，观察者并没有对示范反应做出实际的外显操作"[③]。在观察学习的过程中，被观察的对象称为榜样或示范者，观察主体称为观察者，榜样通过观察者的观察活动来影响观察者的过程，称为示范作用，所以观察学习也可以称为示范作用过程。观察学习是通过观察他人（或榜样）的行为（这种行为对于观察学习者来说是新的行为），获得示范行为的象征性表象，并以他人行为引导学习者做出与之相对应的行为的过程。个体把刺激在他人身上发生的反应情况作为信息，通过观察他人的行为结果，获得新的行为反应模式。

人们要么通过直接经验，要么通过观察获得新的技能。行为习得具有两种不同的学习，一是"由反应结果引起的学习"。这是一种来自直接经验

---

① ［美］罗尔夫·E. 缪斯：《青春期理论》，周华珍等译，343 页，上海，上海社会科学院出版社，2014。

② ［美］阿尔伯特·班杜拉：《社会学习理论》，陈欣银、李伯黍译，7～8 页，北京，中国人民大学出版社，2015。

③ 高申春：《人性辉煌之路：班杜拉的社会学习理论》，124 页，武汉，湖北教育出版社，2000。

的、由各种动作产生的影响而形成的学习方式。个人在处理生活和工作事务时，他的某些反应获得了成功，而另一些反应则没有效果，甚至导致惩罚性结果。这种不同结果的强化导致那些成功的行为方式被人们挑选出来，无效的行为方式被人们抛弃。这种学习方式不仅给人们提供信息，而且能够诱发人的行为动机，强化人的某些行为。以往的经验使人们知道，不同的行为会产生不同的结果。基于预期，人们会把未来可能产生的结果转化为当下行动的动因。二是"从示范过程中学习"。人们不仅依靠自身行为的效果来学习该做什么，而且通过对别人的示范行为的观察学会大多数行为。通过观察别人，一个人可以形成新行为如何操作的观念，在以后类似场合中就有了行动的向导。人们在操作任何行为之前，通常会以一种近似的形式向榜样学习做些什么，这样就可以避免一些不必要的错误。"所有的学习现象都是从观察别人的行为及其结果，在替代的基础上所发生的直接经验那里来的。"[1]一个人即使有可能通过其他手段建立新行为，示范作用也能大大缩短他获得新行为的时间。人们可以通过身体演示、图形表征和言语描述等寻找示范，进行观察学习。"示范作用能够加强或减弱对观察者先前习得的行为的抑制"，"看到受惩罚的原型，旁人就会抑制同样的行为。反过来，看到别人从事危险的或者被禁止的活动没有什么不利的后果，就会减弱观察者的抑制"。[2] 个人的社会学习大多是在日常情境中，在对周围人的行为进行观察的基础上发生的。这包括别人的行为示范，特别是别人的言语示范。青年个体遵循如何行为的文字描述，就能获得学习、工作和生活的各种技能。随着应用符号的示范作用的增加，一个青年个体在社会学习中受到父母、教师及其他周围人的影响可能就没有以前那么突出了。各种大众媒介在塑造青年个体的行为和社会态度方面发挥着重要的作用。青年个体可以通过手机、电视、电影等进行社会观察，可以从手机、电视、电影的示范作用中获得态度、情绪反应，以及新的行为方式。对于发展中的青年个体来说，"那种把大量道德冲突形象化的电视示范，构成了社会学习的另一个主要的部分。符号示范作用，凭借其描述什么是可接受的或可谴

---

[1] ［美］阿尔伯特·班杜拉：《社会学习理论》，陈欣银、李伯黍译，10 页，北京，中国人民大学出版社，2015。

[2] 同上书，41 页。

责的行为，凭借对它所描述的行为的社会制裁和辩护，来影响道德判断的发展"①。在以上两种学习方式中，前者是通过直接经验获得行为反应模式的过程，后者是通过观察示范者的行为而习得行为的过程。班杜拉的社会学习理论所强调的是观察学习。

　　观察学习是由注意、保持、产出和动机四个相互关联的过程构成的。一是注意过程。"注意过程决定着在大量的示范影响中选择什么作为观察的对象，并决定着从正在进行的示范事件中抽取哪些信息，因此，选择性注意在观察学习中起着关键作用。"注意过程是观察学习的起始环节，决定了个体在大量繁杂的示范榜样表征中选择什么来进行观察和怎样进行观察。"示范者行动本身的特征、观察者本人的认知特征以及观察者和示范者之间的关系等诸多因素影响着学习的效果。"②青年个体的年龄和认知能力影响其注意力。青年个体的注意力越集中，其模仿和接纳行为的可能性就越大。模仿对象的特性会影响青年的注意过程，青年更愿意去模仿一个有良好品质、有知识、受人尊敬、友好的人。同时，这个模仿对象被呈现的方式，如新闻人物、电影明星等，也会对青年个体的注意力产生影响。二是保持过程。这是一个学习者将在观察活动中获得的有关示范行为的信息以某种方式储存于记忆之中以备后用的过程。如果一个青年个体不记得曾经听过或看过什么模仿对象，忘记了模仿对象的示范行为，他的行为就不会被这一模仿对象所影响。为了记住曾看到了什么，他必须利用认知过程来加密、储存、记忆。要使被模仿对象的示范行为在记忆中保持，他需要把观察到的示范行为转换成语言或符号来储存在记忆里。只有足够的记忆能力和记忆实施，他才能把观察的结果加以内化，短暂的榜样示范才能被保持在长时间的记忆中。三是产出过程。这是一个学习者将在早期情境中观察到的并存储于记忆中的行为信息符号转化成外显行为的过程。在模仿对象的行为被观察和被记忆之后，青年必须进行行为再现，模仿成或转化成与被模仿对象行为相似的个人行为。青年要把记忆中的符号和表象转换成适当的行为，再现以前所观察到的示范行为。为了做到这一点，青年个体必须有先决的动力和足够的技能来把观察到的、记忆的行为转化为个人行为。四

---

　　①　［美］阿尔伯特·班杜拉：《社会学习理论》，陈欣银、李伯黍译，36 页，北京，中国人民大学出版社，2015。
　　②　耿静：《班杜拉的社会学习理论对教育工作的几点启示》，载《出国与就业（就业版）》，2010(2)。

是动机过程。这是学习者因实施所学到的行为而受到激励的过程。学习者能否实施示范行为受到诱因的影响。人们能够通过观察模式而获得新知识，但人们可能对这种模式进行操作，也可能不去操作，这取决于强化引起的动机作用。当观察者与示范原型特征相同或相似时，示范者的成功更易引起观察者的替代强化。以上观察学习的四个过程是一个紧密联系的整体，任何个体重复示范原型的行为都离不开在一定的动机作用下注意某一行为，通过记忆该行为然后转化为自己的实践。示范榜样的多元性和示范作用方式的多样性，决定了观察学习过程具有不同程度的复杂性。

青年的行为、认知和环境三者在社会学习过程中相互联结、相互决定，发生交互作用。行为和环境作为交互决定的因素而起作用，青年的认知和行为同样是彼此交互决定的因素。每个青年都生活在一个复杂的人际关系网络之中，这种网络经常会被一些内在的、外在的和社会的影响所改变。所以，内在的驱动力和外在的环境都不能单独地解释青年个体的发展和行为。青年发展与环境是彼此制约的和互相决定的。

三、生命历程理论

生命历程理论起源于 20 世纪 60 年代美国芝加哥学派对移民的研究。美国社会学家埃尔德是生命历程理论的代表人物。根据埃尔德《大萧条的孩子们》一书中的观点，生命历程指的是"一种社会界定的并按年龄分级的事件和角色模式，这种模式受文化和社会结构的历史性变迁的影响"①。埃尔德对 20 世纪 30 年代经济萧条如何影响当时中产阶级和劳动阶级的孩子这个问题进行了研究。在埃尔德看来，这些孩子的不同境遇支持了"历史中的时间和空间这一主题"②。埃尔德认为，"生命存在于相互依赖之中，社会—历史的影响经由这一共享的关系网络表现出来"③。"个体的生命历程嵌入了历史的时间和他们在生命岁月所经历的事件之中，同时也被这些时间和事件所塑造着。"④"一系列的生活转变或生命事件对于某个个体发展的影响，取决

---

① ［美］G. H. 埃尔德：《大萧条的孩子们》，田禾、马春华译，421 页，南京，译林出版社，2002。
② 同上书，426 页。
③ 同上书，430 页。
④ 同上书，426 页。

于它们什么时候发生于这个人的生活中。"①"个体能够通过自身的选择和行动，利用所拥有的机会，克服历史与社会环境的制约，从而建构他们自身的生命历程。"②可以说，生命历程既是指"随着时间的演进，社会文化和社会结构的历史性变迁对个体所扮演的社会角色和经历的事件所产生的影响过程"③，又是指"在人的一生中随着时间的变化而出现的，受到文化和社会变迁影响的年龄级角色和生命事件序列"④。

生命历程理论关注的是人的个体生命历程与社会变迁之间的相互嵌入，理论目标在于以时间为线索，通过分析个体与社会之间的互动关系，考察社会文化、社会结构、社会制度和社会变迁如何影响人的个体命运。埃尔德关注经历了特殊事件的特殊生命历程，关注特殊事件对生命历程造成的转折与轨迹，也就是把特殊事件当作原因，遭遇者被动地经历事件，把转折后的生命历程轨迹当作结果，这样，生命历程更多地被看成是由突发事件所构成的因变量。生命历程的转变通常是指在很短的时间里发生的，以入学、毕业这种社会规定的事件为标志。每一次转变都嵌套在一定时间和空间的轨迹中，代表着人们某一个角色的建立或丧失。例如，工作变动是职业生涯轨迹的核心，新生命的诞生是抚育行为轨迹的标志。每一个关键性的转折点都会给人的轨迹带来一种方向的变化，在个人身上留下社会影响的烙印。

生命历程理论认为，人们由于年龄，被置于特定的社会结构之中。人的年龄所体现的社会期望与其可供选择的生活现实之间的差异，导致个人与社会发生脱节。生命历程理论通过年龄期望、年龄规范与对应于年龄的身份认同，把个人与社会联系在一起。个人或人群与年龄规范的不一致或偏离成为生命历程理论的研究对象，年龄成了生命历程理论将个体生命、社会文化和历史背景联系在一起的关结点。"个人或人群与年龄规范的差异会影响到生活事件的发生及其在某一状态中持续时间的长短，从而形成了

---

① ［美］G. H. 埃尔德：《大萧条的孩子们》，田禾、马春华译，428 页，南京，译林出版社，2002。

② 同上书，432 页。

③ 江立华、袁校卫：《生命历程理论的知识传统与话语体系》，载《科学社会主义》，2014(3)。

④ 李强、邓建伟、晓筝：《社会变迁与个人发展：生命历程研究的范式与方法》，载《社会学研究》，1999(6)。

不同的生命阶段、变迁和转折点。"①

　　生命历程理论为青年发展研究提供了一个独特的理论视角。根据生命历程理论，我们可以说，历史性力量塑造着青年所生活的家庭、学习的学校和工作的单位的发展轨迹，影响着青年的价值观念和行为方式，对青年发展的路径方法产生重大的影响。青年个体能够选择他所要走的路，但是他的这种选择不可能是在社会真空中做出的。也就是说，青年个体的人生选择取决于社会的、文化的机会及历史的制约因素。运用生命历程理论，我们可以考察影响青年发展的社会事件和历史进程，寻找青年个体的生命事件与所处时代社会结构之间的结合点，从而对青年个体和青年群体的发展过程做出理论的解释。按照生命历程理论，青年个体的发展过程是由多个生命事件构成的一个序列，因而要关注青年个体的人生经历、年龄意义、时间选择及构成青年个体生命事件的先后顺序。其中，年龄等级意味着青年个体在某一年龄所拥有的学习、生活的机会和发展的资源。我们在对青年发展的研究中，可以把青年个体的生命事件及其序列作为研究对象，考察青年个体的生命历程、发展过程与社会变迁、环境变化之间的互动关系。我们要关注整个青年阶段年龄的社会意义，关注青年个体学习、生活、就业与社会结构、社会变迁之间的相互作用，关注受社会变迁影响的各类事件随时间的推移，在青年个体已有发展中出现的先后顺序和转换过程，以及这一过程对青年个体以后发展所产生的影响。生命事件对青年个体的影响，不仅取决于生命事件本身的性质和内容，还取决于生命事件在青年个体生命历程中发生的时间点。"生活事件发生的时间或时机比事件本身更具意义，是个体角色的发生、延续和后果的关键。"②以青年与父母不在一起生活为例，一般说来，青年个体的年龄越小，受到的不良影响就会越大，因此，学校、家庭和社会都要多帮助那些留守在农村的、与在城市打工的父母难以见面的未成年青年。当然，青年是具有主观能动性的行动主体，可以通过自身努力，推进并塑造自己的生命历程和发展过程。但是，总的说来，青年个体的生活轨迹、发展过程，在很大程度上会受到社会事件、社会结构和社会文化的影响，镶嵌在具体的社会关系和特定的社会网络之中，

---

① 江立华、袁校卫：《生命历程理论的知识传统与话语体系》，载《科学社会主义》，2014(3)。

② 江立华、袁校卫：《生命历程理论的知识传统与话语体系》，载《科学社会主义》，2014(3)。

形成青年个体与社会之间的互动机制。

　　生命历程理论可以解释青年群体为什么会具有独特的思想意识和生活方式。剧烈的社会变迁形成了不同的精神时代，生活在同一社会的青年与中老年人相比，因经历了不同时代而具有不同的精神和意识结构，而同一年龄层内部的青年因拥有某种精神的共通性和连带性，由此形成了特殊的青年群体。社会变迁导致青年的社会化内容和方式有变化，这又导致青年群体与其他年龄人群之间在价值观念、行为方式和生活方式上有差异。

第三节　积极青年发展理论

一、积极青年发展理论的内容

　　关于青年发展的研究，存在正向和负向两种不同的理论视角。青年发展研究的负向视角是青年发展的问题导向，即把青年看成"不完善"的群体，重点关注青年的学习困难、情感紊乱和破坏性行为等问题，关注解决这些问题的方法。这种视角被许多医学专家、心理咨询师和社会工作者所认可和采用。这是一种以消极的态度看待青年的发展，致力于塑造"无问题"的青年的思路。[①]

　　从实际生活来看，青年发展的问题古已有之。例如，青年的教育问题在春秋战国时期就成为人们关注的青年问题，青年在恋爱、婚姻上与父母的冲突问题在一些古代文学作品中屡屡被反映出来。青年发展问题从 20 世纪开始得到了比以往更加突出的社会关注。从 20 世纪初美国心理学家霍尔创立青年心理学开始，对青年的研究就是以问题为中心的。"这些青年问题包括学习障碍、情感失常、反社会行为、低动机和成就、饮酒、吸毒、酗酒、青春期心理危机、虐待和经济剥夺风险等。"[②]传统的青年发展观是问题导向的，把青年看成是已经有问题的，或者迟早会出现问题的，主张青年需要被"矫正"或"防止"问题在他们身上发生。在青年研究界，长期存在这种对青年发展的负向认知和解读。尽管青年的青春期只有几年时间，远低于青年时期从 14 岁至 35 岁的 21 年，但是，青年研究界存在一种从青春期

---

　　①　刘香东：《美国积极青少年发展理论刍议》，载《教育探索》，2009(1)。
　　②　王仕民主编：《德育研究：思想政治教育学科 30 年发展报告(2014)》，144 页，广州，中山大学出版社，2014。

看整个青年阶段，甚至把青春期特征作为整个青年阶段特征的代表的说法。有人把青年时期这一人生发展的最重要时期看成是"充满危机和风险"的心理发展阶段。青春期荷尔蒙的分泌，外貌的剧烈变化，以及性意识的觉醒和成人意识的产生，给未成年的青年带来了大量的困惑和烦恼。青春期在心理学中常常被称为"叛逆期""暴风骤雨期"，是人生问题的多发期。从 20世纪 50 年代的青年犯罪恶化，到 20 世纪 60 年代的贫困、离婚、家庭流动及单亲家庭问题严重，再到 20 世纪 70 年代的青年吸毒问题，青年研究的重心放在青年发展的问题及对其原因的研究上，焦点是对青年发展问题进行早期的预防和干预，以降低青年发展问题的发生率。可以说，"在学术界，20 世纪的绝大多数时间是以消极的视角研究青年问题"①。

时至今日，青年问题和问题青年往往更容易被社会所关注，因而也成为青年研究者热衷的话题。诚然，经常从媒体上接触的关于暴力、性和欺诈等题材，以及学习的障碍、家庭的矛盾、集体的疏离感等因素，都会导致青年生理和心理问题的出现，妨碍青年的正常发展，甚至改变青年发展的轨迹。代际冲突、校园欺凌、不良行为、违法犯罪，都会引起社会的广泛关注。近些年，在社会和青年研究领域中，存在多种对青年发展状况的负面画像，如"蚁族""月光族""宅青年""佛系青年"等。我们可以看到，少数甚至极少数青年身上发生的一些现象，一旦经过文学化的语言加以夸大，就成了社会关注的突出青年问题。这在本质上反映了青年发展研究的负向思维。从青年研究的状况看，谈负面的东西一般比谈正面的东西更具有传播效应，因而更能够吸引人们的关注。

青年发展研究的正向视角是以积极的态度看待青年的发展，重点关注青年的优点、能力与潜质，以及如何发展这些潜质的方法，致力于了解、教育与鼓励青年参加有价值的活动，而不是专注在矫正、治疗青年不良行为方面。② 从正向视角看，青年是有待发展的"资源"，而不是需要解决的"问题"。青年正向发展的观点"从整全的角度"③看待青年的发展。在青年发展的过程中，青年发展的各个层面，如认知、社会、文化、身体、情绪和

---

① 王仕民主编：《德育研究：思想政治教育学科 30 年发展报告（2014）》，144 页，广州，中山大学出版社，2014。

② 刘香东：《美国积极青少年发展理论刍议》，载《教育探索》，2009(1)。

③ 石丹理等主编：《儿童青少年与家庭社会工作评论》第 2 辑，5 页，上海，华东理工大学出版社，2014。

心灵等相互交织。青年所处的整体情境，包括物理环境、情绪情境、与他人的关系、青年的即刻所需，都会影响和改变某段特定的经历对青年发展的影响。这种看待青年发展的思维，视青年为学习者，视青年发展的任务为有意义的整体，视这种整体比各部分经历的总和更为重要。青年正向发展，既是一种整合了积极心理学、品格教育、情感教育等的青年发展理论，更是一项旨在把青年培养为具有较高的能力、良好的性格、协调的人际关系，充满信心、富有爱心的人的行动计划。

青年正向发展理论具有必要性和合理性。首先，青年时期是人在生理和心理上都发生显著变化、情绪波动较大又相互影响的时期，因此，我们需要从全面的角度去理解和看待青年的发展。其次，由于青年本身会主动塑造自我的发展，因此，我们需要了解青年的发展潜质。再次，青年没有问题不等于就有了应对问题的充分准备，因此，我们要清楚青年全面发展的需要。最后，由于青年是希望而不是高危群体，因此，我们要了解青年的能力和潜质。[①]

从国际上看，青年发展正向视角的代表性理论是积极青年发展理论。"积极青年发展"是 20 世纪 90 年代美国出现的一个新概念，最早由利特提出，后来经过多位学者的不断完善和充实，并随着积极心理学的发展而得到广泛的应用。美国心理学家塞利格曼提出积极心理学，促使心理学转向关注人的积极品质，更加关注如何增进人的主观幸福感，而不是矫治人的心理缺陷。积极心理学为青年发展理论奠定了心理学基础。积极青年发展理论主张，"以积极的态度看待青年的发展，强调青年的潜力，而不是青年的无能，把青年看作资源，而不是社会问题。青年发展研究的重点旨在理解、教育和鼓励青年参加有价值的活动，而不是纠正、治疗青年的不良倾向"[②]。

《美国百科全书》把积极青年发展理论界定为"用来描述成年人、社区、政府组织和学校为促进青少年在兴趣与能力等方面健康地成长而付出共同努力的新术语"[③]。积极青年发展理论关心的是"事情是如何顺利进行的"，

---

①　石丹理等主编：《儿童青少年与家庭社会工作评论》第 2 辑，6 页，上海，华东理工大学出版社，2014。

②　王仕民主编：《德育研究：思想政治教育学科 30 年发展报告(2014)》，145 页，广州，中山大学出版社，2014。

③　转引自刘香东：《美国积极青少年发展理论刍议》，载《教育探索》，2009(1)。

而不是"事情是如何变坏的"。"阻止青年风险行为的发生并不等同于促进了积极的青年发展"。"那些预防青年问题的计划与政策也不一定有助于青年更好地服务社会。"①预防青年问题与积极青年发展是建立在不同的理论基础之上,基于对青年潜能及影响其发展的生态和社会环境的不同理解而产生的。② 积极青年发展理论致力于为青年创造支持性的社区氛围,通过公益性组织和社区为青年提供更多的参与社会和实践锻炼的机会,并鼓励青年为社区贡献自己的力量。积极青年发展理论既是一种青年发展的教育理念,又是一种指导方法,通过组织以社区为中心的活动,为青年的健康发展提供机会和支持,促进其能力的增长和潜力的开发。③

勒纳指出,积极青年发展的目标为"5C",即能力(competence)、联结(connection)、品格(character)、自信(confidence)、关爱与同情(caring and compassion)。能力是指每个青年在社会、认知、学术与职业等具体领域中的主观条件。其中,社会能力是关于交往的技能(如冲突的解决),认知能力是关于认知的本领(如制定决策),学术能力包括课堂参与,职业能力包括工作习惯和对工作的选择。联结是指青年与同伴、家庭、学校、社会之间的双向交往,以及双方对关系的促进,这反映了青年与他人、与制度的联结关系。品格是指青年对社会与文化规则的尊重,有道德善恶标准。自信是指对自我价值和自我效能整体的内部感受。关爱与同情是指对他人怜悯与同情的感受。④ 勒纳进一步指出,当青年具备了"5C"的基本素质之后,就能实现第6个"C"贡献(contribution),即青年对家庭、社区、社会做出贡献。贡献体现了青年发展的最终目标,是对外界的回馈和付出,体现了青年作为社会人的自我实现。从某种意义上说,"6C"构成了积极青年发展的评价体系。⑤

积极青年发展理论主张以下六项原则:一是所有青年都具有积极成长与发展的潜在能力;二是青年只有在处于孕育他们发展的关系、情境及生

---

① [美]达蒙、勒纳主编:《儿童心理学手册:人类发展的理论模型》第6版第1卷,林崇德等译,1032~1033页,上海,华东师范大学出版社,2009。

② 同上书,1038页。

③ 王仕民主编:《德育研究:思想政治教育学科30年发展报告(2014)》,145页,广州,中山大学出版社,2014。

④ 刘香东:《美国积极青少年发展理论刍议》,载《教育探索》,2009(1)。

⑤ 王仕民主编:《德育研究:思想政治教育学科30年发展报告(2014)》,145页,广州,中山大学出版社,2014。

态系统中时，才可能有积极的发展轨迹；三是为了促进青年积极发展，青年要进一步参与到多元的、营养丰富的关系、情境和生态环境中去；四是这些关系、情境和生态环境对所有青年都有益，例如，支持、授权及参与等是所有不同种族、民族、性别和家庭青年的重要发展资源；五是社区对于积极的青年发展来说是一个关键的传输系统；六是青年是他们自己发展的主要行动者，也是创设积极的青年发展所需关系、情境和生态系统的重要资源。①

积极青年发展理论具有以下几个特征。一是广泛性。就范围来说，积极青年发展理论包括从生态学情境（各种关系、计划、家庭、学校、邻里、聚会、社区等）到那些能促进积极发展的经验、支持和机会的产生等。二是促进性。积极青年发展理论的主要组织原则是帮助青年拥有积极的经验、资源和机会，并使其朝一个对个人和社会都有用的方向发展。三是发展性。积极青年发展理论强调成长的作用，使青年在积极发展的过程中成为有准备的行动者。四是共生性。许多领域的思想、策略和实践都被纳入积极青年发展理论的范围（如复原力、预防、公共卫生、社区组织及发展心理学）。积极的青年发展是用一种基于潜能的方法来定义和理解青年发展过程的。我们要重视青年潜能，而不是假定的能力缺陷。②

1990 年有研究团队提出了"发展资源"的概念。他们认为，发展资源是指能够有效促进青年获得良好发展结果的技能、价值观、经验和关系，是增强青年良好发展的社会和心理优势。他们提出了 40 种发展资源，并把这些资源分为外部资源和内部资源。"外部资源是指通过与成人加强联系，提供机会使青年获得积极的发展经验"，包括"支持、授权、规范及期望和有效利用时间"③四个维度。"支持"是指来自家庭、邻里和学校的关心、爱护，青年在积极的沟通中获得建议和忠告；"授权"是指青年得到重视并作为一种资源被委以重任，他们每周需要参与超过 1 小时的社区服务，这样他们在生活的地方，不管是学校还是家里或邻舍都会有安全感；"规范及期望"是指家庭和学校的纪律和奖惩办法，邻里对青年行为的监控，成人做出积极

---

① ［美］达蒙、勒纳主编：《儿童心理学手册：人类发展的理论模型》第 6 版第 1 卷，林崇德等译，1031 页，上海，华东师范大学出版社，2009。

② 同上书，1029 页。

③ 王仕民主编：《德育研究：思想政治教育学科 30 年发展报告（2014）》，146 页，广州，中山大学出版社，2014。

的角色示范，同伴表现出积极行为的影响，以及父母和老师对青年的高期望；"有效利用时间"是指参与创意活动、青年项目、宗教团体及留在家中的时间。① 这些构成了积极青年发展的外部资源。内部资源是指"青年个体具有的引导其行为的价值标准、胜任特征和技能等"，包括"投身于学习、积极价值观、社会能力和自我肯定"②四个维度。其中，"投身于学习"是指青年在学业上的表现、在学校的参与情况、家庭作业完成量、关心学校及享受阅读的乐趣；"积极价值观"是指助人为乐的品行，提倡平等和社会公正、正直、诚实，履行个人责任，以及克制欲望；"社会能力"是指制订计划和决策的能力、交往的能力、对文化的了解和理解能力、抵制不良影响的能力，以及通过和平方式解决冲突的能力；"自我肯定"是指个人潜能、自尊、对人生的目标感，以及看待未来的乐观态度。这些资源决定了青年发展的动力、方向和目的。③

积极青年发展理论把生态环境特征与个体技能联系起来，不仅关注家庭、邻里和学校所构成的社会环境，还关注青年个体所拥有的天赋、能力、优势和潜力，明确了青年所处的日常生活环境对获得发展资源的影响，提出通过优化青年的社会化过程来促进青年的积极发展。④

二、积极青年发展理论的应用

进入 21 世纪以来，积极青年发展理论不仅在学术界产生了巨大的影响，引起了广泛的关注，也在实践中得到了一定的效用。

青年正向发展运动源于美国，目的是为青年的健康成长提供更好的资源。提升青年正向发展的策略：一是有爱心的成人，即与青年有长期稳定关系的成人（如父母、老师、导师、教练），能给予青年以支持、关爱和教导；二是提供安全的环境，在安全的地方开展各种预先设计好、准备好的活动，能帮助青年学习和成长；三是创造一个健康的开始和未来，为青年提供足够的营养保障，倡导青年锻炼身体并为其提供良好的医疗设施，以

① 王仕民主编：《德育研究：思想政治教育学科 30 年发展报告（2014）》，146 页，广州，中山大学出版社，2014。
② 同上书，146 页。
③ 同上书，146 页。
④ 同上书，146 页。

促进青年的身心健康；四是为青年提供帮助他人的机会，使青年有机会回馈社会，服务他人，从而增强青年的自尊心和自信心。①

青年正向发展计划可以在家庭、学校和社区等不同的地方实施，目前较多的是在学校以结构性课程的方式实行。学校设计有成效的青年正向发展计划，要注意以下几点："第一，要根据参加者的发展水平，设计一套适合他们发展程度的计划；第二，要有安全的设施和活动布置；第三，要引发参加者的高度参与，令他们投入活动；第四，要与参加者建立良好的关系；第五，要有充足和较长的时间，完整地推行计划。"②在一些国家，政府对积极青年发展的相关工作给予了大力的资助。

有学者在 2002 年提出了积极青年发展培训的 15 个主题。(1)联系的提升。促进青年与他人、机构建立强有力的积极情感关系和承诺。根据人际关系和家庭理论，青年发展问题被认为是问题家庭和人际过程的后果。联系对于青年发展是十分关键的，来自家庭、同伴、学校和社区的社会情感支持是青年克服所面临的风险的重要保护因素。(2)社会能力的提升。社会能力包括人际技能(如沟通、自信、冲突解决和人际谈判)，建立积极的人际关系的能力，并提供实践这些技能的机会。青年社会能力的不足常常与青年的发展问题有关，社会能力提升是青年适应社会的重要技能。(3)情感能力的提升。情绪智力可以被理解为一组能够运用于多种类型情绪的技能。它包括意识到个人的情绪、理解情绪的能力、运用情绪词汇的能力、移情的能力、把内在的主观情绪经历与外在的情绪经历区分开来的能力、情绪管理的能力。情绪智力被认为是生活获得成功的强有力的预测者。(4)认知能力的提升。主要是培养青年的认知能力，特别是逻辑思维、创造性思维的能力。不良的认知能力通常是青年问题发展的先兆。(5)行为能力的提升。在社会相互作用中，能运用非言语和言语策略去完成社会接受的、规范的行为，做出有效的社会选择，如拒绝同伴压力的能力。教育的目标并不只是教给青年知识和技能，还要据此采取行动，教育不能只停留在判断的水平上，还要直接进入真实的行为领域。(6)道德能力的提升。道德能力指倾向于完成道德行为、判断道德问题的能力，以及促进青年公平和利他行为的发展。促进青年道德的发展，不能只表现在课堂教学上，更重要的

---

① 石丹理等主编：《儿童青少年与家庭社会工作评论》第 2 辑，6 页，上海，华东理工大学出版社，2014。

② 同上书，7 页。

是表现在青年的道德实践活动中。(7)自我效能的发展。自我效能是对个人能力及运用这种能力达到某个目标的信念。自我效能作为一种多水平、多方面的信念,影响着人们的思维、情感和行动,并进而影响青年的学业表现。(8)促进亲社会规范。亲社会的规范包括互惠原则、社会责任感、利他行为、志愿精神,是青年发展计划中要促进的伦理标准和信念。亲社会行为规范的发展对抑制青年的侵犯行为和反社会行为具有重要作用。(9)弹性的培养。它指的是青年在面对改变和生活压力时,能从有压力的生活经历中迅速恢复活力和取得健康成果的能力。(10)自我决定的培养。自我决定是青年根据自己的思维确立目标,做出选择的能力。促进自我决定的技能和战略包括对优势和不足、目标确立、行动计划、问题解决、做出选择和自我评价的自我意识。获得独立和自治、确立个人目标并做出规划、获得价值观和道德感是每个青年必须完成的发展任务。(11)精神性的培养。培养青年的生命感和对生命选择的价值感。它要解决彼此相关的问题,包括生命的意义(生命是不是有价值的)和生活的目标(生活的目标、生活的目的、要完成的事情、要实现的理想)。精神性的培养对于青年发展是非常关键的。(12)未来信念的提升。未来信念包括希望和乐观,对有价值的目标的积极评价和努力,对未来有积极预期。青年时期是对未来做出选择的重要阶段,未来信念是影响个人生活轨迹和成功的重要因素。(13)积极认同的发展。积极认同是指青年应有自我同一性、自尊,积极探索。青年所处的发展阶段面临着快速的、广泛的身体和心理的变化,这挑战着青年的应付能力。积极认同有利于青年促进自己的未来发展和个人资源的建设和运用。(14)亲社会参与的机会。增进青年亲社会行为的积极性,参加亲社会规范的活动。亲社会行为的参与对于个体和人际交往有积极影响,是青年发展的重要元素。青年参与亲社会的活动能够使青年接受社会的规范和道德准则,促进青年的积极改变,并最终有利于整个社会的发展。(15)对于积极行为的认可。赞赏或认可参与者的积极行为,如亲社会行为,促进行为的积极改变。对积极行为的认可是对社会环境的一种恰当反应,会促发青年所期望的外在行为,对于青年的发展是非常重要的。[①]

---

① 王仕民主编:《德育研究:思想政治教育学科 30 年发展报告(2014)》,147~148页,广州,中山大学出版社,2014。

三、积极青年发展理论的借鉴

积极青年发展理论不仅为我国青年研究提供了一个新视角，也为我国青年发展的实践提供了一种新思路，具有重要的理论与实践意义。

第一，提倡青年的全面发展观，突出其社会和个人情绪的发展。积极青年发展理论提出了一种全面发展观，强调青年身心的全面协调发展。在心理发展方面，不仅关注青年认知能力、学业能力及职业能力的发展，更重视青年的精神性、情绪能力、社会能力、行动能力及自我效能、心理弹性等优良心理品质的发展。这些理论研究和探索对于我国实施《中长期青年发展规划》、做好青年发展工作，具有重要的借鉴意义。积极青年发展理论针对以往对青年的社会和个人情绪的学习关注不够的问题，积极提倡加强青年学生的社会和个人情绪的学习。这种学习强调，让青年学生在学习后，能够识别和管理情绪，能对别人关心和照顾，能够做出负责任的决策，建立积极的人际关系，能够有效地处理具有挑战的情景。这种学习不仅能够促进青年学生情绪管理能力、社会意识、个人责任感及关系技能的发展，而且也是预防青年不良行为的重要因素。这种学习对于克服学校教育中不同程度上存在的片面认知发展的现象具有一定的启发意义。

第二，注重青年的发展优势和潜能，强调扬长教育。积极青年发展理论从积极的视角看待青年，强调青年的潜能和优势，并努力去挖掘和培养这些优势和潜能，在促进青年优质发展的同时，引导青年对社会发展做出贡献。这与传统的消极青年发展观存在明显差异。传统的青年发展观更多地关注青年在发展中出现的问题和危机，从而把重点放在如何防止青年问题的出现和危机的产生上，而忽视了青年健康成长和优质发展的优势。积极青年发展理论不仅使我们看到了青年的认知、情绪、精神、社会能力正常发展的潜能，也让我们相信可以在青年身上培养出自信、自尊、自我决定、注重自我效能、乐观、充满希望等优秀的品性，从而在很大程度上丰富和提升了青年教育的内容。

积极青年发展理论对青年发展优势和潜能的重视，对于转变传统教育观念具有一定的冲击力。在我国，传统的教育观念过分重视青年学生的学业和认知能力的培养，以学习成绩作为判断"优等生"和"后进生"的标准，强调通过学习来弥补这些"后进生"在学业方面的不足。这是一种补"短"的教育。很显然，无论如何补"短"，一个青年的短处是难以变成他的长处的。

积极青年发展理论强调，每个青年都有其独特的潜能和优势，应以多维度的标准来看待每一个青年，没有必要拿青年个体的短处、不足和他人的长处、优势相比，而应该充分发挥青年个体的长处和优势，教育更应该扬"长"而不是补"短"。从某种意义上说，扬"长"应该成为我国青年教育中的重要问题。

第三，提倡青年发展的生态观，强调青年与社区的良性互动。积极青年发展理论提倡青年发展的生态观，认为青年的发展与他所处的家庭、社区及周围的环境有密切关系，青年发展不仅仅是学校教育关注的问题，也是家庭、社区、社会应承担的重要责任。家庭、学校、社区、社会应相互协作，创造良好的生态环境，促进青年的顺利发展。在这个方面，积极青年发展理论特别强调社区在青年发展中的重要作用。要发挥社区的作用，就要关注外部资源对青年的影响，让青年得到来自社区的鼓励和关爱，从而让青年认识到自己为社区所需要，进而做出自己的贡献。教育应关注家庭与学校的相互关系，以及关注社区中的父母、邻居、教师、同伴和青年之间的相互影响，应充分发挥社区的教育功能，开展丰富多彩的社区活动，为青年的自我实现提供培育的土壤。另外，青年有责任在社区敬老爱幼、美化街道、保护治理环境等方面发挥积极的作用。青年应该主动参与社区活动，利用社区平台为自己的活动与发展争取空间。青年与社区的良性互动，既有利于青年的健康成长，也有利于青年为社区做出自己的贡献。①

---

① 王仕民主编：《德育研究：思想政治教育学科 30 年发展报告（2014）》，148～149页，广州，中山大学出版社，2014。

第二章　青年发展的主体

　　青年人是青年发展的主体，对青年发展进行研究就必须对青年做出明确的界定，清楚地回答什么是青年问题，对青年概念、青年特征和青年的社会作用做出理论阐述。青年概念原本是人们在日常生活中经常使用的一个概念，按理说其含义是确定无疑的，但事实上，无论是在学术领域还是在实际工作中，关于青年含义都存在不同说法。如何界定青年，如何看待青年，解决这些问题不仅是开展青年发展研究的基本前提，还是青年发展研究的内在内容。另外，青年作为特定年龄阶段的人群，具有不同于其他年龄人群的生理、心理和社会特征。在社会生活中，青年具有自身的社会角色，发挥着独特的社会作用。我们只有阐明青年概念的含义和青年群体的主要特征和社会作用，才能精准地展开对青年发展的研究，形成科学的青年发展理论。

第一节　青年的概念

一、青年的概念应该明确

　　1983 年召开的联合国教科文组织第 22 届大会关于 1984—1989 年中期规划的青年工作的方针的说明指出："如果不事先对青年这一概念的定义本身进行一番探讨，就对青年问题进行研究，看来是困难的。"①的确如此，我们只有准确界定青年概念，才能顺利地进行青年发展的理论研究。

　　从逻辑学看，概念明确是人们进行正常思维、做出正确判断和推理的基础。"在一定的历史时期和人类认识发展的一定阶段，概念的内涵和外延

①　《对世界青年问题的分析——联合国教科文组织二十二届大会关于 1984—1989 年中期规划的青年工作的方针的说明》，载《青年研究》，1984(4)。

有其确定性。正因为如此，人们才能运用各种概念确定地进行思维活动。"①
概念之所以能够明确，是因为概念的形式虽然是主观的，但内容是客观的。
马克思说："观念的东西不外是移入人的头脑并在人的头脑中改造过的物质
的东西而已。"②概念固然是人的思维的结果，但是，概念的思想内容来源于
客观世界。没有客观事物及其变化发展的规律，就不会有关于事物的概念。
从这个意义上说，青年概念应该"具有确定的含义，不能似是而非，飘忽不
定"③。青年概念的确定性是青年群体所具有的相对稳定性的客观反映，也
是区分青年概念与其他概念的基础。

　　青年是什么，哪些人属于青年，这似乎是人们日常生活中熟知的东西，
尤其是青年工作者和青年研究者所熟知的东西。德国哲学家黑格尔说过，
熟知的东西并不就是真知，"哲学的任务在于将人们假定为熟知的东西加以
真正认识"④。"青年"一词在现实生活中是人们再熟悉不过的词语了，然而
正是因为熟悉，人们很少去追问究竟什么是青年，或者说青年的本质是什
么。事实上，在我国青年工作和青年研究中，青年概念长期以来存在含义
不清晰、适用对象不明确的问题，青年一词还存在使用随意的现象，因此，
我们有必要对青年概念的含义进行如黑格尔所说的"真正认识"。尽管研究
人们熟知的青年概念可能会使人不耐烦，但是我们也要不厌其烦去分析和
讨论，这是因为明确青年概念的含义是精准地进行青年发展研究、实施青
年发展策略的前提。如果青年概念的含义模糊不清，对青年的界定标准各
不相同，这就会导致不同的人在不同的情境下说的青年和青年发展是各不
相同的。在社会事务的管理中，一项公共政策在涉及某些具体的青年事务
时，一般不会只说青年，而会特别地对青年的年龄做出具体规定，即使专
门的青年政策也不例外，如《中长期青年发展规划》就在序言部分对青年的
年龄做出了明确的规定。这种现象从一个侧面反映了我国公共政策领域长
期以来没有一个普遍公认的统一的青年概念，因此，相关政策文件如果不
对青年概念的含义加以特别说明，青年概念的指向就可能范围不明，不知

---

① 吴坚、傅殿英：《实用逻辑学》，21 页，北京，首都经济贸易大学出版社，
2005。
② 《马克思恩格斯文集》第 5 卷，22 页，北京，人民出版社，2009。
③ 张良驯：《青年学学科设置的制约因素研究》，载《中国青年社会科学》，2017(3)。
④ ［德］黑格尔：《哲学史讲演录》第 4 卷，贺麟等译，275 页，北京，商务印书馆，
1978。

所指。可见，无论是进行科学严谨的青年发展研究，还是开展有针对性的青年发展工作，都需要我们对青年概念进行明确的界定，揭示青年概念的真正含义。

在学术界，有些关于青年的研究使用了各不相同的青年概念，这就不可能得出科学的研究结论。例如，有的研究把 18 岁的人和 38 岁的人都称为青年，而事实上，一个 18 岁的人与一个 38 岁的人，无论在生理、心理上，还是在家庭生活、职业发展上，都存在很大的不同。多年以来一直存在这样的现象，青年概念的含糊不清，导致"在同一课题的研讨中，许多研究者们各自用着不同的青年概念，在违反逻辑同一律的基础上进行没有结果的争论"①。有研究提出，青年的本质是其没有被社会化，没有被角色化，没有被职业化，是社会分工前的人。这种说法中的"青年"就存在指向不明确的问题，因为青年学生可以说"没有被社会化、没有被角色化、没有被职业化"，但职业青年已经"被社会化""被角色化""被职业化"了。可见，如果没有确定的青年概念，那么，青年发展问题、青年发展政策都是无的放矢的，没有针对性的。

从青年政策的制定和实施看，"如果一个群体没有确定的人员边界，就不可能成为某项公共政策的对象。青年政策的滞后，重要原因是青年年龄的不确定导致青年群体的边界不清"②。明确青年概念，不仅有助于摸清青年发展的现状，而且有助于从公共政策上对青年发展的问题进行实践干预。青年政策是以青年为政策对象的，如果青年这个政策的对象指向不明，青年政策就难以有针对性地制定出来，即使制定出来了，也难以得到有效的实施。青年政策和青年项目都有适用对象的边界，如果其适用对象的范围不明确，"从政策制定和项目实施来说，则有可能造成无的放矢，导致无从判断甚或低估乃至漠视真正的脆弱人群"③。青年概念的含混不清，会导致青年政策出台乏力，青年项目难以实施，这成为制约我国青年政策制定和实施的重要因素。青年政策的制定和实施，包括《中长期青年发展规划》的实施，迫切需要一个明确的正确的青年概念。

---

① 邝海春：《论青年范畴》，载《青年研究》，1986(12)。

② 张良驯主编：《中国青年政策的创新发展——全面深化改革新时期青年政策研究报告》，6 页，北京，中国青年出版社，2015。

③ 胡玉坤、刘文利：《进入国际发展议程前沿的"青年"——概念、多元政策议题与优先关注目标》，载《当代青年研究》，2012(6)。

二、青年概念不能误用

在我国青年研究领域，长期存在错误地使用青年概念的现象。

第一，从公开发表的文章看，有些文章对青年概念的使用，可以说是非常随意的。

典型的说法有：青年不仅是物理上的存在，而且是观念上的、法律上的存在；青年不仅仅是生理现象和青春期的一种心理表现，还是一种文化现象；青年概念不仅是一个年龄的载体，一个群体概念，而且是一种思想和理想；青年的自然属性是一种生命的虚像，青年是哲学的、宗教的、美学的，属于形而上学的范畴；是不是青年取决于思想和精神等观念性的因素，以及是否参与政治革命等社会性因素。这些把青年作为思想观念、文化现象、形而上学的说法，如果用在文学作品的比喻说法和象征意义中，还有一点想象性，但是出现在青年研究的学术论文中则令人匪夷所思。这些随意的说法，把青年概念看成是一个可以自我设定的概念，赋予青年概念超出本身应有的含义，似乎"青年"一词是一个可以供人任意打扮的小姑娘。试想一下，如果可以把青年作为一种思想观念，那么也可以把少年、中年、老年看成一种思想观念，这无疑是用词错误。把青年视作思想观念的用法，不仅犯了逻辑的错误，而且也违背了生活常识。

逻辑学上有一个不能用比喻给概念下定义的规则。无论是把青年看作思想观念，还是把青年看作文化现象，都是把个人的比喻想法强加给青年概念，犯了用比喻界定青年概念的逻辑错误。从逻辑学上看，青年概念与思想概念、文化概念没有属种关系，不能把思想概念、文化概念作为青年概念的属概念。从规范和严谨的学术研究看，对概念进行定义必须是明确而清晰的，必须使用清楚明白的词语，不应使用含糊不清的词语。把青年概念说成是思想、观念、理想、文化，看似用比喻指代概念，实质上是犯了定义不清、思维混乱的错误，这导致"青年"概念成为一个飘忽不定的词。"青年"一词飘忽不定的结果是，否定青年概念的绝对性，也否定了青年概念所反映的事物的客观性。以比喻法界定青年，不但不能揭示青年概念的本质属性，而且会导致青年概念的虚化，使青年研究逻辑混乱。

有的文章在青年概念的使用中喜欢添加修饰语，如把青年分为政治意义上的青年、社会意义上的青年、生理年龄意义上的青年、社会范畴意义上的青年。这些说法在具体研究中似乎有一点道理，但需要指出的是，这不是严格的青年概念界定，也容易把大众熟悉的青年概念人为地故弄玄虚，使得青年概念成为含混不清的。有的文章提出，作为一种社会范畴意义上而非只是年龄群体意义上的青年，是在现代社会的发展进程中产生的。这种说法属于自我定义，容易造成青年概念在界定上的混乱。因为如果按照这种逻辑，我们可以说，今天意义上的天空是古代没有的，今天意义上的吃饭是在现代社会中出现的。这样的说法，在文字上有差别，但在逻辑上属于同语反复，其实对于正确的思维没有任何实际的意义。有的文章把青年的年龄分为年代学年龄、生理学年龄、心理年龄和社会年龄四类，这种说法看似有一定的道理，但这种自我设定明显不符合《现代汉语词典》中关于年龄指人"已经生存的年数"的规定，在逻辑学上犯了自定义概念的错误。这种说法如果成立，就会抹杀青年年龄的确定性，容易混淆青年概念与中年概念，因为我们可以说，某个 40 岁的人的心理年龄小于 20 岁的人的心理年龄。这种说法还违反了社会常识，社会上人们通常不会从年龄以外的角度去认定一个人是否属于青年。有的文章公开宣称，青年是一个相对的概念，人们可以坦然地面对青年概念的各种版本。这种否定概念确定性的说法，导致人们不清楚青年概念的确切含义，这如何使人"坦然"得了。否定青年概念的客观性，也等于否定了青年概念的存在价值，这不是一个科学的学术态度。

在青年研究领域，从 20 世纪 80 年代开始，存在一种关于青年"过渡期"的说法，即把青年看成是一个从不成年到成年的过渡期。这种说法既不符合事实，也不符合逻辑。首先，人生是一个从出生历经儿童、少年、青年、中年、老年五个阶段的连续生命过程。每个阶段都是独立存在的，具有独立的人生价值，因而不宜被说成是"过渡"。说某个阶段是"过渡"，实际上是以别的阶段作为参照标准，这样就否定了这个阶段人的独立性和主体性。青年阶段是一个独立的人生阶段，上承少年阶段，下接中年阶段，不能简单地用所谓"过渡期"否认青年阶段的独立性。其次，从逻辑一致性的角度看，如果在关于人生过程的研究中需要采用"过渡期"的说法，那么人生上下衔接的两个阶段都是过渡关系，不单独指青年阶段。固然，青年阶段身体发育快，处在生理心理走向成熟的时期，但这恰恰说明这个阶段具有独特性，属于一个不能否定的独立阶段。罗马尼亚青年研究学者马赫列尔在多年前就对"把青年看作仅仅是'不成熟的成人'"的看法进行了质疑，认为这必然会赋予青年一种社会边缘的状况，同时预测了"青年的边缘性在未来将进一步加深"。① 可见,"认定青年是一个过渡阶段的观念值得探讨。众所周知,现代人总是生活在过渡之中,不独青年"②如此。最后,有的文章把青年阶段离开家庭,发现伴侣,寻找第一份工作作为"过渡期"的理由,但这种说法是经不起推敲的。在流动性很强的当今社会,不只是青年人,有的中年人也处于离开家庭、发现伴侣的状态。青年在成长中固然有自身的心理焦虑和冲突。但是,一些人从中年走向老年时也会出现心理焦虑和冲突,甚至老年人在退休后更普遍存在一个如何适应退休生活的问题。

有的文章把青年看作从少年儿童向成年人的过渡。这种说法尽管常常可以见到,但其实它错误地使用了成年人的概念。在中国,18 周岁是取得公民权和选举权,并被认定为成年人的标志。从 20 世纪 90 年代以来,共青团组织就举办 18 岁成人仪式,把 18 岁作为成年人的开始。从年龄跨度看,青年固然横跨 18 岁,但从分布上看,小于 18 岁的未成年的青年占比小,占比多的是大于 18 岁的已成年的青年,在整个青年人群中大多数是成年人,因此,"以'成年人'作为划分青年的界限是不科学的"③,我们不能以"成年人"作为划分青年的界限。从逻辑学的角度看,"青年"与"成年人"不是两个并列关系的概念,而是两个相容关系的概念,因此,把青年看作从少年儿童向成年人的过渡的说法,违反了概念划分中子项互相排斥的规则。

第二,青年概念误用现象除了随意使用的现象外,还包括片面界定的现象。

对于青年概念的界定标准,有的说法是片面的。典型的是把经济独立、有单独的住所、建立小家庭作为青年时期结束的界限。这种说法曾经在青年研究领域广泛流传。但是,无论是经济独立,还是有单独住所和建立小家庭,都只是多数青年的一般特点,而不是青年的本质特性,不能作为认定一个人是否属于青年的标准。现实生活中,有的中年人没有单独的住所,还有的中年人没有建立小家庭,但这些中年人绝不能被认为还属于青年。一个人即使在 40 岁时没有结婚、没有单独的住所,也不能被说成是青年。

与这个说法密切相关的是,把就业作为青年概念认定的标准。有这样

① [罗]F. 马赫列尔:《青年问题和青年学》,陆象淦译,252 页,北京,社会科学文献出版社,1986。
② [荷]汉斯·旺·埃维耶克:《青年概念的终结——对新世纪青年社会政策的思考》,载《上海青年管理干部学院学报》,2001(2)。
③ 邝海春:《论青年范畴》,载《青年研究》,1986(12)。

一种说法，农村少年在十一二岁离乡进城求职，或仅仅为免于饿死而挣扎时，就不再是孩子了；一个受过教育的青年，如果过了 35 岁仍旧找不到职业，还要靠父母养活，一般仍算作青年。按照这种说法，一个人只要就业，就不是青年；只要没就业，就是青年，这显然是片面的。10 多岁的人可以不被认定为孩子，而超过 35 岁的人仍然可以被认定为青年，这种错误是思维逻辑不一致，也背离了社会的基本常识。青年固然需要就业，然而是否就业不应成为衡量一个人是否属于青年的标准。如果说 10 多岁的孩子因为就业就不算孩子了，那么世界上就没有童工的概念了。童工概念的存在，从一个侧面说明不能把就业作为认定是青年的依据。应该说，用经济独立、有单独的住所、建立小家庭三者对青年进行认定，是一个"模糊标志"。如果"根据这个标志，青年期可以在 18 岁以前结束，也可能在接近 40 岁时才结束"①，这显然是不合常理的。

以上关于青年概念的错误说法，从逻辑学上说，混淆了青年概念的本质属性与一般属性。本质属性是概念反映对象的质的规定性。青年作为一种客观事物，具有年龄轻、发育快、外貌好、好动、上学、结婚、择业等多种属性。在青年概念的界定中，我们要仔细辨析青年概念的各种属性，区分本质属性与一般属性。"只有本质属性才体现了青年的根本性质，才是将青年这一事物与其他事物区别开来的内在标志和特殊规定性。"②青年概念反映的是青年的本质属性，而不是一般的社会属性。那种把就业、结婚作为青年期结束标志的说法，是没有区分青年的一般属性和本质属性，错误地把一般属性当作本质属性的思想。就业、结婚等属性由于年龄的缘故，是派生属性，而不是青年概念的本质属性。况且，这些属性具有不确定性，而不确定性不能作为青年概念的定义标准。

第三，青年研究中存在错误地否认青年历史存在的现象。

有的文章提出，青年概念是工业社会的产物；在传统社会里，根本没有青年这一概念，人们并不经过任何过渡阶段；具有现代意义的青年概念，是和工业生产联系在一起的；英国工业革命以前，在儿童和成年人之间并不存在青年这一阶段；青年的产生是劳动市场的需要，青年首先是作为工业生产的预备队从儿童社会中分离出来的，又和成人社会保持一段距离；青年只是在经济和政治的现代化过程中，随着社会和文化的变革而出现的。

---

① 邝海春：《论青年范畴》，载《青年研究》，1986(12)。
② 刘维群：《青年概念与青年本质之研究》，载《青年研究》，1988(12)。

这些说法尽管在青年研究领域并不少见，但却缺乏历史依据，违背历史事实。无论是从中国还是从世界看，虽然青年的年龄跨度和特征在不同历史时期不尽相同，但是难以一概否认，历史上的人也存在青年阶段。在中国，最早用"少"指称年轻。《论语·季氏》中有少之时戒之在色，壮之时戒之在斗，老之时戒之在得的"三戒"说法。这实际上是"有了把完整的人生分为青年、中年和老年三阶段的认识"①。可见，"进入奴隶社会以后至封建社会，青年作为年龄阶梯中的一个阶段开始得到承认"②。汉代包括《史记》在内的史学、文学里，就用"少年"一词描述人的青年期。据考证，"青年"作为一个词，最早出现在唐代中期，"在隋唐以后的文献中，我们可以看到'青年'的概念开始出现在诗文之中，到了宋元时代，'青年'一词已经被相当普遍地使用了"③。尽管如此，中国古代一般以"少年"代指青年。如果说青年概念在五四运动后得以广泛传播，那么在此之前早就存在青年概念了。在欧洲，古希腊哲学家亚里士多德在《修辞学》一书中提出了人生的"青年、成熟期、老年"三个阶段，并比较和分析了这三个年龄阶段的特点。④ 可见，青年作为人生的一个阶段，在国际上也是古已有之。青年概念不是近代才出现的。青年如果是指具有超时空意义的生命过程的一个阶段，那么在任何时代，任何地方，每一个人都毫无例外地会经历青年这个时期。古代社会中，人生同样是一个连续的过程，不可能跨越和缺失了青年时期。

从逻辑学角度看，否认青年的历史存在的说法，犯了用概念否定先前对象的逻辑错误。概念是客观对象的主观反映。在概念与对象的关系中，先有对象，后有概念。一个概念的出现往往是对存在一定时间的对象的总结和提炼。"人们对同一对象的认识总是不断深化的，因而关于同一对象的概念也在不断深化，即概念是不断发展的。"⑤概念作为对某事物的提炼和总结，有一个产生的时间点，但事物本身在此之前就已经存在了，只是当时人们没有形成概念。古代存在很多事物，但都没有概念。古代没有"教育"概念，但教育现象在人类社会早期就存在。我们不能因为孔子时代没有教

---

① 李毅红：《青年概念的当代阐释》，载《北京行政学院学报》，2007(5)。

② 李毅红：《青年概念的当代阐释》，载《北京行政学院学报》，2007(5)。

③ 吴端：《青年的虚像与实像——对中国的"青年"概念原创时期特征的探讨》，载《当代青年研究》，2009(7)。

④ 李毅红：《青年概念的当代阐释》，载《北京行政学院学报》，2007(5)。

⑤ 王跃平编著：《逻辑学教程》，13页，北京，北京大学出版社，2015。

育概念，就否定当时教育活动的存在。应该说，青年概念作为人的思维的产物，往往滞后于概念指向的客观事物。青年概念是某个时间点出现的，但不能简单地说这个时间点之前就不存在青年。事实上，青年出现后，才有反映青年这个客观事物的青年概念。

在青年研究领域，有人由于缺少对青年概念的辩证性思维，竟然想当然地认为有了青年概念才有青年，提出在青年概念产生之前没有青年的存在。在这种不合逻辑的思维影响下，青年研究领域流行多种关于青年历史存在的匪夷所思的说法。如有的文章提出，青年与其说是一种生物现象，不如说是一种社会创造物。这个说法似是而非。如果说青年概念是社会的创造物，那么这是符合事实的；而如果说青年是社会的创造物，这就不完全符合实际了，因为青年群体作为一定年龄阶段的人群，与其他人群一样是自然进化的结果。青年的产生是人类社会的自然现象，是人生的一个自然阶段。有的文章认为，在传统社会里，人们从儿童成长为成年人并不经过任何过渡阶段，两代人之间也谈不上什么"代沟"。这种说法缺少历史依据。从近代工业革命前的众多文学作品看，青年与父母、长辈存在思想观念的冲突，有时这种冲突还十分激烈，只是那时没有"代沟"概念。有的文章声称，青年是被发现的，即青年的概念经历了一个从无到有、从短到长的过程。这种说法比较含混，因为概念本来就是思维的产物，任何概念都经历了从无到有的过程。青年概念从无到有，根本说明不了青年是被发现的。如果可以这样主观认定，我们是否也可以说老年是发现的，因为老年的概念也经历了一个从无到有的过程？

三、青年概念如何界定

第一，从青年概念的定义方法出发，我们可以发现，青年是一个年龄概念。

青年概念的定义方法与任何概念的定义方法一样，是有规范要求的，也是有规律可循的。对于青年与其他人的本质区别，我们可以用属加种差的概念定义法，把青年与其他人的根本差别从各个不同的视角反映出来，诸如，青年是身强体壮的人、求知若渴的人、涉世不深的人等，把这些种差提炼出来，就可以看到青年与其他人相区别的内在本质。

如何对"青年"下定义呢？第一步是找出"青年"的属概念。青年的属概念是人，因为青年是人的生命中的一个阶段、人群中的一个群体。"人"与

"青年"是属种关系。其中，"人"是属概念，"青年"是种概念。① 需要指出的是，"青年期和'青年'并不是一个概念。青年期是人生的一个成长过程，属概念是时间。而'青年'是在一定经济形态中，具有某些特殊的自然属性和社会属性的人类群体。其属概念是人"②。青年的属概念绝不可能像有的文章所说的那样是思想观念、文化观念。第二步是把青年与非青年加以比较，找出青年与这些人在属性方面的差别。青年与儿童、少年、中年人、老年人的本质差别是什么？是年龄。除了年龄外，外貌、生活、就业等也有差别，但这些差别是源于年龄差别的，在根本上是由年龄决定的。第三步用"是"作为定义联项，完成定义，即青年是什么年龄的人。综上所述，被定义项"青年"的"属"是"人"，"种差"是"特定年龄"。所以，青年概念的定义形式是：特定年龄的人。青年是人生的一个阶段，与人生的其他阶段不可分割，因此是一个关系定义。青年作为关系定义，是以青年与其他人群的关系方面的特有属性即特定阶段的年龄作为种差来给青年下定义的。

从逻辑学视角看，青年概念具有多种属性，其中能够把青年与非青年相区别的属性是本质属性。青年概念的本质属性能够代表青年的本质，决定青年的性质，派生出青年的其他属性。这种本质属性就是年龄。青年是一个年龄概念，这是界定青年概念的关键。

青年是一个年龄概念，这是因为青年的界定是以生理发育为基础的，而生理发育状况取决于年龄。在人的一生中，儿童、少年、青年、中年、老年概念的联系和转化，反映着人的生命的发展过程。"青年是一个相对概念，是相对于童年、少年、中年和老年而言的。"③青年概念表示人生的一个发展阶段。一个人是青年，就意味着他已越过了生命的少年阶段，下一步将迈入中年阶段。青年概念被有的文章错误使用，是因为这些文章脱离了年龄这一根本属性去认识青年。其实，青年的本来含义是年龄，处在少年与中年之间。青年与少年结合形成"青少年"概念，青年与中年人结合形成"中青年"概念。这都是年龄概念。

青年是一个年龄概念，这是因为年龄决定了青年的其他属性。青年处在身体发育、心理发展、人格形成的时期，集中接受中学和大学教育，开

---

① 刘韵冀主编：《普通逻辑学简明教程》第 3 版，28 页，北京，经济管理出版社，2013。

② 文献良：《关于青年概念》，载《青年研究》，1984(10)。

③ 黄建钢等：《社会稳定问题研究》，216 页，北京，红旗出版社，2005。

始第一次就业，普遍会结婚生子，这些特性都是由其年龄决定的。心理学讲的青春期，也是由年龄决定的。青年的年龄属性是本，其他属性是末，定义青年概念时不能本末倒置。不能只看到青年的心理发展、恋爱结婚、就业创业等属性，更不能把这些属性作为认定某个人是否属于青年的标准，而应该清楚这些属性都源于青年的年龄。孰因孰果，切不可混淆，更不应颠倒。

青年是一个年龄概念，这是因为把年龄作为青年概念的本质属性，符合生活常识。每类事物所固有的质的规定性往往不止一种。从什么方面、什么角度强调其属性，以区别于其他事物，要依据实践的需要而定。① 青年既是一个科学概念，也是一个生活概念。青年概念的定义不能违背普通大众的生活认知。"大众乐于去接受青年的年龄标准，抛开实用性和可操作性外，易于接受是最重要的。"②对青年概念的界定，不能违反社会大众的普遍认知和基本的生活常识。对青年特性的强调，不能误入歧途，更不应脱离实际。事实上，把青年概念看成是一个年龄范畴是最有现实意义的。"我们必须在社会中找出属于青年的个体，在这一过程中，生理年龄成为学界和社会大众分辨青年的主要标准。"③

青年是一个年龄概念，这是因为把年龄作为青年概念的本质属性，有利于明确青年的社会定位。明确划定青年年龄分界线，不仅在青年发展的现实干预中具有可操作性，而且具有深刻的青年政策含义。《中长期青年发展规划》把青年发展作为国家发展战略进行统筹规划，而明确界定边界明晰的青年人群无疑是理解并解决青年发展问题的一个必要的前提。基于年龄来准确地厘清青年概念，不仅有助于我们看到青年概念背后映射的社会现实，而且有益于青年工作的实践干预和青年政策的有效实施。人们的"法律权利与义务多半是建立在刚性的年龄之上的。这与其说是精准的年龄划分，毋宁说是社会角色和履行角色的能力的区分"④。其背后的逻辑在于区分不

---

① 刘韵冀主编：《普通逻辑学简明教程》第 3 版，18 页，北京，经济管理出版社，2013。

② 陈自满、疏仁华：《"识别"与"总括"：试析青年概念的三位一体结构》，载《沈阳大学学报（社会科学版）》，2012(3)。

③ 陈自满、疏仁华：《"识别"与"总括"：试析青年概念的三位一体结构》，载《沈阳大学学报（社会科学版）》，2012(3)。

④ 胡玉坤、郑晓瑛、陈功、王曼：《厘清"青少年"和"青年"概念的分野——国际政策举措与中国实证依据》，载《青年研究》，2011(4)。

同人群之间不同的权利、义务和社会角色。因此，厘清青年年龄直接关系到青年的社会定位及青年的权利和义务。

国际社会普遍从年龄上对青年概念进行界定。联合国大会确定1985年为"国际青年年"的时候，是从年龄角度对青年进行界定的。联合国大会1995年制定的《到2000年及其后世界青年行动纲领》重申了青年的年龄界定。尽管联合国大会在定义青年概念时指出，青年的概念在世界各地因社会而异，青年的概念随着政治、经济和文化情况的变动而变化，但是，有一点是不变的，即联合国大会把青年概念看成是一个年龄概念。也就是说，青年的概念无论怎么变动，也不能离开年龄标准。还应该指出的是，自20世纪90年代以来，国际社会越来越倾向于对青年概念做出明确的年龄限定。例如，美国2013年发布的《青年的路径——联邦协作战略计划草案》规定，美国青年年龄界定为10岁至24岁[1]；墨西哥2013年发布的《墨西哥国家青年计划(2014—2018)》把墨西哥青年年龄界定为12岁至29岁[2]；印度尼西亚2009年颁布的《印度尼西亚共和国青年法》规定，"本法所称青年是指16岁至30岁，进入成长发展重要阶段的印度尼西亚公民"[3]；巴西联邦共和国2013年8月颁布的《巴西青年法》规定，"本法案所称青年是指15岁至29岁的个人"[4]。尽管不同国家和地区对于青年的年龄没有一致的规定，但是，"年龄都是界定青年的最关键因素"[5]。没有哪个国家会像前文提到的文章那样把人的思想、观念、文化作为界定青年概念的标准。

第二，明确了青年是一个年龄概念之后，我们因此可以讨论如何界定青年的年龄问题。

《中国共产主义青年团章程》规定，申请入团的一个条件是年龄在14周岁以上、28周岁以下的中国青年。国务院公布的《全国年节及纪念日放假办法》提出，在"五四青年节"这天，14周岁以上的青年放假半天。这明确了青年的年龄下限，但没有涉及青年的年龄上限。2008年，国务院法制办进一步明确规定，五四青年节放假适用人群为14周岁至28周岁的青年。14周

① 共青团中央国际联络部编：《国外青年与青年工作(2014—2018)》，内部发行，194页，北京，中国青年出版社，2020。
② 同上书，27页。
③ 同上书，262页。
④ 同上书，276页。
⑤ 李培林等：《当代中国民生》，273页，北京，社会科学文献出版社，2010。

岁至 28 周岁的说法与联合国举办"国际青年年"活动时把青年年龄界定为 14 周岁至 24 周岁的说法比较接近。从历史看，1925 年中国社会主义青年团第三次全国代表大会、1949 年中国新民主主义青年团第一次全国代表大会、1978 年中国共产主义青年团第十次全国代表大会都把团员年龄规定为 14 岁至 25 岁。毛泽东在《青年团的工作要照顾青年的特点》中说："十四岁到二十五岁的青年们，要学习，要工作"，"但是，他们的学习和工作的负担都不能过重"，"青年人就是要多玩一点，要多娱乐一点，要跳跳蹦蹦。不然他们就不高兴。以后还要恋爱、结婚"。① 这里明确把青年界定为特定年龄段的人，并描述了这一年龄阶段的青年的一些特点。从社会因素看，随着人的受教育年限的拉长和人的平均寿命的增加，青年基本完成社会化的年龄有所提高，因此，青年的年龄上限也可以相应地提高。但是这种提高不能把青年的年龄区间拉得过大。例如，世界卫生组织的一些文件把 18 周岁至 44 周岁认定为青年年龄。中国社会科学院 2018 年 1 月发布的一项研究结果提出，18 岁至 44 岁的青年人口在未来五年间将减少 3000 多万人。这种说法把青年年龄跨度认定为 26 年，无论是在青年研究中还是在青年工作中都是不可取的。如果青年年龄跨度二三十年，那么对青年的一般理论研究就没有实际价值，难以成为公共政策制定的依据。因为，一个 16 岁的人与一个 36 岁的人，无论在生理、心理、思想状况上，还是在知识能力、社会阅历、个人生活上都大为不同，更不用说与 46 岁的人相比，要知道一些 40 岁的人的孩子已经达到 16 岁。青年年龄上线过高，会制造父与子都是青年的笑话。"青年年龄跨度大，使得针对青年的研究是片面的，不符合青年的实际情况，不是严谨的科学研究"②。

　　一般说来，青年的年龄开始于平均性成熟的年龄，结束于青年基本完成学校教育、开始就业不久。根据这个标准，不同历史时期，青年的年龄可以有所不同。但在一定时期内，青年的年龄必须是确定的，并且具有相对的稳定性。现阶段，中国青年概念应该界定为 14 周岁至 35 周岁的人。

　　青年概念界定为 14 周岁至 35 周岁的人，这符合当代中国人的生理、心理状况和社会发展的实际状况。在当代中国，14 周岁至 35 周岁是人一生中

---

　　①　中共中央文献研究室编：《建国以来重要文献选编》第 4 册，236 页，北京，中央文献出版社，2011。

　　②　张良驯主编：《中国青年政策的创新发展——全面深化改革新时期青年政策研究报告》，6 页，北京，中国青年出版社，2015。

生理和心理快速发展时期，也是基本生活快速变化时期，还是思想意识基本定型时期。人们在 35 周岁时，已经完成普通学校教育，开始职业生涯，大多已成家立业，对社会生活具有真实感受。无论是对于个人的学习、生活和就业，还是对于个人的社会角色和社会作用，35 周岁都是一个重要的年龄分界点。从生理发展看，从青春期至 35 周岁是一个人身体快速发育至成熟的阶段。人的身体各个器官的功能在 35 周岁以后，开始逐步衰退，人的体质由盛转衰，生理机能也开始下降，精力逐渐减退。从心理发展看，一个人的心理在 35 周岁前后会发生较明显的变化，35 周岁是心理变化的一个重要转折点。因此，"35 岁的身体年龄转折点，是青年年龄上限在生理学和心理学上的理由"[①]。

青年概念界定为 14 周岁至 35 周岁的人，是对中国政治、经济、文化生活的客观反映。中国在公务员招考、基层干部选拔等实际工作中，把 35 周岁作为目标人群的年龄上限。35 周岁成为许多单位人员招聘的年龄上限。青年科研项目申报中把 35 周岁作为目标人群的年龄上限。可见，在社会生活的众多领域，35 周岁成为人们在社会政治、经济、科技、文化等领域发挥不同作用的一个重要年龄分界点。"一般而言，青年创新创业的巅峰期在 35 周岁左右，在这一年龄之前，人更擅于创新，之后随着年龄的增长，接受新事物、新技术的能力降低，思维的活跃度也会有所下降，创造力相应地会走下坡路。因此，将青年的年龄上限界定为 35 周岁具有科学性。"[②]可以说，在"当代社会，'35 岁现象'实实在在地存在于我们的身边"[③]。如果一个人到了 35 岁还没有实现有意义生活的目标，那么，这个人就必然会产生一定的失落感和失败感。

青年概念界定为 14 周岁至 35 周岁的人，是中国青年工作的实践总结。中国讲的青年工作是针对 35 周岁以下的目标人群。35 周岁在共青团工作中被广泛采用。职业青年分布在经济、政治、文化等各个社会领域，是共青团服务经济社会发展的主要对象。企业和农村的共青团工作长期把 35 周岁作为青年的年龄上限。共青团中央于 1994 年就在相关文件中，把 35 周岁作为认定青年岗位能手和青年文明称号的年龄上限。目前，一些地区在按照

---

① 李毅红：《青年概念的当代阐释》，载《北京行政学院学报》，2007(5)。

② 石国亮：《我们为什么要面向青年出台专门的"规划"——从"青年是不是弱势群体"谈起》，载《中国青年社会科学》，2017(4)。

③ 李毅红：《青年概念的当代阐释》，载《北京行政学院学报》，2007(5)。

青年人数划拨青年工作经费时，是把 35 周岁作为青年的年龄上限的。可见，把青年的年龄上限确定为 35 周岁，能够与各地实际执行的青年工作政策相接轨。《中长期青年发展规划》规定：青年"年龄范围是 14～35 周岁"①。这应该成为新时代党的青年工作的基本遵循。应该指出的是，一段时间以来，青年工作对象的年龄上限是不一致的。这导致在一些青年工作中，人们更多地关注 35 周岁以上的人，如事业有成的青年企业家，这幻化了青年工作的对象。从 2018 年 6 月开始，共青团中央提出，要聚焦工作对象，即聚焦 35 周岁以下的青年。这是对青年工作对象的正确回归。

把青年年龄确定为 14～35 周岁之后，如何理解 14～28 周岁的划分？对于这个问题，我们可以这样理解：14 周岁至 28 周岁指的是团员年龄。事实上，共青团不只做团员工作，还做普通青年工作，因此，共青团的工作对象没有局限于团员，而是覆盖 28～35 周岁的人群。从团员年龄范围看，团员群体集中在 14～28 周岁的学生。青年学生处在思想意识形成的关键时期和知识技能学习的黄金时期，因而成为共青团思想引领、服务青年发展的主要对象。事实上，共青团组织的工作对象没有局限于团员，而是广泛覆盖 14 周岁以上 35 周岁及以下的人群。共青团联系和服务的职业青年大多超过 28 周岁。全国第六次人口普查统计数据显示，中国大陆 14～34 周岁青年为 4.37 亿人。② 根据《中国人口和就业统计年鉴 2019》估算，中国大陆 14 周岁至 35 周岁青年占总人口的 29.75%，为 4.15 亿人。青年年龄跨度为 21 年，随着老龄化社会的到来，青年在全社会总人口中的比例相对下降。

第二节　青年的特征

一、关于青年的特征的思想

对于什么是青年的回答，我们不仅要对青年的概念进行辨析，做出界定，还要分析青年具有的不同于其他年龄段人群的特征。青年的特征是青年观的重要内容。不同的人对青年发展问题的认知存在差异，这与个人持

---

① 《中长期青年发展规划（2016—2025 年）》，1 页，北京，人民出版社，2017。
② 丘小维：《社会主义市场经济条件下青年发展权的保障与落实》，载《创新》，2014(6)。

有的青年观和对青年特征的认知有直接的关系。

第一，近代以来，中外政治家、思想家对于青年的特征，做过许多专门的阐述。

德国近代哲学家黑格尔在《精神哲学》一书中，研究了人的一生在不同时间点的生存状态。黑格尔认为，幼年是天然和谐的年代，幼童同自己和世界和平相处，生活在天真无邪的状态中，没有长时间的痛苦，生活在对父母喜爱和被父母宠爱的感情之中。在幼年过渡到童年时，个人接触到外部世界的情感，开始变成一个现实的人，而且自己感觉到这一点，由此产生了试图把自己置身于这个现实中进行考验的实际倾向。比学会站立和走路更为重要的是，一个人通过语言，意识到了自身固有的普遍性，开始表现自我。发现自我的天性，是儿童精神发展中的一个极其重要的特点。黑格尔揭示了儿童成长为少年过程中的矛盾发展运动："在他们的内心产生了'自己不应该是这样'的感情，以及要求同生活在他们周围的成年人具有同等地位的迫切愿望。"一个人"随着青春期的出现，内心开始产生人类生活的要求，并寻求在这方面的满足，此时，儿童就成为少年了"。这个阶段的精神特征是，"从体现为某一个人的个人形象的理想过渡到'关于世界一般状态'的理想"。少年自以为有责任和有能力改造世界，由于追求理想的倾向，"少年比关心自己私利的成年人高尚得多，更富有利他主义的精神"。[1] "对于青年来说，从理想世界走向现实社会意味着向庸人生活的转化，也就是说，由于不可能立即实现理想，他们不止一次陷入悲哀。"[2] 黑格尔的分析深刻地描述了人的发展特征，从个人与社会的关系中揭示了青年生理发展和精神发展的辩证法。

英国近代哲学家培根在《论青年与老年》一文中，把青年的特征与老年的特征进行了对比分析。培根认为，"和老年人相比，年轻人思维活跃，创造力强，想象力更是源源不断地在脑海中闪现"。"性格沉稳的人年轻时就可以成就一番事业。""年轻人适合搞发明而不适合做判断，适合执行而不适合策划，适合推行新举措而不适合做因循守旧之事。年轻人正在做的事情，如果老年人曾经历过，可以给予年轻人指导；如果老年人没有经历过，对

① ［罗］F. 马赫列尔：《青年问题和青年学》，陆象淦译，35 页，北京，社会科学文献出版社，1986。

② 同上书，36 页。

年轻人妄加指导很有可能会误导年轻人。"①"年轻人做事容易自不量力，喜欢大包大揽；总想追求速度，而不讲究方式方法；贸然进行革新，结果招来一系列麻烦；犯错之后不知悔改，就像一匹没有套上笼头的马；不知道什么时候应该停下来，什么时候应该转弯。老年人办事往往想得太多，顾虑太多，不敢轻易冒险，而且很快就会后悔，很难一次就把事情搞定，并且取得一点成绩就很知足。"②从培根把青年特点与老年特点进行的对比中，我们可以看到，青年具有活跃的思维、创新的精神、丰富的想象力、容易犯错等特征。

梁启超在《少年中国说》中，把少年人与老年人进行了对比。梁启超认为："老年人常思既往，少年人常思将来。惟思既往也，故生留恋心；惟思将来也，故生希望心。惟留恋也，故保守；惟希望也，故进取。惟保守也，故永旧；惟进取也，故日新。惟思既往也，事事皆其所已经者，故惟知照例；惟思将来也，事事皆其所未经者，故常敢破格。老年人常多忧虑，少年人常好行乐。惟多忧也，故灰心；惟行乐也，故盛气。惟灰心也，故怯懦；惟盛气也，故豪壮。惟怯懦也，故苟且；惟豪壮也，故冒险。惟苟且也，故能灭世界；惟冒险也，故能造世界。老年人常厌事，少年人常喜事。惟厌事也，故常觉一切事无可为者；惟好事也，故常觉一切事无不可为者。老年人如夕照，少年人如朝阳；老年人如瘠牛，少年人如乳虎；老年人如僧，少年人如侠；老年人如字典，少年人如戏文；老年人如鸦片烟，少年人如泼兰地酒；老年人如别行星之陨石，少年人如大洋海之珊瑚岛；老年人如埃及沙漠之金字塔，少年人如西伯利亚之铁路；老年人如秋后之柳，少年人如春前之草；老年人如死海之潴为泽，少年人如长江之初发源。此老年与少年性格不同之大略也。"③从老年人与少年人的性格不同谈起，梁启超认为老年人"常思既往"，"常多忧虑"，"常厌事"，故"保守""怯懦""苟且"，觉得什么事情都不可为，因此，只能"毁灭世界"，而少年人"常思将来"，"常好行乐"，"常喜事"，故敢"进取"，敢"破格"，敢"冒险"，觉得天下事无不可为，因此，能"创造世界"。"故今日之责任，不在他人，而全在我少年。少年智则国智，少年富则国富，少年强则国强，少年独立则国独立，少年自由则国自由，少年进步则国进步，少年胜于欧洲则国胜于欧洲，

---

①　［英］弗朗西斯·培根：《培根随笔》，118 页，北京，北京日报出版社，2016。

②　同上书，119 页。

③　梁启超：《少年中国说》，1～2 页，北京，中国言实出版社，2017。

少年雄于地球则国雄于地球。"①梁启超在这里说的少年是一个包含部分青年在内的概念，因此可以说，他指出了青年的未来、希望、进取、创新、行乐、冒险等特征。他把国家民族与青年紧密结合起来，青年是破旧立新、充满创造性的能动力量，具有冲破旧社会秩序的勇气和能力，成为重振中国雄风的决定性角色。

陈独秀于 1915 年 9 月在《青年杂志》创刊号上，写下了揭开五四运动序幕的《敬告青年》一文。该文开篇就赞美青年，说"青年如初春，如朝日，如百卉之萌动，如利刃之新发于硎，人生最可宝贵之时期也"。接着笔锋一转谈及社会，他形象地指出，"青年之于社会，犹新鲜活泼细胞之在人身。新陈代谢，陈腐朽败者无时不在天然淘汰之途，与新鲜活泼者以空间之位置及时间之生命"。"社会遵新陈代谢之道则隆盛，陈腐朽败之分子充塞社会则社会亡"。写到这里，他诚恳地表示，"予所欲涕泣陈词者，惟属望于新鲜活泼之青年，有以自觉而奋斗耳"。陈独秀所希望的这种"自觉而奋斗"的新青年，应该是什么样的人呢？他"谨陈六义"，疾呼青年要"自主的而非奴隶的"，"进步的而非保守的"，"进取的而非隐退的"，"世界的而非锁国的"，"实利的而非虚文的"，"科学的而非想象的"②，因而提出了新青年的六条标准。陈独秀指出了青年的朝气蓬勃、新鲜活泼等特征。这六条新青年的标准，在今天仍然具有现实意义。

李大钊在 20 世纪 20 年代，以"光明""活泼""奋斗""无困难"等词语来描述青年的特征。1916 年 5 月，他在《民彝与政治》一文中提出，"吾人宜悟儒家日新之旨，持佛门忏悔之功，遵耶教复活之义，以革我之面，洗我之心，而先再造其我，弃罪恶之我，迎光明之我；弃陈腐之我，迎活泼之我；弃白首之我，迎青年之我；弃专制之我，迎立宪之我；俾再造之我适于再造中国之新体制，再造之中国适于再造世界之新潮流"③。1916 年 8 月，他在《晨钟报》创刊号上发表《〈晨钟〉之使命——青春中华之创造》一文，唤醒民众觉醒，激励青年急起直追，打造青春之中华。文中写道："一切之新创造，新机运，乃吾青年独有之特权。"④"青年之文明，奋斗之文明也，与境遇奋斗，与时代奋斗，与经验奋斗。故青年者，人生之王，人生之春，人

---

① 梁启超：《少年中国说》，7 页，北京，中国言实出版社，2017。
② 陈独秀：《敬告青年》，载《当代青年研究》，1989(2)。
③ 《李大钊文集》第 1 卷，165 页，北京，人民出版社，1999。
④ 同上书，169 页。

生之华也。青年之字典，无'困难'之字，青年之口头，无'障碍'之语。"①因此，"国家不可一日无青年，青年不可一日无觉醒，青春中华之克创造与否，当于青年之觉醒与否卜之"②。在李大钊看来，青年朝气蓬勃，拥有摧毁一切旧事物的力量和热情。

第二，新中国成立后，党和国家领导人对青年的特征做出许多精辟的阐述。

毛泽东 1953 年在接见中国新民主主义青年团第二次全国代表大会主席团时，发表了著名的《青年团的工作要照顾青年的特点》讲话。毛泽东说，"党如何领导团的工作""团如何做工作"，这"两个题目，都包含了如何照顾青年的特点"，因此，"党和团的领导机关，都要学会领导团的工作"，"照顾青年特点。组织和教育广大青年群众"。③ 如果不照顾青年特点，就会脱离群众。"十四岁到二十五岁的青年们，要学习，要工作，但青年时期是长身体的时期，如果对青年长身体不重视，那很危险。"④青年"学习和工作的负担都不能过重"，"要多玩一点，要多娱乐一点，要跳跳蹦蹦"。⑤ 他说："青年人不比我们弱。老年人有经验，当然强，但生理机能在逐渐退化，眼睛耳朵不那么灵了，手脚也不如青年敏捷。这是自然规律。"⑥他在这里指出了青年的长身体、爱玩乐的特征。

青年具有积极向上、朝气蓬勃的特点，这得到新中国历任党和国家领导人的肯定。毛泽东 1955 年 12 月 27 日在《中山县新平乡第九农业生产合作社的青年突击队》一文的按语中指出，青年是整个社会力量中的最积极最有生气的力量。他们最肯学习，最少保守思想，在社会主义时代尤其是这样。邓小平 1955 年 9 月 28 日在全国青年社会主义建设积极分子大会上的讲话中说："新中国的青年是敢于向前看的，是生气勃勃的，是对社会主义抱有无限热情的，是有强烈的上进心的。"⑦江泽民 2002 年 5 月 15 日在纪念中国共

---

① 《李大钊文集》第 1 卷，169～170 页，北京，人民出版社，1999。
② 同上书，169 页。
③ 中共中央文献研究室编：《建国以来重要文献选编》第 4 册，235 页，北京，中央文献出版社，2011。
④ 同上书，236 页。
⑤ 同上书，236 页。
⑥ 同上书，237 页。
⑦ 中共中央文献研究室编：《邓小平论教育》第 3 版，8 页，北京，人民教育出版社，2004。

产主义青年团成立八十周年大会上的讲话中说："在任何一个时代中，青年都是社会上最富有朝气、最富有创造性、最富有生命力的群体。"①"青年最少保守思想，最具有创新的潜能。许多杰出人物都是在风华正茂的青年时代就创造出一番了不起的业绩。"②胡锦涛2009年5月2日在同中国农业大学师生代表座谈时的讲话中说："五四运动以来90年的历史、新中国成立以来60年的历史、改革开放以来30年的历史都充分表明，青年确实是我国社会中最积极、最活跃、最有生气的一支力量，确实是值得信赖、堪当重任、大有希望的!"③习近平2013年10月3日在《携手建设中国—东盟命运共同体》一文中说："青年最富有朝气、最富有梦想。"④习近平2016年4月26日在同知识分子、劳动模范、青年代表座谈会上说："青年人朝气蓬勃，是全社会最富有活力、最具有创造性的群体。"⑤习近平2019年4月30日在纪念五四运动100周年大会上的讲话中说："青年是整个社会力量中最积极、最有生气的力量，国家的希望在青年，民族的未来在青年。"⑥

二、对于青年特征的讨论

从一般意义上看，青年的特征表现在生理、心理和社会三个层面。最直观的青年特征是生理特征，这表现在青年的体态、气色、面容、头发等，青年的特征与之前的少年和之后的中年都存在明显的区别。青年具有的心理特征是认知能力发展很快，情绪情感很丰富，气质和性格基本形成，对未来充满向往，富于想象。青年的社会特征体现在，他们是经济社会发展中充满朝气的新生力量，是家庭、社会和国家的未来和希望。青年具有自身的优势，在观念上最少保守思想、最易接受新事物，在身体上拥有健康的体魄和旺盛的生命力，在学习上求知欲强，知识和能力提升得快。这三

① 中共中央文献研究室编：《十五大以来重要文献选编》下册，568页，北京，中央文献出版社，2011。

② 同上书，573～574页。

③ 胡锦涛：《在同中国农业大学师生代表座谈时的讲话》，载《基础教育外语教学研究》，2009(5)。

④ 中共中央文献研究室编：《习近平关于青少年和共青团工作论述摘编》，4页，北京，中央文献出版社，2017。

⑤ 同上书，8页。

⑥ 习近平：《在纪念五四运动100周年大会上的讲话》，载《人民教育》，2019(9)。

个方面的青年特征具有内在的联系，统一展现青年的自然和社会形象。青年有"主体的社会资格能力""主体的自我抉择性""抉择的人生影响力"三大特质。① 人的一生是在青年时期获得基本的素质和能力、做出那些对以后事业和生活产生深刻影响的重大抉择的。

在青年的诸多特征中，存在一种本质特征。"青年的本质必须是任何时代、任何地区的青年都具有的属性，无论从历时态看，还是从共时态看，都存在于任何青年之中。认识青年的本质，首先必须从'类'事物的'共同属性'展开讨论，即对青年的类现象进行考察，也就是要从不同时期、不同区域、不同职业以及不同社会形态等多种青年现象中去考察，抽象出各类青年所共有的并且最一般、最普遍和最稳定的共同属性。"② 有研究提出，青年的本质是指青年的自然属性与社会属性在开始介入实践活动中的辩证统一，是青年自我与社会逐步协调统一并成为社会主体过程的诸因素的总和。③ 青年具有自然性、社会性和实践性，这三个方面是不可分割的整体：急剧变化的自然性反映了青年整体存在的固有特性；日趋成熟的社会性揭示了青年本质最根本的特性；而逐步完善的实践性则体现了青年由自然人向社会人转变过程中的能动性，它们有机结合，浑然一体，在动态发展中从不平衡达到平衡，构成了青年特殊的质的规定性。④

青年属于人，固然具有人的本质，但是青年作为特定年龄阶段的人，与其他年龄阶段的人相比，还具有特殊的本质，这种本质就是青年的发展性。对于老年人来说，从素质和能力到实践活动，再到社会关系和人的需要，他们不但难以有新的发展，而且在许多方面还会不断地衰弱和倒退。"夕阳无限好，只是近黄昏"，唐代诗人李商隐的这句千古名言，反映了自然的规律。对于中年人来说，能力、生活和事业都已经大致定型，尽管自身还有一定的发展，但自身发展的空间是十分有限的。对于少年儿童来说，他们具有很强的发展性，但这个阶段主要是身体和知识的发展，发展的领域没有青年那样广泛和全面，发展的水平也是初级的。"儿童和青年都是属

---

① 刘远杰：《青年发展本质：对我国青年研究的反思》，载《当代青年研究》，2015(1)。

② 伍复康：《论青年本质：从马克思主义人的本质理论出发》，载《中国青年社会科学》，2017(4)。

③ 黄蓉生主编：《青年学研究》，74页，成都，四川人民出版社，2009。

④ 同上书，76页。

于未来的年龄。但是儿童的未来虽然在量上大于青年，在质上却有明显的差别。人是社会性的动物，他是一个从生物个体到社会成员（或者说到社会性与人格统一）的发展过程，因此人的年龄特点不能仅仅以自然的因素来说明，而必须从生理、心理和社会的综合因素来考察。"①人们在青年阶段接受中学教育和大学教育，进入职场，走上社会，普遍会结婚生子，开始了全面独立的生活，同时，由于处在学习的黄金时期和事业的起步阶段，他们的可塑性强，发展空间大，正所谓后生可畏。因此，从发展的普遍性、丰富性和潜在性三者来看，青年无论是比年龄小的少年儿童还是比年龄大的中老年人，都具有更丰富、更远大的发展特征。"对于一个老年人，我们特别需要从他的过去经验去了解和认识他；而一个中年人，则特别需要从他现实的状况去了解和认识他；而认识和理解一个青年人，他所计划的未来状态则是这一途径的钥匙。青年是未来的移民，他们总是听从明天的召唤，为社会的进步发展和革新创造注入特殊的活力。"②罗马尼亚学者马赫列尔在《青年问题和青年学》一书中认为，最大限度地向未来开放是青年的本质特征之一，趋向未来是青年固有的或者说特有的本性。青年对未来的向往和追求，比之前的少年儿童和之后的中年人更为强烈。青年思想与行为超越于现实，不满于现状，充满着理想与幻想。青年普遍能够最大限度地向未来开放，满怀希望地去追求自己的目标，对未来充满各种理想与幻想，对社会的发展、对个人的前途怀有美好的愿望。"把现实存在与未来发展联系起来思考人生、设计人生、实践人生，无疑是青年发展的本质特征。"③这一特征决定了青年的思想与行为，在本质上是将对未来的美好憧憬与自身内在的基本需要和切身利益紧密联系在一起的。

青年的一些表现和特征常常会引起人们的议论和评价。青年身上似乎从不缺少标签，而且这些标签大多不是什么好词儿。从现实情况看，青年的思想观念和生活方式不同于中老年人，因而难免会遭到有些人的非议、抵制和批评。例如，青年往往喜欢做一些与众不同的事情，如时髦的发型、流行的服装、张扬的消费等，这些事情都曾经遭到一些人的负面评价，但这些现象或许折射出时代变化的轨迹。应该说，不同年代的青年的成长环境是不同的，我们不能简单地用以前的价值标准来衡量和评价当下的青年，

---

① 杜凌飞：《试述马赫列尔的青年本质观》，载《青年研究》，1988(1)。
② 杜凌飞：《试述马赫列尔的青年本质观》，载《青年研究》，1988(1)。
③ 黄蓉生主编：《青年学研究》，81页，成都，四川人民出版社，2009。

否则就容易产生主观、片面、消极的看法。这样的看法，远的有鲁迅笔下那个总是抱怨世风日下、一代不如一代的"九斤老太"，近的有那些指责"80后"是"小皇帝""自私自利"，指责"90后""追求享乐""娱乐至上"的偏颇声音。人们为了过更有价值的生活，可以放弃即时满足。这种"延迟满足"需要一定的忍耐力和自制力，对于一个人的成功是非常重要的。心理学家对延迟满足这一特殊的心理现象进行过实验研究。从相关数据看，儿童在延迟满足上的测试得分有上升的趋势，现今儿童的延迟满足能力其实比上一代更强。有研究者总结："一代不如一代"效应实际上是人们的一种下意识的倾向，源自人们对自身记忆的美化。在中国，无论是否被贴上自我任性的标签，新一代人的知识面更广，适应新兴科技的能力更强，这是不争的事实。"一代不如一代"的抱怨其实只是人们陈旧的思维定式。

从哲学上看，"人们对80后及90后的评价更多是以特殊来代替普遍，以部分简单地代表整体，往往不能客观公正"①。研究者不能以偏概全，用少数人的一时表现来简单地描述整个青年的群体特征。在社会生活中，青年个体的行为有时会被有的人放大，少数人、个别人的偶然表现一旦经过互联网络的传播，其影响就可能被扩大数倍，容易使人产生以个别看待整体的错误印象，因此，对于青年特征的讨论，运用辩证的思维方式是非常重要的。"我们必须用联系、全面、发展的眼光去客观认识他们的基本特征。"②1980年2月，胡耀邦在剧本创作座谈会上谈了如何看待青年的问题。他指出：有同志说，青年是好的；有同志说，青年是坏的。他觉得两种看法都太绝对。我们党历来讲，青年绝大部分是好的，也有少数不好的。青年人很可爱，本质上很纯洁，很有朝气，是我们的未来。但是人在青年时期，一般来说，却比较幼稚，容易上当。所以，要有一条正确的青年工作路线，要注意两个方面：第一，我们要好好地爱护青年，很好地培养他们。除极少数违法犯罪的害群之马外，要保护绝大多数青年。第二，我们还要正确地引导他们，对青年不要一味捧场。我们要像培育鲜花似地爱护青年，可是不能无原则地吹捧青年，不能迎合一部分青年中的错误思想倾向和低

① 杨立宪：《中国化马克思主义青年观研究》，博士学位论文，中共中央党校，2013。
② 杨立宪：《中国化马克思主义青年观研究》，博士学位论文，中共中央党校，2013。

级情趣。在对待青年的问题上，党的工作也要接受历史的检验。① 的确如此，我们对青年群体要进行科学的分析、正确的评价，不能搞简单化、一刀切。青年是群众中的一部分，历来有先进、中间、落后之分，企图用一句话概括成"思考的一代""迷惘的一代""垮掉的一代"等，连定量的分析都没有，这种定性的结论自然不可能是科学的了。青年处于人生观、价值观的形成时期，可塑性大、思想起伏多、变化快。尤其在进入 21 世纪之后，青年的构成有很大变化，青年的思想意识也有高低不同的层次，呈现出比较复杂多样的情况。如果把复杂的事物简单化，用绝对的字样代替辩证的、历史的、客观的分析，我们是很难把青年的思想现状分析清楚、判断准确的。江泽民 1990 年 5 月在首都青年纪念"五四"报告会上说："我们的青年知识分子总体上是好的，是可以信赖的。他们中的绝大多数人热爱祖国，热爱人民，热爱社会主义，勤奋好学，积极上进，具有为国家富强而奋斗的真诚愿望，在自己的岗位上做出了可喜的成绩。这是青年知识分子队伍的主流。当然，青年人涉世不深，实践经验较少，不大熟悉中国国情和中国人民奋斗的历史，存在着一些弱点和不足。特别是在一段时间里，由于我们放松了思想政治工作和优良传统的教育，致使一些青年知识分子不同程度地受到西方资产阶级人生观、价值观的影响，受到民族虚无主义的影响。这些问题，我们相信青年同志能够通过学习和实践，通过总结经验得到解决。"② 这里既指出了青年知识分子的优点，也指出了弱点。

青年研究中有一种非常浪漫的观点，认为青少年时期作为一个人的发展时期，不可避免地充满着"狂风暴雨"。诚然，青年发展在生理上和心理上具有一定的矛盾性。青年时期是人的自然性充分发展并达到成熟的时期，一方面，青年的各种生物本能显露，生理欲望旺盛；另一方面，青年逐步走向社会变得成熟，在思想上和行为上具有一定的社会自觉。"青年身上生物要素和社会要素的矛盾，直接表现在对生物性的改造和反改造中，形成了青年内部发展上的冲突性、不平衡性。"③ 处在上承少年阶段、下接中年阶段的青年，生理上尚未完全发育成熟，心理上有待定型，容易出现一些自

---

① 胡耀邦：《在剧本创作座谈会上的讲话》，29 页，北京，文化艺术出版社，1981。

② 中共中央文献研究室编：《十三大以来重要文献选编》中册，448 页，北京，中央文献出版社，2011。

③ 黄蓉生主编：《青年学研究》，78 页，成都，四川人民出版社，2009。

身发展的问题。一般说来，青年在就业、结婚生子时，其生物成熟度与社会就达到了统一。青年发展的矛盾性，是青年急剧变化的自然性和日趋成熟的社会性两者之间发生冲突的反映。但是，这种青年发展的矛盾性似乎不能简单地夸大为"狂风暴雨"。近年来，随着生理学、心理学、青年学的深入研究，有越来越多的证据不支持人在青少年时期普遍地具有"狂风暴雨"的特征。这些研究发现，青少年会经历许多不同的变化。"尽管一些青少年确实会经历个人和人际间的'狂风暴雨'，但他们只是所有青少年中很小的一部分。人一生中各个发展阶段都会存在各种各样的生活难题，对大多数年轻人来说，青少年期并不会特别困难重重。另外，尽管青少年确实与同伴在一起的时间要比和父母在一起的时间多，但他们与父母之间的关系大多数是健康的，他们仍然受到父母的积极影响（比如在他们的教育目标和职业选择上）。"[①]我们可以谨慎地认为，"没有哪个人生阶段是没有危机和适应性问题的，每一个阶段都有一些特定的适应性问题，但是这些问题只在一部分人而不是所有人身上出现。因此，人们应该谨防将在一些青少年身上出现的问题推广扩散到整个青少年群体中"[②]。"'狂风暴雨'并不一定是青少年期的显著特征，其他形式的青少年发展模式也会出现。"[③]有研究提出，青少年存在三种发展类型：第一种路线是"平稳渐进成长型"，这种路线的行为一般会平稳变化。"处于这种轨迹的青少年与父母没有重大的冲突，没有感觉到父母教养方式的不合适，也没有感觉到他们与父母的价值观有什么不同。大多数青少年属于这一类型。"第二种类型是"快速成长型"，该类型充满了许多突然的变化，但是没有所谓"狂风暴雨"。第三种类型为"动荡成长型青少年发展"。这种发展类型充满了危机、焦虑和难题。对处于这一类型发展轨迹的青少年来说，"狂风暴雨"的描述是非常贴切的。因此，"青少年期的'狂风暴雨'只在一部分青少年身上表现出来"。"只有少数青少年会经历一个动荡时期。"总的说来，"大多数青少年和他们父母的价值观相对一致，他们对家庭生活和父母对待他们的方式也比较满意。我们可以看出，以上证据与人们长期持有的对青少年期的总体上的'狂风暴雨'这

---

① ［美］理查德·M. 勒纳：《人类发展的概念与理论》，张文新主译，6 页，北京，北京大学出版社，2011。

② 同上书，6～7 页。

③ 同上书，7 页。

一刻板印象是不吻合的"①。可见，对于青年特征的一些流行看法，未必是完全符合实际的，这需要青年研究者加以仔细的辨析。

第三节　青年的社会作用

一、关于青年的社会作用的思想

青年作为一个群体，在社会生活中扮演着独特的角色，具有不同于其他年龄人群的社会作用。这种社会作用不只是由青年的特征决定的，也是社会赋予青年的，在很大程度上是人们从国家发展、政党事业和社会进步的角度对青年的社会角色进行的意义建构。

马克思、恩格斯共同撰写的《德意志意识形态》一书，第一次系统地阐述了历史唯物主义的基本原理，考察了劳动分工与人的发展的关系，奠定了马克思主义青年观的理论基础。把青年看作推动历史发展和社会进步的有生力量，这符合马克思主义关于人民群众是社会历史的创造者和社会历史发展动力的观点。列宁在《孟什维主义的危机》一文中，借用恩格斯的话阐述了马克思主义政党与青年的深刻渊源，"恩格斯在反驳一位庸俗的资产阶级教授、德国的立宪民主党人时写道：在我们革命政党中青年占优势，这难道不自然吗？我们是未来的党，而未来是属于青年的。我们是革新者的党，而总是青年更乐于跟着革新者走。我们是跟腐朽的旧事物进行忘我斗争的党，而总是青年首先投身到忘我斗争中去"②。可见，青年具有阶级的未来和政党的未来的社会定位。

新中国成立以后，党和国家领导人对青年的社会作用做出多方面的评价和肯定。概括起来主要有以下三个方面。

一是青年是祖国的未来、民族的希望，也是党的未来和希望。例如，毛泽东 1957 年 11 月 17 日在苏联莫斯科大学接见中国留学生时说："世界是你们的，也是我们的，但是归根结底是你们的。你们青年人朝气蓬勃，正

---

①　[美]理查德·M. 勒纳：《人类发展的概念与理论》，张文新主译，7 页，北京，北京大学出版社，2011。

②　《列宁全集》第 14 卷，161 页，北京，人民出版社，1988。

在兴旺时期，好像早晨八、九点钟的太阳。希望寄托在你们身上。"①毛泽东这句关于青年的名言生动形象，广为人知。邓小平 1956 年 9 月在党的第八次全国代表大会上说："青年——是我们的未来，我们的一切事业的继承者。"②习近平 2017 年 5 月 3 日在中国政法大学考察时说："中国的未来属于青年，中华民族的未来也属于青年。青年一代的理想信念、精神状态、综合素质，是一个国家发展活力的重要体现，也是一个国家核心竞争力的重要因素。"③这里把青年的社会作用提升到了国家核心竞争力的高度。习近平于 2018 年 7 月 2 日在同团中央新一届领导班子成员集体谈话时强调，青年是祖国的未来、民族的希望，也是党的未来和希望。这指出了青年具有关系到国家、民族和党的未来的社会作用。

二是青年富有创造力，在经济、科技、社会发展中发挥着重要作用。例如，江泽民 1998 年 6 月在接见出席中国科学院第九次院士大会和中国工程院第四次院士大会的部分院士的讲话中说："综观世界科学技术发展史，许多科学家的重要发现和发明，都是产生于风华正茂、思维最敏捷的青年时期。这是一条普遍性的规律。"④他指出，《共产党宣言》发表时，马克思是 30 岁，恩格斯是 28 岁。"人的思维创造活动的最好年龄，一般是二十几岁到三十几岁。年轻人不但思维敏捷，精力旺盛，而且对知识、经验的积累和掌握也最为快捷，又最少包袱，敢想敢干，再加上其他的有利条件，所以新的发现、新的创造出在青年时期居多。"⑤江泽民 1999 年 8 月在全国技术创新大会上的讲话中说："青年人才的迅速成长，是科技进步、技术创新的希望所在。青年时代，是最富有创新精神的黄金时代。世界科技发展的一些重大突破，往往是由年轻人搞出来的。要努力为青年人才脱颖而出营造良好的社会环境，让他们充分施展才华，勇于创新，大展宏图。"⑥习近平 2019 年 4 月 30 日在纪念五四运动 100 周年大会上的讲话中说："自古英雄出少年。在漫漫历史长河中，人类社会青年英雄辈出，中华民族青年英雄

---

① 教育部留学服务中心、北京海外学人科技服务中心编：《2007 中国留学人员创业年鉴》上卷，3 页，北京，中国财政经济出版社，2008。

② 《邓小平文选》第 1 卷，254 页，北京，人民出版社，1994。

③ 中共中央文献研究室编：《习近平关于青少年和共青团工作论述摘编》，9 页，北京，中央文献出版社，2017。

④ 江泽民：《论科学技术》，109 页，北京，中央文献出版社，2001。

⑤ 同上书，111 页。

⑥ 同上书，156 页。

辈出。""在我们党领导人民进行革命、建设、改革的伟大历史进程中更是青年英雄辈出。中共一大召开时毛泽东是 28 岁，周恩来参加中国共产党时是 23 岁，邓小平参加旅欧中国少年共产党时是 18 岁。杨靖宇牺牲时是 35 岁，赵一曼牺牲时是 31 岁，江姐牺牲时是 29 岁，红三十四师师长陈树湘牺牲时是 29 岁，邱少云牺牲时是 26 岁，雷锋牺牲时是 22 岁，黄继光牺牲时是 21 岁，刘胡兰牺牲时只有 15 岁。守岛 32 年的王继才第一次登上开山岛时是 26 岁，航天报国的嫦娥团队、神舟团队平均年龄是 33 岁，北斗团队平均年龄是 35 岁。这样的青年英杰数不胜数！我们要用欣赏和赞许的眼光看待青年的创新创造，积极支持他们在人生中出彩，为青年取得的成就和成绩点赞、喝彩，让青春成为中华民族生气勃发、高歌猛进的持久风景，让青年英雄成为驱动中华民族加速迈向伟大复兴的蓬勃力量！"①这里用一些青年英雄的事例说明青年在中国革命、建设、改革中发挥了生力军的作用。

三是青年与党的事业存在紧密联系，党只有赢得青年才能赢得未来。例如，江泽民于 2002 年 5 月 15 日在纪念中国共产主义青年团成立 80 周年大会上的讲话中说："马克思主义的政党只有赢得青年，才能赢得未来。中国共产党从诞生之日起，就同广大青年紧密联系。党的事业离不开青年，青年的成长更离不开党。我们党要赢得青年，就必须用先进的理论引导青年，用光辉的事业凝聚青年，用良好的作风吸引青年。"②这里对党与青年的关系做出了简明而深刻的阐述。胡锦涛 1998 年 6 月 19 日在共青团第十四次全国代表大会上的祝词中指出，"历史充分证明：中国共产党是领导我们事业的核心力量，青年只有在党的领导下，积极投身于人民群众的伟大实践，才能为祖国和人民建功立业，大有作为。青年是推动历史发展和社会进步的一支生机勃勃、积极向上的重要力量，我们党只有赢得青年，才能赢得未来，不断地从胜利走向胜利"③。"青年是国家的未来，民族的希望。一个有远见的民族，总是把关注的目光投向青年；一个有远见的政党，总是把青年看作是推动历史发展和社会前进的重要力量。我们的民族就是这样的民族，我们的党就是这样的党。"④胡锦涛在庆祝中国共产党成立 90 周年大

---

① 习近平：《在纪念五四运动 100 周年大会上的讲话》，载《人民教育》，2019(9)。
② 中共中央文献研究室编：《十五大以来重要文献选编》下册，576 页，北京，中央文献出版社，2011。
③ 同上书，366 页。
④ 同上书，371 页。

会上的讲话中热情洋溢地赞扬青年："我们党的队伍里始终活跃着怀抱崇高理想、充满奋斗激情的青年人，这是我们党历经 90 年风雨而依然保持蓬勃生机的一个重要保证。青年是祖国的未来、民族的希望，也是我们党的未来和希望。全党都要关注青年、关心青年、关爱青年，倾听青年心声，鼓励青年成长，支持青年创业。党对青年寄予厚望，人民对青年寄予厚望。"①胡锦涛 2012 年 11 月 8 日在中国共产党第十八次全国代表大会上的报告中说："中国特色社会主义事业是面向未来的事业，需要一代又一代有志青年接续奋斗。全党都要关注青年、关心青年、关爱青年，倾听青年心声，鼓励青年成长，支持青年创业。广大青年要积极响应党的号召，树立正确的世界观、人生观、价值观，永远热爱我们伟大的祖国，永远热爱我们伟大的人民，永远热爱我们伟大的中华民族，在投身中国特色社会主义伟大事业中，让青春焕发出绚丽的光彩。"②

二、对于青年社会作用的分析

对于青年的社会作用，应该有两个向度的分析：一是未来的向度，二是现实的向度。从未来的向度看，青年之所以具有重要的社会作用，是因为他们是面向未来的，具有未来性，身上拥有神奇的光环，构成了生产劳动的后备大军，是希望的代表和美好的象征。"青年是国家的未来和民族的希望"，这句人们耳熟能详的话集中体现了青年的社会作用。从现实的向度看，青年之所以具有重要的社会作用，是因为青年不只是明天，也是今天，是现实的存在，具有现实性，他们中一部分人在大中学校学习，一部分人已经走出校门，进入职场，成为社会中知识水平较高的从事生产劳动的有生力量。在许多行业如新技术行业中，青年充当了主角，发挥着主力军的作用。面对突如其来的新型冠状病毒肺炎（以下简称"新冠肺炎"）疫情，许多"90 后"和"00 后"医生和护士主动请缨，活跃在抗击新冠肺炎疫情的第一线，展示了新时代青年的责任和担当。

---

① 本书编写组编著：《胡锦涛在庆祝中国共产党成立 90 周年大会上重要讲话精神学习问答》，26 页，北京，党建读物出版社，2011。
② 胡锦涛：《坚定不移沿着中国特色社会主义道路前进，为全面建成小康社会而奋斗——在中国共产党第十八次全国代表大会上的报告（2012 年 11 月 8 日）》，56—57 页，北京，人民出版社，2012。

历史一再说明，青年是社会运动的积极参与者和社会变革的有力推动者。例如，五四运动是青年学生发起的社会运动。五四运动后，在中国传播马克思主义的是青年知识分子。1920 年时，大多数传播马克思主义思想的知识分子为青年。其中，20 岁以下的有 4 人，20 岁至 30 岁的有 30 人，31 岁以上的只有 4 人，平均年龄 26 岁。① 1921 年 7 月 23 日，13 名党员代表全国 50 多名党员成立了中国共产党。当时的党员代表全部为青年，其中，年龄最大的只有 30 岁，毛泽东那时只有 28 岁。毛泽东 1939 年 12 月在《一二九运动的伟大意义》一文中说："共产党从诞生之日起，就是同青年学生、知识分子结合在一起的；同样，青年学生、知识分子也只有跟共产党在一起，才能走上正确的道路。"② 可见，中国共产党的成立，有着深厚的青年痕迹和浓厚的青春气息。

青年的社会作用直接决定了青年工作的战略地位。习近平于 2018 年 7 月在同团中央新一届领导班子成员集体谈话时，把明确青年工作的战略地位作为党中央关于青年工作的要求之一。他在阐述青年工作的战略地位时说，青年是祖国的未来、民族的希望；青年一代有理想、有本领、有担当，国家就有前途，民族就有希望；代表广大青年、赢得广大青年、依靠广大青年，是我们党不断从一个胜利走向下一个胜利的重要保证。这三句话直接针对的都是青年，而不是青年工作。这说明，青年工作的战略地位不在于青年工作本身，而在于青年工作的对象即青年。也就是说，因为青年具有重要的社会作用，所以青年工作才具有特别的战略地位。

综上所述，本章从青年的概念、青年的特征和青年的社会作用三个方面，对于什么是青年做出了回答。首先，青年的概念是一个年龄概念，青年是指特定年龄阶段的人群，这是青年的本体含义。其次，青年作为特定年龄阶段的人群，具有独特的生理、心理和社会的特征。最后，青年作为特定年龄阶段的人群，在社会生活中扮演着特殊的角色，发挥着独特的社会作用。青年是青年发展的主体，在阐明青年的含义、特征和社会作用之后，我们才能进一步展开对青年发展的理论研究。

---

① 田子渝等：《马克思主义在中国初期传播史(1918—1922)》，30 页，北京，学习出版社，2012。

② 人民教育出版社编：《毛泽东同志论教育工作》，73 页，北京，人民教育出版社，2000。

第三章　青年发展的含义

　　青年发展概念是一个由青年概念和发展概念组合而成的复合概念。在对青年的概念做出了界定之后，我们还要界定青年发展的概念，阐明什么是青年发展。青年发展的概念在不同的学科中包含不同的具体指向，但各种具体指向都源于其所具有的普遍含义。青年发展的普遍含义包括四个方面，即从人的发展程度看指青年的优质发展，从人的发展要素看指青年的全面发展，从人的发展环境看指青年的自由发展，从人的发展时间看指青年的阶段发展。青年发展是青年优质、全面、自由和阶段发展的有机统一。完整、准确地界定青年发展的含义，有利于我们正确地理解和科学地看待青年的发展，并采取有针对性的措施支持和帮助青年实现更好的发展。

第一节　青年的优质发展

一、青年发展是向好的变化

　　为了准确理解青年发展的含义，我们有必要对"发展"一词进行辨别和分析。发展是人们在社会政治、经济和文化生活中经常使用的一个词语。英国文化学者雷蒙·威廉斯在《关键词：文化与社会的词汇》一书中，对发展的内涵之演变做了考察研究。该书提出，"发展"一词最初的意义是与包裹、捆扎相对立，指的是展开和舒卷。18 世纪中叶以后，"发展"一词在与进化概念密切相关的新兴生物学中，第一次有了词意的扩张①，指的是一个事物致力于成为它当下还不是的事物。到了 18 世纪晚期，"发展"一词已经具有了与进化、进步、生长等词汇相同或者相似的含义，意指一种新的适

---

　　① ［英］雷蒙·威廉斯：《关键词：文化与社会的词汇》，刘建基译，125 页，北京，生活·读书·新知三联书店，2005。

应性，或者一种新的功能，或者一种新的能力的获得。动物、植物和人都具有发展的特性，是一个自在自然的过程。到了 19 世纪，"发展"一词出现了一些与经济变迁的概念相关的用法，如用于工业与贸易经济。这种用法在 19 世纪末越发明显，在 20 世纪成为正式的用法。①"发展"一词被看作一种经过人为而达到的社会状态和结果，一度成了经济增长的代名词。

中国古代有发生、发育、化育、变化、循环等观念，但没有"发展"一词，今天的"发展"一词，是近代思想家严复翻译《天演论》之后才出现的。《辞海》从三个方面阐释了发展概念的含义：一是哲学的意义，即"事物由小到大、由简到繁、由低级到高级、由旧质到新质的变化过程"；二是心理学的意义，指的是"个体在生命形成、出生、成熟直至衰老的全程中，心理、生理随年龄而变化的过程"；三是特指"生产力、经济、政治、文化和社会的发展"。②此外，由于发展是一个涵盖众多社会领域、涉及众多社会事物的概念，因此还有其他学科对发展概念做出了相应的界定。例如，经济学中的"发展"概念主要指效益、利润和财富等方面的增长；生物学中的"发展"概念主要指生命物种的孕育、出生、成长、成熟、繁殖和进化的过程；政治学中的"发展"概念主要指政治的制度、设施和组织形式等方面的进步；行为学上的"发展"是指个体从生命开始到终结的一生，其行为上产生连续性与扩展性改变的历程。可见，发展是一个使用非常广泛、内涵非常丰富的概念。从一般的意义上说，发展是指事物从无到有、从小到大、从弱到强、从简单到复杂、从低级到高级的变化过程。发展既包括事物量的变化，也包含着质的变化；既包含事物结构的变化，也包含特性和功能的变化；发展既是一种自然的过程，也受到人的作用的较大影响。

发展概念与变化概念具有非常密切的关系。"发展是一种运动和变化的方式，但发展不是一般的运动和变化，它是前进的上升的运动和变化。""发展的实质是旧事物的灭亡和新事物的产生，可见发展的实质是事物的质变。"③青年的发展属于青年的变化，但又不能完全等同于一般的青年变化。"从最普遍的意义上讲，发展意味着变化。但是，很显然，变化和发展并不

---

① ［英］雷蒙·威廉斯：《关键词：文化与社会的词汇》，刘建基译，126 页，北京，生活·读书·新知三联书店，2005。

② 夏征农、陈至立主编：《辞海》彩图本，550 页，上海，上海辞书出版社，2009。

③ 刘向先：《关于人的本质与人的发展的追问》，载《山西高等学校社会科学学报》，2013(4)。

是等同的概念。""虽然有发展的地方一定有变化，但并不是所有的变化都是发展性的。"①例如，一名青年职工的工资卡上的数字会发生变化，但没有人会把这种变化称为发展。被称为发展的那些变化指的是青年的显著变化，并且是对青年成长有利的显著变化，消极的或者中性的变化往往被排除在青年发展的范畴之外。可见，青年发展蕴含着人们对青年向好变化的价值判断。"'发展'就是某种确定价值的积累以及向这种确定价值目标接近的变化过程。"②人们在使用"发展"一词来指称青年的变化时，已经在表达其价值取向：被看作发展的那些变化是向好的变化，不好的变化不能被称为发展。

另外，"随机的、混乱的、完全没有秩序的或完全分散的变化都不能被轻易地当作发展性的变化。被称为发展性的变化必须具有系统性、结构性的特点"③。青年发展是青年的系统性变化，而不是单一性的变化；是青年的结构性变化，而不是分散性变化。青年发展除了有系统性和结构性之外，还具有延续性的特点。"延续性变化的观点表明，在较迟时间点上观察到的变化至少部分地受到先前发生的变化的影响，且后发生的变化的可能范围还会受到先发事件的限制。简言之，从最根本上讲，发展这一概念意味着结构在一段时间之内发生的系统的和延续性的变化。"④青年发展既指青年个体随着时间的推移而进行活动，随着条件的改变而发生变化，又指这种活动和变化是向着更高层次不断进步的。青年发展具有价值指向，意味着我们可以为青年提供更多的条件、更好的环境，意味着青年在自身素质和社会活动上的不断提升。简言之，青年发展就是青年的向好变化。

二、青年的发展是充分的发展

青年的优质发展，除了向好的变化之外，还体现在青年的充分发展上。如果说向好的变化是就青年发展的质量而言的，那么充分的发展是就青年发展的程度而言的。

---

① ［美］理查德·M. 勒纳：《人类发展的概念与理论》，张文新主译，19 页，北京，北京大学出版社，2011。

② 陈俊：《人的发展困境与实践智慧》，载《科学技术与辩证法》，2008(1)。

③ ［美］理查德·M. 勒纳：《人类发展的概念与理论》，张文新主译，19 页，北京，北京大学出版社，2011。

④ 同上书，19 页。

青年的充分发展，是指青年的各种发展要素能够得到尽量、足够和最大限度的发展。任何人的体力和智力都应得到充分的发展。青年处在长身体、长知识、长经验的时期，其发展的潜能是很大的，总是存在更好发展的可能性。每名青年都会向着更高的程度努力发展自己。青年发展的终极价值目标是青年的充分发展，是青年能够把自己独特的禀赋、天性、本质发挥出来。

对于青年的发展，我们要从潜能、可能的角度去看待。科学研究表明，人对自己大脑的利用率只有百分之几。人们的大脑包含广大的智慧，等着人们去发掘和利用。这从科学的角度说明，青年的充分发展是完全可能实现的。美国心理学家马斯洛指出，即使人的生理需要、安全需要、爱的需要、尊重的需要都得到满足，一个人通常"又会产生新的不满足，除非此人正在干称职的工作。音乐家必须演奏音乐，画家必须绘画，诗人必须写诗，这样才会使他们感到最大的快乐。是什么样的角色就应该干什么样的事。我们把这种需要叫自我实现"①。青年个体的自我实现，就是他的内部潜能能够得到全部的发挥，他能够完成与自己能力相符合的事情，能成为自己希望成为的人物。青年发展的目的是使青年成为他自己，变成他自己。青年追求幸福，但幸福不等于享乐，更不只是金钱，而是在社会活动中发现自己的潜能或认可自己的表现的一种满足感。

青年的充分发展是需要空间的。读书、听课是青年充分发展的空间，实践、交往也是青年充分发展的空间。青年个体只有拥有必要的休闲时间，才能获得自我的身心休息和愉悦，才能更好地发展并施展他的才能和个性。学习和工作无疑是青年学生和青年职工最重要的任务，但并不是他们生活的全部，因为学习和工作并不能满足他们的所有需要，也不可能让他们所有的潜能都得到发挥。青年需要通过适当的休闲活动，如同伴交流、志愿服务、艺术活动等，获得情感的满足、精神的提振、美的享受，更好地完善自我，实现潜能。一般情况下，一名青年无论他听多么喜欢的课，做多么喜欢的工作，时间一长就会出现疲倦感，甚至厌烦感。如果长时间处在这种不良的心理状态下，青年个体就会缺失内心的自由感、满足感和喜悦感，他的身心健康就会出现问题。休闲活动可以让青年个体从重复、单调的学业或者工作中解放出来，把紧绷的弦放松一下，有利于他以饱满的精

---

① 〔美〕马斯洛等：《人的潜能和价值》，168 页，林方主编，北京，华夏出版社，1987。

神状态再次投入学习或工作中。

充分发展就要尊重青年个体的发展能力，既不设限度，也不增加限制。青年的充分发展，在本质上"摆脱了各种内外盲目力量的束缚，使自己的各种需要、能力、活动、关系得到极大程度的丰富和发展，是人的潜质、潜能在新的条件下的更进一步的拓展和显示"①。青年的充分发展是一个"能够摆脱内外限制与束缚，使自身的潜能得到充分发挥和挖掘，在自主选择的发展模式上自由地增加能力的广度和深度，从而在人的内部关系和外部关系等方面获得普遍提高与协调发展的过程与境界"②。青年的充分发展是与不充分发展相对应的，这揭示了青年的各种发展要素向更高层次发展的趋势，意味着青年个体发展可能性的不断释放和提升。充分发展是青年发展的一种理想状态，并不意味着各个青年会齐步发展，等同发展。青年个体的发展基础是不一样的，青年的充分发展是基于每一个青年原有的发展基础尽可能大的对发展潜力的挖掘，是在青年个体当下的自身发展基础与既有发展条件之间达成的一种现实状态，是一种对自身发展的尽可能大的超越。在充分发展的过程中，每个青年都能够得到越来越优质的发展。

第二节　青年的全面发展

一、对青年全面发展的分析

青年的全面发展是就青年发展的范围而言的。从人的发展范围看，青年发展是指每一个青年摆脱内在的束缚和外在的限制，在各种人的发展要素上所获得的普遍提高和协调发展。青年发展不仅指青年自身生理心理、思想道德、知识技能的协调发展，还包括人与自然、个人与集体、自我与他人、个人自身的发展处于协调一致、同步运行之中。青年的全面发展是指青年以一种全面的方式，作为一个完整的人，占有自己的全面的本质。这是人的全面发展思想在青年中的具体表现。青年的全面发展包括两重含义：一是青年的全面发展与青年的片面发展、畸形发展相对立，这是指青年所有方面的发展、一切方面的发展、各个方面的发展；二是青年的全面

---

① 路日亮、王定功主编：《新中国人学理路——第十一届全国人学研讨会文集》，73 页，北京，中国商业出版社，2010。引文有改动。

② 同上书，73 页。

发展与部分青年的发展、少数青年的发展相对立，是指全体青年的发展、每一个青年的发展。青年的全面发展意味着每个青年都要走向完全的个人的发展。青年的全面发展的基本含义在于青年作为主体，其实践活动、社会关系、人的需要、各种能力和素质的全面发展。青年发展既包括青年自身的自在性发展，即青年在生理心理发育、价值观形成、个体性格成长等方面的优化过程，又包括青年与其身处的社会环境之间进行融合和互动的发展过程。

人的发展思想贯穿于马克思主义哲学、政治经济学和科学社会主义三大理论，在马克思主义整体思想体系中处于十分重要的位置。马克思认为，资本主义社会以牺牲个人的全面发展为代价，是物对人的统治，人仅仅成为创造物质财富的手段，成为资本的奴隶，这样的社会是不能使人获得真正的全面发展的。马克思希望通过人的发展理论建立一个以每个人的自由、平等和全面发展为基本原则的新社会。马克思在以往关于人的发展思想的基础上，从社会实践出发，把人看成是现实的、活生生的人，揭示出人的本质和人的全面发展的内涵。马克思认为，所谓人的发展，就是人"以一种全面的方式，也就是说，作为一个完整的人，占有自己的全面的本质"[1]。这是马克思对人的发展含义进行的深刻论述，表明了人的发展具有现实性，是人的本质在现实社会中的全面展开。"马克思所说的人的全面发展有其特定的内涵，主要包括人的本质的全面发展、人的需要的全面发展和人的素质的全面发展。"[2]这里的人是指"个人"，但不是孤立的个人，而是现实的、具体的个人，不是"某一个人"，而是"每一个人"，真正的人的发展也只能是全社会的每一个人的发展，而不能是这部分人的发展或那部分人的不发展。马克思在描述未来社会时，提出个人的全面发展思想。他指出，在当时的社会中，由于旧式分工和劳动异化，人被固定在一个不变的生产位置上，成为生产机器的一个零件，成为异化的、片面的谋生者。而在未来的社会中，人逐步扬弃异化，超越旧式分工的限制，通过自由自觉的活动来使个性得到全面的发展。马克思和恩格斯形象地描述了自由人的联合体的情形，"在共产主义社会里，任何人都没有特殊的活动范围，而是都可以在任何部门内发展，社会调节着整个生产，因而使我有可能随自己的兴趣今

---

① 《马克思恩格斯全集》第 42 卷，123 页，北京，人民出版社，1979。

② 肖潇：《马克思人的发展理论及其当代中国论域》，12 页，武汉，湖北人民出版社，2014。

天干这事，明天干那事，上午打猎，下午捕鱼，傍晚从事畜牧，晚饭后从事批判，这样就不会使我老是一个猎人、渔夫、牧人或批判者"①。这种职业上的人的全面发展，尽管受到各种条件的制约，至今还没能成为现实，但是，青年更全面的发展却可以不断地得到实现。青年发展的理想状态包括青年的工作职能的自由转换和青年个体需要的全面满足。

青年的发展，首先是青年的能力和素质的不断提高。说到青年的全面发展，从学科角度看，关注时间最长、研究成果最多的是教育学。"人的发展问题，一直是教育领域中最基本的命题。"②从教育学的角度看，青年的全面发展是指青年素质的全面发展。2016 年 9 月，《中国学生发展核心素养》研究成果在北京师范大学发布。该研究提出，学生发展的核心素养是以培养"全面发展的人"为核心的，分为文化基础、自主发展、社会参与三个方面，综合表现为人文底蕴、科学精神、学会学习、健康生活、责任担当、实践创新六大素养，具体细化为国家认同等 18 个基本要点。

人的素质发展固然是青年发展的重要方面，但是，青年的发展不仅指素质的发展，还包括更为广泛的内容。例如，有研究依据经济增长质量提高的要求，从"人的素质、人的福利、人的保障、人的迁移"四个方面构建综合评价指标体系，对人的发展程度进行了测度与评价，并认为人的素质提高是实现人的全面发展的内核，人的福利改善是实现人的全面发展的基础，人的保障提升是实现人的全面发展的保障，人的迁移加快为实现人的全面发展提供机遇。③青年的发展是青年所具有的人的本质力量的充分体现。青年的全面发展的过程是把青年的个性、人格、体力、智力等以潜能的形式沉睡于人体内的各种本质力量唤醒，使青年的思想道德、精神境界、社会关系、认识水平等都能得到全面的体现。青年的发展还包括青年能够完全摆脱人的依附关系，全面形成和扩展青年与他人之间的社会关系。青年只有越来越多地参与各个领域、各个层次的社会交往，同整体的物质生产和精神生产进行普遍的交换，才能摆脱个体的、地域的和民族的狭隘性，才能充分发展自己各个方面的能力和自由个性。从现实层面看，衡量青年

① 《马克思恩格斯选集》第 1 卷，85 页，北京，人民出版社，1995。

② 王丽琳：《人的发展：缘起、终极取向及其实现策略》，载《现代教育科学》，2018(9)。

③ 魏婕、任保平：《改革开放 30 年人的发展：评价与反思》，载《中国人口·资源与环境》，2011(8)。

发展的标准是动态的、变化的。在不同时期、不同历史阶段，青年的体力、智力、能力的发展及衣食住行的发展水平和标准是不同的，而且不同青年自身发展的重点是不同的。如果在马克思生活的时代谈论青年的全面发展，主要针对的是旧式分工所造成的体力劳动和脑力劳动的对立，从如何取消外在强制与束缚来研究青年的全面发展，那么我们现在所强调的青年的全面发展主要针对的是当今社会过度强调人的物质需求和片面地实施应试教育的问题，这导致部分青年片面发展和不健康发展。

从人的关系的视角看，青年在现实生活中存在三个方面的关系，即青年与自然的关系、青年与社会的关系、青年与自身的关系。相应地，青年的发展包括青年与自然关系的发展、青年与社会关系的发展、青年与自身关系的发展。第一，青年与自然关系的发展是青年发展的基础。人起源于自然界，青年的生存离不开自然界。青年与其他人一样，在与自然界交往的过程中不断认识自然现象和自然规律，通过生产劳动从自然界获取自身所需要的物质生活资料。在与自然界的交往中，青年与其他人一起，把一部分自然改造为人化的自然。青年作为社会生产的有生力量，其改造自然界的能力和水平是其与自然关系发展的标志，也是社会生产力发展水平的重要表现。第二，青年与社会关系的发展是指青年发展与社会发展之间的互动过程。"青年发展是指青年充当不同社会角色参与社会生活的过程。"[1]青年的发展不只是青年个体的封闭发展过程，更重要的是青年与社会之间的根本性关联，因此，研究青年发展就要对青年发展与社会发展之间的关系进行分析。"青年发展不仅指主体的各种素质及其具体指标，而且也应体现青年发展与社会建设的互动。"[2]青年发展的主基调是生物因素与社会因素之间的相互影响、相互促进。青年的发展在本质上是一个由自然人向社会人的转化和提升的过程。在这个过程中，生物因素在青年早期对青年具有较大的影响力，未成年青年的行为在很大程度上受到生理规律的制约。但随着青年的年龄增长，尤其是青年成为成年人、进入职场后，社会要素日益渗入青年的自然生命过程中，并逐步超越生物因素而成为青年行为的主控力量。青年与社会关系的发展决定着青年发展的程度。马克思说，社会关系实际上决定着一个人能够发展到什么程度。关于社会关系的丰富性对

---

① 廖运生、陈勃：《公平正义视阈下当代青年发展机会研究》，载《江西社会科学》，2010(2)。

② 苏颂兴：《青年发展指标与青年充权》，载《中国青年研究》，2006(11)。

人的发展的影响，马克思指出："一个人的发展取决于和他直接或间接进行交往的其他一切人的发展。"①青年的发展是青年与其身处的社会环境之间的融合过程，是青年与社会互动发展的过程。第三，是青年与自身关系的发展。古希腊哲学家早就提出了"认识你自己""人是万物的尺度"的命题。青年如何发展，要追溯到青年自身，本质上是青年如何处理与自身关系的问题，以实现自我身心的和谐发展。青年的发展在实际上是青年的自主性、能动性、创造性等主体性特征的拓展和提升。在青年与自身的关系中，青年既是主体，又是客体，青年可以把自身作为客体对象，进行自我认识、自我设计、自我改造、自我完善，实现自身主体性的发展。青年在社会实践中，学习、锻炼和提升自己的能力，积累、丰富和发展自己拥有的人的本质。

　　分析青年的全面发展，有一个基本的视角，这就是人的属性视角。从人的属性的角度看，青年作为人，具有人的一般属性，同时作为特定年龄阶段的人，还具有特殊属性。青年的发展是青年的一般属性和特殊属性的共同发展。我们可以把青年的发展看成是青年的个性和社会性的发展。青年的发展是指青年的个性化和社会化的双重发展。从人的个性化角度看，作为个体的人，青年既在思想意识、价值观念、生活方式等方面得到发展，又在智力、体力、创造力方面得到发展。从人的社会化程度看，作为一个群体，青年处在特定的社会关系之中，在经济生活、政治生活、文化生活等方面得到发展。

二、青年自然性的发展

　　青年与其他人一样来自自然，依赖于自然，属于一种自然存在物，因而具有生物性的本能，表现出各种自然属性。

　　地球经过数亿年的运动，从无机物中产生出有机物，再从原始的低级生命物质经过一系列的复杂进化，发展到高等动物，最后才产生出人。可见，"人是自然界长期演化的产物，是一种自然存在物"②。"从生物学上讲，

---

①　《马克思恩格斯全集》第 3 卷，215 页，北京，人民出版社，1960。
②　陈志尚、陈金芳：《关于人的素质的两个理论问题》，载《北京大学学报（哲学社会科学版）》，2000（4）。

人来源于猿类，人类的基因和大猩猩的基因的区别不到2%。"①这充分说明，人是以自然为基础的。人与其他动物一样，具有维持自身生存、延续、发展的自然本能，这就是人的自然属性。"人的自然属性，是指人的肉体组织、生物性的欲望和需要。"②告子说，"食色，性也"③，荀子说"饥而欲食，寒而欲暖，劳而欲息，好利而恶害，是人之所生而有也"④，这都是讲人的自然属性。马克思认为，"一切人类生存的第一个前提也就是一切历史的第一个前提，这个前提就是：人们为了能够'创造历史'，必须能够生活。但是为了生活，首先就需要衣、食、住以及其他东西"⑤。恩格斯在谈到马克思的伟大贡献时指出："正像达尔文发现有机界的发展规律一样，马克思发现了人类历史的发展规律，即历来为繁茂芜杂的意识形态所掩盖着的一个简单事实：人们首先必须吃、喝、住、穿，然后才能从事政治、科学、艺术、宗教等等。"⑥可见，吃、喝、住、穿等生物性特征，是青年作为人的存在的前提，也是青年发展的基础。青年作为人类的一个群体，是一种生命体，具有生物属性，具有生物的机体组织和生理机能，因此，青年的发展必然要遵循生物生长的一般规律。青年具有人所共有的未完成的非专门化、非特定性和不完善的本能，而且与中年人相比，青年这种未完成的程度更高，对于像高中生这样年龄较小的青年来说，尤其如此。生物本能的未完成性和不完善性，构成了青年发展的自然基础，这使得青年必须运用自己潜在的力量，在各种内外因素的作用之下不断地发展自身，努力去实现自己作为人的完整性。

青年要从事社会活动，就离不开眼、耳、鼻、舌、身等各种器官的协调配合，而这一切都是青年的自然存在。如果哪一个器官或部位出了问题，就会直接影响青年个体的社会活动。青年的思维能力则更直接地依赖于大脑。"大脑是一个高度复杂的神经系统，当主客体相互作用时，信息通过耳、眼、鼻、舌、身各器官转化为神经脉冲，由兴奋神经传导到大脑，引起大脑皮层活动，产生感觉、知觉、表象、思维、情绪等意识活动。脑科

① 张国安：《马克思关于人的本质的四重含义及其现实意义》，载《甘肃社会科学》，2015(6)。
② 杨耕：《"人的问题"研究中的五个重大问题》，载《江汉论坛》，2015(5)。
③ 《孟子译注》，杨伯峻、杨逢彬译注，208页，长沙，岳麓书社，2009。
④ 《荀子译注》，张觉撰，55页，上海，上海古籍出版社，1995。
⑤ 《马克思恩格斯全集》第3卷，31页，北京，人民出版社，1960。
⑥ 《马克思恩格斯全集》第19卷，374页，北京，人民出版社，1963。

学和病理学的研究表明，人的身体受伤只要不涉及大脑，人仍能够正常思维；大脑机能受损，有关的意识活动就会失常甚至丧失。当人丧失了思维能力，无法与别人交流时，人在社会交往中形成的社会性也就不复存在，因此，从这一点上看，人的自然性就更明显地制约和限制着人的社会性。"①"脑部的发展一直维持到 24 岁才真正完成。"②14 岁至 24 岁的青年正处在大脑高度发展的时期，这个时期的营养、医疗、教育和实践对青年大脑的发育产生着非常重要的作用。

人之所以劳动，首先是由人的肉体组织所决定的，由人的需要所驱动的。"实践使人的需要的对象、内容和满足方式不断发生变化，从而不断地改造和发展着人的自然属性。"③青年固然不是纯粹的自然人，自然属性不是青年的根本属性，不能单纯地用生物学规律来解释青年的行为，但不可否认，每个青年人都属于自然存在物，不可否认自然因素在青年的发展中具有基础性的作用。人来源于自然这一事实，决定了每个青年人都永远不能割断自己与自然的联系。马克思认为，人"具有自然力、生命力，是能动的自然存在物；这些力量作为天赋和才能、作为欲望存在于人身上"④。恩格斯曾形象地指出："人来源于动物界这一事实已经决定人永远不能完全摆脱兽性，所以问题永远只能在于摆脱得多些或少些，在于兽性或人性的程度上的差异。"⑤恩格斯在这里所说的"兽性"，就是人的自然属性，也就是生物特性。人的自然属性、生物性因素是青年的生活本能，是青年与生俱来的人性。我们不能压制青年的生物性需要，更不应扼杀他们的生物性需要，而要以一种合理、合法的方式满足他们的生物性需要，并不断提高这种需要的质量和水平。

三、青年社会性的发展

现实的青年个体作为人，不仅是自然存在物，更是社会存在物，因此，

---

① 马莉：《人的本质探析》，载《聊城大学学报（社会科学版）》，2004(5)。引文有改动。

② 石丹理等主编：《儿童青少年与家庭社会工作评论》第 2 辑，10 页，上海，华东理工大学出版社，2014。引文有改动。

③ 杨耕：《"人的问题"研究中的五个重大问题》，载《江汉论坛》，2015(5)。

④ 《马克思恩格斯全集》第 42 卷，167 页，北京，人民出版社，1979。

⑤ 《马克思恩格斯选集》第 3 卷，442 页，北京，人民出版社，1995。

青年个体除了具有人的自然性外，还有人的社会性。青年人的社会性是指青年个体作为人，与动物相比，不仅在生理的形态、结构、功能上已经有了一系列质的飞跃，而且在社会活动中超越了动物的本能，形成了自己所特有的人的存在方式和运动形态，从而成为社会存在物。从心理学的角度看，"社会性是指由人的社会存在所获得的一切特征。作为社会成员的个体，为适应社会生活所表现出的心理和行为特征，就是社会性"①。这意味着社会性是青年个体作为社会成员，为适应社会生活所表现出来的心理和行为特征。人的自然性是人的社会性的基础和根据，人的社会性是人的自然性的发展和提升。青年的发展是自然性与社会性相互联系、密不可分的统一整体。

青年个体作为一个人，其自然性与动物的自然性相比，在形式上有相似之处，但在根本上是不同的，这体现在青年个体欲望的满足是在社会活动中实现的，必然会受到人的社会性的引导、规范和制约。人有吃、喝、性行为等机能，但是，这些机能没有脱离人的社会活动，要在社会规范许可的范围内进行，因而不同于一般的动物机能。"饥饿总是饥饿，但是用刀叉吃熟肉来解除的饥饿不同于用手、指甲和牙齿啃生肉来解除的饥饿。"②"人的眼睛和原始的、非人的眼睛得到的享受不同，人的耳朵与原始的耳朵得到的享受不同，如此等等。"③概言之，人的自然性不同于动物的自然性就在于，人的自然性是与社会性密切联系在一起的。

社会性发展是青年发展的重要内容。青年的社会性发展是指青年个体从一个自然人，到逐渐掌握社会的行为规范和技能，进而成长为一个社会人，逐渐步入社会生活的过程。在这个过程中，青年的社会属性的系统得到不断完善，其社会参与能力得到逐步提高。人的社会性是青年作为人的本质特征。青年不仅为生存而生存，而且为发展而生存。对于青年来说，发展性矛盾是较之生存性矛盾更为根本的矛盾。青年不仅要改造客观物质世界，还要改造主观精神世界，从而满足自身的发展需要，实现自身的优质发展。青年的发展性矛盾的解决，不是在自身封闭的体系中进行的，而是在与外部客观物质世界建立特定的主客体关系中进行的，这是青年的发展所具有的社会性的体现。马克思指出："自然界的人的本质只有对社会的

---

① 林崇德：《中学生心理学》，219 页，北京，中国轻工业出版社，2013。
② 《马克思恩格斯选集》第 2 卷，10 页，北京，人民出版社，1995。
③ 《马克思恩格斯全集》第 42 卷，125 页，北京，人民出版社，1979。

人说来才是存在的；因为只有在社会中，自然界对人说来才是人与人联系的纽带，才是他为别人的存在和别人为他的存在，才是人的现实的生活要素；只有在社会中，自然界才是人自己的人的存在的基础。只有在社会中，人的自然的存在对他说来才是他的人的存在，而自然界对他说来才成为人。因此，社会是人同自然界的完成了的本质的统一。"①可见，青年在生产劳动中，既与自然界发生联系，又与社会发生联系，任何单独的、孤立的个人都无法进行生产劳动。

任何青年个体的发展都离不开社会。"社会生活之所以成为需要，是由于唯有通过群体生活和社会分工，使个人从属于群体，人作为种系才能够生存和延续。"②在现实中，任何青年个体都始终生活在特定的社会中，在社会之外或离开社会的"孤独的个人"，不过是思维中的抽象。在社会中，单个的青年无法生存，因而青年个体总是聚集成群体。青年个体参与多少社会领域的活动，他就成为多少程度的社会群体的成员。青年个体学习语言、知识和技能，形成人的情感和思维，都必须在社会生活中进行。只有通过社会生活，青年个体才能实现由生物人向社会人的转化。"人是迄今为止科学所发现的、物质世界最高级的运动形态，是包含从物理、化学、生物、社会到思维各种运动形式于一身的最复杂的系统。"③除了人的本能即生物性的运动之外，青年个体与其他人一样，具有思想意识，进行社会实践，从事社会活动。青年个体身上具有区别于一切动物而为人所特有的人性。青年个体能从事生产劳动，进行社会交往，结合成社会，具有交往、协作、竞争、管理等社会特性。青年作为人，具有社会化的需要和情感，能够使用语言表达思想，交流和贮存信息，能够进行思维，从事认识、评价、审美等文化活动。青年作为人的这些特性，固然是以自然生理和心理属性为基础和条件的，但是，这些特性是青年在人的自然属性基础上进步和提升而形成的社会属性，这才是青年所具有的人之为人的真正的特性和本质所在。青年的发展在很大程度上已经超越了遗传物质的制约，是一个自觉、自为、自决的过程。这决定了青年的发展不同于自然界的一般发展变化。

---

① 《马克思恩格斯全集》第 42 卷，122 页，北京，人民出版社，1979。

② ［美］马斯洛等：《人的潜能和价值》，46 页，林方主编，北京，华夏出版社，1987。

③ 陈志尚、陈金芳：《关于人的素质的两个理论问题》，载《北京大学学报（哲学社会科学版）》，2000(4)。

　　青年是在劳动实践和社会关系中实现自身发展的。"在人产生的过程中,特别是在人产生之后,人又在不断地作用于自然界,改造自然界,使自然界的变化越来越适应人的需要。"①青年只有在改造后的自然界中才成其为人,只有在社会发展中才得以丰富和完善自己。青年的各个方面包括自然属性都需要不断发展,这种发展是在社会中得以实现的。青年真正意义上的发展,应是其所具有的人的本质和本质力量的发展,而青年的这种人的本质力量是在后天的社会实践中锻炼、培养和习得的。"劳动是人的本质活动,同时也是人的能力发展的最根本的途径。人在对象化的劳动实践中,在改造客观世界的同时,也使自身得到改造、发展和不断完善。"②青年所具有的人的本质力量,除了其作为人的自然力之外,还有知识、思想、理想、信念、情感、意志等精神力量,这些都是在后天的社会生活中培养和发展起来的。青年的发展依赖于社会的发展,社会生产力的发展是青年发展的前提。青年的发展依赖于社会生产关系的发展,取决于文化和教育的发展。青年发展的根本路径是青年自身的社会活动。

　　青年的发展受到一定社会历史条件的制约,带有一定的社会规定性。处在某一历史时期的人,"都遇到一定的物质结果,一定的生产力总和,人对自然以及个人之间历史地形成的关系,都遇到前一代传给后一代的大量生产力、资金和环境,尽管一方面这些生产力、资金和环境为新的一代所改变,但另一方面,他们也预先规定新的一代本身的生活条件,使它得到一定的发展和具有特殊的性质"③。如果说人的自然性是青年发展的内在基础,那么人的社会性是青年发展的外在条件。青年怎样发展,发展到什么程度,不是由人们随意设计、随意规定的,而是由客观的社会生活条件所决定的。青年个体的潜能只能在客观条件所提供的可能性的范围内得到发展。青年发展的客观条件主要是物质生产条件,与一定的社会文化背景和制度环境相联系。就一般意义上说,"在开放、自由的社会里,个性的、特殊的发展受到更多的重视,而封闭、集权的社会则更强调以信仰、制度为基础的社会性发展"④。任何青年的发展都离不开具体的社会历史环境。青年发展所依存的社会环境是由生产力发展水平决定的,生产力的发展推动

①　黄楠森主编:《人学原理》,70页,南宁,广西人民出版社,2000。

②　兰明:《人与人的存在》,29页,哈尔滨,黑龙江大学出版社,2013。

③　《马克思恩格斯选集》第1卷,92页,北京,人民出版社,1995。

④　张建羽:《职业技术教育概论》,62页,哈尔滨,黑龙江教育出版社,2007。

生产关系的发展，进而推动青年赖以生存的社会环境的变化。青年发展不能脱离现实的物质基础，只能在生产力所决定和允许的范围内进行，生产力的发展为青年的发展提供了物质基础。任何青年都生存在一定的社会环境之中，社会的发展为青年的发展提供条件。青年发展是在特定的生产方式和生活方式下进行的，必然要受到这些生产方式和生活方式的制约。反映社会发展状况的经济、政治、文化、教育的发展水平，影响着青年的发展。"一个人的发展取决于和他直接或间接进行交往的其他一切人的发展；彼此发生关系的个人的世世代代是相互联系的，后代的肉体的存在是由他们的前代决定的，后代继承着前代积累起来的生产力和交往形式，这就决定了他们这一代的相互关系。总之，我们可以看到，发展不断地进行着，单个人的历史决不能脱离他以前的或同时代的个人的历史，而是由这种历史决定的。"①任何时代的人都是之前历史的结果，也是之后未来的前提。青年只有在历史的链条中，才能取得现实性的存在。青年个体的发展不可能脱离社会和历史，因而要想实现自身的发展，青年个体就必须实现更多人的层面的发展。

青年是推动社会发展的重要活动主体，青年发展与社会发展相一致。青年从事着生产活动，按照自己的需要参与外部世界的改造，并在改造外部世界的过程中吸取对自身发展有利的积极因素，不断地完善和提升自我。如果说人是生产力诸因素中最活跃、最革命的因素，那么青年是这种因素中最充满生机和活力的力量。社会生产力的发展为青年个体的发展提供了物质基础，反过来青年个体的发展为社会的发展提供了生机勃勃的主体条件，赋予了社会发展昂扬向上的青春力量。从整个人类发展的历史来看，社会发展与青年发展的总体方向是一致的，生产力的发展推动社会不断从低级向高级运动，在新的社会形态下青年个体与其他人一样，将会得到相应的发展，比先前社会形态下获得更多的自由和解放。

四、青年精神性的发展

青年的发展，除了自然性和社会性的发展外，还包括精神性的发展。

青年作为人，其生命活动与动物的本能活动相比，有一个很大的不同是，现实的青年个体具有意识等精神属性。青年个体是精神性的存在。青年不会仅仅满足于物质的享受，还会不断地追求物质与精神相平衡的生活，

---

① 《马克思恩格斯全集》第 3 卷，515 页，北京，人民出版社，1960。

即在日益提高的物质生活过程中，追求创造和享有日益丰富的精神生活。精神生活意味着青年具有知、情、意的心理活动，包含着青年对真理、良善、审美等崇高情趣的精神追求。从根本意义上讲，青年的任何活动都是精神支配下的活动。唯有精神性的活动才体现出青年的生存意义，唯有精神性的反思才彰显出青年生活的价值。青年不能脱离自然，但可以在精神层面上超越自然，可以在遵从自然规律的前提下自由地创造。青年不仅有心理活动，而且有比少年儿童更自觉、更强烈的思想意识，能够使自己的生命活动变成自己的意志和意识对象。青年具有精神属性，这使得其活动成为有意识的生命活动。青年的有意识的生命活动，不仅能反映客观世界，而且能创造新世界，从而把青年与动物的生命活动直接地区别开来。青年在进行学习活动、职业活动和社会生活中，逐步形成自己的思想意识和自我意识，发展自己的精神属性，获得青年所特有的主观世界。

青年的精神活动作为青年的主观世界中的活动，主要是认识活动和评价活动。青年的认识系统包含自然知识、社会知识和精神知识。青年个体的知识，随着他的年龄的增长、学业的进步、经验的积累，会不断地得到增加和丰富，并越来越完善和客观。"知识系统也是方法系统。方法不是天生的，而是由知识转化而来的。"①青年的评价系统或称价值系统，是十分复杂的。其价值系统有人的价值、经济价值、道德价值、审美价值、情感价值，等等。相应地，其评价标准有是非标准、利害标准、善恶标准、美丑标准、好恶标准，等等。家教家风、学校教育、社会环境，以及个人的生活经历、社会阅历，都会不断地丰富和改变着青年个体的认识系统和评价系统。

人是要有点精神的，精神属性是人性中最本质的属性。青年发展的重要体现是其精神属性的发展。青年的发展固然包括自然要素的发展和社会要素的发展，但最根本的是精神世界的发展。青年作为人，其最高价值取向是精神价值。青年个体的自然性发展是有限度的，这就是人的生理极限，而青年的精神世界的发展，却是广阔的。这一点对于青年个体来说是如此，对于青年群体来说更是如此。所以，精神属性发展的矛盾是青年所面临的永恒矛盾。青年是为了发展而生存，青年绝不是为了活着而活着，而是为了人生理想、人生价值和人生意义而活着。青年个体的活着如果只是为了满足他的生命需求，那么这就是人的本质的自我异化的表现，就是把自身

---

① 徐春：《人的发展论》，41页，北京，中国人民公安大学出版社，2007。

降低到与动物没有区别的地步。在现实生活中，青年个体固然要为自己的物质生活条件的改善而打拼，但不能停留于此，而要进行超越，为自身的精神追求而奋斗。

综上所述，青年作为人是一种三重存在，既是自然的存在，又是社会的存在，还是精神的存在。青年发展既包括人的有机体的发展、物质生活的改善等自然属性的发展，也包括社会能力的提升、社会实践活动的拓展、社会交往范围的扩大等社会属性的发展，还包括主体意识的增强、个性的解放、思想的提升等精神属性的发展。从人的本性的角度看，青年的全面发展是指青年的自然属性、社会属性和精神属性的协调发展。青年的自然属性、社会属性和精神属性三者的发展，并非彼此隔绝的，而是相互连接、成为一体的。"人的属性是自然属性、社会属性和精神属性的统一，这种统一正是在实践活动中得以实现的。其中，自然属性在实践活动中得以重塑，社会属性和精神属性则在实践活动中生成和发展。"①青年的自然属性的发展与社会属性的发展密切相关，因为青年个体自身的发展是在社会生活中进行的，青年个体的生活所需是依赖社会生产的，可以说，青年的自然属性的发展不是一个纯自然的过程。青年社会属性的发展与精神属性的发展也密切相关，因为青年在社会实践中将自身与自然物区分开来作为认识对象，形成了对象意识和自我意识。青年对自身需要、人生价值、精神生活等问题的认识，具有社会性。当然，青年的精神属性的发展也为自然属性的发展和社会属性的发展，提供了精神动力和智力支持。对于现实的青年个体来说，其自然属性、社会属性和精神属性三者是相互联系、相互作用、相互渗透、相互支持的有机系统，这三种属性和谐发展的程度代表了一个青年自身发展的水平和层次。

第三节　青年的自由发展

一、自由是青年发展的根本

人生来就向往自由，"不自由，毋宁死"，这句名言曾激励许多人为自由而战。近现代的社会发展史是一部人们不断追求自由的历史。自由，不仅是一个政治概念，也是一个人的发展概念。自由既是人的发展的手段，

---

① 杨耕：《"人的问题"研究中的五个重大问题》，载《江汉论坛》，2015(5)。

也是人的发展的目的。

从人的发展自主性的角度看，青年的发展应该是自由的发展。青年的自由发展包含自觉、自为、自主的发展。自觉是指青年内在的自我体认、确证、发现、自识，是青年自由的真实实现。青年的自觉发展是指青年对必然具有充分的认识，能够对必然进行驾驭，从而在自身的发展上获得自由。青年首先是对自身发展有自觉的意识，能够感觉到自身的发展，然后才在对自身发展有所认识的基础上，主动去做，去追求，去奋斗。青年个体如果对客观规律认识得越正确和全面，他的活动就会越自觉和自由。青年的自为发展是指青年的活动能够超越自发的过程，自在地认识和运用事物运动的规律，在自身发展上达到自由。青年的自主发展是指青年能够根据自己的意愿和需要，选择自己活动的内容和方式，并达到活动的预期目的和效果。马克思"所理解的'自由'主要是指人做自己愿意做的事情，其实质就是意志自由。意志自由在现实生活中表现为在法律许可前提下的思想、言论和行为自由"①。概括起来说，青年的自由发展是青年在自己的活动中，能够摆脱内外部条件的制约和控制的综合反映。

青年作为人是有意识的社会存在物，具有追求自由的天然本性，因此，自由是青年发展的根本所在。"在任何一个现代的文明社会，人们都必须有思想、言论和创造自由，自由的实现程度是衡量人的发展水平最主要的标志之一。"②可以说，青年的自由发展才是真正意义上的青年发展。俄国心理学家科恩说："青年初期最有价值的心理成果就是发现了自己的内部世界，对于青年来说，这种发现与哥白尼当时的革命同等重要。"③"这种'发现'就是青年的自我认知与自我意识的觉醒，在以自我为对象的实践活动和生命活动中，青年的发展才是最为本真的发展，体现为青年以自我为主体又以自我为对象的自觉超越。"④"精神的自由创造与实现才是青年发展的本质，精神劳动的自由创造反映在社会实践中就是人的自由意志在自我实现过程

---

① 陈新夏：《人的发展视域中的美好生活需要》，载《华中科技大学学报（社会科学版）》，2018（4）。

② 陈新夏：《人的发展视域中的美好生活需要》，载《华中科技大学学报（社会科学版）》，2018（4）。

③ ［苏］N. C. 科恩：《青年心理学》，史民德等译，77 页，南宁，广西人民出版社，1983。

④ 刘远杰：《青年发展本质：对我国青年研究的反思》，载《当代青年研究》，2015（1）。

中的解放，它是一切非异化的劳动形式在人类历史实践中的反映，是青年发展的根本定义。"①青年应当有权利享有自我发展，并拥有对自我怎样发展的选择权利。青年个体具备了发展的权利，才有了自我发展的可能性。青年的这种自我发展的可能性是不应受到任何约束和阻碍的。也就是说，青年个体对自我发展的权利拥有权利，而不受其他外部力量的制约。

　　自由发展与全面发展都是对人的发展的界定。"自由发展着重从人的活动目的、意愿来说明人的生存状态，而全面发展则着重从人的能力发展的结果来说明人的生存状态。"②马克思和恩格斯在谈到人的发展时，既讲自由发展，也讲全面发展，但是，讲得最多的是自由发展。马克思特别重视自由，把未来社会描绘成"自由人的联合体"，在《共产党宣言》中，他从人的自由发展的角度来定义未来社会联合体的性质，指出"代替那存在着阶级和阶级对立的资产阶级旧社会的，将是这样一个联合体，在那里，每个人的自由发展是一切人的自由发展的条件"③。"每个人的自由发展是一切人的自由发展的条件"，这是马克思提出的一个著名论断。恩格斯把这句话作为对当时欧洲共产主义者创办《新纪元》杂志的题词，并指出除了从《共产党宣言》中摘出这句话以外，他再也找不出合适的了。"马克思用人的自由发展而非全面发展来规定未来社会的本质属性，可见马克思认为人的自由发展是比全面发展更重要、更具质的规定性。"④另外，《资本论》第 1 卷用"自由人"而非"全面的人"来定义未来社会联合体的基本特征。马克思指出，取代资本主义社会的未来社会是"一个更高级的、以每一个个人的全面而自由的发展为基本原则的社会形式"，这是人类社会从必然王国进入自由王国的飞跃。马克思把全面和自由放到一起来描述未来社会中人的发展状态，并以"自由人的联合体"⑤来说明未来社会的生产和分配的设想，没有用"全面的人"而用"自由人"来定义承载最高社会理想的联合体。可见，《资本论》第 1 卷关于人的发展问题的思想与《共产党宣言》中的相关思想一脉相承，把人

---

① 刘远杰：《青年发展本质：对我国青年研究的反思》，载《当代青年研究》，2015(1)。

② 肖潇：《马克思人的发展理论及其当代中国论域》，13 页，武汉，湖北人民出版社，2014。

③ 《马克思恩格斯选集》第 1 卷，294 页，北京，人民出版社，1995。

④ 胡磊、赵学清：《马克思人的发展理论的本真意蕴和现实进路》，载《改革与战略》，2018(7)。

⑤ 《马克思恩格斯文集》第 5 卷，96 页，北京，人民出版社，2009。

的自由发展看作人的发展中更为本质的因素。"马克思人的发展理论的本真意蕴是重视人的自由个性和全面发展,人的发展的最高境界是实现自由个性","如果简单用人的全面发展替代人的自由全面发展,或仅强调促进德智体美劳等综合能力素质和个人关系全面发展而不重视人的自由发展,就可能把马克思人的发展理论的核心主题和实质内涵解读窄了甚至理解偏了"。① 根据马克思主义人学的观点,青年发展的根本,不在于青年的全面发展,而在于青年的自由发展。

二、青年自由发展的独特性

青年的自由发展,除了具有人的自由发展的普遍意义之外,还具有其特殊的价值。青年由于年龄的原因,由于生理和心理的快速发展,由于涉世不深,由于受到更多外部限制,比中老年人更加具有追求自由的自觉性。这是青年普遍向往美好生活、希望改变现状、积极进行社会参与的深层次动因。青年在自身发展上的自觉、自为和自主,既是由青年所具有的人的意识、理性、思维决定的,更是青年自身初步认识社会、进入社会生活不久、亟待社会认可的心理反应。青年不只与其他年龄阶段的人一样,要与社会分工的不完善、社会制度的不健全所导致的各种外在束缚争夺自由,还要与中老年人的管制和控制争夺自由,以便能够更多更好地自我设计、自主安排自己的生活。在各种社会运动中,无论是不是由青年发起的,青年往往都是非常活跃的,走在第一线,这固然有各种社会诱因,但与青年自身不喜欢受到约束、喜欢标新立异和我行我素有直接的关系。社会运动中有青年运动的概念,却没有中年运动、老年运动的说法,这说明了青年在社会运动中有很大的活跃性,也从一个侧面反映了青年更加追求自身发展上的自由。人们如果不能对青年内在的自由追求有充分的认识,只是简单地认为青年涉世不深,不明真相,容易被利用、被欺骗,就不能全面而正确地认识青年,也不利于有针对性地做好青年的教育和引导工作。人的自由发展是一个从不自由到比较自由,再到更加自由的过程。青年的发展必然要求有更加宽容的社会氛围,拥有合理合法的思想自由、言论自由和行为自由。

---

① 胡磊、赵学清:《马克思人的发展理论的本真意蕴和现实进路》,载《改革与战略》,2018(7)。

　　青年的发展离不开政府、社会和家庭的支持和干预，但这种支持和干预不仅不能制约青年的自由发展，反而能促进青年的自由发展。政府、社会和家庭固然需要对青年进行必要的教育和管理，但青年是活生生的人，大多数还是成年人，因此，任何教育和管理都不应该限制甚至损害青年的自由发展。在现实生活中，社会广泛存在着对青年进行过度塑造和控制的现象。有人把青年看成是可以任意塑造的对象，或者漠视青年的选择性，忽视青年的主体性，或者揠苗助长，损害青年的身心健康。比如，许多青年学生在学习上难以自主，在专业选择、教学安排、学习过程和就业选择方面都受到家庭、学校和社会的影响或主导。现实的学校教育在教给青年学生知识和技能的过程中，如果过多地选择应试教育，就会抹杀青年学生的很多天性，包括创新冲动。有人从问题角度看待青年，习惯于管制青年，或者过分责罚，或者管得过严，损害青年的选择权和自主性。比如，有的青年在恋爱或婚姻上受到家长和长辈的各种干预，这损害了青年的自由恋爱、自主婚姻的权利。家庭背景、职业状况、经济条件等因素，无不制约着青年的恋爱自由和婚姻自主。在许多职业活动中，青年由于资历浅，职位低，缺少话语权，在个人发展的诸多方面都受到比中年人更多的限制。青年在职场中如何发展，必然会受到工作单位制度的约束和上级的限制，许多青年的棱角在各种过度的甚至不合理的约束和限制中被慢慢磨平，走向消极，失去了锐气。总之，青年发展的自由程度，与政府、社会和家庭对待青年的看法和方式是密切相关的。如何解除对青年发展的各种不合理的约束和限制，实现青年真正的自由发展，还需要政府、社会和家庭的共同努力。

　　从现实情况来看，对于青年的发展，人们讲得多的是全面发展，尤其是在学校教育中，但是，对青年的自由发展讲得不多，这种状况实际上偏离了青年发展的根本。无论是在青年研究中，还是在青年工作中，我们都有必要更多地关注青年的自由发展。"虽然普遍的青年就业问题研究、青年健康状况研究、青年经济能力问题研究、青年受教育程度和文化程度研究、青年的时代性与工具技能问题研究等共同造就的青年生存性发展研究盛世，在很大程度上反映并促进了青年生存状态的历史进步。但也必须承认，集中于青年职业与生活、生存的研究却将青年发展逐渐定格为'成功的经济理性人与技术理性人'，经济、财富、技术、健康与权力几乎成了衡量'青年发展'全部要素，而与此同时，青年发展本质中关于在共同体中自由发展的向度及基于国家、民族、社会发展的青年人文精神、仁道发展的向度则被边缘于所谓'科学研究'的视界，青年作为'人'的最具生命力阶段所应承载的'他发展'价值责任也被边缘于时代潮流，青年人作为'自由自觉的劳动实践者'的本质未能在'科学研究'中得到深刻阐释。"①美国心理学家马斯洛关于人的需求层次理论也证实了"自我实现"是人超越生存、就业、健康等问题的"发展向度"，它反映为青年的人生观、价值观、精神境界、道德伦理的养成与确立，或者概括说是"善"的发展、"仁"的实现。我们对青年发展的研究，不能只关注或过度关注青年发展的"外在性"而忽视青年发展的"内在性"。

第四节　青年的阶段发展

一、青年整体的时代发展

对于青年发展含义的理解，我们不仅要看到青年的优质、全面、自由的发展，还要看到青年的阶段发展，即青年在不同的时间点会有不同的发展表现，显示不同的发展业态。

青年整体的发展具有时代性。这就是说，青年整体的发展状况会随着社会环境的变化而变化，受到生产力、生产关系和上层建筑的影响和作用，与同时代其他人的发展相同步。青年整体的发展之所以具有时代性，是因为青年发展的程度要"受到生产力发展水平、社会制度和社会关系的合理性以及科学文化因素等条件的制约"②。例如，青年的发展是建立在生产力发展的基础之上的，只有依赖于经济条件的改善，青年才能获得基本的生活资料，满足基本的生活需要，也才能改变不合理的社会分工所造成的劳动异化，缩短劳动时间，增加自由时间，从而拓展青年自主活动的空间。从生产力制约人的发展的角度看，青年整体发展的程度与同时代人发展的水平具有高度的契合性。在不同的时代，基于不同的生活条件，青年的发展会表现出不同的特征，青年发展的目标、内容、途径也会存在很大的差异。青年整体发展的时代性表明，青年的发展是一个动态的历史的发展过程。

---

① 刘远杰：《青年发展本质：对我国青年研究的反思》，载《当代青年研究》，2015(1)。

② 陈新夏：《人的发展的阶段性和当代含义》，载《吉首大学学报(社会科学版)》，2015(6)。

　　在不同的历史时期，基于不同的发展条件，面对不同的发展任务，青年发展的内容、重点和程度也会有所不同。青年发展的每一个阶段总是建立在前一个阶段的基础上，包含着前一个阶段发展的成果，同时孕育着后一个阶段发展的新质。在不同的阶段，青年的发展都表现出区别于其他阶段的需求和特征。

　　每一代青年在自身的发展过程中都有共同的历史际遇，也有共同的制约因素。我们要确定当代青年发展的时代内涵，就要从现阶段青年发展所面临的现实问题出发。在当代中国，实现中华民族伟大复兴的中国梦这一宏大目标的昭示、社会发展内在活力的推动、改革开放 40 多年成果的积累，都为现今这一代青年的发展创造了良好的时机和有利的条件。但是，目前的青年发展也面临着一些消极的因素。从宏观上看，青年发展的制约因素有市场经济体制的不完善、经济文化发展的不平衡、制度文明和精神文明建设的不到位。这些不完善、不平衡、不到位，导致当前青年的发展遇到多方面的现实困难和障碍。青年发展的本质在于青年的素质能够得到良好的发展，青年的生活能够得到快乐的发展，青年的人生能够得到有价值的发展。从青年发展的理念出发，结合当代青年发展面临的现实障碍，政府、社会和家庭在促进青年发展的过程中，要特别关注青年发展利益的获得感、青年发展条件的公平性、青年发展环境的宽松度，并对青年发展的含义做出新的诠释和拓展。在理解了青年整体发展的时代性之后，我们就可以更好地理解当代青年表现出的比以往更强的权利意识、公平观念和自由精神。

二、青年个体的过程发展

　　青年个体的发展具有过程性。青年个体的发展在整个青年阶段的各年龄节点，都会表现出明显的年龄特征。在不同年龄区间，青年个体具有不尽相同的发展目标、发展任务、发展重点和发展特征。"青年发展是一个动态的概念，是基于青年在现实社会生活中的实际运动过程而提出来的。青年发展的内容、过程、状态不是固定不变的，而是随着青年自身发展状况的变化和社会发展对人的发展要求的不同而变化的。"[①]到了一定的年龄，青年个体就会从中学、大学毕业，进入职场，或就业或创业，或结婚生子。尽管从年龄上看，一个青年到了 18 周岁就成年了，但是，"一个男青年如果

---

　　① 　黄蓉生主编：《青年学研究》，302 页，成都，四川人民出版社，2009。

还没有实现职业的自我确定，他就很难觉得自己是个成年人。而且，正像托尔斯泰所发现的，开始从事生产劳动会加快成年期的到来，结婚生育也会加速青年人个性意识和社会责任感的形成。许多人在当了父母之后，面对自己的孩子时，才发现自己已不是个孩子了。这时，人们确实重视自己的个性，并以自己独特的方式使行为、情感和思维融合起来了"①。青年个体如果在该上学的年龄而没有上学，在该结婚的年龄而没有结婚，在该工作的年龄而没有工作，就会引发自己的发展问题。从青年发展的过程看，社会的发展不在于有多少外在的好看的量化指标，而在于这些量化指标对青年自身发展的价值意义。例如，这些量化指标是否有利于提升青年的素质和能力，是否有利于提高青年个体的生活质量，是否有利于促进青年与他人的良好关系的建立。青年个体总是处在发展之中，良好的发展使得青年个体能够得到更好的生存。青年个体的发展是建立在他的生存得到基本保障的前提之下的。如果没有基本的生存保障，青年个体的发展就是无根之木、无源之水，就无从谈起。因此，青年发展的根本要义是不断提高青年的生存质量，青年发展的最终目的是创造最适宜青年生存的环境和条件。

青年个体发展的过程性，符合青年心理发展的规律。美国心理学家埃里克森提出的心理社会发展理论，把人的心理发展分为八个阶段。根据埃里克森的阶段划分，青年作为 14 岁至 35 岁的人横跨不同的心理发展阶段，在每个阶段都表现出特有的心理发展特征。第一，关于 14 岁至 18 岁的青年。这些青年出现了自我同一感，个人"尝试把自己有关的各个方面统合起来，形成一个自己觉得协调一致的整体。这些层面包括自己的身体相貌、自己以往的状况、自己的现状、环境与条件的限制以及对自己未来的展望等"②。青年个体要综合这些侧面，判断"我是个什么样的人"。进入青春期的青年个体经常考虑自己到底是怎样一个人，并"从别人对他的态度中、从自己扮演的各种社会角色中逐渐认清了自己"③。这时，家庭、学校和社会需要为青年提供教育和经验，以促进青年同一性的发展。自我同一感的建立可以使青年"了解自己，了解自己和周围环境之间的关系，能与客观环境保持协调和谐的关系"④，这些心理特质对青年走向社会、走向生活、接受

---

① 徐春：《人的发展论》，112 页，北京，中国人民公安大学出版社，2007。
② 蒋晓虹主编：《教育心理学》，222 页，济南，山东人民出版社，2014。
③ 同上书，222 页。
④ 同上书，223 页。

人生的挑战都是至关重要的。那些"不能建立同一感的青年就会产生自我否定的情绪，形成自我同一性混乱，致使他们无法觅得自我一致的见解。所以，这一阶段的主要矛盾是同一性对同一性混乱，人格发展的任务就是建立同一性，防止同一性混乱"①。青年这一时期的发展与前几个阶段任务的完成有着密切关系。如果一个人在进入青年阶段前有相当多的怀疑感、羞耻感、内疚感、自卑感，那么发展这种同一性就相当困难，甚至不可避免地会发生同一性混乱。第二，关于 18 岁至 30 岁的青年。这些青年普遍地解决了婚姻问题，开始过家庭生活。青年过去所达到的同一性加上这个阶段从事职业活动、进行生产劳动的特点，就出现了青年与他人进行交往、建立友谊、分享苦乐的新关系，而在其中又不失掉自己。亲密感在危急情况下往往会发展为一种互相承担义务的感情，它是在共同完成任务的过程中建立起来的。如果青年个体不能在朋友之间、夫妻之间建立一种友爱的关系，他就会产生孤独感，而不会有与人分享苦乐、互相关心这样的感情。所以，"这个阶段的主要矛盾是亲密对孤独，其人格发展的任务是获得亲密感，避免孤独感"②。第三，关于 30 岁至 35 岁的青年。如果青年个体取得了事业成功，能够关怀下一代，造福社会，尽到做父母的责任，那么他就会获得充沛感。反之，就会陷入自我专注的状态，只关注自己的需要和舒适，不顾他人的困难和痛苦。所以，"这个阶段青年发展的主要矛盾是充沛感对颓废感，主要任务是获得充沛感，避免停滞感"③。

以上从青年的优质发展、全面发展、自由发展和阶段发展四个方面，对什么是青年发展进行了阐述。优质发展、全面发展、自由发展和阶段发展有各自不同的含义，但又彼此联系、相互支持，共同构成了青年发展的整体含义。简言之，青年发展是指青年自身的优质、全面、自由和阶段的融合发展。

---

① 蒋晓虹主编：《教育心理学》，223 页，济南，山东人民出版社，2014。
② 同上书，223 页。
③ 同上书，223 页。

第四章　青年在人的素质上的发展

　　人的素质发展是人的发展的基础内容。与中老年人相比，青年的素质发展具有更加鲜明的特征和更加重要的意义。青年处在身体发育、心理成熟、知识增长和思想意识形成的关键时期，他们普遍地接受中学教育、大学教育和职场教育，把学习作为重要任务，因此，青年的素质发展成为青年发展的首要内容。青年的素质发展是一个内涵丰富的综合性范畴，涉及青年的生理心理、思想道德和知识技能等方面，主要包含青年健康的发展、青年知识和能力的发展、青年道德的发展、青年理想信念的发展和青年人生价值的发展。

第一节　青年素质发展的意义

一、青年素质发展的含义

　　青年的素质是青年作为人的属性的具体体现，是青年个体稳定的特性或心理特征，是青年能够顺利从事某种活动的基本品质和基础条件。简言之，青年的素质包括青年的素养和品质。青年的素质虽然不等于青年的本质，但却是青年的多重本质的具体表现，是青年发展的首要内容。

　　青年的素质作为青年从事各种活动的主体条件，是青年个体在他的先天因素的基础上，通过后天的教育、实践和环境等影响而形成的，主要包括生理、思想道德和知识技能等方面，可分为身体素质、心理素质、认知素质和社会性素质。其中，青年的身体素质包括青年机体的正常生长发育和体质的增强，以及神经、运动、生殖等的逐步成熟，如青年的运动能力、耐疲劳能力的发展。青年的心理素质是指青年个体的性格、意志、情绪、情感、动机、兴趣等非智力方面的心理特征。青年的认知素质是指青年个体认识自然、认识社会、认识人生的心理活动，包括感觉、知觉、注意、记忆、想象、思维等智力要素，以及科学文化素质。青年的社会性素质是指青年个体在适应社会生活的过程中，对自身与社会关系的认识意识，对社会经验和文化知识的掌握，对社会关系和行为规范的习得，从而成长为具有社会意识、人生态度和实践能力的现实的社会个体，成长为能够适应并促进社会发展的人。青年的素质发展，包括青年健康发展、青年知识和能力发展、青年道德发展、青年理想信念发展和青年人生价值发展等内容。

　　青年的素质发展，表现在青年的德智体美劳方面的全面发展。学术界从青年素质的角度对青年发展做过含义、目标和内容上的界定。有文章认为，"青年发展，即青年人在适应中国的社会发展的过程中和符合社会发展要求并逐渐全面发展的过程中，在青年的思想上、智能上和体能上不断上升的、前进的、逐渐变化的，由低级到高级、由简单到复杂、由不完善到完善的过程和状态。当代青年发展主要内容包括青年的思想发展、智能发展以及体能发展三个方面"①。"青年发展的目标是全面开发青年的潜能，最大限度地发挥青年的才干，促进青年的成长成才。青年的发展包括青年在观念、素质、行为、心态等多方面的发展。"②青年发展是由低级发展向高级发展的动态过程，是由片面发展向全面发展的提升过程，也是由当下发展向未来发展的跃迁过程。具体来看，青年发展是指青年在社会发展进程中不断改进和完善自身思维、素质和能力，以及思维、素质和能力与社会发展需求、要求不断融洽结合的成长成才过程。当代青年发展，具体指向青年的生理发展和心理发展、物质发展和精神发展、个体发展和社会发展三重维度的协调发展。③ 有学者提出，"青年发展，根据马克思主义关于人的全面而自由的发展思想，就是青年适应社会和时代要求迈向全面发展的过程，是青年思想政治素质、科学文化素质和身心素质等各个方面由低级到高级、由简单到复杂、由不完善到完善的上升前进的变化状态和过程"④。综合起来说，青年的素质发展作为青年的身心发展，其基本内容包括青年

---

① 冯艳：《创新驱动发展战略下当代中国青年发展研究》，载《商丘职业技术学院学报》，2014(6)。

② 中国青少年研究中心课题组：《当代中国青年发展状况指标体系研究概述》，载《中国青年研究》，2005(5)。

③ 张艳斌、张雯雯：《当代青年发展的三重指向及机制构建》，载《北京青年研究》，2016(2)。

④ 黄蓉生主编：《青年学研究》，302页，成都，四川人民出版社，2009。引文有改动。

的身体发展、智能发展和个性品质发展。其中，青年的身体发展即青年的体力发展，包括青年的生长发育、身体机能、身体素质的发展，以及青年的基本活动能力，对自然环境、疾病的抵抗能力等方面的发展。简单地说，青年的身体发展是指青年机体的正常发育和体质的不断增强。青年的智能发展是指青年的认识能力的发展，包括青年的操作能力、想象能力、注意能力、记忆能力、观察能力、思维能力、概括能力和创造能力等。青年的个性品质发展是指青年的意向及态度的发展，如情感、需要、兴趣、意志、性格等。

　　美育是青年素质发展的应有内容。有的人相信美是事物所固有的，有的人认为美是心的产物，也有人认为美是物与心的融合。有一点是肯定的，这就是艺术的欣赏是情感的，而不是理智的，美感源于形象的直觉。事物通过一定的形状、色彩、声音、气味、软硬等形式而感性地存在着。这些感性形式的和谐与协调，一旦与青年的审美心理发生某种沟通和交融，就会引起青年的美感，形成青年的审美意识和对美的联想。这种审美意识和对美的联想，促使青年进行艺术创作，创造出表达内心美的各种艺术形式。青年正是在对事物形式美的创造中，找到了表达自身审美情感的具体方式。随着青年的审美意识的普遍增强，艺术创造与艺术欣赏逐步地从青年的其他活动中分化出来，成为一种相对独立的审美活动，从而形成青年掌握世界的审美活动方式。

二、青年素质发展的潜力

　　青年具有从自然中进化而来的潜力，将这些潜力发掘出来就是促其素质的发展。促进青年的发展，就是要唤醒以潜能形式沉睡于青年身体中的体力、智力等人的本质力量，使青年的思想道德得到提升，使知识技能得到提高。"人是一种未完成的存在物，他不会停留于某种已经变成的东西上；人的未完成，蕴含着可塑造性和创造性，因而他总是处在不断的自我塑造和自我创造之中。"①人具有较长时间的成长期，正因为自然界没有赋予人一出生就具有的社会生活所需要的素质，因此，青年必须像儿童和少年一样，继续地发展、完善和提升自己的素质。如果人在素质上具有未完成性，那么青年正处在人的一生中长身体、长知识的关键期，在素质发展上具有更大的潜力和空间。这一点说明了《中长期青年发展规划》提出的"青年

---

　　①　徐春：《人的发展论》，13 页，北京，中国人民公安大学出版社，2007。

首先发展"理念，把青年发展放在社会发展中的优先地位，是符合青年素质
发展的现实情况和基本规律的。

青年的发展意味着青年的各种潜能不断地得以实现，青年的主体性程
度、社会化程度和自主性程度不断地得到提高，青年的个性越来越丰富多
彩。青年的发展是青年的自主性、能动性、创造性等主体性特征的全面拓
展。青年为了能够成为适应未来的全面发展的人，就要拥有更富创造性、
更加成熟化、更有适应性、更具个性化的素质。青年发展的过程是青年具
有的多元智力的开发过程，是青年的身体发育、心理成熟、德行涵养等沉
睡于身体内的各种本质力量的唤醒过程，是青年的思想意识、道德观念、
认知能力、社会关系等的展现过程。

青年处在世界观、人生观、价值观形成的关键时期，需要有积极上进
的人生态度和与人为善的人际态度。对于青年发展来说，非常重要的内容
是青年的思想意识、道德观念和法治精神的培养。在青年的发展过程中，
思想道德优先，法治精神优先。党的宣传部门、政府的教育部门和文化部
门，以及青年组织，都要开展青年思想引导工作，帮助青年树立正确的世
界观、人生观和价值观。在青年的发展过程中，政治素质和思想政治工作
固然很重要，但不能以政治素质代替道德素质，也不能以思想政治工作代
替道德教育工作。对于普通青年来说，做一个有道德的人，是青年发展的
重要目标。青年要努力培育和践行中华优秀传统道德和现代文明道德，弘
扬良好的社会公德、职业道德和家庭美德。此外，法治素养是青年发展的
重要方面，青年要养成重规则、讲规则、行规则的思想意识，敬畏法律，
遵纪守法，成为现代法治人。

第二节　青年健康的发展

一、青年健康发展的内容

青年的自然素质主要是指青年与生俱来的生理素质和心理素质。"人的
基本发展包括人的体德智多方面的发展。在现实社会里，人的基本发展首
先要有一个相对健康的身体。"①健康是人的基本权利，也是人的第一财富。

---

① 郭法奇：《人的发展与教育：几个基本问题的思考》，载《湖南师范大学教育科
学学报》，2014(2)。

对于一个人来说，只有身体健康，他才能享受生活，得到幸福，也才能做好工作，实现理想。如果没有身体健康，功名、钱财就是浮云，事业就会竹篮打水一场空。一个青年只有健康地活着，才能承担起责任，把握住人生，拥有未来。对于青年发展来说，健康并不代表一切发展，但失去了健康就失去了一切发展。因此，健康发展是青年发展中的首要内容，是所有青年发展因素中的第一要素。

青年的健康，首先是指青年的身体健康，即没有疾病，身体各器官的形态和机能正常。生物学研究表明，哺乳动物的寿命一般是其生长期的 5 至 7 倍。由此推论，人的预期寿命应该是 100 岁至 175 岁。绝大多数人都没能达到这个预期寿命，是因为人受到各种疾病的掣肘和伤害。人的生命是一个十分奇特的自然现象，在科学高度发达的今天，仍然存在许多不为人知的谜。如何预防疾病、战胜疾病并保持身体的正常，是青年健康发展中的第一要务。青年处在长身体的阶段，家庭、社会和政府都要关注青年的饮食结构和营养均衡，消除可能引起青年疾病的因素，青年自己要养成健康的生活方式，实施积极的健康行为。

除了身体健康，青年的健康还包括心理健康。与中老年人相比，青年处在生命力最旺盛的时期，具有身体健康的优势，因而更要注重心理健康的发展。1948 年《世界卫生组织宪章》序言指出：健康不仅是没有疾病，而且是个体在身体上、精神上、社会上的完满状态。1978 年 9 月，国际初级卫生保健大会发表的《阿拉木图宣言》指出，大会兹坚定重申健康不仅仅是没有疾病与虚弱，而是躯体、精神健康和社会适应的全面完好状态。这个定义的积极意义，就在于它把健康看成不仅是没有疾病，而且还包括心理和社会生活的良好状态。

根据世界卫生组织提出的健康标准，青年健康应该包括以下内容：一是精力充沛，能够从容不迫地应付日常的工作和生活；二是处世乐观、态度积极，乐于承担任务而不挑剔；三是善于休息，能够合理地安排睡眠和工作，睡眠状况良好；四是应变能力强，能够适应各种环境的变化；五是对一般的感冒和传染病有一定的抵抗力；六是体重适当，体态均匀，身体各部分比例均匀；七是眼睛明亮，反应敏锐，眼睑不发炎；八是牙齿清洁，无缺损，无疼痛，牙龈颜色正常，无出血；九是头发光洁；十是肌肉皮肤富有弹性，走路轻松。其中，前四条是心理和社会环境方面的健康标准，后六条主要是体质方面的健康标准，这反映出青年健康的丰富性。青年健康还可以采用肌体健康上的"五快"和精神健康上的"三良好"来衡量。其中，

"五快"指的是：第一，吃得快，即进餐时，有良好的食欲，不挑剔食物，并能很快吃完一顿饭；第二，便得快，即一旦有便意，能很快排泄完大小便，而且感觉良好；第三，睡得快，即有睡意，上床后能很快入睡，且睡得好，醒后头脑清醒，精神饱满；第四，说得快，即思维敏捷，口齿伶俐；第五，走得快，即行走自如，步履轻盈。"三良好"指的是：第一，良好的个性人格。情绪稳定，性格温和；意志坚强，感情丰富；胸怀坦荡，豁达乐观。第二，良好的处世能力。具有客观、现实的观察问题的能力，能适应复杂的社会环境。第三，良好的人际关系。助人为乐，与人为善，对人际关系充满热情。① 可见，青年健康是一个整体性概念，表示青年个体有良好的身心状态及社会适应能力，包括身体健康、心理健康和社会适应良好三个方面的内容。青年健康指青年拥有强壮的体格、充沛的精力、健全的心理活动和良好的适应能力。青年健康"是对青年的身体、精神心理和社会交往（行为）状态的一种判断。如果青年个体有良好的身体（生理）、精神（心理）和社会行为适应能力，那么就可以说他是健康的"②。青年健康是生理、心理和行为三个方面的有机统一，反映的是青年生理、心理和行为的整体良好状态，包括自我调控、应对外界影响、保持内心平衡和满足状态、社会互动的良好等。青年个体的生理、心理与行为适应之间是互相影响的，三者高度相关并共同决定着青年健康的整体性。某一方面的健康能使其他方面获益，某一方面的障碍也会给其他方面带来消极影响。假如一个青年有了健康的身体，那么其在心理上会更愉悦，行为上会更加自信；假如一个青年长期处在焦虑、抑郁的心境之下，那么这种心境迟早会给身体带来损害，他的社会交往也会更趋紧张、封闭。

无论从生理、心理，还是从社会交往的角度看，青年都经历着人生中最激烈的变化。"如果说健康是个体的身心及社会行为的适应状态，那么青年的健康标准必须以是否适应青年阶段的这种变化为依据。"③对于未成年的青年来说，以第二性征的出现为标志，其身体、生理、智力在加速变化。这些变化带来了未成年青年的性别角色的萌醒和对自我身体变化的关注，有的青年个体会出现青春期心理动荡的状态，产生或激奋、或消沉、或自

---

① 朱卫雄、郭晶、吴立新主编：《大学生体质与健康》，2 页，武汉，武汉大学出版社，2015。

② 孙玉杰、公文华：《青年健康的现代涵义与标准》，载《青年研究》，1995(9)。

③ 孙玉杰、公文华：《青年健康的现代涵义与标准》，载《青年研究》，1995(9)。

豪、或自卑的情感体验。与生理的变化相比，青年心理的变化更加剧烈。"成人感与自主心理的形成，自我意识与个性的迅速崛起，对社会交往的强烈需求和对社会参与的热切愿望，成为青年心理的鲜明特征。但与此同时，青年也面临着自我评价与社会认可、自主倾向与社会依赖、交往冲动与封闭倾向，社交增多与角色混乱等新的矛盾冲突。所有这些都客观地要求青年保持心理和行为的平衡，使内在的矛盾冲突向合乎社会化的方向演化。"①青年个体如果不能平衡好内心的冲突，而是以自我为中心、妄自尊大，或自卑消极、妄自菲薄，或自我专注、固执偏激，那么就会出现人格障碍。可见，青年的健康，首先必须有健康的社会态度和行为适应作为基础。某个青年不健康，可能不仅反映在他的身体因营养不良等因素而引起的生理不健康上，也反映在他因社会适应的功能障碍而引起的心理不健康上。身体健康是青年进行生命活动、学习工作和正常生活的基础，又是品格养成、知识增长和能力发展的物质条件。

　　青年健康的标准要坚持以下几个原则。一是明确的自我评价。正确的自我评价，不仅有助于青年个体的自我认识和自我努力，而且也是他健康与否的标准之一。健康的青年应对自己有正确的认识，能够客观地评价自己的长处和短处，最大限度地发挥自己的优点和长处。根据自己对知识和能力的认识，来确定自己的奋斗目标，使自己的学习、工作和生活能够更好地符合自己的个性特征和客观条件，从而不断地发展和完善自己。二是良好的社会适应能力。对现实世界和实际生活的适应行为，是青年健康的重要方面。对青年个体健康的判断，有一个重要的标准是他对学习、工作和生活的适应能力和完善状态。良好的社会适应能使青年个体在应对外界变化和自身变化中，保持和增强自我生理、心理和社会行为适应的统一性。三是积极参与和协作。健康的青年乐于与他人进行交往，对他人的肯定态度多于否定态度，对集体和社会持有理性的、建设性的参与态度，在家庭、学校、工作单位、社会团体中能够建立融洽的人际关系。

　　青年的健康状况是社会中人的健康与进步的重要标志。相对于其他年龄阶段的人而言，青年的生理、心理和社会行为变化最大，社会适应任务最重，这种状况在当前高速运转、快速变迁的社会环境下尤其如此。目前，青年健康方面存在的一个突出问题是，部分青年对自己的欲望很放纵。这主要表现在：第一，放纵食欲，想吃就猛吃，不想吃就不吃；第二，放纵

---

　　① 孙玉杰、公文华：《青年健康的现代涵义与标准》，载《青年研究》，1995(9)。

玩欲，总是在低头玩手机，不停地刷朋友圈，沉迷于肥皂剧和电子游戏；第三，放纵熬夜，玩手机、玩游戏成瘾，一晚又一晚地熬夜；第四，放纵馋欲，贪于甜、咸、辣的重口味；第五，放纵懒欲，能坐着绝不站着，能躺着绝不坐着。放纵欲望给这些青年带来身体的损害。因此，树立科学的健康观，塑造健康的人格，应成为新时代青年工作的重要目标和任务，也是做好新时代青年发展工作的重要内容。

青年处在长身体的黄金时期，家庭、学校、政府都要关心青年的身心成长和健康，为青年身心健康成长创造良好条件。在促进青年身体健康成长的实际工作中，我们除了关注青年的身体素质外，还应该关注青年的科学文化和心理健康素质。强健的体魄、健康的心理是青年发展的重要方面。良好的身心素质，既是青年发展的重要内容，又是青年发展的基本保障。教育、体育等教育行政部门要把青年积极参加体育活动作为促进青年发展的一项重要措施，引导青年切实增强体质，全面发展体能。同时，培养青年良好的心理素质就是要培养青年健康的心理、健全的人格。过重的学习压力、过少的体育锻炼，都会损害青年学生的身心健康。过多的工作时间、过大的生活压力，也会损害职业青年的身心健康。政府部门要在帮扶贫困青年学生、减轻青年学生课业负担、帮助职业青年解决住房问题、提高职业青年收入、发展青年体育事业等方面采取更多的实际行动和具体措施。

二、青年生理素质的发展

青年的生理素质是指青年身体系统的状况，包括运动、消化、呼吸、泌尿、生殖、脉管、感觉、神经和内分泌九类器官整合而成的生理组织结构状况及相关的生理功能状况。[①] 青年生理素质所表现的是青年的生物学特性，这种特性既受到遗传因素的影响，又受到营养、环境和自身心理活动的影响。青年生理素质的发展，指的是青年身体的正常生长发育和体质的增强，以及神经、运动、生殖等的逐步成熟，包括身高、体重等的增长，行走、爬高等身体活动能力的发展，以及速度、力量等身体素质的增强。良好的生理素质是青年进行体力劳动的条件，结构完善的大脑及神经系统是青年进行智力活动的必要条件，因此，生理素质是青年的优先素质，在

①　陈志尚、陈金芳：《关于人的素质的两个理论问题》，载《北京大学学报（哲学社会科学版）》，2000(4)。

青年的所有素质中居于基础性的地位。

青年体质是指青年身体的质量，包括体格、体能和适应能力等。体格是指青年身体的形态结构方面，包括身体生长发育的水平、身体的整体指数与比例，以及身体的姿态。体能是指青年身体各器官系统的机能在肌肉活动中表现出来的能力，包括身体素质和身体基本活动能力。适应能力是指青年的身体在适应外界环境中所表现出的机能水准，包括对外界环境的适应力和对疾病的抵抗力。青年体质的"评价指标包括身体形态发育水平，即体格、体型、姿势、营养状况及身体组成成分等；生理机能水平，即机体的新陈代谢功能及各系统、器官的工作效能；身体素质和运动能力水平，即身体在运动中表现出来的力量、速度、耐力、灵敏性、柔韧性等素质，及走、跑、跳、投、攀等身体运动能力"[1]。青年体质测定的内容和指标包括"形态指标即身高、体重、胸围、上臂围、坐高、皮脂厚度、体脂比重、去脂体重等；生理机能指标即安静时心率、血压、肺功能及心血管运动试验等；身体素质和运动能力指标即力量、爆发力、柔韧性、灵巧、耐力、跑、跳、投掷等"[2]。青年体质在形成和发展过程中，具有鲜明的个体差异。不同青年的体质差异在形态发育、生理机能、身体素质、运动能力及对疾病的抵抗能力等方面表现不同。青年个体的身体素质差异，不仅与遗传有关，而且与后天的环境、营养、体育锻炼和卫生条件等有着非常密切的关系。对于青年个体来说，科学和适量的体育锻炼，可以从多个方面改善自身的身体素质，进而促进体质的发展。

青年个体的身体素质由身体的速度、力量、耐力、柔韧和灵敏五个方面构成。速度表现为青年身体在单位时间内移动距离的大小或者对外界刺激反应的快慢，可综合反映爆发力、灵敏、反应和柔韧等多项素质。力量是指青年身体肌肉紧张或收缩时表现出的一种能力，是青年身体进行学习、工作和生活最为重要的机能素质。耐力是指青年身体在长时间内从事肌肉活动的一种能力，是抵抗疲劳的能力，表现为全身耐力、心肺耐力和肌肉耐力。柔韧素质是指青年身体在活动时各个关节肌肉和韧带的弹性与伸展度。柔韧素质的好坏直接影响着青年身体的协调性、动作的幅度和肢体的灵活性。灵敏素质是指青年身体迅速改变身体位置、变换动作和随机应变

---

① 王磊磊：《大学生体质健康发展与干预策略研究》，1 页，延吉，延边大学出版社，2017。

② 同上书，1 页。

的一种能力，是运动技能与其他身体素质的综合表现。

三、青年心理素质的发展

青年的心理是青年身体中脑和神经系统的机能，是青年的精神活动。青年作为人，是具有意识、精神等心理活动的生物，因此，心理活动是青年的一个基本属性。心理素质是青年的重要素质，包括感觉、知觉、注意、记忆、想象、思维等脑力活动，性格、意志、情绪、动机、兴趣等心理特征。青年心理发展是指青年的心理活动特点及能力的发展，包括感觉、知觉、注意、记忆、思维、想象、情感、意志、性格等方面的发展。

青年心理发展的目标是心理健康。青年心理健康是指青年的认知、情感、意志、行为、人格的完善，能适应社会生活，与社会保持同步的心理状态。一个人的智力水平，情绪稳定性，人际关系的和谐度，热爱学习、生活和工作，正确认识自我价值是衡量心理健康的主要标准。[1] 青年个体的心理健康，具有以下三个方面的标志。一是人格完整，具有良好的自我感觉和正确的自知之明，能够自尊、自爱、自信。情绪稳定，积极情绪多于消极情绪，自控能力较好，能保持心理上的平衡。二是在自己所处的社会、工作和家庭环境中，有充分的安全感，能保持正常、和谐的人际关系，能得到其他人的认可和信任。三是对未来生活的目标明确，有理想和事业的追求，能切合实际地不断进取。青年心理健康的本质是青年具有良好的心理状态，能够充分发挥自身的潜能，合理调节行为，有效地舒缓内心的压力，良好地适应社会环境。

一个青年如果心理发展得不好，就会出现心理问题。青年的心理问题是指青年个体由于身心发展不平衡而产生的心理和行为的异常。青年的心理问题分为心理异常、心理障碍和心理疾病。青年的心理异常是指青年在学习、工作和生活中遇到挫折和困难时产生的轻微的心理和行为异常，如学习情绪厌烦、亲情关系隔阂、人际交往困惑。青年的心理障碍是指青年在学习、工作和生活中产生的认知、情绪、意志、人格等方面的迷惑与冲突，属于稍微严重的心理和行为异常，主要表现为认知障碍、人格障碍、情绪障碍和交往障碍。青年的心理疾病是指青年在学习、工作和生活中遇

---

① 王磊磊：《大学生体质健康发展与干预策略研究》，94 页，延吉，延边大学出版社，2017。

到的严重心理困难，并由此产生的精神疾病或行为异常，表现有青年的心理疾病躯体化、神经病及精神分裂症等。青年的心理问题，既是青年个体心理作用的结果，又受到社会、家庭、学校等因素的影响。许多青年在学习、工作和生活中，会遇到各种困难，产生各种压力，出现各种心理问题。在青年心理问题比较突出的今天，社会、家庭和学校都应该加强青年的心理健康教育和心理帮扶工作，同时，青年自身也要不断增强自我调控能力，学会发展积极的自我体验。

第三节　青年知识和能力的发展

一、青年知识的发展

"知识"是一个常用词，什么是知识似乎不应该成为一个问题。但从历史上看，人们对知识的来源是存在不同看法的。"从存在论角度分析，人与知识的关系有先验存在和经验存在的分歧。神学及唯心主义哲学认为知识先于人而存在。在神学看来知识是上帝所有，哲学家黑格尔则认为知识存在于'绝对理念'世界。但近代科学及唯物主义哲学则认为知识源于人的发现，知识存在于客观世界，即先有人和客观世界而后才有知识。当代建构主义哲学主张知识是人的建构，是人的猜测和假想，因此知识内在于人的经验世界。"[1]

从马克思主义唯物辩证法的观点看，知识是人们在认识世界和改造世界的过程中所获得的成果和经验的总和。知识反映了事物发展的一般规律和不同事物之间存在的内在联系。青年的知识是青年对自然、社会和人自身的能动反映。青年的求知活动在本质上是青年以理论方式在头脑中观念地再现客体的过程。在这个过程中，一方面，青年反映客体、认识客体，在头脑中形成了关于客体的观念映像；另一方面，客体被青年所反映、所认识，成为青年观念的内容，并由概念、判断和推理等组成的理论体系加以建构。在没有实际地改变客体的现实存在形式的情况下，青年以理论体系的方式，观念地再现客体的活动方式及其结果，形成了青年掌握世界的认识活动。

知识对青年的认识活动和实践活动，都产生引导和推动作用。在青年

---

[1]　阳泽：《知识社会中人与知识关系的教育学审视》，载《教师教育学报》，2018(5)。

的认识活动中，知识作为青年理解认识对象的背景资料和信息基础而发生作用。青年的认识过程是一个青年的已有知识与关于认识对象的信息进行相互作用的过程，因此，青年是否具有与认识对象相关的知识，具有多少这方面的知识，这些知识的正确与否，对青年的认识活动及其结果产生重要的影响。《庄子·秋水》篇说："井蛙不可以语于海者，拘于虚也；夏虫不可以语于冰者，笃于时也；曲士不可以语于道者，束于教也。"①这就是说，对井底之蛙不能谈论大海，因为它受到了住处的限制；对夏天的虫子不能谈论冰，因为它受到了生长时间的限制；对孤陋寡闻的人不能谈论大道，因为他受到了俗学的束缚。可见，一个人的知识决定了他的眼界和境界。人们常常感到，与不同层次的人沟通，是一种漫长的折磨；与不同层次的人争辩，是一种无谓的消耗。未曾经历，不成经验。一个人从未去过另一个人到过的地方，从未经历过另一个人受过的痛苦和磨难，不知道另一个人读过的书，不认识另一个人遇见的人，两个人隔着太多的障碍，沟通就是一场漫长的无用功。在青年的实践活动中，知识作为青年改造客观事物的目的、方法和手段而发生作用。知识有助于青年在实践中提升看待事物的眼界，采用更多的方法，更准确地发现问题，更有效地解决问题。在现实生活中，一个人觉得自己很厉害，往往是因为他的圈子太小，知识太少。青年只有不断地学习知识，才能在知识中感悟到做人的道理、做事的方法，从而成就更美好的人生。美国心理学家大卫·杜宁和贾斯汀·克鲁格1999年12月合作发表了一篇题名为《无能与无知：对自身无能的认知困难如何导致无端自负》的文章。在这篇文章中，他们通过调查，发现了"越差越自大，越强越谦虚"的道理。他们让被试给自己的能力打分，其中包括逻辑推理、情商、对艾滋病的了解等题目。结果发现，那些原本对这些领域非常了解的人和那些对这些领域完全不了解的人，给自己的打分却是差不多的。这意味着真正懂得的人很谦虚，而那些完全不懂的人自我评价过高，并超过了这些人的实际情况。他们认为，"这不是因为被试天生乐观，而是因为他们缺乏判断自己实际情况的能力"②。后来，人们把这种现象称为"杜宁—克鲁格效应"。对于某些事物不太懂的人，往往意识不到自己的不懂，并非这些人不愿意去面对，而是因为这些人根本没有这个能力。一个无知的人往

---

① 方勇译注：《庄子》，259 页，北京，中华书局，2010。

② 隋岩：《心理的故事·心理学就是这么有趣儿》，133 页，北京，中国法制出版社，2014。

往不知道自己无知，因为他无知到无法意识到这点。无知的人不仅意识不到自己的欠缺，缺乏辨别自身不足的能力，不能充分认识到自己的不足，甚至还认为自己在这些方面的能力高于人们的平均水平。

青年的发展是一个通过教育，不断学习知识、增长知识、走向知识化的过程。教育促使青年向知识转化，因为青年时期是人的一生中最重要的学习时期，青年比其他年龄阶段的人，具有更强的求知欲和学习能力，因而能成为知识最理想的承载者。教育能够满足和激发青年的求知欲，使求知成为青年在生活中一种快乐的追求。教育培养青年个体对知识创新的信心，让职业青年成为具有知识生产能力的人，从而促进社会知识的持续增长。教育促进青年与知识的双向转化，是基于青年与知识都具有的生成性和相互建构性的特点，这种双向转化导致青年与知识之间形成了一种紧密的共生关系。教育促成知识向青年的转化存在以下几种路径。

第一，知识内化。这是把外在客观形态的知识转化为内在主观形态的知识。在知识的转化过程中，知识被赋予主观意义而获得青年个体的认同。知识内化是外部的新知识与青年个体原有的知识之间建立起有意义的联结而形成的同化。各种教育能够使知识联结青年个体的经验世界，让青年个体能够理解和领会知识，把知识转化为他自己的经验性存在。

第二，转识成智。知识是智慧的基础，但知识不等于智慧。宋代诗人陆游说："纸上得来终觉浅，绝知此事要躬行。"这就是说，从书本上得来的知识总归是肤浅的、有限的，要深刻而透彻地理解它、掌握它，就一定要亲身去体验，去实践。知识和智慧是青年认识活动的两个基本方面，青年个体的知识包含智慧的因素，青年个体的智慧始终与他的知识经验发生内在的联系。青年的智慧是其知识的完整性、灵活性和个人化状态，是青年个体对知识进行加工的结果。书不等于知识，更不等于智慧。青年教育的转识成智，就是说只有在知识的传递中培养青年的知识加工能力，发展青年的思维能力，它才能得以完成。青年学会知识固然重要，但是，拥有科学的思维模式，在头脑中把知识整合，能够极大地帮助青年个体吸收知识，做到融会贯通。青年的认知通常包含相互联结的环节：第一步是数据，它标示各种事件和现象；第二步是信息，它是在对数据进行分析和解读的基础上形成的结构化数据；第三步是知识，它把信息组织起来，标示事件之间的逻辑联系；第四步是智慧，它是识别和选择相关知识的能力。可见，青年的认知最终体现在智慧上。青年唯有智慧，才能有举一反三的能力，有创造性。

　　第三，化知为德。知识的求真不涉及价值判断，而道德的求善则体现出价值取向。"知识不会自动向道德转化，就像知识社会并不一定就是道德社会，个人知识渊博并不一定道德高尚。教育寻求知识向道德的转化缘于道德是做人的根本，知识既可能成为'恶'的帮凶，异化为'狡诈'，也能成为'善'的力量，进化为文明。"①教育的化知为德，实质上是赋予专业化的知识以精神性和伦理性的内容。这就要求青年教育者在对青年的人格教育中，帮助青年把知识用于自我观照，化解自我的遮蔽和不真实；在对青年的道德教育中，帮助青年利用知识形成正确的伦理观念，做出正确的是非判断；在对青年的知识教学中，引导青年积极向善，帮助青年利用知识获得对世界的深入理解，并将其转化为对其他生命的同理心。青年教育经过化知为德，才能够达到古希腊哲学家苏格拉底所说的"知识就是美德"的境界，避免他所担心的知识对正义的背离现象。

　　当代青年生活在一个知识社会中，知识已经成为当今社会的主要资源，社会各个方面都受到知识的广泛影响和全面驱动，这就要求新时代的青年更加注重知识的学习。青年学生主要是在学校课堂上学习书本知识，职业青年主要是在本职工作中学习职业知识和社会知识。青年获取知识的路径，除了有课堂学习之外，还有以下几个途径：一是观察与体验的路径。观察是青年经常性的学习路径。青年对自然、社会和人自身进行观察，能够获得所观察对象的信息，并产生灵感，从而直接获得知识。青年要用心观察身边的事物，对一些习以为常的社会现象进行思考和学习。青年个体可以变换自身环境，通过不同的学习、工作、生活的经历，在新的外界刺激中产生灵感、形成顿悟，获得新的知识。青年要尝试与不同特点的人打交道，积累不同的生活体验，也可以进行一定的冒险，尝试一点失败，观察周围的反应，积累人生的经验。职业青年可以尝试不同的单位，或者在同一个单位中进行岗位轮换、地点轮换，或者在同一岗位上尝试新的做法。青年只有尽可能地丰富自己的体验，才能增进自己的知识。二是交流的路径。知识的交流具有倍加效应，青年个体与他人进行知识的交流，就会获得更多的知识。青年的知识在很大程度上来自学校教育和家庭教育，但除此以外还会来自社会教育，来自别人的教导、分享和指点。青年要善于利用各种机会，向身边有知识的人学习，通过与有知识的长辈和同辈进行广泛的交流，能够间接地获得新的知识。对于职业青年来说，人与人之间成功的

---

　　①　阳泽：《知识社会中人与知识关系的教育学审视》，载《教师教育学报》，2018(5)。

差别在很大程度上来自社会渠道的学习。一些成功的青年领导、青年企业家和青年学者，都曾有受到智慧之人指点或点拨的经历。通过这些社会渠道的学习，青年可以开阔自己的视野，使知识得以融会贯通。职业青年只有不断地丰富自己的人际学习网络，才能持续地增进自己的知识。三是解读的路径。大量的知识记载在图书、报刊、网站等各种媒介中，无论是青年学生还是职业青年，都要善于运用这些媒介，获取历史积累和现实知识。青年要增加自己的知识积累，就要扩充和丰富自己获取知识的媒介，从载有众多知识的各种媒介的解读中获得广泛的知识。四是反思的路径。青年的很多知识是基于对已经发生的、经历的、了解的事情及已有的知识进行总结、归纳和反思而得到的。青年对已有的经验和知识进行反思，对以前的是非成败进行分析，一般能够获得新的感悟、新的知识。自然和社会的规律和法则，往往隐含在历史长河所发生的事件之中，因此，青年只有进行总结和反思，才能认识和领悟到其中的本相和法则，获得新的知识。青年要增进自己的知识，就必须建立科学反思的习惯和方法。

借鉴美国教育学家大卫·库伯提出的个人学习循环模型，青年的学习可分为四个阶段：一是实在经验阶段，即青年获得亲身的体验和经历；二是反思性观察阶段，即青年对体验和经历进行回顾和反思，并重新进行有意识的观察；三是抽象的概念化阶段，即青年根据对经验的反思进行抽象思维，提出概念性知识；四是积极的实践阶段，即青年把获取的知识运用于新的实践并检验它，重新回到第一步即再次获得实在的经验。青年个体对知识的学习、获取和运用，就是这样循环反复的。"人的学习就是解释人们在这个世界上发生的事情，同时通过人的思维将其转化为一种抽象的概念（即知识）并在现实中将这种概念加以运用的过程。"[1]

在分析青年知识发展的时候，我们要看到，知识的分工促进了知识的快速发展，但知识的过度分化也"导致了知识的分裂和异化，具体表现为知识与生活'两张皮'、'书本知识'在现实生活中的转化效率降低等实践问题，以及概念艰涩难懂等知识自身的痼疾"[2]。知识是高于感性现象，并且区别于现实生活行动的思辨性认知，其本身具有抽象性和深刻性的特点。"知识

---

① 陈国权：《人的知识来源模型以及获取和传递知识过程的管理》，载《中国管理科学》，2003(6)。

② 马勇、梁木生：《生活视野下的法哲学三题纲要及启示——以当代知识分化的反思为缘起》，载《社会科学家》，2018(3)。

的分工会形成学科，但若过于强调形式上的科别性，就会出现技术性知识增多而思想性知识减少的情形。""当代主要的知识提供者是职业学者，他们在认知事物时，'无偏式旁观'往往多过'参与性智慧'，因此学院知识易产生思辨性强、但实践性弱的缺点。"这就要人们"反思分工语境下知识分化的弊端，恢复其中被遮蔽的思想性和实践性"。① 因此，在促进青年知识发展的实际工作中，我们要注重培育青年多方面的知识，帮助他们扩充思想性的知识，积累做人做事的知识，尤其是积累其劳动实践的知识。

二、青年能力的发展

青年的能力是青年完成一定活动所具有的才能和力量。青年要完成某种活动，就必须具有能力。古希腊哲学家亚里士多德在《形而上学》一书中把人的能力界定为"做好一项工作的才干"，并在与现实的关系中考察潜能，把人的潜能作为可以转化为现实，但还没有转化为现实的可能性。德国近代哲学家康德提出了对主体认识能力的考察，揭示出感性、知性和理性三种认识能力。青年的能力与其素质存在紧密关系，两者都是青年从事社会活动、创造社会价值的力量源泉。如果说青年素质是青年能力的基础，那么青年能力则是青年素质的外化。某种能力一旦成为青年的稳定特征，就成为青年的素质。青年个体的能力建立在他的素质之上，他的能力强弱是他的素质高低的体现。

青年的能力构成了青年从事各项活动的主体条件。青年有多少种活动，就会有多少种能力。例如，青年进行学习活动，就有学习能力；进行生产劳动，就有劳动能力；进行体育活动，就有运动能力；进行社会交往活动，就有沟通能力。对于青年学生来说，最重要的是学习能力；对于职业青年来说，最重要的是职业能力。青年的活动分为认识活动和实践活动，相应地，青年的能力分为认识能力和实践能力。青年的能力可以分解为感知观察力、注意力、记忆力、想象力、思维能力、学习能力、语言表达能力、写作能力、工作能力、社会活动能力、与他人合作能力、组织能力、创新能力、生存能力等多方面的能力。根据能力的结构，青年的能力可分为观察力、记忆力、想象力、思维力和操作力。这五种能力相互联系，共同构

---

① 马勇、梁木生：《生活视野下的法哲学三题纲要及启示——以当代知识分化的反思为缘起》，载《社会科学家》，2018(3)。

成青年的整体能力。

青年能力的发展是青年具有的人的自然力的发展。青年与其他年龄阶段的人一样，是能动的自然存在物，不仅会积极地适应自然界，还会能动地认识自然事物，积极地改造自然界。青年本身的自然力是以青年的整个身体作为自身物质基础的。与其他年龄阶段的人相比，青年具有更加旺盛的自然力。青年的感官、大脑和神经系统，是青年感知和思维功能的物质基础，是青年学习知识、运用知识的生理机制，也是青年的情感活动和意志行为的物质载体。青年体力发展的物质载体，是具有一定技巧的手、脚、运动器官和调节系统。体格强壮、体质强盛是青年自然力强大的展现。"人的劳动能力是人改造和征服客观世界的能力，体力是人体所具有的自然力，智力则是精神方面的生产力，包括人的劳动技能、生产经验和科学文化知识，同时也体现为人的认知能力、审美能力。体力和智力的统一发展，是人的其他各方面能力发展的基础，所以人的劳动能力的发展是人的发展的核心，是衡量人的关键维度。"①青年个体的任何活动都是他的体力和智力的综合体现，因此，青年的发展应该是其体力和智力的协调发展。

根据《以自由看待发展》一书中的观点，发展是涉及经济、政治、社会、价值观念等众多方面的一个综合过程，它意味着消除贫困、人身束缚、各种歧视压迫和缺乏法治权利和社会保障的状况，从而提高人们按照自己的意愿来生活的能力。发展的目的不仅在于增加人的商品消费数量，更重要的在于使人们获得能力，发展就是扩展人们的这种能力。青年发展最终所要求的是青年在能力上的提升。无论是对于青年学生还是对于职业青年来说，能力的发展就是青年发展的基本内容和鲜明特征。从能力角度看，青年的发展一方面是要提高青年学生的学习能力、实践能力和创新能力；另一方面是要提高职业青年的劳动技能和创造才能，充分发挥他们的劳动积极性和创造性。

对于职业青年来说，至关重要的能力是具备本职工作所要求的岗位知识、职业技能和职业道德。就职业意义上的能力说，青年的能力包括专业能力、方法能力和社会能力。其中，青年的专业能力是指青年从事职业活动所需要的基本技能和基础知识，如医生、教师、律师、操作工等的专业能力；青年的方法能力是指青年从事职业活动所需要的工作方法和学习方

---

① 朱巧玲：《人的发展指标的构建——基于马克思主义人的自由全面发展理论的分析》，载《改革与战略》，2011(9)。

法，如学习能力、实践能力、创新能力的发展，以及获取与使用信息的能力等；青年的社会能力是指青年从事职业活动所需要的社会行为能力，如交往能力、表达能力、写作能力、合作能力、组织能力、道德品质等。在职业青年的各种能力之中，其创新能力至关重要，尤其是在科学技术日新月异的今天。"创新性思维主要包括批判性思维和发散性思维。批判性思维即不迷信、不盲从，凡事独立思考，勇于提出自己的想法，辩证地看待问题；批判性思维只是创新性思维的一个方面，创新性思维更主要地表现在发散性或开拓性思维，这是一种不依据常规、寻求变异、多角度寻求答案的一种思维方式。"①一个职业青年只有养成创新性思维方式，才能在本职工作中提高自身发现问题和解决问题的实际能力。

三、青年知识与能力融合发展

青年的知识发展与能力发展是有机统一、成为一体的。青年的能力与知识存在密切的关系，青年个体要发展自身的能力，就必须多学习和掌握知识。知识作为人的认识的成果和智慧的结晶，虽然不直接等同于能力，但却是能力形成的重要基础。知识为青年所掌握，便对青年的活动具有指引和导向的作用，成为青年能力结构中的积极因素。英国哲学家培根提出了"知识就是力量"的著名论断。在青年的发展中，青年个体的知识虽然不等于他的能力，但在很大程度上决定了他的能力。青年能力的发展，一开始就表现为青年劳动能力的发展，尤其是生产劳动能力的发展，因为生产劳动是人的最基本的实践形式，也是人所特有的生存方式。青年能力的发展受制于一定的社会关系和历史条件。在生产力水平较高，生产规模较大，社会关系较丰富和科学技术较发达的条件下，青年能力的全面发展就具有现实的可能性。

青年能力的发展，最基本的是其智力的发展。智力与知识是两个不同的概念。在认识和改造自然、社会的过程中，青年个体表现出来的各种能力是智力，所获得的认识和经验是知识。知识与智力不能等同，但关联度非常高。青年个体能够想象出从未感知过的事物，甚至是现实中不存在的事物，但这种想象的内容是源于客观现实的，可以说，知识是青年进行想象和思维的依据和源泉。青年个体如果没有知识，就没有思维的材料。一

① 黄枬森：《促进人的素质全面发展——兼评〈素质教育基本理论研究〉》，载《教育研究》，2012(10)。

旦缺乏足够的知识，青年个体的想象力就会缺乏，甚至凭空乱想。青年富有创新精神，但这是建立在人类社会已有知识的基础之上的。青年个体如果对人类社会已有的认识和经验都不了解，就不可能进行创新。因此，知识是青年智力发展的基础，青年智力的发展是通过知识的学习和掌握来实现的。知识掌握得越多，就越有利于青年智力的发展。如果离开了知识，青年智力的发展就失去了基础和条件。同时，青年学习和掌握知识，是需要一定智力作为基础的。只有具备了一定的思维能力、语言能力和记忆能力，青年个体才能学习和掌握课本知识和现实经验，因此，智力是青年增加和丰富自己的知识的必要条件，智力的发展能够促进青年对知识的掌握。当然，虽然智力与知识有关联，但智力不等于知识，开发智力不等于增加知识。有了知识，并不等于就有了较好的智力，如有的高学历者，尽管其知识较丰富，但其在实践中应用所掌握的知识和技能解决实际问题的能力却较差。而有些人学历尽管不高，但脑子灵活，其实际工作能力较强。学校教育中以升学和考试为导向的教学方式，其着力点是知识的讲解和传授，而不完全是智力的培育和开发，这是我们进行教育改革的基本依据。

人的知识和技能可以创造经济收益，成为人自身的一部分，因此被称为人力资本。由于先天禀赋和后天努力的不同，青年个体作为一种人力资本是存在差异的，这个差异决定着他的增值能力。对于青年发展来说，知识和能力的发展具有特殊重要的价值。在青年发展的众多领域中，最突出的标志是其知识和能力的发展。这不仅因为知识和能力是青年所具有的人的本质的重要体现，而且因为青年时期是学习知识、增长能力的黄金时期。青年时期是个体知识和能力快速发展的时期。在对青年进行各种现实的教育活动中，花费大量教育时间、消耗大量教育资源是为了对青年进行知识的教育和能力的训练。从家庭到学校，再到社会，各种教育主体无不重视青年的知识和能力的发展。人们很容易从知识和能力的角度去看待和衡量青年的发展状况。在当今知识经济社会中，每个青年都不断地学习新的知识和技能，凭借自身的知识和技能从事社会活动和劳动实践。

从主观条件看，青年个体知识和能力的发挥程度与他的意志力、毅力、性格、爱好、情趣等方面的素质直接相关。如果考虑到知识和能力发挥的性质和方向问题，一个青年的"知识和能力发挥的主观条件还应当包括他的道德修养、政治态度、精神境界、价值取向、理想追求等方面的素质"①。因此,青年要发展自身的能力,就要培育自身的情感和意志。情感和意志是青年参加社会活动所必不可少且非常重要的非智力因素。青年的情感是客体是否符合自己需要的态度的体验,通常表现为肯定或否定、同意或不同意、满意或不满意、喜欢或厌恶等心理状态,对青年的活动产生积极或消极的作用。青年的意志是青年在一定的理性支配下自觉地确定自己活动的目的,并为实现这一目的而有意识地支配和调节自己行动的心理现象。青年在一定的动机和目的的支配下,能够自觉地调节自己的活动方向、活动方式和活动强度。例如,一名青年为了某种更为长远的需要或更高尚的目的,能够控制自己的眼前利益和愿望,甚至承受一定的痛苦,做出一定的牺牲。这是青年,尤其是年龄较大的青年能够克服本能式冲动的成熟之处。可见,情感和意志都是青年能力结构中的动力因素,两者能够推动青年排除各种现实困难去努力实现自身目的。强烈的进取心和不达目的誓不罢休的意志,无疑是青年取得学习、工作和生活成功的重要因素。另外,青年个体知识和能力的发展是他的社会化和个性化的统一。青年个性的自由发展是青年发展的基本内容。在现实的青年发展工作中,我们要注重培育青年个体的兴趣、气质、性格和情感。

第四节　青年道德的发展

一、道德是青年发展之魂

道德现象是由社会经济关系所决定的用善恶标准去评价的一种社会现象。道德是依靠人们的内心信念、传统习惯和社会舆论来调整人与人之间、人与社会之间关系的行为准则和规范。道德与法律是调节人的行为的两种基本手段,但是,道德手段不同于法律的强制手段,它主要表现为教育、说服、示范、内化和自我调节等方式。道德主要针对的是人的内心世界和行为,它既影响个人的心理和意识,也调节着人与人之间在劳动实践、日常生活和社会交往等方面的相互关系。

道德对人的发展非常重要,对于正处在人的发展关键时期的青年来说,

---

① 刘燕青:《从知识传授、能力培养到人的全面发展——人类教育观念变革初探》,载《辽东学院学报(社会科学版)》,2009(3)。

尤其具有特殊的价值。在青年发展的各个方面，道德是青年发展之魂。

人是道德性的物种，人之所以为人，因为有道德。人之所以能够共同生活，很重要的原因是人有道德观念、道德情感，能够进行道德实践。自从人类社会产生以来，道德就成为维系人们家庭和社会关系的基本纽带，如果没有道德，就不会有人的共同生活，人们就无法维持彼此间的关系，无法保障共同体的生存，因而也就不可能有人类社会的繁荣与发展。从成人的角度看，道德比知识和能力更为基础和重要。一个人即使没有知识和能力，也不能缺失道德。一个人如果没有道德，就没有羞耻和良心，就与禽兽无异，就不是人。在社会生活中，道德的缺失必然会导致损人利己的泛滥，导致社会秩序的混乱。人的社会生活有经济活动、政治活动、文化活动等多种类型，而道德生活不同于其他类型的社会生活，它有其特定的内涵。人性具有向善的倾向和能力，道德立足于向善的人性之上，道德的宗旨是追求善。道德除了促人为善，不断提高人的精神境界外，还促进人们能和谐地相处，共同应对面临的各种冲突与困境，主动地调节相互关系，选择和运用合理的方式去缓解或解决矛盾冲突。这可以说是人类道德的本质所在。在人的素质中，道德是基本的素质。道德生活渗透在青年的社会生活之中，是青年的重要社会生存方式之一。目前，在青年的发展中，既存在重知识轻道德的现象，也存在重政治轻道德的现象，殊不知一个人有知识不等于他也有道德，一个人政治意识强不能代替他道德意识强。对于青年的发展，不能只讲理想和政治，而不讲道德。道德的发展在青年的整体发展中具有不可替代的作用。

中国传统文化十分重视道德在青年发展中的重要作用。例如，《论语·里仁》提出"君子怀德"，认为只有道德高尚的人才称得上君子。《论语·学而》提出，"弟子入则孝，出则悌，谨而信，泛爱众，而亲仁，行有余力，则以学文"，认为道德是人发展的根本，道德第一，知识第二。儒家主张"以德治国"。《论语·为政》提出，"为政以德，譬如北辰，居其所而众星共之"，认为统治者行德治，百姓就会自动围绕统治者转，强调道德对政治生活的重要作用。《礼记·大学》提出"大学之道，在明明德"，认为人先修养品性，才能管理家庭，才能治理国家，才能使天下太平。可以说，道德的发展是中国古代青年发展的首要内容。中国历史上涌现了许多孝敬父母、友善他人、精忠报国的道德先进的青年。

现代社会中经济科技的高速发展是有目共睹的，但道德作为人的素质发展的重要内容，不会与经济科技的发展同频共振。从现实情况来看，市场经济和社会开放给人的道德发展带来了新的视角和新的冲击。社会生活中有真善美，也有假恶丑。人们经常可以看到官德的丧失、商德的失落、公德的缺失，有人针对这种现象，发出了"道德滑坡"的慨叹。在整个社会呼吁道德提升的状况下，青年的社会角色决定了其道德发展不仅对于提升青年个体的道德水平，而且对于提升整个社会的道德水准，都具有极其重要的意义。

青年的道德的发展具有丰富的内涵，总体来说包含社会公德的发展、职业道德的发展和家庭美德的发展三个方面。只有青年的各种道德都能够有更高的发展，青年的整体道德水平才能得到提升。

二、青年社会公德的发展

社会公德是为人们广泛认可、普遍遵守的道德规范。这些道德规范是人们在长期的生活实践中共同形成的、用以维持社会生活所需要的、最基础的公共生活规则。社会公德的发展是青年道德发展的应有之义。

青年个体在街道、车站、商店、饭店等公共场所，除了具有自身原有的社会身份之外，还具有由公共场所的性质所赋予他的特定身份。不管是青年学生，还是职业青年，在乘坐公交车时就是"乘客"，在公园游玩时就是"游客"，在观看电影时就是"观众"，在商店购物时就是"顾客"。青年个体作为一名乘客、游客、观众、顾客，就应该遵守这些公共场所的秩序和卫生、安全、文明等一系列道德规范。社会公德具有简易性，例如，在公共场所不要随地吐痰，不要大声喧哗，不要吸烟，在公园里不要踩踏草地、攀折花木。对于这些社会规范，青年个体只要具有公德意识，养成遵守公德的习惯，是不难做到的。但在现实中，有些青年缺乏公德意识，违反和损害了公共道德。这与社会上不良道德行为的诱导有关，也与许多家庭对小孩的过分娇惯有关。可见，家庭、学校、社会都有必要引导青年从我做起，从小事做起，强化公德意识。

青年社会公德的发展，一是要遵守公共秩序。人们在购物、看病、看电影、看体育比赛时，都必须自觉维护公共秩序。如果人人能够遵守公共秩序和各项规章制度，就可以保障人们的学习、工作、生活等安全有序地进行；反之，如果公共秩序不好，如人们上车不排队，在公共场所大吵大闹、乱扔果皮、随地吐痰、吸烟等，就会破坏人们正常的学习、工作和生活秩序。所有青年都要遵守社会秩序，青年学生要遵守教学秩序，青年职工要遵守工作秩序。二是要爱护公共财物。青年学生要爱护学校的桌椅、板凳、门窗，注意勤俭节约，不攀折树木花草，不踩踏草坪，节约用水用电，不浪费粮食。青年职工要爱护本单位的工作设备，节能减排，不铺张浪费。三是要礼貌待人。青年处在多种多样的人际关系网络之中，与人交往时要讲文明，有礼貌。有礼貌是指青年个体在言谈举止上要谦虚、恭敬，在交往中要和气、文雅。青年个体要加强语言修养，做到语言美，学会使用日常的礼貌用语，例如，"请""您""谢谢""对不起""没关系""别客气"等。别人讲话时，要注意听，不要随意打断，不要随意插话。四是要助人为乐。人与人之间互相关心、互相爱护、互相帮助，是社会公德的内在要求。青年个体要关心他人，帮助他人，解人之难，救人之危，不能"各人自扫门前雪，休管他人瓦上霜"，更不能见义不为。青年要积极做义工，做志愿者，尽其所能地帮助困难群众，弘扬扶贫济困、助人为乐的良好公德。

三、青年职业道德的发展

职业活动是人类进行生产活动的主要形式，是社会得以发展的组织形式，也是青年发展的一个基本路径。职业是青年个体从事社会活动的前提。青年个体只有在自己的职业中，才能为社会发展做出贡献。青年参加职业活动，进行职业交往，就形成了一个错综复杂的职业关系。职业关系是青年社会关系在职业活动领域中的具体体现，既包括青年职工个人与服务对象的关系，也包括单位内部青年职工与同事的关系。青年个体的能力发展通过他的职业活动，才能真正地得到实现。在当今社会，职业在很大程度上构成了青年的活动空间和人生价值领域。青年的职业素质是指青年在自己所从事的职业中，作为实践主体所表现出来的活动质量和水平，既包括职业技能，也包括职业道德。

青年的职业道德是指青年在职业关系中所具有的职业道德原则和规范的总和。这种道德是青年在职业行为与职业角色中，以协调个人、集体与社会关系为核心的社会道德。"职业道德不仅是个人自我权利、自由创造力的展现，也是社会系统化发展的一个标尺。这决定了在职业活动中，必须要有职业道德，它是职业活动的灵魂。"①青年职业道德的基本构成，包括以下四个方面的内容。一是角色意识。这是指青年能够准确明晰自己在职业

---

① 黄楠森主编：《人学原理》，357 页，南宁，广西人民出版社，2000。

关系和职业活动中的位置。从个体角度看，社会分工实际上是个体在自己的职业中扮演着一个公共角色。青年要认清本职工作的社会价值和自身的现实定位，把自身的职业变成实现个人理想、发挥个人能力、体现个人价值的平台。二是服务意识。这是指青年能够把职业活动作为一项服务他人、服务社会的机会。服务意识是角色意识的外在表现，体现着角色意识的内化程度。青年提供优质服务，不但能够使自身得到更好的发展，也会提升社会发展的水平。三是创优意识。这是指青年能够做到业务纯熟、精益求精，实现最高效益的价值追求。创优意识是引导青年职业发展的一个重要动力。只有具备了创优意识，青年职工才能不断优化服务结构，提高服务品质。四是乐业精神。这是指青年能够把本职工作当成乐生之道，而不仅仅是谋生之道，这是青年职业道德的审美境界。一旦达到这个境界，青年就能够摆脱职业分工所带来的生活和发展上的束缚，最大限度地发挥自己的主动性和创造力。

职业道德的发展是青年职工发展的重要内容。青年职业道德的发展包含以下几个方面。第一，要爱岗敬业。这是青年职业道德的基本要求。爱岗就是青年要热爱自己的工作岗位，敬业就是青年要敬重自己的本职工作。爱岗敬业要求青年以良好的精神状态从事每一项工作，对每一项工作都能够认真负责、精益求精，在工作中扎实肯干、吃苦耐劳。每个人的工作岗位是不一样的，青年个体即使在环境艰苦、工作繁重、收入不高的岗位上，也要尽职尽责，认真工作。爱岗敬业，不只是要求青年干一行爱一行，还要求青年干一行钻一行。第二，要诚实守信。诚实是指青年要表里如一，真实无欺，对他人不隐瞒、不欺骗。守信是指青年要信守诺言，讲信誉，重信用，忠实履行自己承担的义务。每个人在职业关系中都要与他人打交道，如果许多人不诚实守信，那么这些职业活动就无法进行，整个社会就会陷入一片无序和混乱之中。诚实守信，对于青年公务员来说，就是要热情服务群众，对群众不说假话，答应群众的事情就去努力落实。对于企业青年职工来说，就是要合法经营，不坑蒙拐骗，不偷工减料，不制假售假，不缺斤少两。第三，要办事公道。这要求青年在职业活动中做到一视同仁，公正公平，秉公执法，不徇私情。办事公道不仅是对手中掌握着一定权力的青年管理者的要求，也是对各行各业的青年职工的共同要求。例如，服务行业的青年职工不能把服务对象分成三六九等，而要做到平等对待每一位顾客。第四，要服务群众。人们在工作岗位上是服务者，但在社会生活中更多的是被服务者。青年要生存和发展，每天都可能接受多职业、多人次的服务。青年从业者有权利享受他人提供的服务，也有义务为他人提供服务。各行各业的青年职工要把自己的岗位当作实现自身价值的岗位，做到热情服务群众，方便群众生活。对于青年公务员来说，不能高高在上，而要强化群众观点，利用手中的权力为群众多办实事、多谋利益。第五，要奉献社会。这是青年职业道德的最高境界。奉献社会就是青年能够把有益于他人、有益于社会作为自身的工作目的，自觉地在本职工作中积极地为社会做出应有的贡献。

四、青年家庭道德的发展

家庭是社会的基本细胞，是青年的第一所学校。青年家庭美德是调节青年家庭内部成员及与家庭生活密切相关的夫妻、长幼、邻里关系的行为规范，是每个青年在家庭生活中应该遵循的行为准则。每个青年都应该自觉遵守家庭美德，重视家庭、注重家教、注重家风，促进家庭生活的和谐与幸福。

青年家庭美德的发展包括以下基本内容。

一是尊老爱幼。这是中华民族的传统美德。赡养父母、抚养子女是青年为人子女、为人父母应尽的家庭责任，是基本的家庭美德。从现实情况看，爱幼是天性使然，一般的人都能够做到，但是，尊老却似乎少了一点天性，更多地需要人为。古语说："百善孝为先。"青年要尽心尽力行孝，既能够在经济上接济和赡养父母，又能够更多地陪伴父母，常回家看看，给予父母更多的情感慰藉和精神支持。每一个青年无论贫富，都不能出现那种不孝敬父母，甚至不赡养父母的行为。

二是夫妻和睦。夫妻关系是最基本的家庭关系，在家庭生活中具有核心作用。《诗经》说得好："执子之手，与子偕老。"青年要严肃对待恋爱和婚姻，敢于担负应有的责任。青年夫妻之间最基本的道德关系是互相爱护、互相帮助。青年夫妻恩爱的关键在于坦诚相待，真诚以对，互相体贴，培养共同的兴趣点，遇到不同的看法和做法要做到多一些包容。青年夫妻在家庭生活的各个方面都是平等的。男女平等不是夫妻之间绝对的等同，而主要是指权利和义务上的对等。青年夫妻双方对家庭事务，要进行平等的协商，努力形成一致的意见，任何一方不能将自己的意志强加给另外一方。

三是勤俭持家。勤劳节俭是家庭治理的重要法宝。《朱子家训》说得好，"一粥一饭，当思来之不易"。在今天物质生活水平普遍有了大幅度提高的情况下，青年要懂得合理消费。青年学生要珍惜父母的钱，正常消费，不能一味追求高消费。青年职工要努力工作，增加家庭收入，同时注意节俭，不能奢侈浪费。

四是邻里互助。邻里之间，居住环境应保持安静。居住地的公共空间要共同爱护，保持整洁。上下楼之间，如发生漏水现象，楼上的住户应自觉担负维修责任，不能放任不管，否则就不只是无德，还违法了。邻里平时碰见，要礼貌地打招呼；发生矛盾时要协商解决，不能损害双方的合理利益。

第五节　青年理想信念的发展

一、青年理想信念的含义

理想信念是人的发展中的一个普遍问题，更是青年发展中一个至关重要的现实问题。一方面，青年时期是人的一生中理想信念形成的关键时期，青年普遍富有自己的理想信念；另一方面，当今社会各种思想文化相互激荡，可能对青年形成正确的理想信念产生干扰作用，因此，青年应更加关注自身理想信念的教育，把理想信念作为促进青年发展的优先内容。毋庸讳言，有的青年存在理想信念缺失或者不够坚定的问题。在一些青年之中，理想信念之间存在一定程度的对立。有的青年的理想信念不坚定的重要原因在于受到社会中不良现象和消极因素的负面影响。例如，随着网络技术的迅猛发展，国内外各种错误思潮在网络环境下广泛传播，给青年的理想信念带来很大的冲击。在这种情况下，我们需要从理论上阐明什么样的理想信念才是正确的，青年应该树立何种理想信念。理想信念的发展，不仅是青年各方面发展中的优先方面，而且在很大程度上影响着青年整体发展的性质和层次，因而成为党的青年工作的首要任务，也是国家《中长期青年发展规划》的第一关注点。习近平指出："正确的理想、坚定的信念必须从青年抓起"，"帮助广大青年确立正确的理想、坚定的信念，应该成为团组织的首要任务"。[①] 后来又强调：一个人如果没有脊梁，就站立不起来；如果没有理想信念，精神世界就会坍塌。习近平在与团中央领导班子的两次

---

① 中共中央文献研究室编：《习近平关于青少年和共青团工作论述摘编》，63 页，北京，中央文献出版社，2017。

集体谈话中都强调青年的理想信念，这深刻揭示了理想信念在党的青年工作中居于制高点的位置。国家《中长期青年发展规划》提出了青年发展的 10 个领域 44 项措施，其中第 1 个领域的第 1 项措施就是"加强青年理想信念教育"①，这充分表明了理想信念教育在整个青年发展中具有先导性和总揽性的作用。国家之所以对青年的发展做出整体上的战略规划，之所以在《中长期青年发展规划》中提出党管青年原则和青年首先发展理念，之所以整合党政资源和社会力量共同推进青年发展事业，从根本上说是为了"引导青年树立共产主义远大理想和中国特色社会主义共同理想，坚定中国特色社会主义道路自信、理论自信、制度自信、文化自信，更好成长为中国特色社会主义事业的合格建设者和可靠接班人"②。我们要特别重视加强青年的理想信念教育，有效地引导青年在多元多变的环境中抵御错误思潮的侵袭，树立正确的理想信念。理想信念是中国青年发展的第一要素，也是党的青年工作的首要任务。

第一，青年的理想是青年对未来的美好憧憬。

青年的理想是指青年在人生价值取向的引导下，在学习、工作和生活中形成的、有现实依据的、对未来社会和自身发展的合理向往和追求。青年理想要符合一个"理"字，从大处看要符合事物产生、存在和发展的内在机理和规律，从小处看要符合人的知识和理性，能够为人们所感知和认知。可见，青年的理想是一种对未来事物的合理想象和美好希望。青年的理想作为青年的一种思想意识，尽管其形式是主观的，但其内容是客观的，因而是青年对客观事物未来发展的自觉反映，具有一定的客观必然性和现实可能性。

从一般意义上说，理想是人所共有的存在方式，属于人类共有的精神范畴，不同年龄的人都有超越现实的理想。但是，青年作为年龄在 14 周岁至 35 周岁的人，或者在接受中高等教育，或者就业了但就业时间不是很长，普遍表现为求知欲强，对生活充满期盼，喜欢想象，憧憬未来，因此，与中老年人相比，青年具有明显的向往未来、追求理想的特征。每一名青年既要过物质生活，又要过精神生活。青年对于学习、工作和生活中的每一件事情，都会充满美好的想象，都会展现出理想的色彩。如果说人随着年龄的增大而越来越现实，那么，青年涉世不深，对未来生活抱有更多的诗

---

① 《中长期青年发展规划（2016—2025 年）》，6 页，北京，人民出版社，2017。

② 同上书，5 页。

意和浪漫的憧憬。青年具有年龄较轻、可塑性很强、未来发展空间较大的特点，普遍比中老年人更加充满想象、憧憬未来，因而是最富有理想的人。青年的理想属于青年的希望，但不是所有的希望都是理想。例如，青年个体的空想属于青年的一种希望，但它只是青年的主观臆测，缺乏事物存在的依据，违背事物发展的规律，不可能成为现实；青年个体的幻想也属于青年的一种希望，但它在当下缺乏事实依据，与现实有很大差距，在一段时间内还不具备实现的条件，青年个体的幻想也可能是不切实际的空想。应该说，青年个体对未来的追求是各种各样的，其中，有的是毫无根据的空想和虚无缥缈的幻想。青年的理想作为青年对美好事物的合理想象和期望，是同奋斗目标相联系、有现实基础和实现可能性的，不同于脱离现实、没有实现可能性的空想和幻想。

青年基于自身实践经验和理性认识，形成了超越现实、放眼未来的思想意识。这种思想意识催生了青年的理想。青年的现实是已经存在的实际状况，青年的理想是还不存在的未来设想，具有明显的超前性和合理的预测性。青年能够想象出现实中缺乏的甚至不存在的事物，因此，青年的理想虽然萌生于青年的现实之中，但不是对青年的现实生活的简单复制和直接描写，而是超越青年现实生活的水平和层次，高飞远游于青年的思想世界和精神天空。青年在思想意识中对未来发展的想象、构造和设计，往往比后来发生的实际情况更加美好和圆满。这意味着一个青年在身体上生活在某种现实之中的时候，早就在观念上生活在关于这种现实的理想之中。青年固然生活在现实世界之中，但比其他年龄阶段的人更向往未来，因此也生活在理想世界之中。这种对未来生活的想象、对理想世界的期待，使得青年朝气蓬勃、意气风发。青年的现实世界既是青年的真实家园，又被反映在青年的意识之中，为青年的意识所理解和评价。每个青年都既生活在某种现实之中，也生活在关于这种现实的意识和观念之中。青年的现实世界与观念世界，既存在质的区别，又相互贯通，两者共同构成了青年完整的生活世界。

青年的理想体现了青年对真善美的自觉追求，它不是凭空产生的，而受到一定的社会经济、政治和文化状况的影响。不同时代的青年面临着不同的社会环境，会产生不同的利益诉求，形成不同的价值观，从而具有不同的理想。青年的理想是青年的世界观、人生观和价值观在人生奋斗目标上的集中体现。

青年理想的实现，既不是一劳永逸的，也不是一帆风顺的。青年个体的现实总会有一定的缺陷，而他的理想往往是美好的。对于有的青年来说，也许理想是丰满的，而现实是骨感的。青年理想的实现，既受到自身条件和自我努力的影响，又受到外部条件和社会环境的制约，因此，青年个体的理想实现过程往往是充满曲折的，其间不尽如人意的事情是经常发生的。青年个体的各种理想，不可能都得到全部的实现和完全的实现。这种不全部和不完全使得青年个体会在现实生活中不断地生发出新的理想。可以说，青年总是既生活在现实之中，又生活在理想之中，受到理想世界的召唤和鼓舞。

第二，青年的信念是青年坚定地实践的念想。

青年的信念是青年基于自己的经验、认知和情感，坚定不移地实践的念想，呈现出青年对某种事物、某种理论、某种思想抱有深刻的信任感并身体力行的精神状态。青年信念的前提是青年相信，关键在于青年的念想。青年信念中的念，不是青年随意的遐想，而是青年经过反复思考的意念和念想。每个青年都有对自己的相信，会相信自己看到、听到和想到的，相信自己的经验、认知和判断。青年的信念是青年对社会上存在的各种思想、理论、宗教等进行辨识、鉴别和选择的结果。青年个体在实际生活中总是有所相信的，除了相信自己，也会相信别人，还会相信书上写的、媒体报道的。青年个体不仅有所相信，对于有的相信还会形成执着的意念。比如，未成年的青年中流行的追星现象，就表现出这些青年对文艺明星、体育明星崇拜的执着和炽热。

青年的信念是其认知、情感、意志三者的融合和统一。每个青年的信念的形成都不是盲目的，而是基于他的认知并以认知为基础的。但是，仅靠认知是形成不了信念的，信念还离不开情感的强烈认同。英国哲学家罗素认为："信念是由一个观念或意象加上一种感到对的情感所构成的。"[①]青年比中老年人更容易感情用事，会受到热烈情绪的影响，因此，青年信念的突出特征，与其说是其认知的坚定性，还不如说是其情感的专注性。青年个体的信念意味着他对某种主张的深刻理解，并对其怀着深刻而持久的情感体验，因而他的行为具有鲜明的感情色彩。除了认知和情感，青年的信念还蕴含着意志。意志是青年身体力行某一信念的心理状态，是青年信念得以形成和实施的重要保障。青年的信念形成的关键在于对某一客体的

---

① [英]罗素：《人类的知识——其范围与限度》，张金言译，183 页，北京，商务印书馆，1983。

相信，有了相信才会有信念的确立。青年个体的信念不仅仅是他内心的相信，而且会表现为他的言论和行为成为他的实践活动，这都需要一定的意志力。可见，在青年的信念中，认知是基础，情感是关键，意志是保证，这三者相互融合，交相辉映。青年个体的信念往往以目的、动机的形式贯穿在他的实践活动中，并与他的情感、意志相结合，形成一种稳定的观念和意识来支配他的行为。

第三，青年的理想信念是青年具有的人的本质力量的升华。

理想信念这一概念是由理想概念和信念概念组合成的一个复合性概念。这种组合不是把原先的两个概念简单地相加，而是将两者有机地融为一体，因而具有丰富的独特意蕴。"理想信念这一新概念，是我们在改革开放新的历史时期，在进行理想、信念教育的过程中，适应现实的需要而逐步形成的。"[1]人们常把理想和信念并列使用在青年身上，形成对青年的思想境界的搭配表达。青年的理想信念，属于青年精神生活的重要方面，所表述的是青年高层面的思想观念和深层次的心理意识。理想信念的提出和使用，是对青年发展内容的丰富和发展，对于提升青年的精神境界具有积极的意义。

青年个体的理想是他的信念的根据，而他的信念是他的理想的支撑。青年的理想是美丽的，但如果没有信念的支持，就只会成为稍纵即逝的雨后彩虹。正是信念才使得青年能够坚定不移地去追求自己的理想。在青年从上学到就业、从成家到立业的生命历程中，理想与信念两者如影相随，形影不离。"理想与信念辩证统一、相辅相成，理想以信念为支撑，理想的追求和实现体现并折射着信念；信念决定着理想的内容和方向，有什么样的信念就有什么样的理想。"[2]用中国古代思想家的话说，青年的理想信念是"志于道"：青年的理想是"道"，青年的信念是"志"。"志，气之帅也。"一个青年一旦其"志"松懈了，就会犹豫徘徊，踌躇不前，就会丧失前进的劲头。如果说，青年的理想重在标志青年与追求之间的关系，是指向未来的，为青年的行动指明前行的方向，那么，青年的信念则重在标志青年对事物、对观点的看法和态度，是面对现在的，为青年的行动提供精神的支持。青年的理想信念，与单一的青年理想和青年信念都不同，它既注重青年对未来奋斗目标的追求，又注重现实生活中青年应秉持的信念支撑，是对青年

① 吴潜涛：《正确理解理想信念的科学含义》，载《教学与研究》，2011(4)。
② 黄蓉生：《大学生思想政治教育：理想信念是核心》，载《高校理论战线》，2004(12)。

个体理想和信念两者的融合和超越。

伴随着生理上的发育和成熟，青年在心理和精神上的发展所展现的是一个不断提升的过程，一个趋向于理想人生的成长过程。在这个过程中，理想信念的生成对青年的发展发挥着关键性作用。青年时期是一个人理想信念形成的重要时期，青年个体会不断地生发出各种理想信念。有了理想信念，青年在生活中才会有信心、有依靠、有凭借。理想信念作为青年对其生活的圆满想象和执着追求，是青年的生存和发展的合目的性的观念表现，是青年对其价值主体的自我意识和表征，是青年所具有的人的本质力量的凝聚和升华。青年的理想信念与青年的体力、智力、判断力等不是并列和平行的关系，而是对青年所具有的这些人的本质力量的拔高和提升，因此它成为青年这一正在快速发展中的人的重要的本质力量。青年是通过对理想信念的形成和追求而得以自我提升、自我发展、自我进步的。青年的理想信念表明，它不仅是青年的一种从现实走向未来的主体自觉，而且是青年的一种超越当下现实、走向光明未来的青春绽放。理想信念表征着青年的美好未来，引导着青年的生活实践，建构了青年的精神世界。青年的理想信念，既是青年想象力的充分展开，又是青年意志力的丰富展现，还是青年主体性的现实展示。正是因为有了理想信念，青年才变得更加生机勃勃，更加胸怀天下，更加坚韧不拔。事实说明，青年个体的理想信念孕育着他的智慧，焕发着他的激情，支撑着他的力量。无论从历史还是从现实情况看，那些理想高远、信念坚定的青年，更能够激发生命的活力，拥有强大的力量，取得非凡的成功。

从人掌握世界的方式看，青年通过理想信念的方式，能动地认识、反映和改造外部世界，以满足自身和社会的需要。青年的理想信念始于青年的认知，从认知走向认同，从认同内化为情感，从而有了理智上的坚信和情感上的共鸣，因此，理想信念具有远高于一般认识的稳定性。这种较强的稳定性一旦形成就不容易改变，它使青年的思想比较稳定而明确，对青年的言行会持久地产生作用。当然，与中老年人相比，青年在社会阅历上相对较少，认知、情感和意志都更具成长性和变化性，因此，青年的理想信念只是相对的稳定，在较大程度上没有定型，具有较强的可塑性。这种未定性和可塑性是我们对青年进行理想信念教育的基本依据。

二、青年理想信念的内容

青年理想信念包含多领域、多方面、多层次的丰富内容。

第一，青年理想可分为政治理想、道德理想、职业理想和生活理想。

人们在日常生活中经常可以听到青年要有理想的说法，似乎青年只有单一的理想，但实际上青年的理想是多种多样的。青年的理想表现在青年生活的各个方面和活动的各个领域，青年对现实的认识和对未来的想象都是多层次的，因此，青年的理想不是单一的，而是复合的。从理想内容的角度看，青年的理想可以划分为政治理想、道德理想、职业理想和生活理想。这四种青年理想彼此之间存在内在的联系，作为一个整体共同引导着青年的学习活动、工作实践和生活行为。

青年的政治理想是指青年对于国家政治建设和社会公共管理的理想，突出表现为青年对美好政治制度的向往和追求，以及关于未来社会政治、经济、文化体制的设想。青年总是在某种制度规定的范围内实现自身的发展，因而自然地对未来社会抱有美好的政治理想，普遍向往国家能够实行善治，社会能够实现公平正义。政治理想体现了青年群体的整体利益，反映了青年关于国家富强、人民幸福、自身发展的政治观念。

青年的道德理想是指青年对未来的道德关系和道德人格的向往和追求。青年既会对道德原则和道德规范产生尊崇，也会对道德人格和做人楷模产生向往。例如，古代青年追求的道德人格是大丈夫、君子和圣人，当代青年追求的道德人格是先人后己、造福社会、报效国家的奉献者。当今时代，青年要么在中高等学校接受教育，要么参加工作时间不长，社会阅历没有中老年人那样丰富，因而具有较强的观察他人、模仿他人的意识和行为。这导致青年往往以历史上和现实中的道德高尚的人为榜样，自觉地模仿心目中钦佩的人。其中，民族英雄、正义之士和行善之人都会激发青年的认同感和趋同感。

青年的职业理想是青年对自身职业所要取得成功的向往和追求。在青年的学习、工作和生活三个领域中，职业既是青年的学习要达到的重要目标，又是青年获取生活资料的基本来源。只有从事职业活动，青年才能发挥所学之长，才能服务他人、回报社会，才能实现人生价值。青年的职业理想，首先是择业理想，即找到一个理想的工作种类、工作部门和工作岗位；其次是立业理想，即在职业活动中取得理想的业绩，获得晋升机会，拥有职业发展的空间。青年就业时间普遍不长，对职业生活充满美好的向往，因而具有较强的职业理想。社会上的成功人士，包括政治家、企业家和学问家，都会成为青年学习的榜样，激励青年追求职业发展，实现职业理想。马克思说："在选择职业时，我们应该遵循的主要指针是人类的幸福和我们自身的完美。""人们只有为同时代人的完美、为他们的幸福而工作，才能使自己也达到完美。"①青年应树立崇高的职业理想，不仅把职业作为谋生的手段，而且把职业作为服务他人、奉献社会的平台。

青年的生活理想是青年对物质生活、精神生活和文化生活的向往和追求。青年具有旺盛的生命力和广泛的欲望，他们的生活理想十分丰富，除了有对衣食住行的美好向往外，还有对恋爱和婚姻家庭的现实追求，以及对休闲娱乐的积极爱好。青年的生活理想包括生活条件、生活方式，并常常引领新的消费方式和时尚文化。青年尤其是未成年的青年学生有各种青春偶像，这些偶像成为青年日常生活中的模仿对象。青年的生活理想具有时代性，不同年代的青年往往具有不同的生活理想。例如，在贫困年代，青年的生活理想是解决温饱问题；在战乱年代，青年的生活理想是能够安居乐业；在和平年代，青年的生活理想是赢得更好的生活条件。青年个体的生活理想受到他的家庭状况和自身条件的影响，并深深地打上了社会阶层的烙印。高尚的青年生活理想应该是不仅享受物质生活，而且追求精神生活；不仅追求个人生活，而且致力于创造美好的社会生活。

第二，青年信念具有多层级内容，其中，青年信仰是最高层级的青年信念。

青年的信念，与青年的理想一样具有多方面的内容，包括青年的政治信念、经济信念、科学信念、道德信念和生活信念等。青年个体由于成长环境、教育背景、利益诉求、实践经历和个性特征的差异，往往会形成不同性质和种类的信念。即使是同一个青年也会形成关于社会生活不同领域的各种信念，如求学的信念、求职的信念、求婚的信念。青年信念的多样性，来源于青年活动的丰富性和青年生活的多样性。

青年信念有科学与非科学之分，也有崇高与非崇高之别。在现实生活中，大多数的青年信念是符合科学、符合理性、可以认知的，也有的青年信念是没有科学依据的，是难以认知的，如对某种神秘力量的崇拜。崇高的信念是有利于社会的，是服务他人的，是奉献导向的，而非崇高的信念

---

① 《马克思恩格斯全集》第 40 卷，7 页，北京，人民出版社，1982。

只是为了自己的需要和利益，尽管有的非崇高的信念在客观上可能会起到增进社会的利益的效果。

在青年的各种信念中，最高层次、最高形式的信念是青年的信仰，信仰在青年的整个信念系统中居于核心地位。青年的信仰是青年对某种思想、主义或宗教的极度信服和尊崇，这种极度的信服和尊崇，寄托着青年的最高精神和终极关怀。青年的信仰蕴含着崇高和神圣，有理性的成分，反映了青年个体的价值观念和做人原则，但有的是情感的产物，是不需要理由的。"哲学家康德最感到震撼和敬重的是头顶上灿烂的星空和心中的道德律令，无独有偶，我们中国人也最看重'天地良心'，视'伤天害理'为大逆不道。这说明'天地'和'良心'都是我们信仰的对象。"①如果说信念指向的是青年个体身边的事物的话，那么，信仰则远离了青年个体的身边事物而指向高远和深奥的超凡之物。这种超凡之物深深地嵌入青年个体的心灵之中。每个青年信念的递进和提升，都意味着他越来越远离物质世界而深入精神世界。青年个体从一般的相信到深信不疑的信念，再到信仰，是一个向崇高精神的不断深化和提升的过程。对于一个青年来说，他正处在信仰形成的关键时期，信仰对他产生的力量是很大的。青年个体正是通过深入精神世界，开发信仰的能量，才能与生存于其中的世界从根本上进行沟通，建立起高度统一的关系。这种以信仰为纽带的沟通和统一，能够增加青年对外部世界的领悟，增强青年自身的精神力量，从而促使青年实现自己的人生价值。

第三，新时代青年的理想信念具有三个维度的内容。

由于社会思潮的复杂性和个体利益的差异性，青年个体的追求表现出明显的多样化特征，这意味着并不是青年的所有理想信念都是正确的。在这种情况下，我们需要从理论上阐明什么样的理想信念才是正确的，青年应该树立什么样的理想信念。在青年理想信念的发展过程中，政治理想信念的发展是核心，居于最高层次，对其他理想信念的形成和发展起着支配和统帅的作用，决定和制约着其他理想信念的发展方向和实现程度。但是，政治理想信念受到青年个体政治立场的影响，具有科学与非科学、正确与错误的区别，因此，我们在对青年发展的研究中，不仅要阐述青年的理想信念，而且要对青年的理想信念进行正确的辨识。

从党的青年工作的角度看，青年的理想信念不是泛指各种理想信念，

---

① 黄楠森主编：《人学原理》，368 页，南宁，广西人民出版社，2000。

而是特指社会主义和共产主义理想信念。《中长期青年发展规划》在阐述如何加强对青年理想信念的教育时提出，要引导青年学习马克思主义基本原理，自觉地把人生追求融入党和国家事业中，使中国梦成为青年共同追求的奋斗目标，使中国特色社会主义成为青年衷心拥护的发展道路，使共产主义成为青年矢志追求的远大理想。习近平在纪念五四运动100周年大会上的讲话中指出："新时代中国青年要树立对马克思主义的信仰、对中国特色社会主义的信念、对中华民族伟大复兴中国梦的信心。"① 可见，马克思主义、中国特色社会主义和中国梦构成了新时代青年理想信念发展的三个基本维度。信仰、信念、信心，对青年的发展来说是至关重要的。对马克思主义的信仰，对中国特色社会主义的信念，对实现中华民族伟大复兴中国梦的信心，是引领当代青年成长为能够担当民族复兴大任的时代新人，永做走在时代前列的奋进者、开拓者和奉献者的强大精神力量。新时代每一个青年都应该坚定信仰、信念、信心，抓住机遇，为国家富强、民族振兴、人民幸福贡献青春和智慧。

要实现理想信念在这三个维度的发展，青年就要树立马克思主义世界观，确立辩证唯物主义和历史唯物主义观点和方法。因为，只有运用辩证唯物主义和历史唯物主义的观点和方法，生活在社会主义初级阶段的当代青年，才能理解在实现共产主义的较长历史过程中，在缺乏现成的经验依据的前提下，如何确立共产主义的科学根据；才能理解在资本主义依然强大、世界社会主义运动依然处于低潮的现实中，如何确立社会主义必胜的信心；才能理解社会主义是中国历史发展的必然选择，实现民族复兴的中国梦是中国新时代发展的必然结果。

青年正确的理想信念不是自发形成的，而是需要引导的。青年天然地面临着社会上的各种思想观念和价值主张。青年的理想信念常常不是从青年自身的实践中自发产生的，而是从外部灌输和引导进去的，因此，灌输和引导是培育青年理想信念的常用方式。当然，灌输和引导不等于说青年只是消极地接受。青年理想信念的坚固性，离不开青年内心的积极体验和认同。在青年理想信念的培育中，人们需要运用引导的办法，动之以情，晓之以理，促使青年个体由自发领悟向自觉接受转变。正确的青年理想信念的培育，总的说来是说理和说教，但是要做到言而有信，还是需要由事实来支撑。任何一种简单的没有事实依据的说教，不但是没有说服力的，

---

① 习近平：《在纪念五四运动100周年大会上的讲话》，载《人民教育》，2019(1)。

而且会使青年反感。当今时代，青年赖以生存的经济、政治、文化、精神、网络等环境都已经发生了极为深刻的变革。这就要求对青年理想信念的教育必须顺应形势的变化，使其嵌入青年个体的日常生活中，避免理想信念的教育悬浮于青年个体的生活之上、脱离于青年个体的需求之外、落后于青年个体的发展。从理想信念的本质上说，青年理想信念赖以发生的前提是青年个体的现实需要。一旦离开了青年个体的现实需要，任何理想信念的确立都是虚无缥缈的。青年理想信念产生的原初动力和内在依据是不断发展和丰富自己的需要。在促成青年的理想信念内化的实践过程中，我们要突出日常生活的特质，以青年个体日常生活为真实的载体，寻找对青年个体进行理想信念教育的现实路径。

三、青年理想信念的功能

第一，正确的理想信念在青年发展中具有脊梁作用。

青年素质包含多个方面的内容，而理想信念无疑是青年的一个核心素质。青年面向未来，具有很强的发展性，而理想信念不仅是青年发展的内容之一，而且作为一种隐性素质，支撑着青年的整体发展。一个青年如果没有理想信念，就缺失了自身发展的精神支柱。习近平在同各界优秀青年代表座谈时，把理想信念比作人的精神上的"钙"，指出："理想指引人生方向，信念决定事业成败。没有理想信念，就会导致精神上'缺钙'。"①理想信念对于青年的发展来说，就像钙元素对于人的身体那样重要。把青年的理想信念比作人体中的重要元素，一方面形象地说明了理想信念对青年发展的至关重要的作用，另一方面还深刻地概括了青年理想信念缺失会导致的严重后果。正确的理想信念是先进青年的立身之本。如果把青年发展比喻为人的身体，那么理想信念就是支撑这身体的脊梁。习近平于 2018 年 7 月在同团中央新一届领导班子集体谈话时强调：没有脊梁，人是站不起来的；没有理想信念，人的精神世界就会坍塌。这深刻地揭示了理想信念在青年发展中的支撑作用。

青年就整体而言，是春意盎然、充满希望、前程似锦的；就个体而言，其人生的发展道路并不总是充满阳光、撒满鲜花的，而常常是蜿蜒崎岖、

---

① 中共中央文献研究室编：《习近平关于青少年和共青团工作论述摘编》，21 页，北京，中央文献出版社，2017。

凹凸坎坷的。当遭受挫折和失败的时候，有的青年能够振奋精神，艰难前行；有的青年却一蹶不振，消沉下去，这与青年个体有无正确的理想信念密切相关。"理想信念作为一种特殊的人类精神，主宰人的心灵世界，制约人的价值取向和行为选择。"①只有拥有远大的理想和坚定的信念，青年个体才能透过重重迷雾看到远方希望的曙光，才不会在十字路口迷失人生前进的方向，才能锤炼坚定的意志，才不会被困难、挫折和打击所摧垮。

正确理想信念的脊梁作用，还体现在它能够有效地凝聚和整合青年的发展。青年分布在各行各业，活跃在社会生活的各个领域，有着各自的利益诉求。正确的理想信念能够增进青年对国家的制度优势、政治优势和文化优势的认同。这种认同有利于调节青年群体内个体的交往关系，形成共同的价值观念和统一意志。青年为什么要有理想信念，是因为青年不仅是生物意义上的存在，还是社会意义上的存在，因而总是处在一定的社会关系之中，这决定了青年个体要以社会需要为前提，青年个体理想的实现离不开社会和他人提供的基础和条件。青年的凝聚存在多种途径，但最重要的是共同的理想信念。理想信念是青年从未成年走向成年、从自然人转化为社会人的重要标志。正确的理想信念能够使青年个体把个人目标与群体目标、个体利益与群体利益结合起来，在实现国家发展、民族振兴的过程中实现个人的优质发展和幸福生活。

第二，正确的理想信念在青年发展中具有导向作用。

青年的发展不只是一个自然的过程，更多的是一个社会的过程，因而要进行引导、帮助和支持。在青年的发展过程中，一个非常重要的问题是青年怎样实现自身发展，走什么样的自身发展道路。理想信念对青年发展具有指向性和引导性作用。理想信念是以美好和圆满的未来为目标取向的，能够为青年的发展指明前进的方向，引导青年不断地追求并趋近于自身发展的目标。这样，青年发展就不是一个自发和被动的过程，而是一个自觉和主动的过程。如果把青年发展比喻为大海中的航行，那么正确的理想信念就是引航的灯塔。另外，青年个体的发展不会是一帆风顺的，有的青年在发展中可能会走弯路，甚至会误入歧途。在这种情况下，正确的理想信念有利于对青年个体的偏离行为进行必要的约束和及时的校正。

正确理想信念的导向作用，能够提升青年发展的精神境界。正确的理

---

① 吴潜涛：《正确理解理想信念的科学含义》，载《教学与研究》，2011(4)。

想信念意味着青年拥有高于现实状况的精神境界，能够超越现实的局限性去追求真善美的境界。正确的理想信念不但能够凝聚和充实青年的精神生活，使青年避免内心的懈怠、空虚和迷茫，而且能够引导青年追求更高的人生目标，提升自己的精神境界。青年个体如果能够自觉地追求远大的理想并为之奋斗，就会形成高尚的价值观，就会最大限度地摆脱日常生活中无谓的是非，把个人的得失进退置之度外，而保持一种豁达、纯洁、明净的心境。

第三，正确的理想信念在青年发展中具有动力作用。

正确的理想信念一旦形成，就会成为推动青年发展的精神动力。理想信念对于青年发展的现实具有高远的超越性。理想信念是一种自我超越的精神活动，是青年对于人生目标的不懈追求和关于生命价值的执着信念。青年发展的理想固然基于青年发展的现实，但又高于青年发展的现实。青年理想是青年现实的参照物，既反映了青年现实的缺陷或不足，又在否定青年现实的评价之中，揭示青年发展的圆满状态和应然走向。青年的理想能够超越青年的现实，预见青年的未来，因而非常美好。美好的理想需要青年去实践、去奋斗、去追求。青年的理想凝聚着青年对未来的全部憧憬和希望，也召唤和激励着青年把它变为新的现实。对于青年个体来说，崇高的理想可以铸就坚定的信念，坚定的信念可以促成美好理想的实现。如果青年个体的理想是正确的，他就会产生为理想奋斗的信念，形成为信仰而献身的崇高使命感。在青年的发展中，青年使命感的激励，如为实现中国梦而奋斗，成为担当民族复兴大任的时代新人等，是青年最高的激励。正确的理想信念使青年既有追求的目标，又有奋斗的意志，因而是青年奋勇前行的不竭动力。

正确的理想信念对于青年的发展，具有激励的功能。理想信念一旦形成，就会激励青年向既定的目标奋斗，从而成为青年进行学习、做好工作、从事活动的驱动力。正确的理想信念能够把青年个体的各种机能调动起来，使之为了一个共同的目标发挥作用，推动青年不断地积极向上和勇于进取。青年个体有了理想信念，就能够按照自己的理想信念来培育和调动自己的意志和情感。立志、励志，激情、振奋，都是青年理想信念的要求。崇高的理想和坚定的信念，能够激发青年的热情，鼓舞青年的斗志，焕发青年的精神，帮助青年个体形成美好的道德情操。一个青年如果有了正确的理想信念，就会以坚定的意志和顽强的毅力成就学业、职业和事业；如果没有正确的理想信念，他就很可能会碌碌无为，一事无成，甚至腐化堕落。

历史和现实中的先进青年都能够从正确的理想信念中获得锲而不舍、攻坚克难的勇气和动力。理想信念的实现不会是一帆风顺、一蹴而就的，而需要脚踏实地，埋头苦干，付出艰苦的努力。现实社会存在许多不尽如人意的地方，这会影响青年个体理想信念的追求和实现。青年个体在面对困难时，能否坚持正确的理想信念，是一个重大的考验。只有那些心无旁骛、矢志不移、排除万难地追求正确理想信念的人，才能有持续的动力不断地收获希望，取得成功。

综上所述，理想信念既是青年发展的优先内容，又是青年整体发展的支撑力量。青年在理想信念上的发展，不仅是青年整体发展中的优先内容，而且在很大程度上决定了青年其他方面发展的性质和层次，因而成为《中长期青年发展规划》提出的第一项青年发展措施。帮助青年树立正确的理想信念，是促进青年发展的首要措施，是党的青年工作的首要任务。加强青年的理想信念教育，帮助青年树立起正确的理想信念，是检验国家《中长期青年发展规划》实施成效的重要标准。

第六节　青年的人生价值的发展

一、青年的人生价值的含义

人的价值是人对人的意义。人活一世，总得有价值。每个青年都应该有自己的人生价值。青年的人生价值是指青年活着有什么意义，怎样活着才更有意义。人们常常会与青年谈论人生的价值，希望青年的生命活动更有意义。研究青年发展的意义，回答青年有什么用的问题，就涉及青年的人生价值问题。青年的人生价值及其充分实现是青年发展研究的一个根本性问题。

青年的人生价值是一个关系范畴。从哲学上看，价值存在于主体与客体的关系之中，是主体与客体之间的需要与满足的关系，表征着客体对主体的有用性。价值关系的主体是人，客体可以是人，也可以是物。价值是从人的角度而言的，是某人或某事物具有的对于人来说的价值。如果离开了人，某一客观对象存在的属性就无所谓有无价值。可见，"人的需要是价值产生的前提和基础，没有人的需要及其对需要的满足，同样不会有价值问题，一事物或一个对象是否有价值，归根到底取决于能否满足人的需要"①。也就是说，青年个体之所以有价值，是因为能够满足人的需要。"事物的属性有两类：一类是事物固有的，在与他物的关系中获得表现的；另一类是一物与他物关系中产生并获得表现的。价值就属于后一种情况，即客体的价值属性是客体与价值主体的关系中产生并获得表现的属性，所以价值既是一种关系范畴，也是一个属性范畴。"②青年的价值不是实体，不能简单地归结为青年的属性，也不能等同于他人的需要，只能存在于青年与他人的关系之中。"价值概念是一个关系范畴，是反映主客体关系的一种形态，即客体对于主体的意义或效用。换句话说，价值是指客体所具有的满足主体需要的属性。"③青年具有满足他人需要的价值属性，但这种价值属性并非青年所固有的本体属性，而是在青年与他人的价值关系中，他人"赋予"青年的，因而是一种新生成的青年属性。青年个体的价值既不单纯来源于他人，也不单纯来源于青年个体，而来源于青年的属性或功能等与他人需要的"一致性关系之中"④。可见，青年的价值关系在本质上是在社会实践中形成的青年属性与他人需要的契合关系。青年的价值体现在青年个体与他人之间、与群体之间的相互需要和相互满足的关系中。青年的价值从本质上说是一个关系范畴，是青年个体与他人关系的一种表现，即青年个体对于他人的意义或效用。换句话说，青年的价值主要是青年所具有的满足他人需要的属性。我们把青年当作客体，就必然产生客体的青年对作为主体的他人有什么积极意义的问题，也即青年的人生价值问题。

青年的人生价值有两个指向：一是指向自身，是自我需要的满足；二是指向社会，是满足社会的需要。前者是人生的自我价值，后者是人生的社会价值。青年的人生价值是青年个体的活动对自身的价值与对社会的价值的统一。"人生价值在于个人的自由自觉的发展，与造福人类的创造的统一。从个人的自我价值来确定，可以规定为幸福、自由和全面发展；从个

---

①　陈志尚主编：《人学原理》，411 页，北京，北京出版社，2005。

②　陶富源：《终极关怀论：人的哲学之悟》，218 页，合肥，安徽大学出版社，2004。

③　陈志尚主编：《人学原理》，411 页，北京，北京出版社，2005。

④　陶富源：《终极关怀论：人的哲学之悟》，217 页，合肥，安徽大学出版社，2004。

人的社会价值来确定，可以规定为劳动、创造和贡献。"①无论是人生的自我价值还是人生的社会价值，都是青年具有的人的本质力量的外在表现，即青年的知识、智慧、才能和品质的提高和对象化的结果。

青年的人生价值尽管包括自我价值和社会价值两种价值，但青年个体的社会价值优先于他的自我价值。从社会价值看，青年的人生价值是指青年对于他人、对于社会所具有的意义或作用，是青年对他人及社会需要的满足。马克思说："在选择职业时，我们应该遵循的主要指针是人类的幸福和我们自身的完美。""人们只有为同时代人的完美、为他们的幸福而工作，才能使自己也达到完美。"②青年个体是否有价值，归根到底取决于他能否满足他人的需要；他的价值的大小，取决于满足他人需要的程度。在青年的行为之中，凡是能满足他人需要的，就是有意义、有价值的；不能满足他人需要的，就是没意义、没价值的。能够满足他人需要的程度越高，其价值就越大；能够满足他人需要的程度越低，其价值就越小。简言之，青年的某种行为有无价值或价值的大小，不能脱离他人的需要而存在。如果没有他人的存在、他人需要及对他人需要的满足，就不会有青年行为的价值问题。

二、青年的人生价值的本质

青年的人生价值作为一种人的价值，不是既定的，这不同于物的价值。青年对于他人、社会的意义和作用，对于他人及社会需要的满足，不是直接的满足，也不意味着被社会或他人占有、消费或消灭，而是通过劳动创造出能够满足他人和社会需要的财富或价值，因此，这种满足是间接的。青年作为特定年龄阶段的人，之所以有价值，正是由于青年能够通过学习和实践，不断地创造新的价值。这是青年具有的人的价值高于一切物的价值的原因所在。青年个体价值的大小，取决于他所创造的价值的多少。青年价值作为人的价值，不是指青年本身肉体或生理的价值，也不是指青年的权力、地位及受教育程度等，而主要是指青年所具有的创造价值的能力或特性。青年的价值与其他人的价值一样高于一切物的价值，这是青年个

---

① 陶富源：《终极关怀论：人的哲学之悟》，217 页，合肥，安徽大学出版社，2004。

② 《马克思恩格斯全集》第 40 卷，7 页，北京，人民出版社，1982。

体与他人的社会关系的表现，是能够创造价值的价值，这就是青年价值的本质。"人有自我增值的特性。""唯有人可以发挥主体能动性，通过自己的后天努力，通过创造新的价值使自身的价值得到增值。"①青年处在学习的黄金时期，求知欲强，可塑性大，发展潜力大，还具有较强的体力和较高的智力，是许多社会领域的有生力量，因而具有较强的自我增值的特性。

从根本上看，青年的价值是青年的实践活动的结果，是青年在社会活动基础上形成的与他人的关系。青年的价值，与物的价值不同，体现在青年价值的大小上，取决于青年的活动。通过自身的活动，青年不仅创造着自身的价值，而且实现着自身的价值，因此，创造青年价值的载体是劳动实践。"应该承认，是人的劳动实践创造了价值。价值的本质，是作为主体的人与客观对象在劳动实践的基础上形成的需要和给予关系。脱离人的实践活动，就不可能说明价值的产生、本质及其实现。"②劳动实践是人的本质，青年所具有的人的本质是在劳动实践的过程中形成的。青年个体之所以具有价值，其价值之所以具有特殊性，主要归结于他的劳动实践。换句话说，劳动实践不仅创造了人本身，创造了青年所具有的人的本质，也创造了青年作为人的价值。劳动实践是青年个体价值的源泉，青年个体的价值只能产生和存在于他的劳动实践之中。青年个体的价值的根本，就是他能够进行的劳动实践，能够在劳动实践中不断地创造各种价值；青年个体价值的大小，恰恰在于他在劳动实践过程中所创造价值的大小。简言之，青年个体的价值就是他进行劳动实践的价值，这是一种创造价值的价值。

既然人的本质是一切社会关系的总和，那么，青年的价值只能存在于青年的社会关系之中，体现着青年与他人之间的社会关系，青年价值的主体和客体都是人。如果离开了青年与他人之间的关系，我们就不可能真正把握青年价值的特点和实质。可见，青年的价值产生于青年的劳动实践，表现为社会关系。青年个体价值的根本，就在于他具有劳动能力，能够通过劳动不断地创造各种有价值的东西，以满足自己、他人和社会的需要。青年的劳动实践和社会关系是青年的价值产生和存在的基本根据。

---

① 　陈志尚主编：《人学原理》，416 页，北京，北京出版社，2005。
② 　同上书，413 页。

三、青年的人生价值的实现

青年的人生不是一支蜡烛，而是一支熊熊燃烧的火炬。青年的人生价值的实现，是建立在社会历史条件之上的。就社会的客观条件而言，青年价值的实现，既要有一定的社会物质基础和条件，即"硬件"，又要有良好的社会运行机制和舆论氛围，即"软件"。从"硬件"角度看，青年价值的实现是建立在生产力的发展水平和生产关系的性质之上的。从"软件"角度看，一个社会的人才流动机制、竞争机制、激励机制和协调机制是否合理和健全，直接影响到青年价值实现的方式和程度。此外，一个社会的舆论，是尊重青年的价值，重视青年价值的实现，提倡青年追求和实现自身的价值，还是漠视、贬低青年的价值，是影响青年价值实现的重要因素。

青年作为一个群体，是朝气蓬勃、青春靓丽的，而作为一个具体的人，在其一生中有各种不同的境遇。青年个体有成功的，也有失败的；有丰富的，也有贫乏的；有非凡的，也有平凡的；有幸福的，也有痛苦的；有事业有成的，也有碌碌无为的。不同的青年个体之所以会产生不同的人生状况和结局，是因为他们所走过的人生道路各不相同。青年个体走什么样的人生道路，是由多方面因素的综合作用所决定的。处在同一个时代，面对大致相同的社会环境和外部条件，青年个体的自我选择就成为关键的因素。"在既定的条件下，在多种可能性面前，人们又可以通过选择和实践，来实现不同的人生价值。这是可以由自己决定的，或者说，在这个范围内，人有自己的自由，即有选择的自由。在这个意义上，主体的选择关系着人生价值能否实现，以及实现的程度。"①青年个体价值的大小，归根结底取决于他能够在自己的一生中创造多少价值，而这又取决于他所具备的创造价值的能力的大小。

青年的人生价值实现的标准主要是利他标准。青年价值的尺度，是指衡量或评价青年价值的性质和大小所依据的标准或原则，即对青年价值进行评价的根据。青年价值虽然要以青年的本体属性为客观基础，要体现在具有特殊属性的青年身上，但青年是否有价值，不是以青年的属性为尺度的，而是以他人和社会的现实需要为尺度的。能否满足、如何满足他人和

---

① 陶富源：《终极关怀论：人的哲学之悟》，244 页，合肥，安徽大学出版社，2004。

社会的现实需要，是衡量青年个体是否有价值及价值大小的客观尺度。青年价值的根本在于青年能够创造价值，在于青年对社会的贡献及对他人需要的满足。青年个体之间存在人生价值的差异，这是因为每个青年创造的价值、对社会的贡献不完全相同，满足他人需要的程度也不完全一致。因此，青年个体所创造价值的多少，对社会贡献的大小，才是衡量和评价他的人生价值的根本尺度。把青年个体创造价值的多少和对社会贡献的大小作为衡量他的人生价值的基本尺度，既符合青年个体价值的本质，又具有客观性、平等性和可操作性，能够准确地反映青年个体价值的质与量。有的青年对社会的贡献大于他从社会的所取，有的青年对社会的贡献小于他从社会的所取，还有的青年对社会谈不上什么贡献，甚至还有损害。从理论上来说，一个青年的贡献大于回报，他对社会才具有正价值；如果一个青年将自己的全部贡献消耗殆尽，那么他对社会就谈不上有正价值。因此，青年的人生价值在于奉献，在于创造，而不在索取。许多青年科学家、青年教育家、青年政治家、青年企业家、青年技术能手为他人和社会做出了巨大的贡献，最值得人尊敬，其人生也是最有价值的。

青年的人生价值的实现，主要是指青年的社会价值的实现。青年的社会价值与自我价值相比，是一种更崇高、更恒久的价值。青年的社会价值追求的是以社会整体利益为目标的，青年的自我价值是以自我的利益为目标的，尽管这两种目标都是正当的、有意义的，但是，前者所发挥的社会作用、体现的道德境界、具有的历史意义是后者不可比的，因而前者具有相对于后者的崇高和伟大之处。马克思说："如果一个人只为自己劳动，他也许能够成为著名学者、大哲人、卓越诗人，然而他永远不能成为完美无疵的伟大人物。"①历史承认那些为社会的共同目标而劳动，因而自己变得高尚的青年是优秀的青年；经验赞美那些为大多数人带来幸福的青年是最幸福的青年。马克思说："如果我们选择了最能为人类福利而劳动的职业，那么，重担就不能把我们压倒，因为这是为大家而献身；那时我们所感到的就不是可怜的、有限的、自私的乐趣，我们的幸福将属于千百万人，我们的事业将默默地、但是永恒发挥作用地存在下去。"②青年个体的自我价值不是永恒的价值，青年个体的社会价值才是永恒的价值。在中国历史上，许多青年才俊、青年英雄为百姓、为社会、为国家辛勤劳动，顽强拼搏，积

① 《马克思恩格斯全集》第40卷，7页，北京，人民出版社，1982。
② 同上书，7页。

极作为，舍生取义，他们的奉献社会、报效国家的精神光照千古。

青年的人生价值的实现，意味着要承担个人责任。人的生命的责任包括对自己、他人和社会负责。一个青年只有尽到这三种责任，才能实现他的生命的价值。青年的人生价值的实现，最重要的体现是积极承担社会责任。"社会发展就是靠社会各部门、各行业相互协调取得的，角色在社会生活中的地位日益重要，不管是哪一种角色，都有该角色所担负的职责和任务，即角色任务。人的责任就是人的各种角色、职责和任务的总和。其中时代的使命感和社会责任感则是统率这些不同职责和任务的主线，构成人的责任的核心。"①青年的责任是青年在社会生活中所应承担的职责和履行的义务。青年责任的形成是同人的本质规定、职责、使命和任务相关联的。作为现实的人，青年有使命，有任务，这个任务是由青年的需要及其与现存世界的联系而产生的。青年是生活在社会之中的，每个青年作为社会的一员，总是与他人结成一张社会之网，为他人和社会服务，承担起自己在社会中的职责和义务，这是社会稳定与发展的纽带。古希腊哲学家伊壁鸠鲁说："我们的行动是自由的。这种自由就形成了使我们受褒贬的责任。"②可以说，责任意识是一个青年自由行动的前提条件。青年要树立社会责任感，用实际行动诠释自己对社会应有的责任。"青年发展与社会、国家之间具有历史、现实、伦理价值的实然统一性。""青年的'自由实践'蕴含着青年作为历史动力与社会主要现实力量对其所在国家、民族、社会与群体的责任性与义务性。故而，青年发展还意味着'主体'意志中持存着一种积极的共同体意识和超越于'本我'的价值观的形成，即是说青年发展是主体将'自我实现'融于国家、社会与民族发展的劳动实践。反过来，一切以'私我'为本质追求而缺乏积极国家意识、民族发展意识和社会责任意识的发展形式都不是真正意义上的青年发展，这既不符合'青年'本质，也不符合'发展'本质。"③可见，只有敢于承担社会责任，能够把个人的前途与人民的利益、国家的命运紧密相连，才是青年优质发展的应有含义。哲学家冯友兰把人生的发展分为自然、功利、道德、天地四种境界。青年个体的人生价值在于不断提升他的境界，使得原来的"小我"逐渐脱离凡尘俗世、经验存在的状态，演化为日趋超脱的"大我"。"大我"不仅对自我负有监督之责任，亦

① 黄楠森主编：《人学原理》，355 页，南宁，广西人民出版社，2000。
② 转引自章海山：《西方伦理思想史》，124 页，沈阳，辽宁人民出版社，1984。
③ 刘远杰：《青年发展本质：对我国青年研究的反思》，载《当代青年研究》，2015(1)。

关切到社会、宇宙等重大对象，"大我"在关切中甘愿为人民做事，在做事的过程中实现生活意义和生命意义的统一。在这个过程中，青年能够体验到为百姓谋利益，为社会尽责任是一件快乐的事情。青年个体的人生境界提升得越高，他的人生价值也就越大。

第五章　青年在人的本质上的发展

完整的青年发展，不仅包括青年在人的素质上的发展，而且包括青年在人的本质上的发展。马克思主义哲学认为，人的本质是由人的实践活动、人的社会关系和人的自身需要三个方面构成的统一整体。根据马克思主义关于人的本质的界定，青年在人的本质上的发展，包括青年实践活动的发展、青年社会关系的发展和青年自身需要的发展。人的本质是人之为人的基本依据，这既界定了青年发展的根本内容，又指引着青年发展的前进方向，因此，青年在人的本质上的发展成为青年发展的核心内容和关键所在。

第一节　人的本质与青年发展

一、青年发展的根本体现

人的发展是人之所以为人、人区别于其他事物的发展，是人之为人的规定性的发展，因而在根本上是人的本质的发展。"人的发展是人作为人的发展，从主体向度来看就是人的本质的发展和人的本质力量的发展。"[①]人的本质规定着人的发展的方向和内容，构成了人的发展的基本方面。如果说人的素质发展是人的发展的基础内容，人的本质发展就是人的发展的核心内容。

要研究人的发展，首先就要阐述人的本质。人的本质所要回答的问题是人是什么。"人的本质，是指人之所以为人，区别于动物的根本属性。它是人类所共同具有的最突出特性，也就是人成为人、作为人的根据。"[②]对于

---

①　肖潇：《马克思人的发展理论及其当代中国论域》，83 页，武汉，湖北人民出版社，2014。

②　黄楠森主编：《人学原理》，318 页，南宁，广西人民出版社，2000。

人的本质，历史上存在多种不同的说法，如有的注重人的自然属性，有的强调人的理性，有的还提出人的经济属性。古希腊哲学家亚里士多德说："对每一事物是本己的东西，自然就是最强大、最使其快乐的东西。对人来说这就是合于理智的生命。如果人以理智为主宰，那么，理智的生命就是最高的幸福。"①在亚里士多德看来，理智是人的最根本的东西，即人的本质；人之所以为人而异于动物，就是因为他有理智，或者叫作理性。近代启蒙思想家都把认识、智慧、知识看作人的本性，看作人之所以为人的最主要的东西。英国哲学家培根提出了"知识就是力量"的思想，认为人之所以能控制自然、做自然的主人，就在于人掌握了自然的规律，掌握了科学。荷兰哲学家斯宾诺莎认为，人的行为只有受理性的指导才能做到公平、忠诚、高尚。他主张"运用普遍的自然规律和法则去理解一切事物的性质"，去理解和控制情感，不能认为理性控制情感就是不自由，"因为一个人为情感所支配，行为便没有自主之权，而受命运的宰割"②。许多思想家认为，人的本质是知、意、情的统一。在康德看来，理性有广义与狭义之分，广义的理性就是人的精神领域或主观世界，认识是纯理性，道德是实践理性，审美是判断理性；狭义的理性就是纯理性。按康德的观点，纯理性即一般所说的理性，是最主要的。德国哲学家费尔巴哈把康德的观点明确界定为人的本质，这就是"理性、爱和意志力"，即知、情、意。"人的本质"一词是费尔巴哈提出来的。他说，本质是"使一个事物成为这事物的那个东西。根据这个东西它才像它这样存在和活动"③。他认为，"在人中间构成类、构成真正的人类的东西是什么呢？是理性、意志、心情。一个完善的人，是具有思维的能力、意志的能力和心情的能力的。思维的能力是认识的光芒，意志的能力是性格的力量，心情的能力就是爱。理性、爱和意志力是完善的品质，是最高的能力，是人之所以为人的绝对本质，以及人的存在的目的"④。在西方哲学史上，关于人的本质的普遍看法是，人的本质是"人之所以为人而不同于动物的根本特性，它对于人来说是普遍性、共性，但与动

---

① 苗力田主编：《亚里士多德全集》第 8 卷，228 页，北京，中国人民大学出版社，1997。

② 北京大学哲学系外国哲学史教研室编译：《西方哲学原著选读》上卷，440 页，北京，商务印书馆，1981。

③ 北京大学哲学系外国哲学史教研室编译：《西方哲学原著选读》下卷，468 页，北京，商务印书馆，1982。

④ 同上书，468 页。

物相对而言则是特殊性、个性，而且不是无关紧要的表面的特性，而是带有根本性质的特性，因此，它不是与动物共同具有的自然本能，也不是为某些特殊人群所特别具有的小范围的特性，如阶级性、职业性、时代性、地域性、种族性等"①。

青年作为人，固然具有人的本质。学术界对青年的本质进行过一些研究。从人的发展角度看，我们不仅要研究青年的本质，研究青年与其他年龄阶段人的区别，而且要从青年具有人之为人的共同本质的实际出发，具体阐述青年所具有的人的本质。我们要看到青年的发展与人的本质之间的根本关联，从人的本质出发去研究青年的发展。青年具有的人的本质，是对青年发展的终极追问，成为青年发展的核心内容。

既然人的发展是人的本质的发展，那么青年的发展是青年在人的本质上的发展，因此，解答青年的发展问题，就要科学地揭示青年发展是如何体现人的本质的，对青年发展如何实现人的本质这一问题的认识，直接决定着人们对青年发展持有的看法和做出的规定。青年的发展意味着青年所具有的人的本质力量在不断地得到确证，所具有的人的价值在不断地得到实现，所具有的人的主体性的程度在不断地得到提高。由于人从本质上说是从事社会实践活动的主体，因此，青年的发展必然是与青年实践能力的提高、社会化程度的提升和主体性的增强相联系的。青年的发展是青年作为一个完整的人，占有自己的全面的人的本质。这就是说，青年的发展其实是青年具有的人的本质的发展，人的本质从根本上对青年如何发展做出了规定，这成为青年发展的基本遵循。

二、青年本质发展的含义

马克思主义唯物史观，对人的本质做出了科学的完整的回答。马克思对人的本质做过三个方面的界定：一是在《1844年经济学哲学手稿》中指出，"一个种的全部特性、种的类特性就在于生命活动的性质，而人的类特性恰恰就是自由的有意识的活动"②，即把自由自觉的活动即劳动作为人的本质。二是在《关于费尔巴哈的提纲》中指出，"人的本质不是单个人所固有的抽象

① 黄楠森主编：《人学原理》，50页，南宁，广西人民出版社，2000。
② 《马克思恩格斯选集》第1卷，46页，北京，人民出版社，1995。

物，在其现实性上，它是一切社会关系的总和"①，即把一切社会关系的总和作为人的本质。三是在《德意志意识形态》中指出，"他们的需要即他们的本性"②，即把人的需要作为人的本质。

马克思关于人的本质的有关论述，为我们正确认识人的发展问题提供了总体思路。有著作认为，根据马克思的有关论述，我们既可以强调人的需要本性的发展，因为人的需要，尤其是发展需要，既是人的发展的内在动力，又是人的发展的重要标志；也可以强调人的实践活动，尤其是生产劳动的发展，因为人们正是通过实践活动，尤其是生产劳动来确证自己的本质力量的，实现人的本质的全面占有，在改造客观世界的同时改造主观世界；还可以强调人的社会关系的全面发展，因为人总是在社会交往中实现自身的价值、提升自身的素质和能力的。③ 有文章提出，马克思主义人学是从有内在联系的三个层面揭示人的本质的：第一个层面是，马克思主义人学揭示了人的类本质是劳动；第二个层面是，马克思主义人学揭示了人的群体本质是社会关系；第三个层面是，马克思主义人学揭示了人的个体本质是人的需要。④ 有文章认为，"马克思对于人的本质，是从三个方面界定的。首先，从人与动物相区别的角度界定，认为劳动是人的本质属性；其次，从人与人的关系角度界定，认为人是一切社会关系的总和；最后，从人自身发展的角度界定，认为人的自身需求就是人的本质"⑤。有文章指出，人的本质并不是单一的，而是多重的，如果说自由自觉的活动是人的类本质，社会关系的总和是人的现实本质，那么，我们可以说人的需要是人的内在本质，只有从这三个方面即自由自觉的活动、社会关系和人的需要出发，我们才能对人的本质进行完整的理解和把握。⑥ 可见，人的本质发展包含人的实践活动、人的社会关系和人的需要三个层面的整体发展。

既然人的本质包括人的实践活动、人的社会关系和人的需要三个方面，那么青年在人的本质上的发展必然地体现在青年实践活动、青年社会关系、青年自身需要的发展上。从人的本质的角度看，青年发展这一概念指的是

---

① 《马克思恩格斯选集》第 1 卷，56 页，北京，人民出版社，1995。
② 《马克思恩格斯全集》第 3 卷，514 页，北京，人民出版社，1960。
③ 肖潇：《马克思人的发展理论及其当代中国论域》，36 页，武汉，湖北人民出版社，2014。
④ 万光侠：《人学视野中的人的发展蕴涵》，载《理论学刊》，2003(4)。
⑤ 杨兰：《马克思怎样界定人的本质》，载《人民论坛》，2018(8)。
⑥ 赵长太：《需要与人的发展》，载《理论月刊》，2005(9)。

青年在其实践活动、社会关系和自身需要上，所表现出来的发展和演进的过程、现状和特征。

第二节 青年实践活动的发展

一、实践活动是青年发展的根本内容

实践是主观见之于客观的对象化活动。"所谓对象化活动，是指实践是以人为主体，以客观事物为对象的现实活动，是指实践能够把人的目的、理想、知识、能力等本质力量对象化为客观实在，创造出一个属人的对象世界。"①实践是最基本的人类活动，而劳动能够创造社会的物质财富和精神财富，是人类最基本的实践活动。"人的类本质作为人和动物的区别体现在其生命活动中，而人的生命活动首先是劳动。"②从人类产生的角度看，人类之所以能够从动物界分化出来，人之所以能够成为人，在根本上是因为人的劳动。从人类学的角度看，人和猿在体质形态上的主要区别是人能两足直立行走，而猿不能。造成这种区别的根本原因在于劳动。劳动使手的功能进化、手的形态变化，手脚分工使得直立行走最终确立下来。恩格斯说："手不仅是劳动的器官，它还是劳动的产物。"③人脑形成的主要推动力应归结为劳动。劳动使人获得了不同于动物的特有的自然属性。

劳动创造了人本身，促进人类社会不断形成和发展。从生产力的角度看，劳动生产出人们所必需的生活资料，这是人类生活的第一个基本条件。"人直接地是有生命的自然—社会存在物。保持自身生命的存在，能够生活，是人类从事其他历史活动的首要前提。而为了生活，首先就需要有衣、食、住以及其他东西。因此，人类第一个也是每时每刻都必须进行的历史实践活动就是生产满足这些需要的物质生活资料，即生产物质生活本身。物质生产活动是人类实践活动的本质形式和内容。它既根植于人类对自然界的依赖性，又表现出人类对自然界给予的现成事物的超越性。自然界不会自动地满足人，人必须通过自己的生产活动创造自然界中既不现成存在

---

① 杨耕：《"人的问题"研究中的五个重大问题》，载《江汉论坛》，2015(5)。
② 肖潇：《马克思人的发展理论及其当代中国论域》，105 页，武汉，湖北人民出版社，2014。
③ 《马克思恩格斯选集》第 4 卷，375 页，北京，人民出版社，1995。

也不会自然产生但却为人所需要的东西。这就是要在对自己有用或符合于自己需要的形式上掌握、占有自然物。"①如果离开了劳动，人类就不能获得生活资料，就不能生存下去。自人类产生以来，绝大多数人是从事各种不同劳动的劳动者。如果没有劳动者的劳动，人类就不能生存和发展。从生产关系的角度看，劳动使得人与人之间建立和发展经济关系，以及在此基础上建立各种社会关系。人们在改造自然、改造社会的劳动实践中，提升自己的人的本质力量，实现自身的发展。人最有代表性的活动，最能体现人与动物区别的活动就是劳动，特别是生产性的实践活动。生产性的实践活动，是在有目的、有意识的人的支配下使自然界发生有益于人的变化，使自然界按照人的愿望发生改变。在这一过程中，人确证了自己是主体性、创造性的存在物的地位，形成了区别于其他物种的特有本质。

马克思在《1844 年经济学哲学手稿》中指出："一个种的全部特性、种的类特性就在于生命活动的性质，而人的类特性恰恰就是自由的有意识的活动。"②这种生命活动即劳动，也就是实践。马克思这里所说的人的类特性就是人的类本质，即人类的一般本质，是人区别于动物的类的规定性。在《德意志意识形态》中，马克思和恩格斯说得更为明确："可以根据意识、宗教或随便别的什么来区别人和动物。一当人开始生产自己的生活资料的时候，这一步是由他们的肉体组织所决定的，人本身就开始把自己和动物区别开来。人们生产自己的生活资料，同时间接地生产着自己的物质生活本身。"③恩格斯在《自然辩证法》一书中论述了人与动物相区别的类本质是劳动："自然界为劳动提供材料，劳动把材料转变为财富。但是劳动的作用还远不止于此。它是一切人类生活的第一个基本条件，而且达到这样的程度，以致我们在某种意义上不得不说：劳动创造了人本身。"④"人类社会区别于猿群的特征在我们看来又是什么呢？是劳动。"⑤"动物仅仅利用外部自然界，简单地通过自身的存在在自然界中引起变化；而人则通过他所作出的改变来使自然界为自己的目的服务，来支配自然界。这便是人同其他动物的最终

---

① 黄楠森主编：《人学原理》，235 页，南宁，广西人民出版社，2000。
② 《马克思恩格斯选集》第 1 卷，46 页，北京，人民出版社，1995。
③ 同上书，67 页。
④ 《马克思恩格斯选集》第 4 卷，373～374 页，北京，人民出版社，1995。
⑤ 同上书，378 页。

的本质的差别，而造成这一差别的又是劳动。"①

把劳动看作人的本质，强调的是人作为类与动物的根本区别或最后的差别，着眼的是人的类本质或共同本质，这揭示了使人最终脱离动物界而成为人的依据。这就是说，在这些人的本质特征中最根本的是劳动，或者扩大一点说，是社会实践。"人的物质性、生命性、动物性、社会性以及其他性质都是人的属性，其中各种社会性是人性，人性中的社会劳动或社会实践是人的本质。"②既能够把人与动物从本质上区别开来，又能够产生人的各种属性并使之得以发展的，是人的生产劳动。生产劳动产生了人的语言、意识和社会性，使人得以发展，思想和意识则没有这样的功能。"人的本质相对于本质的表现而言，是人之所以成其为人，并区别于其他动物的根据或最根本的属性。也就是说，人的本质有两个相互联系的含义或标志：一是人区别于其他动物的根据或最根本的属性；二是产生出人和人的各种类特性并使之得以发展的根本属性。仅有前一种标志，还不能算是人的本质，人的本质的根本含义或标志，是产生出人和人的各种类特性并使之逐步得到发展的根本属性。"③人的类本质是主观见之于客观的实践活动。

以上关于实践活动在人的发展中具有根本性价值的论述，有利于我们深刻地理解实践活动的发展对于青年整体发展的重要性。青年属于特定年龄的人口，既然实践活动是人的发展的根本要素，那么这也必然是青年发展的根本要素。青年的实践活动是青年以世界上万事万物为对象的现实活动，也是青年有目的、有意识地改造自身的过程，因而成为青年发展的基本方式。实践活动创造了青年，使青年养成了人的质的规定性，还培养了青年的各种属性，使青年越来越具有人性，越来越远离动物性。

实践活动既决定了青年的自然属性，又决定了青年的社会属性和精神属性。青年的社会属性，包括青年个体对他人、对集体、对社会的依赖性，归根到底这是在他的学习活动和实践活动中形成的。青年个体有什么样的实践活动，在很大程度上就会有什么样的社会属性。青年个体的意识内容可以来自书本，但根本上来自实践活动，他的意识能力是在学习活动和实践活动中培育和发展起来的。"意识在任何时候都只能是被意识到了的存

---

① 《马克思恩格斯选集》第 4 卷，383 页，北京，人民出版社，1995。

② 黄楠森主编：《人学原理》，57 页，南宁，广西人民出版社，2000。

③ 同上书，168 页。

在，而人们的存在就是他们的现实生活过程。"①"人类掌握世界的实践活动方式，表现为人作为主体把自己当作一种自觉的物质力量运动起来，按照预定的目的操作物质工具，对客体进行实际的分解和组合，改变它的自在的客观形式，使之成为具有对人有用、符合人的需要的形式的客体。通过享用和消化，使它们变为人的生活和活动的一部分。人的需要由此而得到满足，人的生存和发展也由此而得到保证。"②青年作为人，以实践的方式掌握世界，不单是为了满足自己的生命需要，不仅生产和再生产自己的生命存在，把外部世界的事物变为自己生命存在的一部分，而且生产和再生产自己的社会存在，把自然界变为自己社会存在的一部分，确立自己社会存在的物质基础。在此基础上，青年通过变革社会的实践活动，不断地建立、改变和发展自身的社会关系、社会组织和社会文明。正是通过对世界的实践掌握方式，青年才不断地创造和实现自己的社会性存在和本质。

既然实践活动是人的类本质，那么实践活动的发展是青年作为人的发展的重要体现。青年在人的本质上的发展，首先表现为青年的实践活动的发展。青年的身体发展离不开实践活动的发展，青年社会属性的发展在本质上是其实践活动的发展。青年最基本的实践活动是改造自然的活动，即生产劳动，其次是改造社会的活动，包括交往活动、经济活动、政治活动、生活实践、教育实践、科学实验、艺术实践等。青年的发展是在实践活动中实现的，实践活动是青年得以发展的根本依据。青年的劳动既包括改造自然的实践活动，也包括经济活动、政治活动、文化活动等改造社会的实践活动，体现在青年对经济建设、政治建设、文化建设、社会建设和生态建设的参与之中。青年是劳动存在物，在社会各个领域都是生机勃勃的劳动者，而在高新技术、军事、体育等许多领域更是起到骨干作用的劳动者。我们不但要肯定青年在经济社会发展中的生力军和突击队作用，而且要看到在经济和科技快速发展的今天，青年正日益成为经济社会发展的中坚力量，这是"对青年更为准确的社会定位"③。无论是生力军还是中坚力量，都说明青年的基本活动是实践，劳动是青年的实践本质。要认识青年的实践本质，就必须通过对现实青年的劳动活动进行科学的分析。

---

① 《马克思恩格斯选集》第 1 卷，72 页，北京，人民出版社，1995。省略外文。
② 黄楠森主编：《人学原理》，235 页，南宁，广西人民出版社，2000。
③ 张良驯：《新时代青年工作理论创新研究——对〈中长期青年发展规划(2016—2025 年)〉青年工作思想的分析》，载《青年发展论坛》，2018(1)。

青年作为 14 周岁至 35 周岁的人，是由两个群体组成的：一是在中学或大学接受教育的青年学生，二是已经就业的职业青年。职业青年分布在社会的各行各业，自然属于劳动者，而青年学生的学习在本质上也是一种劳动，是在为未来的劳动而进行知识和能力上的准备。学校教育把人类历史的实践活动压缩成十几年的教育活动，使青少年的实践能力在十几年内基本上达到现代人的水平。可见，青年作为人，与其他年龄阶段的人一样具有实践这一人的类本质。而且，职业青年处在身强体壮、精力旺盛的人生阶段，他们学习欲望强，知识更新快，具有较强的体力和智力，是一支充满生机和活力的劳动力量。"青年发展必然是一种劳动的过程，劳动才是青年发展的本质反映，自由自觉的劳动是青年发展的基本形式，而这种劳动是反映青年本质的劳动。"①职业青年通过劳动，一方面改造了外部世界，获得了自己生存和发展所需要的生活资料；另一方面也改变了自身，促进其生理组织的完善和各种能力的发展。从这个意义上说，青年发展最根本的是其劳动的发展，是其劳动能力和劳动形式的发展。

二、实践活动是青年发展的重要力量

实践活动不只是青年发展的根本内容，还是促进青年发展的重要力量，对青年发展的过程和结果产生决定性的影响。

实践活动既改造客观对象，又改造实践主体。青年从事实践活动，固然是为了改造客观事物，但是在改变客观事物的过程中也会改造青年自身，包括培育青年的思想意识，开发青年的多元智力，增强青年的身体素质等。青年通过实践活动，确证自己具有人的本质力量，从而实现对人的本质的全部占有，在改造客观世界的同时改造自己的主观世界。青年在实践活动中，既会运用所学的知识和技能，又进行新的岗位训练，增强实践能力，不断实现自身新的发展。实践活动给青年的自身发展提出了要求，也创造了条件，搭建了舞台。

青年发展是指青年所具有的能力和属性的发展，需要有实践理性，即运用理性决定在实践活动中如何行动才算正当。劳动能力的发展是青年发展的重要支点，是青年的自然素质、社会素质和精神素质发展的集中体现。劳动对象的复杂性造成了劳动过程的复杂性。在复杂的劳动活动中，青年

---

① 刘远杰：《青年发展本质：对我国青年研究的反思》，载《当代青年研究》，2015(1)。

要对各个劳动环节预先进行一种观念上的实践，如劳动目标的预期、劳动对象的确定、劳动手段的选择、劳动障碍的排除等。这些问题如果在青年的劳动活动中逐一得到了解决，就表明青年的劳动能力得到了发展。可见，青年劳动能力的发展离不开实践理性的参与。如果没有实践活动，就没有青年的认识，也就没有建立在青年认识基础上的青年知识水平的提高和行为能力的增强。青年通过自己的实践活动，能够不断地创造自身新的存在，塑造自身新的规定性。从根本上说，青年发展的可能性在于进行实践活动，实践活动的内在矛盾运动使青年处于不断的发展之中，青年正是在实践活动中实现自身发展的。

实践活动的超越性和创新性能够带动青年的发展。"社会实践是人自觉变革自然和社会的能动性活动，它蕴藏着强大的创新潜力和强劲的超越势头。在生生不息、绵延不断的社会实践活动中，人总会依靠自己的聪明才智和实践经验不断地有所发明、有所发现、有所创造、有所前进，使社会实践的发展能力逐步增强、发展水平不断提高，从而也把社会的物质文明和精神文明不断推向更高的发展阶段。"①从整体上看，青年的发展与社会实践的发展具有整体上的同向性和本质上的同一性。一方面，青年与其他年龄阶段的人一样，是社会实践活动的主体，社会实践的发展要由包括青年在内的人来推动，要以青年素质和能力的提升作为重要基础，从这个意义上看，青年的发展在本质上是社会实践的发展；另一方面，社会实践的发展的成果又会通过青年学习、观察、体验的途径逐步内化为青年的素质和能力，从而成为社会实践进一步发展的基础和动力，从这个意义上看，社会实践的发展推动了青年的发展。社会实践的发展与青年的发展具有高度的一致性，这为青年的发展拓展了广阔的空间。古话说得好："长江后浪推前浪，世上新人换旧人。"在漫长的人类发展历程中，每一代青年与前一代青年相比，无论在物质生活的条件和水平方面，还是在身体素质、思想意识、知识水平和科学精神等方面，都会有不同程度的发展和进步。这是青年发展的历史进步规律。当然，对于不同历史阶段的青年个体来说，青年发展能否体现社会实践发展的成果，能够体现多少社会实践发展的成果，并不是完全一样的，这取决于青年个体的先天条件和后天努力。也就是说，青年个体如何学习、如何工作是自身能否与社会实践同发展、共进步的主体因素。社会实践的发展进步在任何时候都不可能代替青年个体自身的努

---

① 王喜平：《人的发展：内在动因和社会条件》，载《理论探索》，2008(6)。

力和进步。

青年的能力固然离不开书本知识的学习，离不开学校教育的培育，但其能力更重要的是在实践活动中形成和发展起来的。青年的能力在很大程度上是通过实践活动得以生成和提高的。

第一，从历史来看，青年个体作为一个人，其五官感觉的形成是在人类长期实践中进化的产物。青年的思维器官即人脑形成的主要推动力应归结为劳动实践。人在劳动过程中，接触客观世界的范围越来越大，人脑通过感官所接受的外界信息也就越来越多，思维器官便逐步地得到完善和改造。人的思维运用的语言和文字起源于实践。正是在劳动实践中，在物质交往和生活交往中，人们在有了交流思想和表达思想的需要之后，才形成了语言。随着交往实践的深入，交往范围的扩大，当口头语言不能满足人们需要的时候，便产生了文字，产生了书面语言。"由于社会实践的继续发展，特别是由于分工的发展，脑力劳动和体力劳动的分离，才开始形成理论化的系统化的意识，那些专门从事精神生产的人们才制造出哲学、宗教、艺术、道德等意识形态。"[①]青年的意识生产最初是直接与人们的物质活动，与现实生产的语言交织在一起的。正是在实践活动中，青年个体意识到自己生活在社会中，必须与周围的人进行交往和合作。

第二，从现实来看，青年能力的发展离不开实践活动。青年的"体力发展得益于体育锻炼和劳动锻炼，创造力发展得益于创造性实践活动，审美力的发展得益于艺术实践活动，领导能力的发展得益于长期的领导工作实践，思想力的发展得益于思维活动，学习能力的发展得益于学习实践，工作能力的发展得益于工作实践，研究能力的发展得益于研究实践，交往能力的发展得益于交往实践，操作能力的发展得益于操作实践，如此等等，不一而足"[②]。可以说，如果离开了实践活动，青年的各种能力都无从生成，也不能得到提高。在青年的多种能力中，从事生产的能力是最基本的能力。与动物获取食物的本能自然力不同，人从事生产的能力不是先天就有的，而是在后天的生产实践中逐步形成的。青年正是在从事实际的生产劳动中，才学会了各种生产本领，掌握了各种生产技能，获得了改造自然的能力。青年通过改造外部自然，同时改变自身，使自身蕴藏着的潜力发挥出来。青年从事生产能力的提高，有赖于生产实践的发展。不同的生产条件，不

---

① 郭大俊、余彬梓：《实践与人的发展三题》，载《创新》，2015(4)。
② 郭大俊、余彬梓：《实践与人的发展三题》，载《创新》，2015(4)。

同的生产方式，创造了青年从事生产的不同能力。生产实践的发展不断地对青年的发展提出新的要求，青年劳动者必须具有较高的科学技术和智力水平，才能适应现代化大生产的需要并在其中发挥更大的作用。青年进行生产实践的过程，也是青年的生产能力的形成和提升的过程。随着青年生产实践活动的日益扩展和深入，青年的生产能力也日益获得新的进步和发展。

三、青年实践活动发展的路径

青年实践活动的发展，既具有一贯性，又具有时代性，在不同历史时期具有不同的重点。今天青年实践活动的发展，要突出其劳动的发展。劳动问题之所以在当今中国社会凸显出来，在很大程度上源于这些年社会对待劳动的态度发生了很大的变化，呈现出历史阶段性的特征。一段时间以来，在资本的价值和功能展示出强大力量的情况下，传统意义上的劳动失去了往日的荣耀，普通劳动者的地位失去了以前那种较高的社会认同。劳动与资本应该都是创造社会财富的源泉，在劳动价值相对下降的情况下，关注和加强青年的劳动发展是有现实意义的。

青年劳动发展的现实路径，主要包括增强青年的劳动观念、帮助青年就业和推动青年的职业发展。

第一，增强青年的劳动观念。

从人类社会出现以来，劳动都是需要付出体力、智力和精力的。劳动成为人们生活的第一需要，是马克思、恩格斯所设想的未来共产主义社会的基本特征之一和人类劳动的理想形式。在劳动还是辛苦活的阶段，对青年进行劳动观念的教育是推动青年实践活动发展的现实需要。青年的劳动精神一直是社会关注的话题，近年来更是成为青年成长发展中的一个热点话题。无论是政府官员、学校教师，还是家长，都希望青年能够成为奋发向上、锐意创新、艰苦奋斗的一代。中国共产党第十九次全国代表大会提出的中国强国历程跨越 30 多年，与当代青年的成长期和奋斗期是高度重合的，因而当代青年能否以舍我其谁的精神担起历史赋予的责任，直接关系到中国强国战略的实现。中华民族的伟大复兴，不可能轻轻松松就能实现，这需要当代青年付出更加艰苦的努力、更加辛勤的劳动。

刘少奇 1957 年阐述了中小学毕业生参加农业生产的问题，针对当时存在的轻视劳动的错误观点和不良现象进行了纠正。当时有人认为，下乡种地"丢人""没出息"，刘少奇就批评他们："不少青年读书读到初中毕业或高中毕业，就看不起工人和农民，看不起理发工人、缝衣工人、厨师，就认为自己比工人、学徒和农民'高一等'，比理发工人、缝衣工人、厨师'高一等'。他们读了几句书，不是更谦虚，而是更骄傲；不是更尊重体力劳动者，而是更看不起体力劳动者。"①他指出，"由于中国文化落后，知识分子少，特别是由于学校里的政治教育薄弱，脱离实际，现在的青年学生还远没有摆脱中国知识分子历来就有的那种骄傲自大的劣根性的影响，以至他们在新中国的学校里受了多年教育，还不懂得尊重劳动和劳动人民，甚至还在劳动人民面前摆架子"②。他提出："已经得到了一定书本知识的中小学毕业生，应该毅然决然地、愉快积极地投入到生产劳动中去，特别是投入到农业生产中去，获得生产斗争的实际知识，使书本知识和实际知识结合起来，促进自己的提高和发展。"③刘少奇的这些话，对于今天的青年学生来说，仍然有现实意义。

在促进青年发展的过程中，人们有必要对青年学生进行劳动观念的教育。家庭是培养青年劳动意识的重要场所，但这些年来由于父母的娇惯，加上"唯读书论"的思想影响，一些青年在家里从小就不做家务，只是做学校布置的作业。更有甚者，不但在家不扫地、不洗碗，而且在学校住宿时也不洗衣服，而是周末把脏衣服一并带回家交给父母洗。有的大学生追求享受，攀比消费，花钱如流水，一点也不珍惜父母的劳动所得。一些学校曾经注重教育与生产劳动相结合，但今天完全脱离了劳动，连教室和学生宿舍的卫生都由物业公司的职工打扫。典型的是，工读学校本来是为违法或轻微犯罪的未成年人提供的半工半读的学校，也在多年"去工读化"的教育理念下，从改变学校名称走向改变教育方式，大都没有做工了，只剩下与普通学校一样的上课了，放弃了应有的劳动改造的教育功能。大中学校聚焦青年学生的考试分数和学业成绩，几乎忘记了学校教育的目的是培养合格的劳动者，或者认为能够获得好的学业成绩就是教育的全部。青年在大中学校学习，是为了学会劳动本领，将来能够更好地从事各种劳动。这一点是教育的初心，是须臾不能忽视的，更不应该被忘记。大中学校既要

---

① 中共中央文献研究室编：《建国以来重要文献选编》第 10 册，190 页，北京，中央文献出版社，2011。

② 同上书，190 页。

③ 同上书，191 页。

对学生进行知识传授，培育其劳动技能，也要加强青年学生的劳动观念教育，帮助青年学生认识到劳动是人的生存的基础，是人的本质，好逸恶劳是不可取的。在当前物质生活水平普遍提高的情况下，我们尤其要注重培养青年的劳动意识、劳动情感和劳动习惯，引导青年尊重劳动，热爱劳动，在劳动中创造美好生活，自觉抵制不劳而获、贪图享受的不良习惯。

第二，帮助青年就业。

就业是青年实践活动的一个重要起点，也是青年实践活动发展中面临的一个突出问题。只有实现就业，青年才能成为专门的劳动者，才能获得真实的实践活动的发展。就业是职业青年得以生活的基本保障，也是职业青年获取社会身份、扮演社会角色的主要途径。保障就业就是要保障青年的劳动权，劳动权是实现青年生存权的一项手段性权利，是每一名青年都应该具有而且必须得到保障的基本权利。只有在一定的职业活动中，职业青年通过劳动，才能满足人们的生存的需要，提升自我的劳动能力，实现自身的人生价值。从实际情况看，如果有相当数量的青年找不到工作，就会引发许多社会问题，甚至导致社会动荡。2010 年发生的"阿拉伯之春"，最初的导火索是由突尼斯一位失业青年摆摊引起的。社会动荡事件的发生往往存在青年就业难的问题。可以说，青年就业是社会稳定的重要基础，是青年生存和发展、实现自我价值的基本途径。青年通过就业来实现对自身发展的保障，以劳动来获取能够与其他消费品相交换的消费资金。中国实行以按劳分配为主，多种分配方式并存的分配制度。绝大多数职业青年维持生存和发展需要的消费资金是通过参加劳动来获得的，这不仅是因为大多数职业青年来自普通家庭，而且是因为即使来自富裕家庭，他们也难以长期依靠家长的经济支持。

中国作为人口大国，就业问题长期存在。从近年的情况看，青年就业的形势不容乐观，即使是一些大学毕业生也面临着不小的就业压力，出现了劳动力价值的失衡现象。青年就业问题的出现，固然与青年就业观念、青年素质和能力等因素有关，但与劳动的主客观条件能否有效结合的制度安排也有直接关系。青年劳动力能不能与生产资料相结合、以什么方式结合、结合得怎么样，在很大程度上取决于青年劳动就业制度。"现实中青年就业难、就业不公平等问题的产生，影响因素多样，其中就业制度的内在缺陷不能忽略。"[1]另外，"社会资本的凸显和对人力资本的挤占加剧青年就

---

① 王政武：《青年发展与就业制度改革研究》，载《桂海论丛》，2016(1)。

业的非公平性"①。青年本人及其家庭、亲属拥有的社会资源，是青年就业的社会资本。从现实情况看，这种社会资本是青年能否找到工作、找到什么样的工作的重要因素。一名青年如果拥有的社会资本越多，就会越容易实现就业，并且获得满意的就业质量。

当前中国形成了"劳动者自主择业、市场调节就业和政府促进就业"的就业机制体制。就业从根本上说是一个经济问题，实现充分就业是政府的重要职能。尽管在以自主择业为基础的就业模式下，青年个体被赋予了较大的择业选择权，青年个体就业协议的达成是他与用人单位双方自愿的行为，但是，如果忽视政府的作用，过度地甚至完全地依靠市场，不可能从根本上解决好青年的就业问题。青年从大中学校毕业后能够顺利地进入社会就业，这是天经地义的事情。政府部门要从实践是人的本质出发，把青年就业作为促进青年发展的重要措施，从产业、贸易、财政、金融等多个方面完善青年就业的政策体系，在经济发展的过程中给予每一个具有劳动意愿和劳动能力的青年参加劳动的机会，最大限度地让更多青年实现就业，获得合理的收入分配。政府要着眼于扶持青年就业，重视青年就业问题的解决，在解决青年就业歧视、青年劳动力流动、青年劳动者生产安全保障、青年劳动者培训机制等方面取得新的进展，获得新的突破。只有进行以保障青年生存和发展为导向的就业制度改革，实现以促进青年发展为目的的青年就业制度及相关配套制度的顶层设计和优化改进，才能从根本上解决青年就业滞后于经济发展、青年就业欠缺公平、青年就业社会保障不足等问题，也才能真正做到把就业作为每一名青年生存和发展的基本权利来落实，才能使每一名青年都成为政府就业工作的受益者而不是通过挤占他人的就业机会来实现自身就业的满足。对就业困难的青年和长期失业的青年，政府部门应该提供特别的就业援助，用政策手段帮助这些青年尽快实现就业。要重点关注青年学生就业，为大中学校毕业生提供职业指导、就业信息、就业见习、就业帮扶等服务。对于青年农民工，要开展订单、定向和定岗式培训，并鼓励有创业意愿的青年农民工返乡创业。对于创业青年，要搭建各类青年创业孵化平台，加大青年创业的金融服务。要加强青年就业权益的保障工作，规范招人用人制度，营造公平的就业环境。政府在为困难青年劳动者提供救济式帮扶的同时，要从根本上为青年提供平等就业的机会和提高青年的就业能力。

---

① 王政武：《青年发展与就业制度改革研究》，载《桂海论丛》，2016(1)。

第三，推动青年的职业发展。

青年的劳动实践包括青年学生的实践活动，但主要是指职业青年从事的职业活动。职业青年如何在本职工作中得到良好的发展，是青年发展的一项重要内容。政府部门、用人单位和青年组织都要为青年建功立业创造条件，鼓励青年积极参与经济社会发展的各项事业，激励青年在各行各业积极创新，形成自身发展的新动力。青年初次就业，普遍面临一个如何融入单位、适应工作和与同事相处的问题，这需要用人单位开展有针对性的岗前培训和岗位训练。现阶段，青年不可能完全根据自己的兴趣特长，自由地选择职业，这需要用人单位引导新入职的青年职工在从事本职工作的过程中逐步培养和发展工作兴趣，从工作中找到人生的快乐和成就感。由于工龄短、资历浅、职位低，青年个体在单位中往往缺乏利益分配的话语权，青年利益维护和实现的渠道容易出现梗阻，这需要用人单位更加自觉地听取青年职工的意见和建议，更好地满足青年职工的愿望和诉求。各个用人单位都要充分信任青年职工，大胆地使用青年职工，重视青年职工的作用发挥，促进青年职工得到更好更快的发展。

随着劳动方式的不断创新和劳动专业化水平的不断提升，劳动岗位对青年的劳动意识、劳动态度、劳动知识、劳动技能、劳动方式、劳动作风的要求必然会得到不断提高。一名青年的劳动素质和劳动能力越高，他拥有的职业选择的机会就越多，职业发展的空间就越大，获得的劳动收入就越高。因此，"就业对青年发展的保障不能仅仅停留在提供就业岗位的层面上，还必须建立完善的动态性的教育培训机制，保障青年发展能力的持续增强"[①]。青年的职业发展能力，不单指专业技能，还包括各方面的职业能力。据调查，目前各种用人单位开展的业务培训，有些不能很好地满足青年职业发展能力的需求。青年职业发展能力的培训，不是简单的应付式或例行式的培训就能够实现的，而是要在科学设计的基础上，建立和完善青年职业发展的培训制度。进一步说，对青年进行职业能力的培训，不能只是一种用人单位的自发行为，而要在国家、省、市层面进行制度设计与构建，从培训时间、培训资金、培训设备、培训师资、培训场地等方面给予强力的保障，把青年职工培训作为用人单位考核的硬性责任。只有这样，才能形成用人单位重视青年职工培训、支持青年职工学习技能并成才的局面。

---

① 王政武：《青年发展与就业制度改革研究》，载《桂海论丛》，2016(1)。

第三节　青年社会关系的发展

一、社会关系是青年发展的基本内容

实践活动作为人的类本质，把人与动物区分开，使人成为人，但对于不同人的本质来说，仅此分析是不够的。对于青年不同个体在人的本质上的发展研究，在进行人的类本质分析的基础上，还要从人的社会本质进行分析。人的社会本质是指现实中的个体处在一定的社会关系之中，是某些社会关系中的人。现实社会中的人是有社会差别的，实践活动并不能把不同社会群体中的人完全区别开来，也不能作为使人成为社会人的根据，而能做到这一点的，是从人的社会关系角度进行分析。要深入理解青年的发展问题，就必须从青年所具有的人的实践本质进入人的社会本质，在对青年社会关系的考察中深刻地把握青年发展的真谛。

对人和物的属性的考察，存在多种不同的视角。其中，一个重要的视角是人或物与别的人和物的关系。例如，一套服装在工厂中是产品，在商店里是商品，在家庭中是日用品，如果它设计优美、做工精湛，还是艺术品。同一套服装之所以表现出不同的属性，不只因为它具有自然本性，更重要的是因为它与人之间有不同的关系。一套服装的属性主要取决于它与人的关系，一个人的属性更是取决于他与其他人的关系。例如，一个人作为父亲，是相对于他的子女而言的；一个人是领导者，是相对于他的下属而言的；一个人是教师，是相对于他的学生而言的；一个人是打工者，是相对于他的老板而言的。"一个人之所以具有不同的社会角色，不是源于他的自然本性，而是源于人与人之间的社会关系。把一个人从社会关系中抽象出来，是无法说明他是什么的。"①社会关系是人们的社会功能、社会角色和利益联系在社会活动和人际交往中的分配。"不同性质、不同类型的社会关系，往往决定着关系双方的社会功能、社会地位和利益取向，也决定着自由权利和义务所组成的社会角色，进而决定着交往过程中，关系主体产生不同的人际感知和其他人际反应，并根据需要是否被满足及满足的程度而形成肯定的或否定的感情关系。"②马克思在《关于费尔巴哈的提纲》一文中

---

① 杨耕：《"人的问题"研究中的五个重大问题》，载《江汉论坛》，2015(5)。

② 黄楠森主编：《人学原理》，284页，南宁，广西人民出版社，2000。

说："人的本质不是单个人所固有的抽象物，在其现实性上，它是一切社会关系的总和。"①这就是说，人的社会本质，是一切社会关系的总和，是人的实践活动的社会性。只有在不同的社会关系中，一个人才能与其他人相区分，成为社会的人。个人是什么样的，在很大程度上取决于他进行生产实践的物质条件。这就把对人的本质的理解由"类本质"深入人的"社会本质"中了。

　　每个青年无一不生活在现实社会之中，无一不处在一定的社会关系之中。青年的社会关系是指青年个体与他人、群体、社会之间的相互关系。这既体现在个人与集体、组织、国家之间的关系，也体现在个人与家人、同学、同事、朋友、客户等其他人之间的关系。青年个体由于先天的存在和后天的形成，总是处在社会关系网络的某些纽结上，因而不能完全任意地选择自己的社会关系，必然会受到各种社会关系的制约。从世代更替的角度看，每一代青年都要承受上一辈人所创造和发展的既有生产力、生产关系及其他社会关系的规定和制约。青年个体一出生就处于一定的社会关系之中，受到由他的出身、血缘、地缘等自然与社会因素所决定的社会关系的制约。青年的社会关系中，最早的是家庭关系，然后是学校关系，再次是工作关系，还有在社会交往中形成的地缘、业缘、趣缘等方面的多种关系。"人是一种社会性存在，每个人自从他（她）出生的那天起就被毫无选择地抛掷于由历史长河冲刷、形塑而成的家族、村落、社区、民族等不同群体构成的社会关系网中。"②青年的社会关系是一个以血缘、地缘、学缘、业缘、趣缘等为基础，包含学习、工作、生活的复杂的社会关系，如家庭关系、同学关系、同事关系、朋友关系、客户关系、合作关系等。这种多方面的青年社会关系，既有经济关系、政治关系、思想关系等，也有血缘关系、地缘关系、业缘关系等。青年的各种社会关系不是简单地堆积、拼凑在一起的，而是相互联系、相互制约地成为一个整体的，以总和的形式存在并发挥作用。假设一名青年能够脱离他的社会关系，那么他作为人的本质也就不完整了，因此，每一名青年都不可能脱离他的社会关系。

　　青年社会关系的形成过程，固然受到青年个体先天因素的影响，但随着青年的人生经历的增加和社会关系面的扩大，更多地表现为在后天的学习、工作、生活过程中所建立起来的与各方面人之间的各种关系。青年的

---

①　《马克思恩格斯选集》第1卷，56页，北京，人民出版社，1995。

②　孟雪静：《现代性视阈下人的发展困境及对策》，载《岭南学刊》，2018(3)。

社会本质如何，在社会上是什么样的人，是由青年在社会关系体系中所具有的地位决定的，在很大程度上是在与他人的交往中形成和实现的。马克思说："社会关系的含义在这里是指许多个人的共同活动，至于这种活动在什么条件下、用什么方式和为了什么目的而进行，则是无关紧要的。"①青年个体在参与人们的共同活动中，建构自己的社会关系，创造自己的社会本质。"人们在生产中不仅仅影响自然界，而且也互相影响。他们只有以一定的方式共同活动和互相交换其活动，才能进行生产。为了进行生产，人们相互之间便发生一定的联系和关系；只有在这些社会联系和社会关系的范围内，才会有他们对自然界的影响，才会有生产。"②每一名青年都是在他的社会关系中进行劳动生产、影响外部事物的。

根据马克思主义唯物史观的理论推演，青年的各种社会关系最终是由其生产关系决定的。"社会经济关系之所以成为社会关系的基础，首先就在于它同决定社会的基础——生产力和生产方式是直接相通的。其次在于它是一种由物作中介的物质性关系，特别是生产资料所有制的占有关系，它不仅决定着生产资料和产品的分配关系、分工协作关系，也决定着人们在生产中的地位，进而决定着人们的政治关系、法律关系等等。再次，政治关系、法律关系、审美关系、宗教关系等，主要是某一集团为了适应社会经济发展，根据自己的意志和利益所制定的社会制度所规定的秩序化、模式化、规范化的社会关系，因而它们在某种意义上是属于第二性的思想社会关系。"③现实的青年个体不是离群索居、隔绝于世的，而是通过自身的学习、工作和生活，与周围的人进行各种形式的交往和互动，形成自身的社会关系。各种社会关系成为青年个体与他人的活动方式的基础。只有青年个体具有所属时代的社会关系本质，才能把不同时代、不同社会的青年区分开来，才能把青年与非青年区分开来，才能把青年归属到不同的群体和阶层，也才能看到具体的青年状况，才能对现实的青年存在有真正的理解。

马克思在《青年在选择职业时的考虑》一文中，对社会关系是青年就业发展的现实空间做过很好的阐述。该文针对青年选择职业的课题进行了分析，将青年职业选择和人生课题联系起来，提出青年选择职业要与自身兴趣、能力相关联，同时要考虑理想与现实、个人与人类等关系，认为"认真

---

① 《马克思恩格斯选集》第1卷，80页，北京，人民出版社，1995。

② 同上书，344页。

③ 黄楠森主编：《人学原理》，284～285页，南宁，广西人民出版社，2000。

地权衡这种选择，无疑是开始走上生活道路而又不愿在最重要的事情上听天由命的青年的首要责任"①。马克思界定了青年作为人的社会属性，是处在并受制于一定的社会关系之中的，因此，青年应从自己的社会关系出发来选择职业。在马克思看来，人与动物的区别在于人能否摆脱自然条件的制约而依靠自己的主动性去从事活动，有选择的自由是人优越于动物的地方，但是，这并不意味着人们可以在社会生活中随心所欲而不受限制地进行选择，事实上人们的选择要受到其社会生产力水平和社会关系的影响。"我们并不总是能够选择我们自认为适合的职业；我们在社会上的关系，还在我们有能力对它们起决定性影响以前就已经在某种程度上开始确立了。"②可见，马克思把青年的活动、青年职业的选择与青年所处的社会关系联系起来进行考量。

　　青年的人际关系包含在青年的社会关系之内，具有强烈的社会性，因而不能不受到社会关系的影响。在青年的社会关系体系中，青年个体按照自己的目的、意志、性格、情感等个性特点选择交往对象，产生一定的亲疏远近等感情关系。青年个体的人际关系包含两个方面：一是肯定性的人际关系，这表明青年个体与他人互生好感，互相接近，互相合作；二是否定性的人际关系，这表明青年个体与他人互相反感，互相分离，互相斗争。按照人性的一般特点和社会心理学的强化理论，青年总是倾向肯定性的人际关系，而逃避否定性的人际关系。肯定性的人际关系带来人的结合关系，否定性的人际关系导致人的对立关系。无论是人的结合关系还是对立关系，都具有深刻的人性论基础。首先是结合关系。青年作为人，具有合群的本能，这决定着青年与他人、群体、社会具有内在的趋近性。青年具有人所共有的生物特征，即个体力量不足，这促使青年必须通过社会结合的途径，如寻求与他人合作、群体的支持和社会的帮助，来实现自身的充分自由。青年具有利他性，这使得青年表现出相互合作和帮助他人的社会特性。人际交往的需要，促使青年不断进行社会结合。社会结合是人的现实需要，也是人的本性的外在显现。其次是对立关系。青年作为人，会出现反感、厌恶、敌视、恶意等心理现象，也会与他人发生经济、政治、文化和道德等方面的冲突。青年的对立关系可分为反感关系、竞争关系、斗争关系和敌对关系等不同类型。其中，青年的反感关系是指青年个体与他人的憎恨、

①　《马克思恩格斯全集》第1卷，455页，北京，人民出版社，1995。
②　《马克思恩格斯全集》第40卷，5页，北京，人民出版社，1982。

怨恨、厌烦、不满等关系，青年的竞争关系是指青年个体与他人在学习、工作和生活中的合理较量，青年的斗争关系是指青年个体与他人的对抗和冲突，青年的敌对关系是指青年个体与他人的不可调和的激烈对抗。

二、社会关系是青年发展的重要标志

社会关系不只是青年发展的外在条件，而且是青年发展的内在因素。从不同的时间段看，青年的发展在根本上是由社会生产力决定的。社会生产力的发展推动着生产关系的发展，从而扩大了青年的交往范围，为青年的发展开辟了新的路径。随着生产力和生产关系的发展，青年个体与他人之间的交往日益广泛、经常和深入。在这种普遍性的交往中，青年个体的社会关系由封闭变得开放，由相对贫乏变得更加丰富，由对立变得协调和谐。青年个体逐渐走出血缘性和地域性的社会关系，在与他人的交往中形成了更加广泛、更为丰富的社会关系。社会关系的发展成为青年发展的一个重要标志。

青年社会关系的发展，不仅是青年发展的重要内容，而且是青年发展的基本规定，因此，青年发展必须形成和扩展青年的社会关系。对于具体的青年个体来说，他的社会关系是一种既定的力量，这构成了他的发展的现实条件。秩序化、固定化的社会关系，在道德、习俗、法律、惯例、规则等规范性文化的支持和强化下，必然会对青年个体产生某种程度的引导和约束作用。在许多情况下，每个青年都是由社会关系操纵的角色。如果离开青年社会关系的发展，我们就无从谈及青年的发展。青年与他人、群体、社会的关系是青年发展的基本问题，是决定青年发展的重要因素。社会关系不仅决定着青年能否发展，而且在很大程度上决定着青年如何发展，能够发展到什么水平。青年个体在社会交往中，可以与他人在心理、情感和信息等方面进行交流，从而丰富自我、充实自我和完善自我。青年个体的发展取决于他直接或间接地进行交往的其他人的发展。在推进《中长期青年发展规划》实施的过程中，我们要关注和支持青年社会关系的发展。无论是制定各种青年发展方案，还是实施具体的青年发展项目，都要"重点考虑如何在变革和丰富社会关系"①中推进青年的发展。

---

① 肖潇：《马克思人的发展理论及其当代中国论域》，15 页，武汉，湖北人民出版社，2014。

青年的实践活动是青年社会关系形成和发展的基础。"决定人的本质的各种社会关系也是复杂的,其中生产关系是最基本的社会关系,政治关系、思想关系、道德关系等其他一切社会关系都是在生产关系的基础上发生的,它们构成复杂的社会关系体系和网络;每个人都是这个网络中的一个结,每个人的活动、实践都受到这个网络中的各种社会关系的影响和制约。"①青年个体所处的社会关系不同,决定了每个青年具有不同的社会本质,其中,在生产关系中获得的规定性是青年个体最基本的规定性。"人是在实践活动中不断满足自己需要的,这种满足需要的方式决定了人与人之间必然要结成一定的社会关系。换句话说,现实的社会关系是在人的实践活动中生成的。"②青年个体的实践活动是社会的实践活动,他的社会关系是他在实践活动中结成的社会关系,二者在实质上是一致的。脱离社会关系的孤立的青年个体活动并不是实践活动,青年个体的社会关系如果脱离他的实践活动就会失去真正的社会内涵。只有把这两者统一起来,才构成了对青年的本质的完整揭示。任何一名青年都不可能脱离他的实践活动和社会关系而独立存在和发展。青年个体在实践活动中创造自己的社会属性,形成自己的社会关系,从而使自己成为社会存在物。从根本上说,青年个体的社会关系是以他的实践活动为中介而结成的青年个体与他人之间的关系。在现实生活中,青年个体在劳动中与他人、社会发生联系,形成一定的生产关系,在此基础上进一步形成经济关系、政治关系、文化关系等。在青年的各种社会关系中,经济关系也就是生产关系,是决定其他一切社会关系的基本关系,在社会关系的总和中居于主导地位,起着支配作用。因此,青年在生产关系中所获得的规定性,构成了青年的根本规定性。青年的社会本质的具体性是由特定的社会关系决定的。青年既是社会关系的主体,又是社会关系的客体。青年的实践活动包含青年与自然的关系和青年与社会的关系等。青年个体是自然人,更是社会人,在一定的社会关系中生存和发展。青年的一切实践活动都是在一定的社会关系中进行的,即使是改造自然的物质活动,也必须借助于社会关系这一中介。"人的交往不仅是人的特殊活动形态,它本身也直接就是人与人之间的社会关系,就是人与人之间的相

---

① 聂立清、郑永廷:《人的本质及其现代发展——对马克思人的本质思想的再认识》,载《现代哲学》,2007(2)。

② 杨耕:《"人的问题"研究中的五个重大问题》,载《江汉论坛》,2015(5)。

互作用方式。"①青年的社会关系是青年的实践活动，特别是物质活动的必要形式，因而具有客观必然性。青年个体只在一定的社会关系时空范围内进行生产生活，从事劳动实践。

青年个体与他人交往的方式和渠道，受到交往工具和载体的制约。"不同的媒介赋予了不同的时间和空间。不同的轮子决定了人所能拥有的不同的时间和空间，决定着人与人交往的方式。"②人类交往方式经历了语言的产生、文字的运用、造纸术和印刷术的发明、电子媒介的发展、互联网的应用五次重大创新。每一次创新都深刻地改变了青年的交往方式和交往范围，进而影响到青年社会关系的发展。当代青年生长于互联网迅速发展的时期，是互联网的原住民。近年来互联网和移动互联网的快速发展，对青年与他人交往的深度和广度都产生了深刻的影响。互联网的广泛应用使青年实现了网络交往，网络交往促进了青年社会关系的全面发展。网络交往为青年多层次需要的满足提供了路径。例如，通过网络交往，青年个体可以广泛挑选天下的美食，选择自己喜爱的口味和就餐环境来团购一份自己满意的餐饮。在网络交往中，青年个体不仅可以轻松地看电影、听音乐、玩游戏等，还可以主动地参与精神生产和消费活动。网络交往是跨越时空的交往，促使青年个体与其他地方的人，甚至遥远的大洋彼岸的人们处于实时互动的普遍联系中。网络交往拓展了青年的交往时空，拓宽了青年的交往渠道，提高了青年的交往效率，丰富了青年的交往内容，赋予了青年交往以前所未有的开放性、便捷性和自由性，极大地提升了青年的交往能力和水平。

三、青年社会关系发展的关注点

与社会进步和文明发展相一致，当代青年的社会关系得到了很大的发展，但也存在需要改善的余地和提升的空间。有学者提出，"现代人理想的社会关系模式应是把注重感情与感情中立、普遍主义与特殊主义、所属本位与成绩本位、自我取向与集体取向、限定性与非限定性区别对待及有机结合的社会关系"③。青年社会关系发展的理想状况是青年能够与他人、社

---

① 黄楠森主编：《人学原理》，268 页，南宁，广西人民出版社，2000。

② 吴伯凡：《孤独的狂欢——数字时代的交往》，315 页，北京，中国人民大学出版社，1998。

③ 黄楠森主编：《人学原理》，305 页，南宁，广西人民出版社，2000。

会之间建立起友好、和谐、互助、公平的社会关系。改善和提升青年的社会关系，既要积极推动青年与他人、社会的有机结合，又要努力挖掘由人的竞争和对立所产生的积极效应，遏止甚至清除其消极作用。

第一，要突出青年社会关系的主体作用。

青年社会关系的发展，要以青年为本，尊重和肯定青年自身的价值。2008年6月召开的共青团十六大提出，要"坚持以青年为本，充分尊重青年的主体地位，促进青年全面发展"①。这是共青团文件第一次从青年主体地位的角度，对青年发展的内涵进行了阐述。2012年5月召开的纪念中国共青团成立90周年大会指出，要把始终尊重青年的主体地位作为中国青年运动的历史经验之一。"只有尊重青年主体地位，广大青年才能焕发出极大的创造热情，中国青年运动才能始终保持勃勃的生机活力。"②尊重青年主体地位的思想，之所以具有重要的理论和现实意义，是因为如果以青年以外的事物为本，就会"冲淡了青年存在的意义和价值"，使青年从属于外在的事物，使青年成为"工具"③。

青年年纪轻，发展潜能大，具有成长性和未来性，对于家庭、社会和国家都有重大价值，这具有特殊的意义；同时，青年也具有对自身的价值，而不仅仅是对他人的价值。在当今资本市场的强力发展态势中，人与人的关系有时容易变成物与物的关系，变成互相利用的商品关系。在这种情况下，我们要特别指出，青年具有自身的利益和自我价值。青年本身固然具有人力资源价值，但青年不只是用来投资的资本，青年个体与他人的关系不是相互利用的商品关系，不是物与物的关系，而应该是温情的家庭关系、友善的人际关系、信任的合作关系。

在包括实施《中长期青年发展规划》在内的促进青年发展的各项工作中，青年应该在场，不能缺场，因而，"如何使青年感到与自身有关、对自身有利，如何吸纳青年进行广泛参与和积极支持，是需要特别关注的问题"④。在青年工作中，人们如果忽视青年自身的感受和认识，完全代替青年的想

① 本书编写组编：《共青团十六大报告学习读本》，8页，北京，红旗出版社，2008。

② 胡锦涛：《在纪念中国共产主义青年团成立90周年大会上的讲话（2012年5月4日）》，载《人民日报》，2012-05-05。

③ 张春枝：《中国共产党青年观研究》，博士学位论文，武汉大学，2013。

④ 张良驯：《青年发展规划实施中的协同治理研究》，载《中国青年社会科学》，2018(1)。

法，一味大包大揽地为青年做主，就不可能得到广大青年的自觉参与和积极响应。在组织开展事关青年发展的具体工作和活动时，我们要认真了解青年的想法，听取青年的意见，动员青年一起设计，一起参与，一起评议，充分发挥青年在促进自身发展中的主观能动作用。

第二，要把握青年社会关系的根本利益。

青年社会关系的发展，在根本上是生产关系中青年个体权利的实现和能力的释放，以及由生产关系决定的上层建筑中在政治、法律、民生等方面对具体利益的维护和实现。

目前，在青年社会关系的发展中，还存在一些不平等的问题。一是权利不平等。例如，部分青年的权利保障有待完善，有的弱势阶层青年的利益诉求缺乏有效的表达途径，有的青年依法参与政治事务和社会管理的渠道不通畅。二是机会不平等。例如，一些青年受教育机会存在不平等，就业机会存在不平等，享受医疗、社会保障的机会存在不平等。三是收入分配不公平。例如，在地区之间、城乡之间、行业之间、不同职业之间，部分青年对社会财富的占有不平等，青年之间收入差距过大，有的青年相对贫困。此外，青年社会关系的发展有赖于青年能够进行正常和便捷的流动。只有社会开放和平等，各种社会资源与生产要素处在自由流动和最佳配置的状态，青年个体才能有机会通过自己的努力，获得更大的成功。每个青年都有在不减损他人利益的前提下追求自己利益的权利，每个青年的追求和劳动都应该得到他人和社会的尊重与承认。

第三，要扩大青年社会关系的交往范围。

实现青年社会关系的融洽、和谐，使青年成为自己社会关系的主人，就要扩展青年与他人、群体、社会的交往。青年的发展是与青年交往的普遍化直接关联的。社会交往的普遍化使得每一个青年都有可能摆脱生活地的限制，消除天然的空间屏障，构建更大范围的社会关系。社会交往有助于青年个体对他人的兴趣爱好、性格习惯、知识能力和价值观念等有较为深入的把握，有助于青年个体与他人的沟通和了解、互助和互利，有助于青年个体对行为规范、角色要求有相同或相似的认同。青年社会关系的发展，要冲破血缘和地缘等自然关系的限制，把交往范围扩大到更广泛的领域、更广阔的空间。只有这样，青年才能实现自身的价值，提升自身的素质和能力，养成独一无二的个体特性。青年个体的社会交往程度越高，他的社会关系就越丰富，获取的信息、知识就越多，自身发展就会越好。

一段时间以来，不少青年沉迷于网络，长时间看手机，这导致他们的社会关系表现为交往对象单一、缺场交往增加的特点，在社会关系发展上出现了很大的局限性。近年来随着移动互联网的发展，"宅"成了不少人尤其是一些青年的生活状态。这部分"宅青年"喜欢宅在家里，大多关心娱乐游戏和青春偶像，长时间的独处使得他们在社会交往中缺乏自信，因而其人际关系存在一些不正常之处。在实施《中长期青年发展规划》的过程中，我们要关注青年的社会交往是否普遍，青年的社会关系是否丰富，要推动青年在学习、工作和生活中扩大交往范围，拓宽与外界、他人的联系面。青年只有越来越多地参与各个领域、各个层次的社会交往，与物质生产和精神生产进行广泛的交流，才能摆脱个体的狭隘性，从而充分发展自己的能力和个性。

第四，要防止青年社会关系的功利取向。

每个青年都生活在一定的社会关系网络之中，青年既是社会关系的客体，又是社会关系的主体，青年个体"不仅相互间通过各种社会关系获取某种利益，还发挥着自己的职能，为他人和社会做出一定的贡献"[①]。青年的社会关系可以分为情感性关系、工具性关系和混合性关系。在情感性关系中，情感成分大于物质功利成分，典型的是家庭关系、恋人关系、闺蜜关系。在工具性关系中，功利因素大于情感因素，典型的是青年职工与企业老板的关系、青年与上级领导的关系、青年与客户的关系。在混合性关系中，情感成分与工具成分相互交错、不相上下，典型的是师生、同学、同事、同乡的关系。在社会关系的体系中，每个青年"处于不同的社会地位，被赋予不同的社会身份，扮演着不同的角色"[②]。

青年的人际关系一般说来比中老年人的人际关系更为单纯，但也具有功利化的倾向。有的青年在处理人际关系时，会从自身得失成败出发，把他人对自己的有用性作为人际交往的第一选择。青年的社会关系不但反映了现实的社会关系状况，而且昭示着未来的社会关系。因此，青年个体与他人的交往关系，要以真情、互助、共赢等来维系，不宜过分地功利化，即不能把人际关系当作达到个人目的、谋求个人利益的工具。人际关系功利化，不只会导致亲情、爱情、友情淡薄，而且会抹杀青年的责任与义务，因而会造成青年社会关系的扭曲。如果青年的人际关系走向金钱化、世俗化和市场化，青年个体与他人之间互为对方的工具，那么这种社会关系是

---

① 黄楠森主编：《人学原理》，294 页，南宁，广西人民出版社，2000。
② 同上书，294 页。

很可怕的，也是不可取的。

第四节　青年自身需要的发展

一、青年有着广泛的自身需要

青年在人的本质上的发展，除了实践活动和社会关系的发展外，还包括青年自身需要的发展。

需要不仅为人所拥有，而且为一切生物所共有。"需要是指生物物体为了维持生存和发展，必须与外部世界进行物质、能量、信息交换而产生的一种摄取状态。"[1]需要作为生物对外部事物的摄取状态，既表达了生物对外部事物的需求和依赖，也表达了生物对外部事物具有做出选择的反应和能力，以及获取和享用一定客体的生理机能。人作为一种生物，离不开外部环境，对外部事物具有多方面的需要。人的需要不只表现为对外部事物的需求和欲望，还表现为人的一种本质需求。马克思把人的需要作为人的本质，是因为"人的需要是人的本质属性，是与劳动直接相连的人的本质属性，是人改造世界和认识世界的内在驱动力"[2]。从人的需要的角度看，"社会不是由思想产生的，而是人的需要的产物，是为了实现人们联合起来进行生产从而满足人们的生活需要而建立起来的。离开人的需要，我们就无法理解社会组合的原因。人的社会本质也起因于人的需要，并与人的需要直接相连接。社会一旦形成，人的需要也就无不打上社会的烙印，除了人的本能需要之外，其他需要都是具有社会性的需要。这样一来，人的社会关系本质与人的社会性需要更加紧密地联结在一起，从人的社会关系本质上把握人的需要就成为不可逾越的了。显然，人的需要不仅是一种类本质属性，也是一种社会关系本质属性"[3]。可见，人的需要与人的实践活动、人的社会关系交织在一起，共同构成人的本质。

青年的需要是指青年对自身生存和发展的客观条件的需求和依赖，在生理上表现为青年的欲望，在心理上表现为青年的希望、愿望和要求。青年的需要从不同的角度，可以进行不同的分类。例如，从需要的内容看，

---

[1]　徐春：《人的发展论》，44页，北京，中国人民公安大学出版社，2007。
[2]　黄楠森主编：《人学原理》，202页，南宁，广西人民出版社，2000。
[3]　同上书，202页。引文有改动。

青年的需要可分为学习需要、生活需要、劳动需要、交往需要和休息需要等。从需要的动因看，青年有自然的需要，也有社会的需要。其中，自然的需要是青年从人的进化过程中自然形成的，以本能的形式存在于肉体组织之中，如食欲、性欲、休息欲等；社会的需要是青年在学习、工作和生活中产生的，超出肉体需要之上的，为人所特有的那些需要，如学习的需要、交往的需要、艺术的需要等。从需要的形态看，青年有物质的需要，更有精神的需要。其中，物质的需要是指青年对衣、食、住、行等物质生活的需要，这是青年个体维持自身生命活动的最基本需要；精神的需要是指青年对认知、道德、审美、情感、信仰等精神生活的需要。青年需要的分类还可以借鉴理论界关于人的需要的一些分法。例如，美国心理学家马斯洛在《人类激励理论》一书中提出了五个层次的需要理论，即人的需要由低到高分为生理的需要、安全的需要、归属与爱的需要、自尊的需要、自我实现的需要。他认为，前三种需要通过外部条件可以满足，后两种需要只有通过内部因素才能满足，各层次的需要相互依赖和重叠。美国心理学家戴维·麦克利兰在20世纪50年代提出了三分法需要理论，认为个人在工作情境中有三种重要的需要：一是成就需要，即争取成功、希望做得最好的需要；二是权力需要，即影响或控制他人且不受他人控制的需要；三是归属需要，即建立友好亲密的人际关系的需要。成就需要，表现为使人期望把某事做得更好，能够超过其他人。权力需要，表现为使人期望超出其他人而拥有控制力量。归属需要，表现为使人乐于参与社会组织和社会生活。这三类需要与马斯洛的五个层次的需要理论有某些对应关系，但表现出更强的社会性，不太强调个体的生理需要和安全需要。无论如何划分，每一种青年需要的产生、存在和变化都有着复杂的客观原因。青年的需要通过青年对某种事物的欲望、渴求等主观感受显示出来，表现为青年的一种主观摄取状态，但是，青年的需要本身并不完全是主观的东西，在很大程度上是一种不以青年的主观意志为转移，不依赖青年主观反映而独立存在的客观状态。青年的需要作为一种生理、心理和精神上对外部存在物的匮乏感，既有客观性，也有主观性。青年的需要是自然性与社会性的统一，也是主观性与客观性的统一。

马克思指出，任何人类历史和物质生产的第一个前提，是有生命的个人存在。每一名青年都具有不同的自然特质，离开学校后，大多数青年个体是在他的特定社会关系结构中从事某种性质的劳动，所以，最终出现在社会中的青年个体是与他人不同的独特个人。这种使青年个体同他人相区分的根据，是每个青年的独特个性。"人的物质生产活动不仅具有类的性质和社会性质，而且也具有个人性质。这就是说，人的物质生产的根据或动因植根于人的个人需要之中，舍此，人的物质生产活动便无从谈起。"①不同的青年个体的需要是不完全相同的，他们的理想、追求和奋斗也就不同，因此，就会有不同的青年个体发展的轨迹，每名青年都成为不同人生样式的人。在现实社会中，每个青年都具有多方面的需要。正因为如此，青年个体有了某种职责和某种任务，才可能成为不同的个体。这里，个人独特的需要便是青年具有的个人本质。

青年生命力旺盛，生理、心理、精神都在快速发展，这是人的需要发展最丰富、最多样、最强烈的时期。首先，青年具有人所共有的自然需要、精神需要和社会需要，如衣食住行的需要、健康的需要、安全的需要、劳动的需要、休息的需要、文化娱乐的需要、政治参与的需要、受到尊重的需要等等。其次，由于人生分为若干阶段，受到年龄等因素的影响，人在每个阶段的需要种类和需要内容是不完全一致的，因此，青年具有不同于其他年龄阶段的人的需要，如身体发育的需要、心理成熟的需要、接受大中学校教育的需要、首次就业的需要、恋爱结婚的需要、价值观形成的需要、融入社会的需要等等。未成年的青年还会有受到家庭抚养的需要、社会保护的需要、青春期进行引导的需要等。

青年个体的需要都是具体的，对于某一种需要的追求有一定的饱和界限。青年需要的饱和界限，指的是青年的需要达到满足时所获取的外部事物的质与量。不同的青年个体的需要，其满足需要的饱和界限是不一样的。青年个体的本能需要的饱和界限是相当明确的。例如，每一名青年吃饭、喝水、睡觉等本能需要都有一定的饱和界限，某一种需要一旦得到满足后，在一定时间内就不会再出现这种需要的状态。与衣、食、住、行、安全、合群需要相关的青年需要，具有相对稳定的饱和界限，但如果有强烈的占有欲，其需要就不容易得到满足。青年有获得社会尊重、自我实现、自我超越等的精神文化需要，其饱和界限虽然具有一定的范围，但总体上更加不容易得到满足。不论哪种青年个体的需要，都会随着社会条件的变化而扩大原本的饱和界限，这种饱和界限具有没有限度的增长性，这正是青年不断发展、社会不断进步的动因。

---

① 黄楠森主编：《人学原理》，167 页，南宁，广西人民出版社，2000。

二、自身需要是青年发展的本源内容

青年的需要是青年发展的基本来源。青年需要的满足依赖于外部事物的获取，外部事物相对于需要它的青年而言，就是利益。"从需要的角度给利益下定义，这就是：利益是满足人的需要的各种对象条件的总和。"①也就是说，青年是一个需要主体，也是一个利益主体。人们奋斗所争取的一切，都同他们的利益有关。"人以其需要的无限性和广泛性区别于其他一切动物。"②青年个体进行社会生活，从事实践活动，其内在的动因是他自身的需要和利益。青年个体的需要及在青年个体与他人的关系上所体现的利益，构成了青年发展的原始动力。需要作为青年个体追求活动目标的原动力，贯穿于他的活动的全过程。青年的需要一旦得到提升，就会直接丰富青年的本质，增强青年的能力，从而促进青年的发展。青年的发展离不开青年的需要。"人的需要必然引起人的现实活动。现实活动是人的内在本质力量的外在展示，是人的存在和发展的基本方式，是人的社会关系的活化状态，也是人实现和满足其需要的基本途径。人通过现实活动掌握外部世界和自身，并在现实活动中扩展自己的发展空间。"③青年个体的需要是他能够持续地进行实践活动并不断地加以推进的动因。

青年的需要是青年的全部活动的最终动力和内在根据，是青年作为人的内在本质的规定性。"需要是生命物体为了自我保存和自我更新而进行的各种积极活动的客观根据和内在动因。它产生于有机体与它所依赖的外部要素之间的一种矛盾，即需要主体对这些对象感到匮乏。由于感到匮乏，有机体就积极地寻求满足自己需要的对象，在主观上明确地指向这些对象，以消除匮乏状态，达到自身机体的平衡。因此，需要是包括人在内的一切有机体进行积极活动的内在动因。"④青年个体的需要以欲望、动机、目的等形式表现出来，引导他去从事各种活动，寻求满足自身需要的多种客体，从而成为他积极进行活动的内在动因。青年的活动具有目的性，这种目的性之所以形成，在于青年个体的某种需要。也就是说，青年个体的活动目

---

① 黄楠森主编：《人学原理》，217 页，南宁，广西人民出版社，2000。
② 《马克思恩格斯全集》第 49 卷，130 页，北京，人民出版社，1982。
③ 黄楠森主编：《人学原理》，230 页，南宁，广西人民出版社，2000。
④ 徐春：《人的发展论》，44～45 页，北京，中国人民公安大学出版社，2007。

的是他自身需要的自觉。生活在一定社会中的青年个体，他自身所有需要的满足都是他的实践活动最根本的动力。任何人都是为了自己的某种需要而做事。也就是说，无论青年个体做或不做事情都源于他的需要，受他的欲望、利益和理性的选择和支配。青年的需要规定和调节着青年的活动方式。"人以其需要的无限性和广泛性区别于其他一切动物。"①也就是说，青年的需要是一个开放的状态，永远不可能被完全地满足，因此，青年处于一种无限需要的状态。青年的需要在数量上的扩大、在质量上的提升，都会引起其活动的发展。青年个体的需要在他的活动中能够不断地获得新生，原有需要的满足和新的需要的形成，驱使他持续地进行学习活动和劳动实践活动。青年的发展离不开需要的牵引和驱动，青年需要的满足过程推动着青年的发展。青年需要的发展及其满足的过程，就是青年的本性不断丰富的过程。青年需要的发展，推动着青年的学习、工作和生活，丰富着青年的本质，因而成为青年发展的重要内容。一旦离开人的需要，青年的一切实践活动和一切社会关系都不复存在。青年的需要作为青年所具有的人的本质的构成要件，引导着青年的活动目的和活动方式，丰富着青年所具有的人的本质，提升青年的能力，因而对青年的发展产生推动作用。自身需要的发展构成了青年发展的重要方面。在满足现有需要、形成新的需要的过程中，青年得到不断的发展和进步。青年的需要是青年发展的出发点和归宿点，是青年发展的原动力，在青年发展中发挥着牵引作用。青年发展的动力来自青年个体的内在需要。美国心理学家格塞尔认为，人的发展受特定的顺序支配，这一顺序是由基因决定的。当代人本主义心理学家认为，成长和发展是人的本能。需要的发展"构成了人的发展的重要侧面甚至是核心"②。离开青年的需要，青年的一切实践活动和一切社会关系都将不复存在。只有很好地满足青年的需要，我们才能更好地促进青年的发展。

青年的发展是为了满足自身日益增长的生存需求。青年作为人，第一位的需要是生存需要，即解决衣、食、住、行的问题。青年满足衣、食、住、行等生存需要的过程，不是一个简单的生物过程，而是一个复杂的社会过程。如果说动物的需求依靠自然界所提供的现成食物和条件就能够得到解决，那么人的需要则不同，人只有依靠自身的生产实践才能够得到彻底的解决。青年在未成年前，依靠家庭抚养，但成年后或毕业后就要走上

---

① 《马克思恩格斯全集》第 49 卷，130 页，北京，人民出版社，1982。
② 徐春：《人的发展论》，62 页，北京，中国人民公安大学出版社，2007。

社会，通过参加各种劳动，获取相应的经济收入，以满足自身的各种需要。青年的劳动既是一个创造物质财富、满足生存需求的过程，也是一个不断生产新的需求和欲望的过程。在这个过程中，旧的需要一旦得到满足，新的需要又随之产生，如此循环往复，以至无穷，青年的需要从而越来越多样和复杂，呈现出无限增长的趋势。马克思、恩格斯在阐述了人类"第一个历史活动就是生产满足这些需要的资料"之后，接着又说"第二个事实是，已经得到满足的第一个需要本身、满足需要的活动和已经获得的为满足需要而用的工具又引起新的需要"①。这就是说，青年的需要在驱动青年的活动中，不是永远停留在某一个固定的范围和水准上，而会不断地得到增加、拓展和丰富，因而能够驱动青年持续地从事各种活动。追求自身发展，既是青年个体具有的人的本性所在，又是青年群体充满活力和希望的源泉。青年总是以自身需求的状态出场，以自身发展者的角色在场，生命不息，需求不断，奋斗不止，这就是青年积极向上的品格写照。

青年正处于人的发展的关键时期。青年发展的内在动力是其需要的不断变化和丰富。青年的需要是青年从事一切活动的内在必然性。青年个体的全面发展是在他的全面需要的驱动下进行的，他的需要总是随着他的生存环境的变化而变化，从而表现出丰富性和层次性。青年需要具有丰富性和全面性，主要是指青年需要"由单一的片面的需要会变得日益全面，就是除了物质需要以外，还包括社会关系方面的各种需要、精神生活中的各种需要，以及自我实现和发展的需要等"②。正是这种丰富的需要架构，促进青年向更高级的方向发展。对于青年来说，从生理的物质需要到精神的自我实现，诸如认知的需要、自尊的需要、社交的需要、独立的需要、情爱的需要、归属的需要、成就的需要等，都呈现深刻、强烈、广泛的特点，这使得青年内部凝聚起强大的发展驱力。当未来前景目标唤起青年的这种内在驱力，并为这种内在驱力提供必要的外在条件时，青年的各种需要与利益就很容易转化为巨大的具有明确指向性的发展动力，从而使青年在人的本质的显在性方面与潜在性方面产生整合效应，并向着既定的目标行进。③ 青年的发展离不开青年需要的牵引和驱动，青年需要的满足过程推动

---

① 《马克思恩格斯选集》第 1 卷，79 页，北京，人民出版社，1995。

② 朱巧玲：《人的发展指标的构建——基于马克思主义人的自由全面发展理论的分析》，载《改革与战略》，2011(9)。

③ 黄蓉生主编：《青年学研究》，77～81 页，成都，四川人民出版社，2009。

着青年的发展。青年需要的发展及其满足的过程，就是青年具有的人的本性得到不断丰富的过程。青年需要的发展，既推动青年的学习、工作和生活，是青年发展的内在驱力，又丰富了青年作为人的本质，因而构成青年发展的重要内容。

三、青年自身需要发展的路径

青年自身需要的发展，不完全是自发的，不能放任自流，而有必要进行理性的引导和合理的调节。

第一，消除青年自身需要得以满足的各种制约因素。

青年的需要是"内在必然性和外在制约性的统一"[①]，而外在制约性始终在内在必然性对青年发生作用前和发生作用中制约着它，因而是它的前提。青年的需要是在各种历史条件、自然条件、社会条件和自身条件等外部条件的制约下形成的，既不是凭空产生的，也不是自由地产生的。青年自身需要的满足会受到家庭、社会和自身等多方面因素的制约。

首先，青年的需要受到生产条件和社会条件的制约。不同时代的青年具有不同的自身需要，每一时代青年的需要都打上了时代的烙印。这是因为从根本上说，社会生产力的发展状况是制约青年需要的决定性因素，也是青年需要得以满足的根本性条件。当代青年正逢改革开放 40 多年的经济积累时期，普遍拥有较好的物质生活条件，因此，其自身需要与以前相比，更加广泛，更加丰富，也更有条件得到满足。但是，青年对日常生活的需求是不断增长的，对美好生活的向往是不断升高的，所以，我们要通过持续的经济发展和生活改善，为青年发展创造更好的条件。

其次，青年需要的发展直接受制于家庭条件，如父母的收入状况和家庭的消费水平。家庭经济状况直接决定着青年学生的需要倾向和内容，以及他们的需要能够得到满足的程度。一段时间以来，家庭收入差距的拉大，导致不同家庭中青年学生的生活条件相差很大。对于家庭经济困难的青年学生，政府和学校都应在学费和生活费上加大帮扶力度。在大城市，有的职业青年每月把近一半的经济收入用于租房或还房贷，剩下的仅够基本生活开支，被称为"月光族"。对于这些经济拮据的青年来说，他们最大的需要是改善生存条件，满足基本的物质生活需要。在促进青年发展的实际工

---

① 徐春：《人的发展论》，55 页，北京，中国人民公安大学出版社，2007。

作中，政府要重视青年的住房需要，考虑为一些刚在大中城市就业创业的高校毕业生提供一段时间的过渡性的公租房。有的省级青年政策包含青年住房的内容，这是切合青年发展的实际需求的。

最后，青年的需要与青年个体的社会地位、素质能力密切相关。不同的社会地位和素质能力，导致不同的青年个体处在不同的利益分配链条之中，拥有不同的生活条件和发展机会。利益的分化在很大程度上导致各阶层青年的发展出现了不平衡问题。为了应对这种不平衡，政府要打造一个更加公平合理的青年发展环境，为基层青年的上升铺路搭桥。政府青年政策的核心是维护和实现青年的利益。青年的需要是否得到满足，是衡量政府青年事务的成效、青年政策的优劣的最终标准。总的说来，青年的需要是一个矛盾体，需要的内在必然性注定了青年个体要为自己的需要而奋斗不已，但需要的外部制约性又注定了他不能全部如愿以偿。青年需要的追求与满足是一个动态的过程，青年正是在不断追求和满足各种需要的过程中得以实现自身持续发展的。

第二，对青年个体的需要进行调节。

人的需要有一定的盲目性，因而青年个体的需要有合理与不合理之分。在实施《中长期青年发展规划》的过程中，我们既要满足青年个体的合理需要，又要对青年个体的不合理需要进行调节。

首先，对青年个体需要的合理性予以确认。青年个体的需要，既有正当的、合理的、有益的、健康的需要，也有不正当的、不合理的、有害的、病态的需要。合理与不合理的需要的判断标准，要依据社会经济发展的现有状况和青年个体的具体情况而确定。一般地讲，合理的需要必须是文明进步的、有益于青年与社会的、与青年的实际情况相适应的，否则反之就是不合理的。青年个体需要的合理性可以从质和量两个方面进行判断。从质上来看，合理的需要是青年个体生存发展的要求和趋势的体现，是有益于自己、社会、他人和自然的；反之，有损自己身心健康，有害于社会、他人和自然的需要，则是不合理的。从量上看，青年个体需要的满足受到外部条件的制约，因而是有边界的。就某个青年的物质需要而言，即使属于合理的需要，如果超出了一定的界限，也会从"正当"走向"奢侈"，甚至成为"畸形"和"贪婪"。美国社会学家丹尼尔·贝尔说："与需要相对而言，一切资源都是稀缺的。"①人的无止境的需要必然会与有限的资源和环境的制约发生冲突。美国心理学家弗罗姆曾经尖锐地指出，"如果说需求是无限的，那么即使生产规模扩大到了极点，也跟不上想比别人占有得更多这种幻想"②。再高的生产力水平也不能完全满足无限制的人的需求，这既是因为任何时候、任何水平的生产力所生产出的产品相对于无限制的人的需要甚至贪欲来说都是短缺的，也是由于资源的支撑能力和环境的承载能力是有边界的。③因此，对青年个体的不合理需要，我们必须加以限制；对青年个体的合理需要，我们则应给予鼓励并提供实现和满足的条件。

其次，对青年个体的需要进行必要的协调。青年的每一个具体需要的满足都是有条件的。青年的合理需要，在某个现实条件下，针对特定的青年个体，也有可能缺乏满足的条件。青年个体与他人在对自身的需要追求中有时会发生矛盾、冲突或对立，这就要进行有效的协调，尽最大的可能分步骤、分层次地使青年个体的需要得到满足。青年个体要对自己的需要做出正确的分析、进行合理的调整，使自己的需要既有益于本人的生活和发展，也有益于他人的生活和发展。

最后，对青年个体的需要做出必要和适度的控制。青年个体的需要活动，不仅要合理、相互协调，还要适时、有度、健康地增长，这就要求我们对其进行必要的控制。如果不能有效控制，出现失控和误导，就会造成青年个体需要的畸形变化，导致青年个体的生活乃至社会生活的混乱。青年个体"应从个人和社会生活的实际情况出发，控制某些刺激因素的作用，制止某些需要的增长，削弱以及扭转某些畸形需要，引导和发展某些合理需要"④。只有使青年个体的需要合理、协调、健康地运行和满足，我们才会享有有益于青年个体的社会生活，为青年的发展提供正向的动力。

第三，推动青年的高层次需要的发展。

青年的需要是分层次的，其中，自然的需要和物质的需要是基础性的需要。物质生活条件的改善是青年发展的前提，物质生活质量的提升是青

① ［美］丹尼尔·贝尔：《后工业社会的来临——对社会预测的一项探索》，高铦等译，515页，北京，商务印书馆，1984。
② ［美］埃里希·弗罗姆：《占有还是生存——一个新社会的精神基础》，关山译，122页，北京，生活·读书·新知三联书店，1989。
③ 陈新夏：《精神生活与人的发展》，载《中共中央党校学报》，2018(1)。
④ 黄楠森主编：《人学原理》，212~213页，南宁，广西人民出版社，2000。

年发展的重要标志。现实社会中，部分青年由于收入不高或抚养子女、还房贷、赡养老人等原因，存在实际的生活压力。对于这些青年来说，满足他们的物质生活需要应成为优先的考虑和安排。但是，物质生活不是青年所追求的全部生活，也不是青年发展的主要方向。青年的需要是人的本能的升华，具有超出本能生命之外广泛的社会需要和精神需要。自然的需要和物质的需要是青年的基础性需要，但青年的社会需要和精神需要的数量和比重会不断增长。随着生产力的持续发展和社会文明的不断进步，青年的自然需要和物质需要的具体内容会更加丰富，其社会需要和精神需要会更加突出和重要。

　　青年个体的人生价值更体现在他的精神需要上。"人在满足了自己的动物需要以后，还要受到人类需要的驱使。他的肉体告诉他该吃什么、该躲避什么——他的良心告诉他该满足哪些需要、该窒息哪些需要。食欲是与生俱来的肉体机能，而内在的良心则需要人和原则的指导，这只有靠文化的进步来促进。"① 人类发展的历史表明，人与动物的距离越大，人的本能性需求的作用就越小，而文化性需要的作用就越大。"一部人类发展史就是人的本能需要与文化需要成反比例变化的历史。"② 青年最高层次的需要是发展和发挥自己一切体力和智力的需要。自身发展的需要集中体现了青年发展的本质。当今时代，在青年的物质生活需要普遍地得到基本满足的情况下，各种精神生活需要凸显出来，越来越成为青年追求的重要目标。与物质生活相比较，青年的精神生活具有更加广阔的深化和拓展空间。从发展的趋势看，虽然青年的"物质生活水平在将来仍然会有新的提高，但提高的程度和范围是有限的"，而青年的"精神需要具有无限扩展的特点"，"精神生活的资源不仅不会在消费中枯竭，反而随着时代进步而无限扩展"，③ 因此青年发展的主要方向是精神生活的充分发展。青年作为人，作为有意识的存在物，不能只是满足于单纯的自然需要和物质需要，而应该追求更高层次的社会需要和精神需要，具有丰富的精神文化生活。"伴随着社会现代化进程的深化，人们对财富的渴望和追求达到了前所未有的程度，金钱成了一切事物围绕的中心，消费状况成了衡量人的价值的标准。许多人不是为了

---

　　① ［美］埃利希·弗洛姆：《健全的社会》，欧阳谦译，26～27 页，北京，中国文联出版公司，1988。

　　② 徐春：《人的发展论》，64 页，北京，中国人民公安大学出版社，2007。

　　③ 陈新夏：《人的发展的新路向》，载《马克思主义与现实》，2010(2)。

生存而消费，而是为了消费而生存。消费俨然已成为表征时代的标志性符号，以至于从学界到大众都以'消费社会'称呼他们所处的时代。"①在消费社会中，青年个体在物质需要得到满足之后，并不会自发地产生精神的需要。美国经济学家凡勃伦在《有闲阶级论》中提出了"炫耀性消费"概念，认为炫耀性消费指的是富裕的上层阶级对超出实用和生存所必需的物品的浪费性、奢侈性消费，包括购买贵重礼物、驾驶豪华汽车、举办奢侈宴会等各种炫耀的、讲排场的行为，是一种装门面的、摆阔气的消费。炫耀性消费意在向他人炫耀和展示自己的财力和社会地位，以及由此带来的荣耀、声望和名誉，其目的是满足自己的虚荣心。他认为，炫耀性消费的意义不在于享用商品自身的价值，即商品物质形态上的使用价值，而在于享用由其所带来的心理价值。因此，进行炫耀性消费的人，在消费时总是强调所购买物品的高昂价格而非其品质和效用。消费主义生活方式正是炫耀性消费的典型表现。近年来，随着我国经济的快速发展和家庭财富的普遍增多，有些青年学生也追求超出正当生活需求的奢侈品，如经常下馆子、频繁更换高档手机等。

在实际生活中，有的青年在基本需要得到满足后，并没有自觉地进入对高层次需要的追求中，而是停留在低层次的需要上，沉湎于物欲的满足。有些职业青年的休闲时间主要用于满足生理需要的吃饭、睡觉、游戏，而不是用于提升自身的素质和能力，从事文化、体育、艺术等活动。也就是说，目前青年对物质生活有很多依赖性，少数青年的需要变成了仅仅对物和钱的需要，人被物所奴役。从青年需要的圈层结构上讲，这种局限于满足生理需要和物质需要的自身发展是不全面的。为此，在实施《中长期青年发展规划》的过程中，我们要有意识地引导青年不断提高自己的需要层次，成为一个脱离低级趣味的人、高尚的人、有益于社会的人。合理的需要与不合理的需要，对于青年发展具有截然不同的作用，因此，我们要引导和帮助青年追求合理的需要，抵制不合理的需要。青年作为社会存在物，必须超越生物性的生存需要，扩展社会性的生存需要，追求精神性的生存需要。青年的社会需要尤其是精神需要的形成，能够优化青年需要的结构，丰富青年作为人的本质，这意味着青年的发展越来越全面。青年的发展在根本上依赖于不断升华的自身需要，特别是其社会需要和精神需要的扩充和拓展。

---

① 陈新夏：《精神生活与人的发展》，载《中共中央党校学报》，2018(1)。

第六章　青年发展的影响因素

　　任何青年的发展都是在社会中进行的，与外界存在普遍的联系，因此青年的发展不会无缘无故地发生，也不会自我封闭地展开，总会受到内外部因素的广泛影响。这些影响因素能够提供青年发展的动能，产生青年发展的推力，激发青年发展的活力。在影响青年发展的诸多因素中，突出的是青年具有的人性、青年受到的教育和青年面临的制度环境。普遍来说，青年发展在很大程度上是人性、教育和制度三者共同发生作用的结果。其中，人性是青年发展的原生影响，教育是青年发展的基础影响，制度是青年发展的环境影响。

第一节　青年发展的人性因素

一、青年发展的利益因素

　　根据人的发展的内发论观点，如中国先秦哲学家孟子的"人性本善"、奥地利心理学家弗洛伊德的"力比多"和美国心理学家格塞尔的"成熟说"等思想，青年个体的发展源自他自身的内在需要。根据人的发展外铄论的观点，如中国先秦哲学家荀子的"人性恶"、英国哲学家洛克的"白板说"和美国心理学家华生的"教育万能"等思想，青年个体的发展源自他自身以外的人为作用。总体来看，青年的发展是内部需要和外部作用共同影响的结果。

　　按照马克思主义唯物史观的观点，内因是事物发展的基础，外因是事物发展的条件，外因通过内因起作用。这就是说，青年的发展，基础在于青年自身的条件，同时依赖于青年的外在条件的支持。青年"之所以会不懈地追求发展，其深层的缘由一方面是出于其自身特有的内在本性，另一方面也是外部生存环境的压力和激励使然，是二者合力作用的结果"①。青年的发展既源于内部因素，又具有外力驱动。青年的发展不完全是一个自然成熟的过程，也是一个社会塑造的过程。"青年自身的发展要求、愿望是青年发展的内因，是青年发展的内在动力；社会发展对青年发展提出的要求、愿望及提供的条件是青年发展的外因，是青年发展的外部动力。只有当青年发展的要求、愿望与社会发展对青年的要求，社会给青年提供的条件相吻合时，青年发展才能实现。"②人的发展的动力源于人的内部的矛盾性。青年个体发展的动力首先来自内部，是他自身发展的可能水平与现实水平之间的差距所构成的矛盾。德国哲学家黑格尔认为，发展是一个从"自在"到"自为"，即从潜能到能力、从潜在到实现的过程。发展的根本原因在于事物的内部矛盾性，矛盾双方的斗争与统一推动着事物的发展。"青年发展的根本动力即源自青年内在的心理运动或精神运动，反映为青年主体内发而自由的需求。""发展的'自为性'强调人的有意识性和有目标性，对于青年发展而言，从'自在'到'自为'的发展意味着青年将成为自我发展的主体，主体自觉性是青年发展的必要前提，强烈的主体意识、发展意识、生命冲动及'自由的精神活动'是青年发展的根本性力量。"③可以说，青年发展的愿望和追求，不是偶然的感情冲动，也不是率性的随意而为，而是有着深刻人性根据的稳定心理倾向和在心理倾向支配下的有意识的自觉活动。

人的发展研究存在一种人性论范式，这就是"从人性出发探究人的发展的动机和愿望，确立人的发展的内容和目标"④。青年的发展在本源上是人性使然。人性是人们普遍具有的在社会生活中通常会表现出来的人之为人的属性。所有青年都具有人的共同本性，人性是青年个体成人之根据，是青年作为人在价值上高于其他事物之根据。人性是青年满足需要、追求幸福、实现自我的本性，这是青年最根本的心理和行为趋向。如果离开了人性，我们就难以深刻地理解和解释青年的发展。把人看成是理性动物，这在西方思想家看来是最为普遍的认识。青年具有人的理性，有自己的希望、理想和追求。青年不会完全服从自然的安排，而是会千方百计地按照自己

---

① 王喜平：《人的发展：内在动因和社会条件》，载《理论探索》，2008(6)。

② 黄蓉生主编：《青年学研究》，302 页，成都，四川人民出版社，2009。

③ 刘远杰：《青年发展本质：对我国青年研究的反思》，载《当代青年研究》，2015(1)。

④ 陈新夏：《人的发展研究的理论范式》，载《马克思主义与现实》，2016(1)。

的理想去追求自己的生活、进行社会参与，创造更合乎自己愿望的生活和社会。在社会活动中，青年不仅在一定程度上改造了自然，而且也使自己所具有的内在力量得到体现和增长，因而自己的能力、思想、人格相应地发生了变化。

青年的发展受到人性的影响，直接表现是利益的驱动。在哲学史上，人性问题是中外哲学家长期关注和探讨的一个重要问题。在现实生活中，人们对于人性的善恶有不同的感知和看法。无论是对人性善还是对人性恶的理解，都难以否认人的活动的利益性。利益是人们能够从事物或他人处获得的好处。"利益，是人性的内在事实，是人的生命原理敞开自我的本质规定。"①利益作为客体对主体需要的满足，其本身无所谓善恶。从现实情况看，善与恶都可能来源于利益、反映了利益。利益往往是人性最好的投射，是人性的试金石。利益作为青年发展的原动力，既包括公共利益，也包括私人利益。马克思对人的本性的考察是基于"现实的人"。所谓现实的人，既是指生活在一定社会关系中的社会的人，具有群体性和公共性，又是指具有私人欲望和利益的特殊个体，具有"私向性、利己性"②。现实的个人，普遍地说，既有公共性和利他性，又有私人性和利己性。这里说的人的自利性，是从哲学层面说的，不是从道德层面说的，指的是人对自身利益的追求。马克思认为，人们奋斗所争取的一切都同他们的利益相关，这可以说并不否认私人利益的合理性。马克思说："思想一旦离开利益，就必然使自己出丑。"③"各个人的出发点总是他们自己"④，"各个人过去和现在始终是从自己出发的"⑤。这是人的活动的合目的性。"人的实践活动首先是一种指向个人需要和利益的利己行为。自然资源稀缺和社会竞争激烈的现实矛盾又进一步强化了人的实践目标指向的自利性和实践成果享受的排他性。"⑥青年与其他年龄阶段的人一样，具有与生俱来的追求自身利益的本性，这种对人的自身利益的追求在本能上推动着青年的发展。正是对自身利益的不断追求，成为青年进行社会活动、推动社会发展的根本动因。从现实情

① 唐代兴：《生境伦理的规范原理》，37页，上海，上海三联书店，2014。
② 周志山：《马克思公共性视域中的民生问题研究》，86页，北京，光明日报出版社，2016。
③ 《马克思恩格斯选集》第3卷，135页，北京，人民出版社，1995。
④ 《马克思恩格斯选集》第1卷，119页，北京，人民出版社，1995。
⑤ 同上书，135页。
⑥ 王喜平：《人的发展：内在动因和社会条件》，载《理论探索》，2008(6)。

况看，青年对需要的满足和对利益的追求，能够推动青年的发展。弗罗姆说："人的利益是维护他的存在，这种存在与实现他的内在潜力相一致。自身利益的概念是客观的，因为'利益'不能根据人对利益的主观情感来加以表达，而是要根据客观的人性来加以表达。人只有一种真正的利益，即充分发展他的潜能，充分发展作为人类一员的他自己。正如一个人为了爱他人必须了解那个人和他的真正需要一样，人必须了解他自己，以便理解自己的利益是什么，并认识怎样才能符合自己的利益。一个人如果忽略了自己、忽略了自己的真正需要，那么他就会对自己的真正利益蒙混不清。"①根据弗罗姆的观点，青年的真正利益在于充分发展自身的潜能。的确，实现更好的发展，是青年的根本利益所在。

青年对自身利益的追求，不是自由自在、不受约束的，而必然会受到法律和道德的限制。青年在法律和道德的范围内追求自身利益，不仅是合法、合道德的，而且在客观上还能够增进他人利益和社会利益，这是市场交换的基本法则，也是社会发展的正常现象。有文章指出："从个体素质提高的角度看，自利并非就是一种绝对的'恶'，它在一定意义上就是人的发展，从而也是整个社会发展的内在动力。因为个人自利、自救的意识客观上促成了人谋生存、求发展的努力，而这种努力恰恰又构成了个体及人类不断成长进步的最深厚基础和最强大动力。因此，发展就其本来的意义而言也具有主观利己和客观利他的二重性。"②然而，有必要指出的是，青年个体一旦超越了法律和道德的边界，对自身利益的追求就会伤害人的社会交往，动摇正常的社会秩序，甚至危害社会稳定，从而损害他人利益和社会利益。青年个体对自身利益的追求，有时会成为一种消极的社会因素，因而不能任其自由地发展，而需要控制在法律和道德的范围之内。青年对自身利益的追求是客观存在的，只能加以控制，无法完全消除。从主观意愿看，任何青年个体的自身发展都离不开对自身利益的追求，但就客观结果而言，青年个体对自身利益的合法合理追求，会促进社会竞争和优胜劣汰，从而推动社会的整体进步。

青年发展所需的资源和条件，从总体上看都来自社会，是由社会提供的。"由于社会在一定的发展阶段上生产力发展的相对不足和社会结构的历

---

① ［美］埃·弗罗姆：《为自己的人》，孙依依译，132 页，北京，生活·读书·新知三联书店，1988。

② 王喜平：《人的发展：内在动因和社会条件》，载《理论探索》，2008(6)。

史局限，它所能提供给人的资源和机会总是相对有限的，并不能满足所有人发展的所有需要，因而势必会造成主体的生存压力，引发各主体之间对有限资源和机会的竞争。竞争是素质和实力的较量，是残酷的优胜劣汰，而争强好胜、不甘人后又向来是人的本性，所以竞争在客观上又成为社会和人发展进步的强大推动力。"①青年对自身更优发展的美好愿望在不断地增长，而社会发展的成果虽然也在不断地增多，但往往赶不上青年发展愿望的增长速度，两者之间的反差和矛盾总是存在的，由此难免会导致青年个体与他人之间在人的发展资源上展开竞争。这种竞争只要符合法律和道德的规范，就往往会促进青年素质和能力的提升及社会文明的进步。这是青年的发展之道，也是社会的发展之道，进而成为人类社会的进步之源。

青年的发展是在社会生活中进行的，青年个体在求学和就业的过程中，不可避免地要与他人进行交往，这种交往除了竞争，还有合作。在现代社会，青年个体与他人之间的社会联系更加频繁、更为紧密，这使得竞争与合作在青年的发展中发挥着更大的作用。青年与他人之间竞争与合作行为的发生，是存在生物性基础的，但总体上说，无论是竞争还是合作，都是人的有目的、有意识的社会活动。"人类的竞争与合作，既是伴随着人类社会的发展与人自身的进步而不断发展的，同时也是伴随着人类社会不同领域、不同部门和不同群体之间劳动与生活密切度的提升而广泛渗透到社会生产和社会生活的各个领域的。"②从根本上看，竞争反映着不同青年个体发展的差异性、矛盾性和对立性，而合作则反映着青年个体与他人发展的依存性、共同性和统一性。在合作的基础上进行竞争，在竞争的过程中进行合作，这有利于培养青年的社会关系，锻炼青年的社会能力，从而促进青年的发展。现代社会发展的开放性、多元性与整体性，使得竞争与合作成为青年发展的经常性方式，从而决定了竞争与合作的关系对现代社会中青年发展的重要性。作为现代社会中青年存在与发展的一种社会关系形式，竞争与合作的关系在青年的实践活动中生成，不仅会极大地促进青年的实践活动，也必然会给青年的发展带来重大影响。

基于实践活动而形成的竞争与合作关系，之所以对青年的发展产生重要的驱动作用，其根源就在于竞争与合作关系的形成是为了实现一定的活

---

① 王喜平：《人的发展：内在动因和社会条件》，载《理论探索》，2008(6)。

② 张治库：《现代社会关系视阈下人的发展研究》，111 页，北京，光明日报出版社，2010。

动目标，而一定活动目标的确立是青年发展的内在驱动力生成的基础。青年参与竞争、进行合作，是为了完成某项社会活动，同时也能够实现自身发展的目标。在竞争与合作的过程中，青年只有积极调动自身的有利因素，不断开发自身的能力，持续增强自身的实力，才能赢得竞争，达成合作。因此，在现实的竞争与合作的关系下，青年对一定的活动目标的追求过程，也是促使青年新的内在品质不断生成的过程，因而成为青年获得自我发展的过程。青年要经风雨、见世面，要在游泳中学会游泳，这都说明青年的发展离不开实践活动的磨炼和锻造。在实践活动中，青年个体与他人之间结成一定形式的竞争与合作关系，对于青年的现实发展有着重要的促进和推动作用。

二、青年发展的精神因素

青年发展的人性影响因素，除了有人的利益驱动因素外，还有人的精神追求因素。人不同于动物，是有思想意识的。思想意识把人从外部世界中抽离出来，以自身为对象，观照自身，产生人的精神需要，形成人的精神世界。人的精神追求属于精神领域的实践活动，是人对精神需要的满足。"从理论上来说，在人的先天本性中，除了有衣食住行性等生物性的物质需要之外，也还有实现自身价值的强烈愿望和奉献他人及社会的精神追求。"[①]"人的精神追求体现的是人内在世界的意义性，是人与自我的一体性、人与世界的和谐性。人的这种本质力量的外化就表现为个人积极改造世界。其结果就是为个人的生存与发展创造有利的生活条件、社会条件。"[②]青年的精神是青年的意义存在。青年的精神追求作为人生意义的表征，清楚地体现着青年的发展现实，也清晰地指引着青年的发展未来。

青年的精神追求包括感官愉悦的追求、对知识的追求、对道德的追求和对信念的追求等多方面的内容。这些精神追求很多是超越个人利益而投向社会利益的。英国经济学家亚当·斯密说："无论人们会认为某人怎样自私，这个人的天赋中总是明显地存在着这样一些本性，这些本性使他关心别人的命运，把别人的幸福看成是自己的事情，虽然他除了看到别人的幸

---

① 王喜平：《人的发展：内在动因和社会条件》，载《理论探索》，2008(6)。
② 张丽：《人的精神追求的价值哲学阐释》，硕士学位论文，山东师范大学，2018。

福而感到高兴以外，一无所得。这种本性就是怜悯或同情。"①青年作为人，除了具有从动物本能出发的追求自身利益之外，还具有人在精神层面所特有的对生命价值和意义的追求这一更高的目标。青年对人生价值的追求，引导和激励着自身的发展。青年的发展既是青年改善自身生存条件、提高自身生活质量的自发性生存选择，也是青年追求生命意义、满足精神需要的自觉性价值选择。青年个体在自利与利他、物质性满足和精神性追求方面，呈现出不完全相同的情况。许多青年虽然有一般人所共有的基本物质需要，但取之有道，他们学习和工作的目标不仅仅是满足自身需要，还包括更多地服务他人、造福社会。"古今中外无数胸怀大志的人所表现出来的关注人类所需要的科学和其他事业的执着精神、热心社会慈善和公益事业的善良品质、为他人为社会舍小家为大家甚至舍生忘死的高尚品格，树立了世人效仿的精神标杆，奠定了社会文明进步的基础，昭示了人类精神进化的方向，构成了人和社会发展的精神动力。"②青年中有很多这样胸怀大志的人。自古英雄出少年，许多青年有朝气、有知识、有闯劲，在各行各业中挥斥方遒，中流击水，为社会发展做出了突出的成就。

青年的精神追求一旦成为一种兴趣，就能更好地促进自身的发展。兴趣是最好的老师，也是青年发展的一个自然动力。好奇心是人的天性。青年对自己不知道、没见过的事物总是怀有浓厚的兴趣，对新事物有一种强烈的探究欲望。"在人类社会发展史上，超越于功利之外而仅为好奇心和兴趣孜孜以求者大有人在，当然其中作出卓越贡献者也不在少数，诸如少年时代就设想骑着光束将会怎样的科学大师爱因斯坦等，他们的成就不仅使自己得到名副其实的发展，成为科学的巨人，而且也使人类社会得到长足的进步，向着繁荣和文明不断前进。"③好奇心是青年了解外部世界、适应外在环境的基础。好奇心引导青年进行观察、发现和创新，从已知领域走向未知领域，实现自身的发展。青年要保持自身长期的发展，重要的是要有兴趣，兴趣是引导青年发展的持续动力。在现实生活中，有的青年在选择大学专业时，一味根据某专业的就业情况和毕业后的收入来预测某专业的前景，结果上了大学后才发现自己对其缺乏兴趣，难以学好，甚至学不下

①　[英]亚当·斯密：《亚当斯密论情感与道德》，石磊编译，1页，北京，中国商业出版社，2016。
②　王喜平：《人的发展：内在动因和社会条件》，载《理论探索》，2008(6)。
③　王喜平：《人的发展：内在动因和社会条件》，载《理论探索》，2008(6)。

去，被迫转专业，这影响了自身的学业发展。有的青年在大学毕业时选择待遇不错的工作，甚至选择轻松又赚不少工资的工作，结果由于缺乏兴趣，工作平平，甚至干不下去，这影响了其自身的职业发展。可见，培育和发现兴趣对于青年的发展是非常重要的。

第二节　青年发展的教育因素

一、青年教育促进青年发展

　　青年的发展除了受到人性的影响外，还受到教育的影响。在青年发展的过程中，遗传等内部因素和社会环境等外部因素都会施加各自的影响，其中，教育是一个极其重要的推动因素。教育与青年发展之间的关系，既是青年教育实践中需要探讨的基本问题，也是青年发展研究中需要回答的重要问题。

　　古语说："玉不琢，不成器；人不学，不知道。"近代教育家夸美纽斯认为，"只有受过恰当教育之后，人才能成为一个人"[①]，把教育作为人之为人的必要条件。人类通过教育活动，传承知识和智慧，才成为万物之灵。马克思说："工人阶级中比较先进的那部分人则完全懂得，他们阶级的未来，因而也是人类的未来，完全取决于新一代工人的成长。"[②]英国哲学家洛克说："我们日常所见的人中，他们之所以或好或坏，或有用或无用，十分之九都是他们的教育所决定的。人类之所以千差万别，便是由于教育之故。"[③]教育能够培育青年的思想意识和道德观念，把文化知识和劳动技能传授给青年，从而促进青年的发展。青年的教育是为了青年的发展才存在的，青年是为了实现自身发展而接受教育的。青年的教育是在特定的教育环境下引导和培育青年的发展，青年教育的首要价值追求是帮助和促进青年的发展。"教育的核心是人的发展，发展是人际关系的纽带，发展是教育的本质

---

① ［捷］夸美纽斯：《大教学论》，傅任敢译，24 页，北京，教育科学出版社，1999。
② 《马克思恩格斯全集》第 21 卷，270 页，北京，人民出版社，2003。
③ ［英］约翰·洛克：《教育漫话》，傅任敢译，1 页，北京，教育科学出版社，1999。

特征。没有人的发展，就说不上是教育。"①从青年的教育过程来看，教与学是一种师生之间的交流活动。青年的教育是人们通过建立青年的教育关系，通过面向青年的教学活动，致力于促进青年的发展。

在人的一生中，青年时期是学习成长的大好时期，也是接受教育的黄金时期。从教育阶段来看，尽管一个人终生都可以接受教育，然而大多是在青年时期接受中高等学校教育的；从教育对象来看，尽管所有人都要接受教育，但青年无疑是受教育的重点群体。青年处在长身体、长知识的人生阶段，处在思想意识和文化知识形成的关键时期，需要接受专门的学校教育，以学习前人的思想道德和知识技能。青年与教育具有天然的内在联系，可以说，受教育是青年的基本属性，也是青年非常重要的人生经历。一个有希望的家庭总是把关爱的眼神聚焦于孩子，因为孩子的成长事关家庭的兴旺；一个有前途的国家和民族总是把关注的目光投向青年，因为青年的成长事关国家和民族的强盛。从这个意义上说，青年教育既是青年自身发展的内在需求，更是国家发展、民族兴盛的战略选择。

青年的发展，从哲学角度看，是指青年的认知能力、实践能力等主体能力的发展；从教育学角度看，是指青年身体和心理两个方面的发展，即青年的身心发展。青年的身心发展是一个在社会生活中进行学习、培养、锻炼的结果。青年发展是一个有规律的自然过程，但这个自然的过程不是自在的、自发的，也不是无意识的、本能的，而是自觉的、积极的教育过程。在许多情况下，青年的教育是有意识、有目的、情景化的教育。家庭教育、学校教育、社会教育等不同形态的教育，在促进青年的素质和能力的形成和发展中都发挥着各自的作用，尽管对青年素质和能力的形成与发展的影响力是有差异的，但是，其共同的一点是能够影响青年个体生存和发展所必需的各种素质和能力的形成和发展。

青年教育能够促进青年的多方面发展。第一，青年的教育能够促进青年思想意识的社会化。思想意识虽然为青年个体所具有，但它不是青年个体思维的产物，而是社会的产物，因此，青年个体的思想意识反映并符合社会的规范和要求，在本质上是社会价值规范在青年个体头脑中的反映。青年的教育代表着社会的期望和要求，传播着社会的主流文化和核心价值。经过这种教育之后，青年就易于形成与主流文化和核心价值观相符合的思想意识，从而认可并自觉维持现存社会的各种社会关系和社会制度。而且，

---

① 杜高明：《教育与人的发展新论》，载《教育评论》，2009(2)。

由于青年教育所传播的文化价值观念具有系统性和深刻性，青年教育活动的管理具有计划性和严密性，青年教育形式具有活泼性和多样性，因此，青年易于接受教育所传授的价值观念，逐步形成自己的思想观念体系。第二，青年的教育能够促进青年行为的社会化。青年的行为要符合社会要求和社会规范。青年的教育通过社会要求和社会规范的传递，使青年理解社会要求和社会规范的内容和意义，认识到应该干什么、不应该干什么，可以干什么，不可以干什么，从而能够规范青年的行为，防止青年个体行为偏离社会的正常轨道。在日常生活中，青年的教育还具有指导生活的作用。它赋予青年个体在社会生活中必需的知识和技能，如明晰自身社会角色的能力、处理人际关系的能力，帮助青年学会协调处理理想与现实之间的冲突，使青年学会生存、学会生活、适应社会，能够过一种集体性和群体性的社会生活。第三，青年的教育能够促进青年精神活动的发展。青年的精神活动，首先是以认识自然、认识社会、认识人自身为内容的认识活动，其次是以利益评价、道德评价、审美评价、好恶评价为内容的评价活动。无论是青年的认识活动还是评价活动，只有通过学习和实践的途径，才能真正萌芽、形成和发展。青年在接受教育的过程中，能够逐渐形成、不断丰富自己的认识系统和评价系统。青年的认识系统和评价系统，与其学习活动和实践活动同步发展。随着青年个体学业的进步、年龄的增长、阅历的增多，青年的认知水平和评判能力会越来越高。可见，青年的教育能够开发青年的智力，培育青年的人格，使青年的理性精神得以张扬，德行得以养成，个性得以确立。

青年的教育发展与社会的发展具有同一性。首先，青年在社会环境中通过家庭教育、学校教育、社会教育，逐步成长为社会生活的主体，不断取得新的发展进步。如果离开了包括生活教育在内的各种教育，青年个体就不可能完成社会化，只能沦为类似"狼孩"之类的野蛮人。青年作为社会性的存在物，只有在社会的各种教育中才能培育人的思想意识，获取人的社会知识和劳动技能，从而完成从野蛮人向文明人的转化。作为时代性的存在物，青年只有依靠社会的教育平台，才能站在前人的肩膀上不断前行，从而跟上社会整体文明进步的时代步伐。其次，青年与其他年龄人一样，是社会活动的参与者和社会生活的剧中人，社会的发展和进步归根到底有赖于包括青年在内的人的发展进步，高素质的青年是高质量的社会得以建立的一个前提条件，因而青年的发展是社会进步的重要手段和目标。由此可见，青年的发展与社会的发展是互为因果、相互促进的。从古到今，任何青年的发展都离不开社会，青年个体的发展程度取决于他置身于其中的包括教育在内的社会环境；反过来，任何社会的进步都离不开青年群体素质的提升，现代的社会必须有现代的青年作为支撑。对处在现实社会环境中的青年来说，家庭教育、学校教育和社会教育不仅具有提升青年素质的功能，而且具有成就青年人生的功能；而对于成熟的理性社会来说，教育是推动青年发展和社会进步的基本路径。

在青年发展的研究中，我们要更好地发挥教育学的作用。从学科角度看，青年发展的研究是跨学科的，多门学科都可以对青年的发展进行某一侧面的研究。《中长期青年发展规划》提出的 10 个青年发展领域，每个领域都涉及一个或几个学科，如青年思想道德领域就涉及哲学、教育学、政治学、传播学等多门学科。青年研究长期存在一种学科偏窄甚至只是单一学科的现象。有的人基于社会学的思维来研究青年的教育问题，这往往会产生一个倾向，"即将青年成长与发展过程中出现的正常现象、问题及困惑归结为群体性的、具有社会性质的甚至政治性的问题，于是思想政治教育就常常作为对策性措施被夸大地提了出来，而许多有关青年全面发展的其他教育主题与策略(如心理健康、职业技能、人际交往、闲暇娱乐、婚恋知识等)却被忽略了，显然，教育及其研究的理念精髓在这种学科思维及研究路径中被抹杀掉了"[1]。有的人把青年群体视为需要矫正的"问题群体"，把维护社会秩序、为社会服务作为研究的出发点，"这就不自觉地偏离了为青年成长与发展服务的青年学学科的宗旨，也偏离了教育的终极目的即人的全面发展，或许这也是为何教育学在青年研究及青年学学科建构中缺位的原因所在"[2]。从教育学的视角看，青年的教育要以青年为本，尊重青年的主体地位，把青年看作具有内在学习诉求的生活实践者；青年的发展要视为青年因自身的生活实践而在思想观念、行为方式和认知结构上产生的稳定的学习变化。长期以来，各种教育学教材都有"教师和学生"这一章节，只是笼统地谈学生，没有对学生群体进行再区分，更没有明确地提出对青年的教育。如果教育学教材能够针对不同年龄阶段的人提出不同的教育思想和方法，尤其是研究如何依据青年的特征，实施有针对性的青年教育，那么这就会对青年的发展产生重大作用。

---

① 李洁：《大学生人生态度现状与转化研究》，629 页，上海，上海人民出版社，2015。

② 同上书，630 页。

二、青年教育应符合青年发展规律

教育有说不完的话题，容易成为社会的热点。青年教育，尤其是青年学生在学校受到的应试教育，多年来持续引起社会的广泛讨论，遭到了人们的多方面批评。关于青年教育的讨论，在本质上是一个青年教育是否符合青年素质和能力发展的规律的问题。青年的发展遵循着某些共同的规律，这些规律引导着青年教育的工作。遵循这些规律，利用这些规律，可以使青年教育的工作取得好的效果；反之，则可能事倍功半，甚至扼杀青年成长的天性，挫伤青年的学习积极性，损害青年素质和能力的发展。

青年的教育要关注青年作为完整的人的发展。当今时代，在强大的物质和技术导向下，青年教育的成人意义被大面积地遮蔽了，人文价值被降低了不少，这导致青年的教育在某种程度上变成了单纯的技能训练和知识培训，在有的教育机构中甚至成为塑造"单向度的人"的工艺流程。青年发展的目的是使青年作为人而不是作为生产手段得到自由的发展。真正的青年教育应该重视青年的道德教育、信仰教育、公民教育、科学精神教育、人文素养教育，关注青年作为完整的人的成长与发展，而不只是把青年当作单纯的经济人、技术人和政治人来培养。青年教育的目的不只是给经济界、技术界和政治界提供人才，还要使每个青年潜在的才干和能力得到充分的发展。青年教育的实质不仅包含对青年进行知识训练，还涉及对青年进行社会和人生的伦理训练。在中国古代教育中，青年学生通过反复阅读经典书籍来完善自己的道德，领悟如何管理家族和宗族事务，进而学会如何服务于国家、社会和百姓。今天的青年教育呈现出相当显著的工具性特征：青年学生希望通过教育获得一些"有用"的技能，使他们能够通过竞争，增强他们在就业市场上的竞争力，进而获得更高的社会地位和物质财富。青年的教育如果停留在这种工具性层次，就会偏离甚至扭曲青年的完整发展。其实，很多看似"无用"的人文知识，恰恰是青年德行涵养、人格发展、为人处世所必需的。

青年的教育要循序渐进。对于青年的教育而言，无论是思想品德的培育，还是知识技能的传授，都应由简到繁、由具体到抽象、由低级到高级依次地进行，既不能急功近利，更不可揠苗助长。要针对不同年龄阶段的青年，提出不同的教育目标，提供不同的教育内容，实施不同的教育方法。现实中，有些父母望子成龙心切，对在大中学校就学子女的期望过高过急，有的教师经常过度批评甚至责备某些考分低的学生，这挫伤了这些青年的学习积极性和主动性。有的父母不尊重还处在青年期的子女的兴趣与天赋，片面地强调其知识学习和特长培训，这会扼杀这些青年的天性，使其不能成长为真正的自己，甚至导致有的青年因为压力过大而产生逆反心理。这都不是科学的健康的青年教育。

青年的教育要尊重青年身心发展的个别差异性。在青年的成长过程中，由于受天赋、环境等因素的影响，青年个体必然存在着自身发展的差异性。孔子主张因材施教，择其天性而育之。孟子主张性善论，认为教育在于遵循人性的自然发展，唤醒人对自己善良本性的自觉。青年的教育应该充分尊重青年的个性，发挥青年个体的天赋和特性，挖掘青年个体的潜力和优势，弥补青年个体的短处和不足。我们只有因材施教，增强青年教育的针对性，才能使每个青年获得最大限度的优质发展。青年教育工作者要站在青年的角度思考和安排教育，尊重青年个体的发展征象，发现青年个体的教育特性，有针对性地对青年进行教育，使每个青年蕴藏的学习潜质都能得到最大限度的开发，实现青年身心的优质发展。这才是青年教育最淳朴的功能所在。应该指出的是，青年素质的全面发展与个性发展并不矛盾。全面发展是指青年基本素质的全面发展，是一种健全人格的教育；而个性发展是指发展青年具有个人特色的思想意识、价值观念和知识能力。青年教育的任务包括发现、尊重、爱护和发扬青年的个性。"不能用全面发展来否认个性发展，当然也不能用个性发展来代替全面发展。素质教育的目标就是要使每个学生都能达到全面发展、个性发展和终身发展相统一。"①我们不能抱有过度功利的目的去进行青年教育，否则就会导致部分青年只是盯着考试科目，考什么才学什么，不考的就不学了，而要更多地鼓励青年个体培育自己的兴趣爱好，让青年个体有更多的发展可能性，能更快地自信地融入社会生活。成功的青年教育，应该坚持以青年为本的原则，培养有个性的、鲜活的、有差异的青年。青年的教育就是要帮助青年个体成为真实的自己，使青年个体的天性得到自然的成长，潜能得到充分的发展，从而实现真正的身心发展。

青年的教育不应该总是一桶水灌满、填鸭式教学，这会导致青年丧失独立思考的习惯和能力，而应该是点燃一把火，激发青年的学习欲望，培

---

① 黄枬森：《促进人的素质全面发展——兼评〈素质教育基本理论研究〉》，载《教育研究》，2012(10)。

养青年独立思考的意识和能力。这就不能过多地采用打压式或批评式的教育，不能抓住青年个体的短处一直不放，从而导致青年个体在过度批评中讨厌学习，而要更多地采取扬长式或鼓励式的教育，善于发现青年个体的长处和优点，使得青年个体能够在鼓励中增强学习兴趣，增进学习效果。在青年的教育中，不宜过度采用千篇一律的标准答案，因为长期实施这样刻板的教育，会容易让部分青年产生一个固定的思维模式，而要引导青年进行独立思考，发现不同的解题思路，进行不同的知识分析和理论阐述。

青年的教育要积极促进青年适应社会能力的发展。能否适应社会、如何适应社会，是青年非常重要的能力。适应社会的能力包括自律自信、自立自强等自我意识，团结合作、互助互利等社会意识，尊老爱幼和职业道德等道德意识，遵守社会秩序、维护群众权益等法律意识。我们不能过多地进行填鸭式的教学，不能一味地按教材照本宣科，从而导致青年所学知识不一定有实际的用处，而要着力培养青年能够用于实践的能力，使得青年出了校门、进入社会后，能够自信地应付实际工作和生活中的各种复杂情况。科学文化知识是青年获得发展的工具，而社会生存能力特别是创造能力是青年的实践能力的核心。青年教育工作者在向青年传授科学文化知识的同时，要着力培养青年进行社会生活的能力，帮助青年形成正常的社会关系，助其学会基本的生活技能，使青年从自然人成长为社会人。青年教育工作者在向青年传授知识和技能的同时，要注重教育的情感培养和人文关怀作用，让青年得到身心的陶冶和情操的培养，促进青年人格的发展。只有在健全人格、健康心理的完善发展下，青年才能真正地发挥自身的优势，适应社会生活。要指导青年融入现实的社会生活，跟上现代社会生活的发展步伐，还要培养青年的创新能力，帮助青年既服务于现实社会，又能够充分发挥主观能动性，不断地进行自我改造，创造新的社会生活。

青年的思想道德教育要符合青年思想意识形成的规律。对于学校的思想道德教育，各级党组织、教育行政部门发过不少文件，开过不少会议，采取过不少措施，应该说是取得了一定成绩的。然而不可否认的是，目前也有一些针对青年的思想道德教育脱离实际，流于形式，没有达到预期的现象。提升青年思想道德教育的水平，有多方面的工作可以做。从教育内容看，青年思想道德教育要增强针对性，提升科学性。青年没有生活在真空地带和世外桃源，而会接触到国内外各种思想观念，这就要求教育工作者要着力地讲清楚青年思想道德教育相关内容的科学内涵，既不能自说自话，也不宜简单阻断，而要善于在比较和鉴别中帮助青年加深对主流意识形态和核心价值观的理解，引导青年自觉辨识各种思潮，特别是非科学性的、不符合中国国情的。从教育方式上看，青年思想道德教育要增强亲和力，拉近与青年的心灵距离。青年教育工作者在开展思想道德教育时，要动真情，讲真话，敢于直面现实问题，善于讲解疑难问题，让自己的讲解和讲授实起来、活起来、动起来。要深入分析当代青年的思想观念、价值取向、行为方式，有的放矢地进行讲解，心平气和地进行讨论，增强讲解的时代性、现实感和影响力。青年思想道德教育不能只是居高临下的政治说教，也不能只是运动式的应急教育，而要与青年学习、工作和生活的实际相结合，做到日常化、生活化、通俗化。这就要求青年教育工作者不断改进思想道德教育的内容和方式，把培养青年日常行为习惯和行为标准放在重要位置，使得思想道德教育体现在青年的坐立行走、言谈举止、衣食住行之中。学校思想道德教育要贴近青年在学校中的学习和生活，与青年的听课、自习、吃饭、着装、打扮、走路、交往、聚会结合起来，体现在课堂、宿舍、食堂、操场、道路之中，使青年感到思想道德教育如影相随、就在身边，思想政治课很亲切、接地气，这样才能取得青年思想道德教育的良好效果。

三、青年发展有赖于全方位教育

青年的全面发展是建立在青年教育的全面实施之上的。青年素质和能力的发展，不是单一的发展，而是复合的发展。青年的复合发展，需要接受全方位的教育。青年接受的教育来自家庭、学校和社会三个领域。青年多种素质和能力的发展，不是单一的教育形态能够独自承担的，而必须由家庭教育、学校教育和社会教育共同承担。青年素质和能力的发展是一个复杂的生理、心理发展过程，需要进行多方面、多层次的教育。我们要把家庭教育、学校教育和社会教育相结合，发挥这三种教育的优势，共同促进青年素质和能力的发展。

学校教育是有计划、有组织的教育，对于青年的发展是基础性的，也是至关重要的。这既是因为学校教育能够给予青年以基础知识和基本技能上的学习，也是因为学校教育具有一定程度的职业选择的功能，直接影响着青年个体能否找到工作、找到什么样的工作。学校制度具有青少年高度集中和与外界隔离的特点，所以传统上一直是形成青年新风尚的重要中心。就同龄人之间的交往和利用闲暇时间追求个人兴趣而言，学校比工作场所更为方便，因此，学校通常总会增进青年人的社会感及增强其交往能力，而且，行为方式一旦确定，便会稳定下来，在他们毕业之后继续产生影响。学校内部越来越受到就业需要和劳动力市场施加的压力，因而更加恐慌，竞争激烈。这种现象可能导致学校所发挥的社会化作用的性质发生永久性变化，自然不可等闲视之。① 青年是在各类中学和大学接受学校教育的。在中学阶段，青年学生大多是未成年人。无论是身体的发育、心理的成熟，还是知识的获取、价值观的形成，中学教育对于这些青年的发展都具有非常基础的作用，同时，检验中学阶段学习成绩的高考，决定了一名中学生能否上大学、能够上什么样的大学，因此，中学教育对于青年一生的发展都产生着重大的影响。这就要求我们在实施《中长期青年发展规划》的过程中，要更加重视青年的中学教育，帮助青年在中学阶段打牢知识的坚实基础，实现更好的素质和能力的发展。即使在高等教育大众化的今天，能够在大学学习的青年也具有更多的和更好的人生发展机会。大学进行专业化教育，使得青年能够学到一定的专业知识和技能。大学生具有较多的社会参与机会，他们普遍也具有较高的政治参与热情，因此，大学教育对于青年思想意识和知识技能的培育都是非常重要的。大中小学教育把人类社会几千年的知识积累压缩成 20 年左右的教育活动，这使青年的素质和能力，尤其是劳动能力在 10 年左右基本上达到现代人应有的水平。在学校教育中，有一个值得注意的问题是，许多现实的青年教育往往关注的只是青年心理上认知的一面，而认知的一面又仅仅只是从知识的掌握即知识量的方面来判定和评价青年的。这就导致一些教育活动片面地强调青年认知发展中的知识发展，而忽视了青年其他方面的发展。在学校教育中，我们要从升学考试制度上改变长期存在的单纯以考试为中心、片面强调考试成绩的评价方式，克服青年素质与能力之间关系的片面化和异化现象。

我们对青年的教育，不能只把眼光盯在学校教育上，而忽视家庭教育和社会教育。应该说，家庭教育是青年最早受到的教育，社会教育是青年广泛受到的教育。尽管学校教育是最重要的，但是家庭教育和社会教育也很重要，因为这两个教育总是存在的，而且无时无刻不在影响着青年的发展。在青年的发展过程中，家庭教育、学校教育和社会教育各自具有功能定位，发挥着不可替代的作用。这三种教育有机结合、同向发力，才会形成青年教育的合力，这能够更好地促进青年素质和能力的发展。反之，如

---

① ［德］马丁·贝特格：《西方社会中青年问题的症结》，载《青年研究》，1987(7)。

果这三种教育不能合拍，青年教育的拉力不是一个方向，就会妨碍青年素质和能力的提升。联合国教科文组织发布的研究报告《反思教育：向"全球共同利益"的理念转变?》提出："我们必须高瞻远瞩，在不断变化的世界中重新审视教育。"面对世界新的挑战，我们要重新定义知识和教育；过去，把教育理解为有计划、有意识、有目的和有组织的学习，但是人的许多学习是非正式的。"我们在生活中学习到的许多知识并非有意为之。这种非正式学习是所有社会化经验的必然体验。"① 所以，我们要像重视学校教育一样，给予家庭教育和社会教育更多的重视。

目前，青年处在科学技术高速发展、社会思潮风起云涌的新时代。新科技使得青年教育的内容和方式发生了根本性的变化。新媒体的快速发展和广泛使用，为青年接受新的信息、开阔新的视野创造了新的便利载体。各种思想意识相互激荡，使得青年的教育面临着更为复杂的社会环境。当代青年处在信息化社会中，所接受的不可能是孤立的单一的教育，而是一个多种形态相互融合、成体系的教育。与以往相比，今天的青年教育具有更独特的含义、更丰富的内容和更多样的方式，对青年思想观念和文化知识的影响更为显著。当今世界，各种媒体都在向青年宣传和灌输各种知识和价值观。如果不重视学校以外的教育，青年就难以实现正确发展。为了实现青年教育的目的，我们应该利用众多的教育形式、丰富的教育资源、广泛的教育场所来加强青年教育，而不能仅仅凭借学校形式、学校资源、学校场所。

青年的社会教育能够满足青年素质和能力的多方面发展的需要，这是我国青年教育格局中重要的组成部分。青年的很多学习，尤其是思想道德观念的学习是在学校之外进行的。有调查表明，在青年的道德观念发展中，"家庭因素的影响占 23% 左右，而学校因素的影响占 10% 左右"②，学校教育所起的作用相对较弱。包括网络环境、舆论导向和影视作品等社会环境对青年道德观念的影响较大，构成影响青年道德观念发展的主要因素，也就是说，青年道德观念的发展在很大程度上受社会环境因素的影响。青年在社会教育中能够感受到社会文化和价值观念，形成自己的人生观和价值观，青年要对自身的社会角色进行定位，学会处理个人与他人、个人与社

① 顾明远：《中国教育路在何方：顾明远教育漫谈》，145 页，北京，人民教育出版社，2016。

② 张良驯：《高校思想政治工作创新的路径研究》，载《青年发展论坛》，2017(1)。

会的关系。社会教育通过社会规范的传递，使青年认识到社会规范的意义和内容，认识到能够做什么、不能够做什么，从而规范自己的行为。

对于青年来说，与少年儿童相比，家庭教育的影响力减弱，社会教育的影响力增强。青年学生的学习时空是广阔的，这就要求我们能够从校内外融合的角度，促进青年学生的发展。青年思想道德教育存在"2＞5"或"5＋2＝0"现象，这说的是青年学生周六、周日在家庭受到的影响和受到社会不良思想影响的总和，削弱、抵消甚至大于周一至周五在学校受到的思想道德教育的效果。这种现象促使人们对青年思想道德教育的效果进行重新认识和审视。至于职业青年，其接受的是社会教育，包括单位教育、媒体教育、自我教育等。对于职业青年来说，学历文凭仅仅是进入工作单位的基本条件，要想在职场中站稳脚跟，获得优质发展，青年就必须不断地提升自身的实际工作能力。工作能力不同于学业成绩，是青年素质和能力的综合体现，除了一般的知识和技能之外，更重要的是本职工作所需要的职业精神、专业能力和创新能力，还包括领导力、执行力、人际关系能力、组织协调能力等。随着知识和技术更新的周期越来越短，青年要想适应本职工作、胜任本职工作，在本职工作中不断得到新的发展，就必须接受社会教育，进行职业学习和岗位训练，不断地提升自己的素质和能力。可以说，在青年教育中，"有意识与无意识的教育活动并存，直接的教育活动与间接的社会影响并存，有特定教师与无明确教师并存，他人教育与自我教育并存"[1]。面对青年素质和能力提高的新要求，我们有必要重新定义青年的教育，把社会教育作为青年教育的重要内容。《中长期青年发展规划》提出，要"加大青年社会教育投入，建立多渠道筹措资金投入机制"，"创造社会教育良好环境，规划青年成长成才各个环节的教育需求，统筹协调文化、出版、影视、网络等资源，实现对青年教育空间的全覆盖"[2]。政府要把青年的社会教育纳入整体教育格局之中，与学校教育同步安排，共同实施，从而为青年提供更为完整的教育，促进青年实现更全面的发展。

青年社会教育的重要方式是实践教育。实践教育作为与理论教育对应的教育方式，是指在社会生活中进行的情景化、参与性、体悟式的教育。实践教育具有深厚的历史渊源，2000多年前孔子就强调知行合一、学以致用的教育思想。马克思在《共产党宣言》一文中，揭露资产阶级教育的实质

---

① 张良驯：《青年社会教育含义探析》，载《青年学报》，2017(2)。

② 《中长期青年发展规划(2016—2025年)》，11页，北京，人民出版社，2017。

是把人训练成机器，强调社会教育的重要性。"从工厂制度中萌发出了未来教育的幼芽，未来教育对所有已满一定年龄的儿童来说，就是生产劳动同智育和体育相结合，它不仅是提高社会生产的一种方法，而且是造就全面发展的人的唯一方法。"①这就是说，工厂制度中生发出来的教育同劳动相结合的生产制度和教育制度，是教育青年一代、提高生产力的好方法。20世纪初，一些教育家提倡的"体验性教育""经验教育""做中学""实践性知识"等实践教育思想，曾得到了社会的认可和推广。毛泽东多次强调书本知识和实际经验相结合。1942年2月，他在中共中央党校开学典礼上的讲话中指出，不应当把马克思主义理论当成死的教条，而要加以应用，说明实际问题。他提出，党校要根据学生学了马克思列宁主义以后怎样看中国问题，会不会看，能不能看清楚，来区分成绩的优劣。他说，同社会实践活动完全脱离关系的学校里走出来的学生，尽管从小学一直到大学，学了很多知识，但是他有的只是书本上的知识，还没有参加任何实际活动，还没有把自己学到的知识应用到生活里去。像这样的人是不可以算得上一个完全的知识分子，因为他的知识还不完全。一切比较完全的知识都是由感性知识和理性知识两个阶段构成的。学生们的书本知识，即使"都是真理，也是他们的前人总结生产斗争和阶级斗争的经验写成的理论，不是他们自己亲身得来的知识。他们接受这种知识是完全必要的，但是必须知道，就一定的情况说来，这种知识对于他们还是片面性的，这种知识是人家证明了，而在他们则还没有证明的。最重要的，是善于将这些知识应用到生活和实际中去"②。胡耀邦认为，有书本知识的人，只有把书本知识同经济建设、科学实验、民主法制建设和其他社会实践结合起来，同人民群众创造新生活的丰富实践结合起来，才能造福于国家，造福于人民，造福于社会。衡量才干高低的最重要标准，是社会实践及其成效。干实事，重实效，是每一个革命者应有的品格。那种脱离实际，指手画脚；哗众取宠，做表面文章；凭一知半解，乱开"药方"；或者孤芳自赏，不愿做艰苦细致工作的思想和作风，必须认真防止和克服。广大年轻知识分子一定要开阔眼界，深入实际，深入基层，乐于在那些平凡岗位上创造性地工作。③ 1987年5月中共中

---

① 《马克思恩格斯选集》第2卷，212页，北京，人民出版社，1995。

② 《毛泽东选集》第3卷，816页，北京，人民出版社，1991。

③ 中共中央文献研究室编：《十二大以来重要文献选编》下册，64页，北京，中央文献出版社，2011。

央做出的《关于改进和加强高等学校思想政治工作的决定》提出："青年学生
要虚心地向实践学习、向群众学习，并用自己所学的知识为群众和社会服
务。只有理论与实际相结合、脑力劳动与体力劳动相结合、知识分子与人
民群众相结合，才是青年知识分子成长的唯一正确道路。"①2015 年修正的
《中华人民共和国教育法》第五条规定：教育必须为社会主义现代化建设服
务、为人民服务，必须与生产劳动和社会实践相结合。针对当前一些青年
中出现的"不爱劳动、不会劳动、不珍惜劳动成果"的现象，我们要突出劳
动教育，把劳动教育作为全面发展教育的重要组成部分，引导青年学生增
强劳动观念，提高劳动技能，进行劳动实践。可见，正确的青年教育方式
是重视实践教育，把实践教育摆在青年教育中更加突出的位置。

第三节　青年发展的制度因素

一、制度建构起青年发展的空间

除了人性因素和教育因素之外，制度是影响青年发展的一个基础性
因素。

制度概念一直受到政治学、经济学、哲学等学科的广泛关注，多门学
科从各自角度对制度概念的含义做出了界定。制度是人们交往的产物。"人
类在社会生产实践中将某些交往关系、社会关系固定下来从而形成制度，
以制度规范人的行为、协调人们之间的关系，维持社会秩序，分配人们的
权利和义务。"②法国政治学家迪维尔热把制度定义为"一个实体活动的结构
严密、协调一致的社会互动作用整体，它理所当然地主要是在这个范围内
设立的模式"。美国经济学家凡勃仑把制度定义为"个人或社会对有关的某
些关系或某些作用的一般思维习惯"。美国新制度经济学的代表人物道格拉
斯·诺斯认为："制度是一系列被制定出来的规则、守法程序和行为的道德
伦理规范。""制度是一个社会的游戏规则，更规范地说，它们是为决定人们

---

① 中共中央文献研究室编：《十二大以来重要文献选编》下册，332 页，北京，中
央文献出版社，2011。
② 陈婷：《制度与人的发展研究》，载《马克思主义理论学科研究》，2018(6)。

的相互关系而人为设定的一些制约。"①制度作为规范人的言行的模式和创造良好秩序的规则，由以下两个部分组成：一部分是以文字形式存在的规定、命令、实施机制等"硬件"部分，另一部分则是这些"硬件"体现的价值目标、价值取向、指导思想、是非标准等"软件"部分。对于完整的制度而言，这二者是缺一不可的，而后者即制度的价值规定性往往具有更本质的意义。我们考察任何一种制度，都要透过条文去触摸它的深层次的精神实质和价值内涵。对青年发展产生影响的制度，不仅有国家的政治制度、政党制度、经济制度、文化制度，还包括各种政治、经济、文化、教育、民生等管理体制，以及遍布社会各领域的具体的管理制度。

从哲学角度来看，制度与人的存在方式、人的社会活动、人的社会关系相联系，是人的社会关系的凝结物和交往实践的产物，是人的社会关系和交往活动的规范体系，是人的社会关系结构和活动方式的定型化、模式化和固定化。"制度就是从人的社会性、社会关系中发展出来的，是人的社会性、社会关系的巩固和发展。它记载着人的发展过程中社会关系层面上人的进步状态。"②制度作为表征社会关系的范畴，是规范化、固定化的社会关系。"制度并不是理性的个人自由契约、自由选择的结果，相反，是社会结构和社会制度决定着个人的行为方式和选择空间。因此，制度首先不是个人之间的一种交易关系、契约关系，而是不同阶级或不同社会集团之间的一种生产关系即社会关系。"③制度既然是社会关系的存在方式，而社会关系中最基本的是经济关系，因此，制度反映出不同的人、不同的集团和阶级之间的经济利益关系。"制度是由在社会经济中占优势的集团或阶级按照有利于自身利益的活动建立起来的，并且要求社会其他的集团和阶级按照这一制度的要求从事社会生产活动，以及从中得到利益。"④我国的制度是青年利益的实现载体，每名青年的各种利益无不与某些制度相关，需要这些制度给予维护和实现。

制度为青年发展提供了现实的条件和环境，影响着青年发展的状况和

---

① 王力、东建广、宋秀英：《制度变革与人的发展——以改革开放以来中国的制度变革为例》，载《河北学刊》，2006(3)。

② 王海传：《人的发展的制度安排》，3 页，武汉，华中师范大学出版社，2007。

③ 庄江山：《制度的哲学思考》，博士学位论文，复旦大学，2007。

④ 庄江山：《制度的哲学思考》，博士学位论文，复旦大学，2007。

走向。"人的发展的社会条件，主要就是人的发展的制度条件。"①从社会整体上看，制度主要不是由青年制定的，因为青年在社会政治、经济和文化生活中普遍资历浅、职位低，在各种制度的制定上通常是话语权比较小或者缺乏话语权的。每个青年首先是为现有的制度所规定和塑造，然后才有可能去影响和改进现实的制度。但是，制度对于生活于其下的青年来说，不仅是一种既有的存在，而且是一种既定的力量，它限定、规范和塑造着青年的社会活动、社会关系和个体特征，因而构成了青年发展的现实空间，形成了青年的现实生活世界。

从青年发展的内涵看，青年的发展除了青年社会关系的发展外，还包括青年需要的发展、青年素质的发展和青年实践活动的发展。其中，青年需要的满足是青年发展的前提，青年素质的提升是青年发展的基础，青年实践活动的丰富是青年发展的目的。无论是青年需要的满足，还是青年素质的提高，抑或是青年实践活动的丰富，都有赖于建立在制度文明基础上的物质文明发展和精神文明进步。可见，青年在各个方面的发展都离不开制度的保障和促进作用。制度使得青年具有的人的本质力量得到发展。青年能不能发展、发展什么、如何发展，从根本上说是由社会生产力决定的，其中，支撑生产力、表征生产关系的制度发挥着十分重要的作用。因此，青年工作者要善于运用制度的手段，积极争取相关部门的支持，改善青年发展的社会条件。

制度对青年的社会关系产生着规范和调节作用。青年的发展在很大程度上依赖于社会关系和社会制度的变革。青年是否能够发展、发展什么、如何发展，在根本上是由社会生产力决定的，而直接的则是由社会关系及表征社会关系的制度来决定的。任何时代的青年个体都是在某种社会制度中生存和发展的，是一种制度中的人。社会制度对于青年个体来说是事先的存在，是一种历史的必然和现实的当然。每个青年首先是为先在的制度所规定和塑造的，然后才有可能去影响和改变现实的制度。在现实社会中，青年个体通常是通过制度与他人、与社会发生关系的。任何青年个体都面对既定的制度，生活在已有的制度之中，制度的规范系统用一整套行为规则规定着青年在社会生活中的地位和角色、权利和义务。每个青年都在制度环境中扮演着特定的社会角色，从事着某些社会活动。分布在各个领域、各个地区的青年个体，由于有了制度，才有了其所确定和代表的社会关系，

① 王海传：《人的发展的制度安排》，3 页，武汉，华中师范大学出版社，2007。

才使得青年的社会关系能够有序和稳定。制度作为青年共同遵守的行为准则，赋予青年社会关系以合法性和规范性。不同的制度使青年的社会关系呈现出不同的特征。

制度为青年的学习、工作和生活提供了基本的规则，把青年的各种社会活动导入可合理预期的轨道，给青年提供了参与社会生活、实现自身发展的实际空间，因而构建了青年发展的外部环境。作为青年活动的合理的规范体系，制度界定了青年活动的范围和规则，"告诉"青年能够做什么，不能够做什么，怎样做才是社会所允许的，从而规定了青年行为的选择空间。诺斯认为，"制度确定和限制了人们的选择集合"，制度是"人们发生相互关系的指南"。①制度为青年的活动提供了基本框架和范围。青年个体在制度划定的界限内进行活动，就能得到社会的认可和鼓励，而一旦超越了制度划定的界限，就会受到社会的排斥和惩罚。青年发展是通过与青年相联系的各种社会关系来实现的，而青年的社会关系实质上是制度化的具体体现。制度使青年所具有的各种人的本质力量，包括素质和能力得到发展。制度所规定的青年活动的范围，就是青年现实的自由空间，青年的自由是以这种限制为前提的。

人的发展与社会的制度存在某种程度的相互构成关系。制度之所以成为社会文明演进的标志，源于人的存在与发展对制度产生的固有依赖。制度的形成使人实现了由动物向人的提升和进步。青年在"对食欲、性欲和自我保存等自然属性的表现形态和满足方式中，深深地注入了文化等制度的因素"②。青年在自身发展中的各种生理需求，无不受到道德伦理之外的法律法规等制度因素的影响和制约。各种制度使得青年能够摆脱和超越人的动物性，成为有着丰富社会性的人。青年的发展就其内容和方式来说，是社会的活动和社会的享受。从历史看，青年与其他年龄阶段的人一样，由动物进化为社会存在的人是基于制度化的社会联结的结果。

各种各样的制度能够规范和协调人的行为，使各种社会关系得以协调展开，从而为生产力的发展、实践活动的展开、人的需要的满足和利益的实现提供基本的保障。青年是社会的存在，青年对他人的依赖性决定了青年个体只能生活在一定的社会关系之中，成为社会的一员。青年个体通过

①　[美]道格拉斯·C.诺思：《制度、制度变迁与经济绩效》，刘守英译，4页，上海，上海三联书店，1994。
②　杨华：《人的发展与制度创新的互动》，载《浙江学刊》，2005(6)。

与他人的互动，其自身利益才能得到相应的满足，其存在和发展才能得以实现。正是各种社会制度将原本孤立无助的青年个体融入相应的社会关系网络之中，才使青年个体成为青年群体，成为社会的人。人的存在的社会性使制度成为青年发展的基本中介。只有解决好青年的社会交往问题，青年的发展才有可能变成现实。制度通过发挥作用，对身处社会关系中的青年个体的行为及其利益关系加以协调，通过激励和规范青年个体的发展欲望，确保并推动青年个体的合理需要不断得到实现和提升。可以说，制度是连接青年个体与他人、与群体的基本纽带。通过以制度为纽带的社会实践、社会互动的过程，青年个体才能真正成为社会的人。社会的政治制度和法律制度，不是一种外在于青年的制度，作为一种公共制度，它们的存在和运行状态是包括青年在内的人的心理和价值状态的反映。制度是由人制定的，但它一旦制定出来后就规范着人的行为，促进人的发展。制度的形成、变化与创新，不仅使包括青年在内的人从动物中提升出来，而且不断地赋予青年更多的社会内涵，塑造新的青年，使青年能够获得更加丰富和全面的发展。

综上所述，青年的发展离不开制度，青年的发展与制度之间存在广泛而紧密的联系。现实中的每一位青年的发展无不发生在既定的制度之中，对制度有很大程度的依赖，受到制度的深刻影响。制度提供了青年发展的活动规范，创设了青年发展的条件，形成了青年发展的社会联结，从而建构起青年发展的现实空间。

二、制度对于青年发展具有的功能

人创设了制度，但制度一经产生便会对人的发展产生能动的作用。总体来说，制度对于青年的发展，具有约束、激励、整合和保障的功能。

第一，制度对青年发展的约束功能，是指制度能够限制青年的社会活动，对青年的言论和行为进行规制。约束功能是制度对青年发展的首要功能。正如有些学者指出的，"制度是一个社会的游戏规则，更规范地说，它们是为决定人们的相互关系而人为设定的一些制约"①，"制度是人的创造

---

① 王力、东建广、宋秀英：《制度变革与人的发展——以改革开放以来中国的制度变革为例》，载《河北学刊》，2006(3)。

物，同时又是人的发展的制约物"①，"制度是社会游戏的规则，是人们创造的、用以限制人们相互交流行为的框架"②。在国家治理中，政府等公共部门有各种制度约束人的言论和行为空间，以防止人们侵犯别人的利益，维持社会的有序运转。"人具有意志自由和主观能动性，但这一自由是相对的而不是绝对的，制度在限制人的部分自由的基础上也保证了社会交往的有序进行。自由的实现有赖于建立公正合理的制度体系，在社会群体之间公平分配权利和义务，使人的自由有施行的机制，使自由现实化为人们的权利、机会。"③如果没有制度的约束，社会就会乱象丛生，纷争不断，陷入一种无序和混乱的状态。要使社会有序运转，就需要合理的制度来约束人的言论和行为。

任何青年个体都不能随心所欲，为所欲为，而要在各种制度约束的范围内进行活动，这些制度性约束规定了青年个体活动的外部环境，圈定了青年的言论和行为的允许范围。各种制度划定了一条又一条边界，限制着青年的言行方向和活动路线。以各种形式出现的制度具有强制性，它要求青年必须执行和服从，并以法律、行政、纪律的力量来保证青年的实际遵守。制度协调着青年的社会交往关系，规范着青年的活动，形成青年的生活世界，青年个体受到各种经济、政治、文化制度的规约。青年的每一种活动无不处在各种制度的约束之中，青年的活动空间被种种制度所限定。青年个体的言论和行为，如果在制度许可的范围内，就会得到人们的认可和肯定，而一旦超出了制度的许可范围，就会受到人们的排斥和否定，甚至遭到制度的惩罚。最典型的是青年如果犯罪，就会受到本国法律的惩罚。

第二，制度对青年发展的激励功能，是指制度能够激发和鼓励青年的言论和行为，从而引导青年在社会认可的范围内进行社会活动。制度通过所提倡的、鼓励的或反对的、压制的行为，对青年的活动进行监督和管理。"制度既可以阻滞人的发展，也可以激励人的发展。"④制度的激励能够指引青年的活动方向，改变青年的活动偏好，影响青年的活动选择。

制度建构了青年在政治、经济和文化方面进行社会交往的激励结构。

---

① 王海传：《人的发展的制度安排》，3 页，武汉，华中师范大学出版社，2007。

② 北京大学中国经济研究中心：《经济学与中国经济改革——北京大学中国经济研究中心经济学前沿系列讲座》，2 页，上海，上海人民出版社，1995。

③ 陈婷：《制度与人的发展研究》，载《马克思主义理论学科研究》，2018(6)。

④ 王海传：《人的发展的制度安排》，2 页，武汉，华中师范大学出版社，2007。

一个社会的制度对于青年活动的选择，实质上是一种激励和导向机制，构成了青年发展的评价环境。例如，制定合理的人才培育、选人用人制度，就能够激发青年的上进心，调动青年的积极性，开发青年的创造力。而且，相对于青年精神追求的导向作用，制度的导向作用更为具体、直接和实在，其力度也往往更大。最典型的是高考制度鞭策着千千万万青年学生发奋读书，勤奋学习，力争能够读更好的大学。

第三，制度对青年发展的整合功能，是指制度能够对青年个体与他人之间、青年群体与其他群体之间的利益进行调节和融合。社会是人的生活共同体。在现实生活中，制度给不同社会群体带来的权益往往是不完全相同的。以制度为依据进行利益博弈，能够形成利益相关方共同的认知基础，这使得彼此有分歧和相互冲突的利益得以被整合在一起。"制度使日常生活中反反复复的讨价还价最少化；制度降低了交易费用。"①这种增进社会交易效益的作用，是制度通过规定权利、提供信息和形成监督实施机制得以实现的。

从现实情况看，青年作为群体具有群体利益，作为个体具有个体利益。每个青年都是相对独立的存在，都有自己的个体利益，这些各不相同的个体利益之间难免会发生相互矛盾和冲突。这些矛盾和冲突，如果不能够得到及时而有效的整合，就会增加社会交易成本，甚至引起社会冲突，造成社会混乱。近年海外发生的一些社会动荡，其中重要的原因是青年的利益诉求长期被社会忽视，他们的利益矛盾不断被积累和激化。因此，任何社会都必须制定各种制度，建构合理的社会运行机制，用以整合各个群体的利益关系。制度对青年个体的利益进行整合，推动不同青年个体的利益趋向一致，这可以解决青年的利益矛盾，减少社会摩擦，降低社会交易成本，防止社会冲突，使社会得以协调地发展。

第四，制度对青年发展的保障功能，是指制度能够保护青年顺利发展，使青年的发展不受到损害。各种各样的制度能够规范和协调青年的言论和行为，使青年的各种社会关系得以协调展开，从而为青年实践活动的展开、青年需要的满足和青年利益的实现提供基本保障。

一个社会存在，必须有一定的制度来保障它的正常运行。制度能够保障青年在经济、政治和文化活动中不会受到违反制度行为的干扰，防止青

① ［美］丹尼尔·W.布罗姆利：《经济利益与经济制度——公共政策的理论基础》，陈郁、郭宇峰、汪春译，47页，上海，格致出版社，上海人民出版社，2012。

年的合法权益受到侵犯和破坏，以保障青年在履行法定义务时能够享受到合法权利。约翰·洛克在《政府论》一书中提出，"法律按其真正的含义而言与其说是限制还不如说是指导一个自由而有智慧的人去追求他的正当的利益"，"法律的目的不是废除或限制自由，而是保护和扩大自由。这是因为在一切能够接受法律支配的人类状态中，哪里没有法律，哪里就没有自由"。① 自由发展是青年发展的重要内容，而青年的自由是在制度规定的范围内发展的。制度通过保障青年的各种自由，为青年提供了自由发展的宽广空间。

三、制度创新能够促进青年发展

对青年发展产生作用的制度不是一成不变的，而是与时俱进、不断创新的。促进青年发展存在多种路径，其中，制度的改进和创新是重要的路径之一。"推进人的发展与推进制度创新是一个互动的过程。"②青年是在制度中存在和发展的，青年只有通过不断的制度创新，才能实现自身的更好发展。中国改革开放是一个全方位的制度变革，而这个制度变革的核心价值是调动人的积极性，促进人的解放和发展。最典型的是 20 世纪 80 年代，当时青年求知如饥似渴，读书声响彻校园，劳动号子在现代化建设工地传扬，整个青年群体洋溢着青春气息，他们对现状非常自豪，对未来充满憧憬。可以说，这是一个春意盎然的青年时代，改革开放的制度创新激发了青年一代的发展活力。40 多年的改革开放实质上是一个以制度变革获得人的解放和发展、实现社会进步的过程。在这个过程之中，社会制度的变革，一方面为青年发展创造了较好的生产力、生产关系方面的客观条件，营造了青年发展较为宽松的社会环境；另一方面促使青年的思想意识、价值观念、行为方式发生深刻的变化。目前，中国社会处在体制转型时期，制度体系的不完整、不完善、不及时都会引发社会矛盾，因而"需要进一步发展和完善中国特色社会主义制度体系，发挥制度在维护社会公正、提供公共服务、协调利益关系等方面的功能，化解社会风险和矛盾"③，为青年的发

---

① 转引自于浩成、段秋关、倪健民：《中外法学原著选读》下，462 页，北京，群众出版社，1986。

② 王海传：《人的发展的制度安排》，2 页，武汉，华中师范大学出版社，2007。

③ 陈婷：《制度与人的发展研究》，载《马克思主义理论学科研究》，2018(6)。

展增添强劲的动力，提供广阔的空间。制度创新的重要标准是看新的制度能否促进青年的发展。随着人类社会的进步和国家治理的现代化，制度创新与青年发展有着更为密切的关系。

既然青年的样态在很大程度上是制度的产物，那么制度创新就是青年发展的有效方式。制度创新能够促进青年的发展，是因为新的制度形式会产生人的发展的新效力。青年是在一定的制度中进行自我发展的，只有通过不断的制度创新，才能实现自身的更好发展。"制度变迁与人的自由发展关系有其深刻的哲学内涵。在一定意义上，人是制度的产物，人类的历史就是人不断变革旧的保守状态的制度，从而不断获得自身解放的历史。"①青年发展的历史是人们不断变革旧的制度，不断冲破各种外在束缚的历史。如果说自由是青年发展的基础，那么制度通过保障青年的自由，为青年发展提供了自由的空间。每一次制度创新，都应该是一次对青年发展的障碍的消除，从而更有效地保护青年个体的自由，使青年有更大自由发展的空间。随着制度的不断创新，青年的活动空间不断扩大，青年具有的本质力量不断提高，青年的发展也会更加绚丽多彩。

对青年发展产生作用的制度需要进行创新，从根本上说是青年发展实践的客观要求；而从制度本身看，也是制度德性提升的内在要求。从制度与道德的关系看，任何制度都是有德性的。制度德性是指制度是否具有道德性，以及具有多大程度的道德性。人们见到的"好人没好报，坏人在逍遥"现象，其存在的一个重要的原因是制度德性缺失导致制度对道德的扭曲。黑格尔曾提出，"有道德的人常常遭受不幸，而不道德的人往往是幸运的"②。出现这种德福背离现象的原因，就在于人们所生活的那个社会结构出了问题，在人的权利与义务关系上存在不公正的安排。也就是说，制度为那些不道德的人安排了更多的获利机会，它客观上鼓励了人们的不道德。可见，制度不公正是德福背离现象产生的根本原因，人们只有通过创设公正的制度，才能保证人的健康发展，实现德福统一。从制度对青年发展的影响看，新制度通过提倡或反对的方式，引导青年进行新的选择、实施新的行为，对青年能力的发挥产生新的激发或制约作用。新制度在青年发展

---

① 王力、东建广、宋秀英：《制度变革与人的发展——以改革开放以来中国的制度变革为例》，载《河北学刊》，2006(3)。

② ［德］黑格尔：《精神现象学》下卷，贺麟、王玖兴译，141页，北京，商务印书馆，1997。

中的作用，就像新的基础设施在经济发展中的作用一样重要。新制度能够有效地促进青年的发展，因此，一个良好的制度环境是青年发展不可缺少的基础因素。

　　制度在青年发展中发挥着基础性作用，但制度本身是有好与坏之分的。制度通过对青年的需要、动机、偏好的影响，对青年的发展产生塑造作用，因此，制度应当内在地具有促进青年发展的道德底蕴。从青年发展的角度看，任何制度都包含着一定的伦理价值，能够对青年的思想意识、道德观念产生重要的影响，它可以内化为青年的思想道德素质。在现代法治社会中，立法者常常把基本道德原则吸收进法律，使得这些道德原则转化为宪法、民法、刑法中的法律规范。青年道德体系中的基本道德部分，应该而且可以转化为制度，从而成为具有约束力的社会规范。可见，道德与制度都是调节青年社会关系的基本手段。进一步说，制度德性比青年个体的道德更具普遍性，是青年个体道德的基础和前提。"一种制度规范只有本身是符合道德的、符合人性的，才有要求人们遵守的必要，也才能使人们发自内心地信服。"①制度德性的提升是青年发展的现实要求。青年发展是人的发展的重要方面，是社会发展的基本内容，因此，制度创新与青年发展具有内在联系。如果青年个体面临的制度结构不合理，制度本身不道德，人们就难以对青年个体行为的道德状况做出正确的评价。这是因为，制度好，会限制坏人做坏事；制度不好，可能使好人无法充分做好事，甚至也会被诱导做坏事。一种制度如不好，生活在这种制度下的人就不会有多好，青年的发展就会受到阻碍甚至扭曲。"如果一种社会制度处处压榨青年，埋没青年的才能，禁锢青年的创造活力和激情，造成大范围的青年失业、危机和青年问题，那么它就不是一个好的社会制度。相反，一个社会制度如果能够成就青年，为青年提供尽可能多的就业渠道、学习机会，不断促进青年的完善和发展，那么它就是一个宽容的、具有弹性制的社会，青年亦会为了这样一种社会制度和秩序，倾其全部才能为社会做出贡献。"②

　　制度创新推动青年的实践能力不断发展。青年发展的核心在于青年具有的本质力量得到充分的展现，而人的本质力量只有通过人的实践活动才

---

　　①　张利平：《论制度德性的内涵及其意义》，载《烟台师范学院学报（哲学社会科学版）》，2002(2)。

　　②　张春枝：《中国共产党青年观研究》，博士学位论文，武汉大学，2013。引文有改动。

能表现出来。青年实践活动最为集中的体现是生产劳动。青年的生产劳动不仅是青年的个体劳动，更表现为青年的集体劳动。这既是一个青年与自然进行物质交换的过程，也是一个青年个体与他人之间相互协作的过程。"实践方式是制度的运作，制度是实践方式的表征。"①青年的实践活动都是在一定的制度下进行的，只有不断进行制度创新，青年才能创新实践方式，因此，社会的制度创新与青年的实践创新具有本质上的同步性。制度的创新能够促进青年的实践能力不断地得到提升。

制度创新推动青年的社会关系不断发展。青年的发展要通过与青年相联系的各种社会关系来理解。"社会关系实质上是指许多个人的共同活动。"②青年的社会活动要有一定的规则、路径、方法和载体，其中存在着青年个体与他人相互协作而形成的多方面的制度化行为。每一种良好制度的确立或创新，都能够帮助青年避免人际矛盾，缓和人际冲突，获得自由发展的更大空间。随着制度的不断创新，青年社会活动的空间会不断扩大，青年的社会关系会不断丰富，青年发展因而能够取得更大的成效。

制度创新能够为青年的能力发展和自由个性的成长提供空间，为青年施展才华、实现人生价值提供机会，使青年发展得更丰富、更全面。一项制度如果与青年发展不相吻合，就不会提供青年发展所需要的资源支持，就会阻碍青年的发展，成为青年发展的绊脚石。制度创新有利于帮助青年转变不合理的自身发展观念，消除制约青年发展的障碍，增加青年发展的资源，拓宽青年发展的渠道，从而推动青年实现更好的发展。

从制度公正的角度看，每一个青年都应该享有平等的发展权利和发展机会，不能因为家庭、文化、外貌、收入等差异而遭到不公平的发展待遇。在当今制度化的社会中，制度创新更成为影响青年发展的重要因素，它在很大程度上决定着青年发展的程度和水平。例如，青年个体的发展是与他的求学和就业密切相关的，而大学毕业生就业受到大城市户口的限制。户籍制度改革，可以使青年从户籍限制中解放出来，在大城市获得更自由、更广阔的发展空间。普遍地说，只有在一个关于青年发展事务的公正制度下，青年才能获得平等的发展机会。我们要摒弃那些浇灭青年创新火花、禁锢青年创造活力的制度，而张扬那些点燃青年创新火花、鼓励青年创造活力的制度。

---

① 杨华：《人的发展与制度创新的互动》，载《浙江学刊》，2005(6)。
② 杨华：《人的发展与制度创新的互动》，载《浙江学刊》，2005(6)。

　　总的来说，青年的发展与制度之间具有直接的密切关系，受到制度的广泛影响。制度不仅对青年发展做出了已有的现实规定，而且对青年发展进行了新的未来建构。青年的发展从根本上说是一种制度性的人的发展。制度与青年发展的关系、制度对青年发展的影响，应该成为青年工作理论研究中一个重要的问题域。国家制定和实施《中长期青年发展规划》，实际上是运用制度的手段，对青年的发展做出制度性的战略安排和总体部署。青年工作者应该认真研究如何发挥我国的制度优势，更好地帮助和支持青年的发展。

第七章　青年发展权

　　人的一项基本权利是自身发展权。实现自身发展是青年的内在追求，也是青年的基本权利。青年具有独特的社会地位和作用，又处在自身发展的关键时期，因此，其发展权的维护和实现具有特殊的意义。青年发展权是青年发展实践中的核心主题，也是青年发展研究中的基础课题。在当今这个追求权利的时代，青年发展权应该得到政府、社会、学校和家庭更多的关注。《中长期青年发展规划》提出了多方面的发展权利，进一步凸显了青年发展权在维护青年权利、促进青年发展中的重大作用。学术界对青年发展的研究，要从青年发展的具体内容和方式上升到人的权利的高度，探求青年发展权的内在规定性，揭示青年发展权的基本性质，提出青年发展权的实现路径。我们只有确保青年发展权的有效实现，才能从根本上持续地促进青年得到优质、全面、自由的发展。

第一节　青年发展权的含义和内容

一、青年发展权的含义

　　人天生是自由、平等、独立的，这是人的自然本性和自然权利，因此，权利是人的本质性存在。"马克思主义人的发展具有很丰富的内涵，其中人的权利的发展是其本质内涵。这是因为，人的解放和发展就是人的权利的发展，权利的获得是人的发展的先决条件和现实保障。"[1]青年的发展不只是青年自身意义上的发展，还同社会发展紧密相关，与具体的社会条件联系在一起。青年个体为了得到更好的发展，必须正确处理自己与他人之间的

---

[1]　姚德利：《论马克思主义人的发展的权利内涵》，载《当代世界与社会主义》，2009(3)。

各种关系，这就要求青年拥有相应的权利。只有拥有发展权，青年才能得到较好的发展。对于青年的发展来说，从一开始就是青年权利的发展。青年的发展过程是一个青年个体权利的实现过程。青年的权利在青年的发展中扮演非常重要的角色，不能丝毫被忽视。但是，无论是在实际工作中，还是在学术研究中，人们谈论较多的是儿童的权利、未成年人的权益，却很少提及青年的权利。青年研究界大多是对青年具体问题的调查研究，几乎没有涉及青年发展的权利，这严重滞后于正在蓬勃兴起的青年发展实践，也与正在深入展开的《中长期青年发展规划》实施工作不相适应。可见，对青年发展的权利进行专门的研究，既具有青年发展工作的实践意义，也表现出青年发展研究的理论创新。

研究青年发展权，首先要明确其含义。青年发展权的核心是发展权，而发展权是人的一项基本权利，因此，青年发展权属于人权范畴，要从人权的视角去加以认识和理解。青年发展权不是凭空产生的，而是有着很深的人权渊源的。对青年发展权的人权渊源进行分析，有利于我们准确把握青年发展权的原初含义。

什么是人权？"人权是指由共同人性所决定的、所有人民拥有的享受自由、尊严之生活的权利。"①1948 年 12 月 10 日，联合国大会全体通过的《世界人权宣言》，对包括生命权、受教育权、同工同酬权、法律平等保护权、言论自由权等在内的一系列基本人权做出了规定，以期成为所有人民和所有国家努力实现的共同标准。从此开始，人类社会历史上第一次确立了人权是全球的共同责任。1966 年 12 月 9 日，联合国大会又通过了《公民权利和政治权利国际公约》和《经济、社会及文化权利国际公约》。以上三份联合国关于人权的文件，以国际法的形式明确规定了包括青年在内的人的生存发展应该享有的人身权利、政治权利、经济权利、社会权利和文化权利等基本权利，并要求联合国所有会员国在其所管辖的领土范围内的公民中普遍有效地承认和遵行。人权是普遍的，所有青年都拥有人权，不因青年个体的地区、种族、性别、政治、财产、身份而有任何区别。人权赋予每名青年在道义上对个人的行为和对公共事务治理的设计提出要求的权利，确保每名青年能够安全地享受构成有尊严的生活所必不可少的物质和自由。

20 世纪 70 年代，国际社会在人权的基础上，进一步提出了人的发展权

① 联合国开发计划署组织编著：《2000 年人类发展报告：人权与人类发展》，15页，北京，中国财政经济出版社，2001。

概念。塞内加尔法学家卡巴·穆巴依 1972 年在一次演讲中提出:"发展,是所有人的权利,每个人都有生存的权利,并且,每个人都有生活得更好的权利,这项权利就是发展权,发展权是一项人权。"①据此,青年发展权是每名青年具有生活得更好的权利。联合国教科文组织前法律顾问卡雷尔·瓦萨克提出了"三代人权"理论:第一代人权形成于美国和法国大革命时期,主要是指公民权利和政治权利;第二代人权形成于俄国革命时期,主要是指经济、社会和文化权利;第三代人权是对全球相互依存现象的回应,主要包括和平权、环境权和发展权。②瓦萨克根据公民与国家的不同关系形态,把第一代人权定性为消极的人权,把第二代人权定性为积极的人权,把第三代人权定性为连带的权利。发展权的提出是人们对发展的含义由单纯的经济发展转向以人为核心的综合发展的认识结果。联合国大会 1986 年12 月发布的《发展权利宣言》就发展权的含义做出了系统而全面的阐述,指出"发展权利是一项不可剥夺的人权"③。

联合国在推动人的发展权实现的过程中,从社会发展的角度关注青年的权利,在多个涉及青年的决议中"强调了青年的发展权"④。例如,联合国大会 1973 年通过的《青年、青年的教育和青年在今日世界所负的责任》敦促各国政府保证使青年"在教育、训练、卫生、社会福利和就业方面获得更有利的条件","有适当的机会参加国家发展计划和国际合作方案的拟订与执行","对于有关国家利益的问题,特别是与青年有关的问题,能够参加决策"⑤。联合国大会 1977 年通过的《现代世界的青年》指出,"确信必须满足青年的各种正当需要和愿望,并保证他们能够积极参与各个领域的国民生活","确信国际青年年可以发挥有效的作用来动员地方、国家、区域和国际各级的努力,以促进青年获得最理想的教育、专业和生活条件,保证他们积极参与社会的全盘发展工作,并可用来鼓励各国各自按照本国的经验,

---

① 徐显明主编:《法理学教程》,377 页,北京,中国政法大学出版社,1994。

② 沈宗灵、黄枬森主编:《西方人权学说》下,282 页,成都,四川人民出版社,1994。

③ 陆德生等:《人权意识与人权保障》,544 页,北京,中国长安出版社,2014。

④ 共青团中央国际联络部主编:《国外青年与青年工作 2007》,331 页,北京,外文出版社,2007。

⑤ 共青团中央国际联络部编:《联合国大会青年问题有关决议汇编》,24 页,2007。

来拟订国家和地方的各种新的政策和方案"①。这些文件都涉及青年发展权的含义，并凸显了青年发展权的价值。

中国在改革开放初期，就特别关注青年的发展权利。20 世纪 80 年代，不断兴起的改革开放为包括教育发展、就业发展在内的青年多方面的发展，创造了宽松的发展环境，提供了良好的发展机会。当时的大学生怀有浓郁的理想主义色彩，以"我们是八十年代的新一代"的豪迈，高举"振兴中华"的旗帜，如饥似渴地学习，干劲冲天地工作，在改革开放的伟大实践中书写了壮丽的青春篇章。1991 年《中华人民共和国未成年人保护法》颁布，在对未成年人的合法权益做出法律保护的同时，也对青年群体中属于未成年人的那部分青年进行了法律保护。在《中华人民共和国未成年人保护法》的基础上，共青团中央研究室 1992 年在全国 100 个地市、1000 个基层单位开展调查研究，试图通过实况调研推动"青年法"的制定。共青团中央书记处在全国范围内开展了"新时期我国青年工作现状和发展战略"调研，为从基层和青年的实际出发制定青年工作战略发展规划提供了基本依据。1993 年12 月，共青团十三届二中全会制定了《在建立社会主义市场经济体制进程中我国青年工作战略发展规划》，对新时期的青年工作做出了规划部署，提出了跨世纪青年文明工程和跨世纪青年人才工程，开展青年志愿者活动、青年文明号活动、青年岗位能手活动、青年星火带头人活动、大学生社会实践活动等一系列促进青年发展的主题活动。随后，共青团中央机关增设维护青少年权益部，强化了青少年权益保护工作。这些措施在广泛领域开拓了青年发展的实践工作。

青年发展权作为一个概念在中国最早出现的时期，应当是 21 世纪初在青年工作领域提出的。2003 年 1 月共青团社区和权益工作会议提出，要建立共青团权益工作网络，切实维护青年的各项权益，"保障青年的发展权"②的实现，推动青年的全面发展。这次会议从维护权益、推动发展的角度看，提出了青年发展权这一概念。2015 年 1 月印发的《中共中央关于加强和改进党的群团工作的意见》指出，"各级党委和政府要把群团工作纳入党政主导的维护群众权益机制，支持群团组织在维护全国人民总体利益的同时更好

---

① 共青团中央国际联络部编：《联合国大会青年问题有关决议汇编》，30 页，2007。

② 共青团中央编：《中国共青团年鉴（2003）》，253 页，北京，中国青年出版社，2004。

维护各自所联系群众的具体利益。群团组织维权工作应该主动有为，哪里的群众合法权益受到侵害，哪里的群团组织就要帮助群众通过合法渠道、正常途径，合理伸张利益诉求，促进社会公平正义。要主动代表所联系群众参与相关法律法规和政策的制定，推动建立健全协调劳动关系等方面制度机制，从源头上保障群众权益、发展群众利益"①。这个文件针对群团组织维护群众合法权益工作，提出了许多明确的工作措施，这推动着党政部门和共青团组织更好地维护和实现青年的发展权。中共中央、国务院2017年发布的《中长期青年发展规划》提出了青年发展的领域、目标和措施，在序言部分把"青年发展权益"②得到更好的维护作为中国青年发展事业取得的一项成就，在指导思想中提出要维护"青年发展权益"③，在维护青少年合法权益部分提出要有效地解决青年实现"发展权益"的问题④，在组织实施部分提出要充分发挥共青团维护"青年发展权益"⑤的重要作用，从而对如何维护青年发展权做出了多方面的政策阐述。《中长期青年发展规划》涉及教育、就业在内的广泛的青年发展权，进一步凸显了青年发展权的现实价值和重要作用，为青年发展权的更好实现提供了基本政策依据。

对于青年发展权概念的界定，可以依据联合国《发展权利宣言》第一条的说法：每个人"均有权参与、促进并享受经济、社会、文化和政治发展，在这种发展中，所有人权和基本自由都能获得充分实现"⑥。这表明，青年发展权是指青年参与、促进、享受经济、社会、文化和政治发展，并在此过程中实现自身人权和基本自由，实现个人自由、全面和充分发展的权利。简言之，青年发展权是青年在自身发展过程中具有的自由、全面、充分发展的权利。

青年发展权具有以下几个方面的含义。

一是青年发展权是发生在青年发展过程中的权利，属于特定年龄阶段的人的发展权。青年发展权与青年生存权相对应，共同构成了青年的人权，

① 中共中央文献研究室编：《十八大以来重要文献选编》中册，312页，北京，中央文献出版社，2016。
② 《中长期青年发展规划（2016—2025年）》，2页，北京，人民出版社，2017。
③ 同上书，5页。
④ 同上书，28页。
⑤ 同上书，39页。
⑥ 陆德生等：《人权意识与人权保障》，544页，北京，中国长安出版社，2014。

即每个青年都"拥有享受自由、尊严生活的权利"①。青年发展权的获得是青年发展的先决条件和现实保障。青年发展权既能够促进每个青年的发展，又能够保证每个青年的发展不受他人的损害，因而成为青年发展的本质内涵。

二是青年包括接受中高等教育的青年学生和在各行各业从事劳动、进行实践的职业青年。青年发展是各类青年以不同的社会角色，通过接受各种教育，参与各行业劳动活动，进行各领域的社会生活，实现自身更好发展的过程。在这个过程中，不只是青年自身的素质得到了新的提升，而且青年具有的人的本质也得到了新的进步。从这个意义上说，青年发展权是青年在增强自身素质、提升人的本质中拥有的基本权利。

三是青年群体作为年龄跨度为 14 周岁至 35 周岁的人群，少部分是未成年人，大部分为成年人。因此，青年发展权既包括未成年的青年在自身成长中受抚养、受教育、受保护等方面的权利，也包括已成年的青年，尤其是已就业的青年促进经济、社会、文化和政治发展并享受这些发展利益的权利。在社会普遍重视未成年人权益的基础上，要更加重视已成年，尤其是已就业的青年的各方面发展权利。

四是青年发展权是普遍的、不可剥夺的，旨在确保所有青年能够享受有尊严的生活，特别是物质和自由。青年的发展应该与青年的人权相结合，青年发展的最终目的是实现青年应该具有的人的自由与权利。参与经济社会发展并分享其发展成果，是青年应该具有的一项不可剥夺的人权。实现青年的基本自由与权利应该成为经济社会发展的一个重要目的。青年发展权谋求的是每一个青年的自由、全面、充分发展。

五是青年发展权是指向青年发展的，但不等同于青年发展本身，而是指向青年发展的权利主张和利益要求。这些主张和要求只有通过实际的行动和具体的实施，才能得到落实，成为现实。青年发展权的基本要求是实施、增进和保护青年的发展权利。实施和行动直接关系到青年发展权的效能发挥。

二、青年发展权的内容

青年发展权与青年生存权紧密相连，以青年生存权的充分实现为前提。

① 联合国开发计划署组织编著：《2000 年人类发展报告：人权与人类发展》，15 页，北京，中国财政经济出版社，2001。

青年生存权不仅指青年个体应当具备基本的衣食住行等物质保障的权利，也指青年的生命不受非法剥夺的权利和有尊严地生活的权利。包括生存权、生命权、健康权、人格权、自由权、平等权等在内的公民权是青年发展权实现的基础。

青年群体中多数是成年人，少数是未成年人。未成年的青年的发展权适用于联合国《儿童权利公约》对儿童发展权的相关规定，包括受教育的权利、健康和体能发展的权利、个性发展的权利、娱乐和休闲的权利等。根据《中华人民共和国未成年人保护法》的规定，未成年的青年享有生存权、发展权、受保护权、参与权等权利。其中，在谈到未成年人的发展权时，《中华人民共和国未成年人保护法》特别强调受教育权，提出"国家、社会、学校和家庭尊重和保障未成年人的受教育权"①，要求父母或其他监护人"使适龄未成年人依法入学接受并完成义务教育，不得使接受义务教育的未成年人辍学"；要求学校"关心、爱护学生，对品行有缺点、学习有困难的学生，应当耐心教育、帮助，不得歧视，不得违反法律和国家规定开除未成年学生"②。已成年的青年的发展权与其他成年人的发展权，有相同的方面，但具体内涵是不尽相同的，这既体现出青年的特殊利益，也表现出青年的自身特点。

从国际社会看，联合国青年政策涉及多方面的青年发展权。部分国家的青年政策提出了青年发展权的内容。例如，巴西联邦共和国 2013 年 8 月颁布的《巴西青年法》明确了青年在国家发展中的战略角色，保障青年享有与其群体特征相适应的权利。《巴西青年法》的主体内容是关于青年的权利，规定了青年的公民权、社会与政治参与权和青年代表权，青年的受教育权，青年的职业化、工作和收入权，青年的多样化与平等权，青年的健康权，青年的文化权，青年的通信和言论自由权，青年的体育和休闲权，青年的定居与流动权，青年的可持续发展和环境权，青年的公共安全和获得司法权。该法从第四条至第六条对青年的公民权、社会与政治参与权和青年代表权做出了规定。其中，第四条规定，"青年有权参与社会和政治活动，参与社会公共政策的制定、实施和评价"，要"将青年纳入社会和社区活动，青年作为活跃、自由、负责的个体，应当在政治和社会进程中处于核心位

---

① 本书编委会：《2017 中华人民共和国常用法律法规全书(含司法解释)》，565 页，北京，中国法制出版社，2017。

② 同上书，566 页。

置”，"使青年积极参与保护自身权益或其所在社区、城市、地区和国家利益的公共政策"，"将青年有效纳入公共决策空间，赋予其表达意见和投票的权利"①。

青年的生存与发展问题，不只是基本生活保障问题，还包括经济、社会、文化和政治权利的全面发展问题。如果它只满足青年某一方面的需求，肯定青年某一方面的权利，这就不是青年发展的真正内涵。整体而言，青年的发展权包括政治发展权利、经济发展权利、社会发展权利、文化发展权利四种权利。

青年的政治发展权是指青年依法享有的表达政治观点、参与管理国家各项政治生活和政治事务的权利，包括青年的选举权、被选举权、政治自由权和监督权等。其中，青年的政治自由权包括依法享有的言论、集会、结社、游行和示威等权利，青年的监督权包括依法享有的批评权、建议权、检举权、申诉权和控告权等。中国青年的政治发展权受到《中华人民共和国宪法》保障。依据《中华人民共和国宪法》的相关规定，青年有言论、出版、集会、结社、游行、示威的自由，成年的青年还具有选举权和被选举权。应该指出的是，人的社会性决定了人的政治性，每个青年都不能完全置身于某种政治制度和政治结构之外。政治发展是现代文明的重要价值，也是青年发展的重要内容。从现实情况看，青年往往是社会政治运动的积极参与者和组织者，重视青年的政治发展并加以有效引导，是促进社会发展、维护社会秩序的必然选择。

《中长期青年发展规划》对青年的政治发展权做出了相关规定。该规划把"青年社会融入与社会参与"作为青年发展的十大领域之一，提出要进一步丰富和畅通青年社会参与的渠道和方式，实现青年的"积极有序、理性合法参与"②。它还专门提出了"引领青年有序参与政治生活和社会公共事务"③的四个途径：一是支持共青团、全国青年联合会代表和带领青年积极参与各级的人民代表大会（后文简称人大）、政府、人民政治协商会议（后文简称"人民政协"）、司法机关、社会有关方面的各类协商，二是探索建立人大代表、政协委员的青少年事务联系机制，三是鼓励青年参与城乡基层群

① 共青团中央国际联络部编：《国外青年与青年工作（2014—2018）》，内部发行，278 页，北京，中国青年出版社，2020。
② 《中长期青年发展规划（2016—2025 年）》，22 页，北京，人民出版社，2017。
③ 同上书，24 页。

众自治，四是推荐优秀青年代表担任人民陪审员、人民监督员、人民调解员。在实施《中长期青年发展规划》的过程中，我们要关注和支持青年的政治发展，引导青年树立正确的先进的政治意识，养成文明的法治的政治素质，自觉维护社会的公平正义。

青年的经济发展权是指青年通过自己的劳动，享有参与社会经济发展活动、获取社会经济发展所带来的利益的权利。这种权利主要是已成年的青年的劳动权和财产权，是已就业青年的劳动权利和享受劳动成果权利的统一。劳动是人的本质，是一个人实现自身价值的基本途径。人的重要价值是能够制造和使用工具从事劳动，并通过劳动对他人和社会做出贡献，因此，劳动的权利是人的重要权利。青年个体实现自身发展，发挥聪明才智，实现人生价值，其基础就是劳动。青年个体通过劳动能够满足自身的需要，同时会产生新的需要，因而开始新的劳动。对于青年来说，劳动是获取生活资料的基本来源，也是个人成熟的重要标志，因此，劳动权是青年发展权的重要内容。青年的劳动权包括就业权、报酬权、休息权、劳动保护权、职业培训权、民主管理权等。其中，青年的就业权包括工作获得权、自由择业权、平等就业权。根据《中华人民共和国劳动法》的相关规定，青年劳动者既享有平等就业和选择职业的权利，又享有取得劳动报酬的权利。青年个体权利的获得与他所拥有的财产有关。青年权利发展的主体内容是财产权利的获得与行使。财产权利的获得才是青年个体得以自由发展的根本保证，才是青年个体全面发展所需要的权利的保障。

《中长期青年发展规划》对青年的经济发展权做出了相关规定。该规划把"青年就业创业"作为青年发展的十大领域之一，从推动完善促进青年就业创业政策体系、加强青年就业服务、推动青年投身创业实践、加强青年就业权益保障四个方面，对青年就业权、获取报酬权、劳动保护权进行了系统的阐述。该规划提出了青年就业比较充分、青年就业权利保障更加完善、青年创业服务体系更加完善等青年就业创业的发展目标。此外，该规划把"青年就业见习计划"作为青年发展的十大重点项目之一，提出要"在企业、社区、科研院所建设一批见习、实习基地，开发一批具有职业发展空间、技能训练机会的见习、实习岗位"[1]。在实施《中长期青年发展规划》的过程中，我们要关注青年的就业问题，尤其是大学生的就业问题，推动政府部门更好地支持青年就业，解决青年就业中的实际困难。

---

① 《中长期青年发展规划（2016—2025年）》，35页，北京，人民出版社，2017。

　　青年的社会发展权是指青年具有物质保障权、医疗保障权、家庭生活质量提高权、环境保护权等。其中，未成年的青年需要家庭的抚养，家庭、社会和政府负有提供生活保障、教育服务、健康服务的责任。青年应该共享经济社会发展的成果，有权利获得更好的物质保障和医疗保障。青年向往更好的自然环境，有权利获得更清洁的空气、水、能源，更优美的生活环境。

　　《中长期青年发展规划》对青年的社会发展权做出了相关规定。第一，它对青年健康做出了规划，能够促进青年的医疗保障权的落实。健康权一般属于人的生存权，但对于处在长身体阶段的青年来说，健康的提升也具有人的发展权的含义，因此，《中长期青年发展规划》把健康作为青年发展的内容。《中长期青年发展规划》把"青年健康"作为青年发展的十大领域之一，提出了提升青年营养健康水平和体质健康水平、控制青年心理健康问题发生率等青年健康的发展目标，并从提高青年体质健康水平、加强青年心理健康教育和服务、提高各类青年群体健康水平、加强青年健康促进工作四个方面提出了青年健康的发展措施。该规划把"青年体质健康提升工程"作为青年发展的十大重点项目之一，提出了提升青年体质健康的具体措施。第二，对青年的社会保障做出了规划，强化了青年的物质保障权。《中长期青年发展规划》把"青年社会保障"作为青年发展的十大领域之一，提出了社会保障体系覆盖青年急需的保障需求，并在各类青年群体之间逐步实现均等化的发展目标。该规划专门阐述了如何加强对残疾青年的关心关爱和扶持保障，加强青年社会救助工作，指出要为家庭困难的失学、失业、失管青年提供就业、就学、就医、生活等方面的帮助。

　　青年文化发展权是指青年通过各种途径发展本地区、本国家、本民族文化的权利，是精神思想文化发展权、教育发展权和科技发展权的统一体。青年处在成长阶段，青年的成长阶段是一个文化传承和发展的过程，因此，文化发展权对于青年来说，具有特殊重要的意义。其中，我们要特别关注青年的教育发展权，这不仅是因为教育具有成人的功能，青年处在受教育的黄金时期，接受教育后才可能成为社会需要的合格的人，而且青年的受教育状况关系到青年的素质和能力水平，并进而关系到青年的其他方面的发展状况。

　　《中长期青年发展规划》对青年的文化发展权做出了较多规定。该规划把"青年思想道德""青年教育""青年文化"作为青年发展的十大领域中的内容，就全面的青年文化发展权做出了多方面的较充分的阐述。其中，在"青年思想道德"领域,《中长期青年发展规划》提出,要加强青年理想信念教育,在青年中培育和践行社会主义核心价值观,分类开展青年思想教育和引导,强化网上思想引领。在"青年教育"领域,《中长期青年发展规划》提出,要通过提高学校育人质量、科学配置教育资源、强化社会实践教育、促进青年终身学习、培育青年人才队伍的措施,使得"青年受教育权利得到更好保障"①。在"青年文化"领域,《中长期青年发展规划》提出,要加强文化精品创作生产,丰富青年文化活动,造就青年文化人才,优化青年文化环境,积极支持青年文化建设,从而更好地引导青年传承中华优秀传统文化,弘扬社会主义先进文化。

第二节 青年发展权的特性

一、青年发展权的利益性

青年发展权是青年应享有的一种权利,其本质是维护和实现青年在自身发展上的利益。只有从赋予青年有资格主张某种具体利益的权能的角度出发,我们才能对青年发展权做出准确的阐释。人权赋予青年在道义和法律上拥有对自身的发展行为和政府的支持政策提出自己的主张和要求的权利。青年发展权"是指青年在参加社会生产与生活的过程中,社会理应为其提供和保障发展的基础和条件,满足每一个青年理应享有的自身发展需求的权力与客观诉求"②。青年享有了某项发展权利,就获得了从事某种发展活动的资格。这种资格是对青年在追求自身发展的过程中,能够做什么或不能够做什么的规定。现实生活中,青年个体可以根据自己具有的自身发展资格,向自身发展权的责任方提出自己的利益诉求。如果青年的利益诉求得到某种公权力的确定,就意味着青年的某种发展身份或资格得到了公权力的认可。青年个体可以根据自身发展权的正当性,通过发表声明、提出要求等手段,向某些个人或团体要求某种事物、某种利益。青年发展的权利,在形式上"是一种资格或权能,是主张利益的凭证",在内容上"是利

---

① 《中长期青年发展规划(2016—2025 年)》,9 页,北京,人民出版社,2017。
② 丘小维:《社会主义市场经济条件下青年发展权的保障与落实》,载《创新》,2014(6)。

益和自由的表现，是利益的存在方式"。① 青年在现实中享有某种发展权，就意味着青年具有了与此相关的行为活动资格，获得了这一发展权规定的条件、资源和保障。青年个体有了这些发展条件、资源和保障，就能够参与到社会实践活动中去满足自身发展的需要，促进自身向自由而全面的方向发展。例如，青年享有就业发展权，就意味着青年具有参与就业活动的条件和资源，能够在这种参与中发展自身的就业活动能力。

自由是青年发展权的重要因素。青年发展权的利益性，不仅体现为青年具有利益主张的资格，还体现为青年拥有追求自身发展的自由。按照马克思的人的发展理论，人类的发展是一个由必然王国走向自由王国的过程。国际人权法说的人权与人的基本自由密不可分。"所有人权都和基本自由是密不可分、紧密关联的思想是一切国际性人权文件的一项重要原则。"②联合国《发展权利宣言》在序言部分提出，"增进、尊重和享受某些人权和基本自由不能成为剥夺其他人权和基本自由的理由"③。青年具有的公民权利、政治权利、经济权利、社会权利、文化权利是相互依存的，不能人为地进行割裂。"如果限制基本的公民权、政治权而片面强调经济上的发展权，最终将导致对人权的侵犯。"④青年"享有某项具体权利，就是有权要求其他人或机构提供帮助或合作，以确保获得某种自由"⑤。联合国开发计划署组织编写的《2000 年人类发展报告：人权与人类发展》指出，"人类发展的基本思想是使普通人民生活富裕并享有更多自由"。"促进人类发展和实现人权在很多方面拥有一个共同目的，并反映着促进一切社会中个人的自由、幸福与尊严的基本承诺。"⑥联合国人权专家阿马蒂亚·森说："实现人的自由不仅是发展的首要目的，也是发展的主要手段。"⑦青年的发展既不能与青年的生活和他们所能够享受的真正自由分开来，也不可以只被看作是青年发展领域某些机械目标的增进，如青年个体收入的提高和学历的提升。尽管这些

---

① 汪习根：《发展权含义的法哲学分析》，载《现代法学》，2004(6)。

② 齐延平：《论发展权的制度保护》，载《学习与探索》，2008(2)。

③ 陆德生等：《人权意识与人权保障》，544 页，北京，中国长安出版社，2014。

④ 何颖：《发展权：人权实现与发展的保障》，载《新视野》，2008(5)。

⑤ 联合国开发计划署组织编著：《2000 年人类发展报告：人权与人类发展》，20 页，北京，中国财政经济出版社，2001。

⑥ 同上书，18 页。

⑦ ［印］阿马蒂亚·森：《以自由看待发展》，任赜、于真译，1 页，北京，中国人民大学出版社，2002。

青年发展的机械目标是非常重要的，但青年发展的最终价值在于对青年的生活、青年的自由所产生的实际影响度。自由发展是青年发展的重要内涵。青年发展权的重要体现是拥有政治领域的政治派别选择自由和公职竞争自由、经济领域的职业选择自由和经济活动自由、文化领域的学术自由和发现自由等。

人类发展是一个扩展人的选择的过程，这就是说，经济增长或其他物质发展只是手段而不是目的。青年的发展旨在通过扩展青年的选择来实现青年的自由。扩展青年的选择的过程，实际上就是扩展青年的实质自由和可行能力的过程。青年的能力在本质上与青年的自由相关，青年个体能力的增强，就意味着他的自由度的增加，有更多的机会去做想要做的事情。青年的能力既包括免于饥饿和营养不良的能力等能够满足自身身体需要的基本自由，也包括学习和实践所产生的创造自由，还包括参与社会治理和公共事务管理等重要的社会自由。青年实质性自由的实现与青年可行能力的获得是同一个过程，"可行能力的获得是自由实现的基础和手段，自由是能力获得的目的和结果"①。青年实质性自由的实现与可行能力的获得，是青年通过学习、工作和生活的各个方面体现出来的。扩展青年个体的能力，就是青年个体能够有更多的自由，得到更充分的发展。

青年个体潜能的自由开发与个性的充分发展，是青年个体发展权的核心内容。青年个体的潜能是他的发展的先天资本。青年个性的发展表现为青年"稳定的性格受到尊重、处事方式的自我选择、人生目的的自我确立、思想创造的不受限制、情操良心的自主保存"②等多个方面。"青年发展权的实现是在顺利参与社会生产与生活过程中，充分激发青年发展所需要的身心与素质、知识与能力、丰富的社会关系等必备条件作为保障，是软实力与硬实力条件协同兼备的过程与结果。"③要落实青年的发展权，就要引导青年充分利用能够帮助自身发展的各种社会条件，提高自身的素质和能力，增强自身对社会的适应能力和在社会中的创造能力。青年发展权的实现使得青年的素质与能力得到提升，使其社会关系得到丰富，使其社会适应性

---

① 徐家林：《"人文发展"：维度及其评价》，187 页，上海，上海人民出版社，2009。

② 徐显明主编：《法理学教程》，380 页，北京，中国政法大学出版社，1994。

③ 丘小维：《社会主义市场经济条件下青年发展权的保障与落实》，载《创新》，2014(6)。

得到增强，使得青年的身心和谐发展，使其与他人和谐发展、与社会协调发展。

二、青年发展权的综合性

青年发展权不是某项单一的权利，而是多项权利的复合体，具有综合性的特点。

首先，青年发展权是连带性与整体性的统一。

青年发展权是青年的各项权利相互依存的一项综合权利，渗透到青年的每一项具体权利之中，推动青年的各项具体权利的实现，因而具有不可分割性。"发展权贯穿于其他各项人权之中，其他人权为人的发展和发展权的实现创造条件。"①联合国《发展权利宣言》第六条规定，"所有人权和基本自由都是不可分割和相互依存的；对实施、增进和保护公民政治、经济、社会和文化权利应予以同等重视和紧急考虑"。第九条规定："本宣言规定的发展权利的所有各方面都是不可分割和相互依存的，各方面均应从整体上加以解释。"②1993年世界人权会议通过的《维也纳宣言和行动纲领》第一部分重申："一切人权均为普遍、不可分割、相互依存、相互联系。"③海默说："发展权与其说它自身是一项权利，更不如说它是所有人权的综合。"④发展权构成了实现青年的各项具体权利的必要条件，而每一项具体权利的实现与否、实现的程度，又影响着青年发展权的整体实现。"就发展权而论，任何层次和任何方面的发展的不健全，势必导致片面、畸形的发展甚至导致最终的窒息发展。"⑤可见，只有青年发展的各个方面、各种要素都得到了改善，才能带动青年整体上的优化发展。

青年发展权的实现是以其他青年权利的实现为前提的，表现为一种连带性。发展权视野下的青年发展是青年在政治、经济、社会和文化方面的综合发展。青年发展权"所关注的并不是与传统的公民权利、政治权利、经

① 国务院新闻办公室：《发展权：中国的理念、实践与贡献》，载《人民日报》，2016-12-02。
② 陆德生等：《人权意识与人权保障》，546页，北京，中国长安出版社，2014。
③ 国家宗教事务局政策法规司编：《国际文书：有关宗教条款汇编》，170页，北京，宗教文化出版社，2008。
④ 刘超等：《国际法专论》，86页，北京，知识产权出版社，2004。
⑤ 周明海：《科学发展观对发展权的借鉴、超越与发展》，载《探索》，2009(3)。

济权利、社会权利、文化权利并行的一种人权，而是关注着人权在质与量上的全面提升，关注着在社会发展过程中人权的保护与实现"①。青年发展权的实现过程是所有青年权利一同实现的过程。青年发展权实现的一个基本条件是，至少有一项青年权利得到了改善而同时没有其他任何一项权利受到了侵犯。这就是说，"当改善或者增进一项人权时，不能侵犯或者减损另一项人权，因为所有人权都是不可侵犯的，没有任何一项人权优于另一项人权"②。人们不能为了实现青年的某项权利而损害青年的其他发展权。联合国《发展权利宣言》在序言部分指出，"增进、尊重和享受某些人权和基本自由不能成为剥夺其他人权和基本自由的理由"③。"如果限制基本的公民权、政治权而片面强调经济上的发展权，最终将导致对人权的侵犯。"④青年的政治发展权、经济发展权、社会发展权和文化发展权是相互依存的，任何一项青年发展权一旦遭到侵害，就会对整体的青年发展权造成损害。我们在制定青年发展政策时，要注重各项青年发展权利的相互依存性与不可分割性，既不能顾此失彼，也不能用某一项权利去否定另一项权利。只有青年的各项具体发展权利都获得了充分的实现，青年发展权才能最终得到实现。

其次，青年发展权既指青年的群体人权，又指青年的个体人权，是两者的有机统一。

青年发展权作为一项群体权利，是由于青年是一个基于年龄差异而区分于其他年龄阶段的人的群体，特殊的年龄特征导致青年具有不同于其他人群的发展权利。例如，青年具有不同于其他年龄阶段的人的接受中高等教育的权利、就业发展权、社会参与权等。可以说，享有平等的发展权，是青年的共同愿望和基本追求。现实生活中，社会对未成年人的发展权是非常关注的，不仅有比较完备的法律保护，而且有许多具体的保护行动，但相对地说，对于青年发展权的关注还很不够，无论是法律政策的规定还是具体行动的实施都存在很大的差距。这种现象既与人们对青年发展权的认识有关，也与青年发展权的内涵比未成年人发展权的内涵更丰富、更多样，从而难以准确把握有关。青年发展权的政策缺失和行动不足，是制约

---

① 何颖：《发展权：人权实现与发展的保障》，载《新视野》，2008(5)。
② 齐延平：《论发展权的制度保护》，载《学习与探索》，2008(2)。
③ 陆德生等：《人权意识与人权保障》，544 页，北京，中国长安出版社，2014。
④ 何颖：《发展权：人权实现与发展的保障》，载《新视野》，2008(5)。

青年发展的重要因素。青年群体与其他人群是相互依存的，青年发展权在整体上是人的发展权的重要体现，因此，如果青年群体不能得到良好的发展，就必然会影响到其他人群的发展。

青年发展权不只是一项群体人权，也是一项个人人权。联合国《发展权利宣言》第二条指出："人是发展的主体，因此，人应成为发展权利的积极参与者和受益者。"①个人是青年发展权的基本主体，青年发展的参与者是具体的人，青年发展利益的获得者也是具体的人。"之所以说个人是发展权的基本主体，主要根据就在于个人是发展权的最终受益者。"②青年群体不是青年发展权包含利益的最终的指向对象，真正的最终的受益者只能是青年个体。只有在保障青年个体发展权的意义上，青年群体发展权才具有合理性，才能够真正落到实处，见到实效。

社会是各个具体的人进行交往的产物。一个人的发展，不仅离不开其他人的发展，而且取决于与他直接或间接进行交往的其他一切人的发展。这就是说，每一个人都得到了发展，相互联系的个人才能够得到发展。因此，青年发展的主体只能是青年个体，发展的权利属于具体的青年个体。青年的发展一定是青年个体的发展，是每个青年的发展，是各个青年个体的发展，而不是一部分青年的发展和另一部分青年的不发展。

有人权专家指出，"不管给发展权下什么样的定义，都得考虑人权是由个人行使的"③。因此，联合国《发展权利宣言》开篇即申明，"人是发展的主体"，强调"个人作为发展权的基本主体，可以形成对国家发展权、团体发展权的必要制衡，以有效预防国家发展权、团体发展权的异化"④。青年个体拥有参与权，是"主权在民"原则的要求和体现。通过这一权利，青年参与到国家和社会事务的决策、管理、实施过程之中，这既有利于实现青年的权利、维护青年的利益，也有利于保障社会治理的科学化和民主化。青年参与对国家机关和公共部门依法行使规定的职权，也是一种监督。可以说，青年对国家和团体各项发展活动的积极有效参与，是促进经济、社会、文化和政治发展的重要力量。青年个体发展权要求政府不能仅仅依赖于市场力量的自发作用，而要切实履行促进青年发展的主体责任。在青年的发

① 陆德生等：《人权意识与人权保障》，545 页，北京，中国长安出版社，2014。
② 齐延平：《论发展权的制度保护》，载《学习与探索》，2008(2)。
③ 刘升平、夏勇主编：《人权与世界》，309 页，北京，人民法院出版社，1996。
④ 齐延平：《论发展权的制度保护》，载《学习与探索》，2008(2)。

展中，青年个体必须拥有平等的机会获得发展资源、发展利益和收入的公平分配。

第三节　青年发展权的有效实施

一、青年发展权的国家责任

任何人权都重在行动和落实。"发展权的诞生标志着国家责任的确立。"①国家是实现青年发展权的主要责任主体，在青年发展权的实施中发挥着关键性作用。国家的政治、经济、社会和文化发展状况，是实现青年发展权的基础条件。青年发展权的实施过程是青年发展的各项权利得到实现的过程。青年发展权的实现依赖于经济社会的发展，但经济社会的发展并不会必然地带来青年发展权的同步实现，因此，国家要通过法律和政策的制定和实施，充分尊重和切实保障青年的发展权。国家只有把青年发展权放在经济社会发展的全局中去统筹安排和整体部署，提供更多利于青年发展的资源和条件，让青年能够参与国家各项发展并分享其发展成果，才能有效地实现青年的发展权。政府掌握了大量的公共资源，要把更多的资源用在青年的发展事务上，为青年的发展提供更有力的支持，更好地满足每一个青年应享有的自身发展的权利与诉求。

在青年发展权的实施中，除了政府之外，家庭、学校和社会都负有以这种或那种方式促进青年发展的义务，应承担起应有的责任和职责。对于未成年的青年来说，家庭、学校、社会都要根据《中华人民共和国未成年人保护法》的相关规定，在保护这部分青年生存权的基础上，更好地保护他们的发展权，尤其是受教育权和文化发展权。对于已成年的青年来说，家庭、学校和社会要根据《中长期青年发展规划》等相关青年政策的规定，采取切实措施，促进青年的发展。例如，大学要完善教学制度和学生管理制度，为大学生创造更好的学习条件，提供更好的教学内容，让大学生能够得到更自由的发展；用人单位要完善人员招聘制度、职工管理制度，让青年职工能够学有所用，发挥所长，并获得与劳动付出相一致的劳动报酬。

从人权的角度看，青年发展权不局限于法定权利，法定权利不是青年发展权的全部。根据《世界人权宣言》的精神，不管法律是否有规定或如何

---

① 齐延平：《论发展权的制度保护》，载《学习与探索》，2008(2)。

规定，青年个体都拥有来源于人类本性的某些权利，这些权利都应该得到保护。但是，应该指出的是，确立法定权利是实现青年发展权的最好途径。或者说，尽管青年发展权不只是制度化的权利，但制度化是实现青年发展权的有效方式和权威依据。青年发展权需要相关法律、政策、制度予以切实的保障。"权利的基本含义可以归纳为：在一定历史阶段和社会条件下，由人们的自由意志所主张、为国家法律或制度等形式的公权力或权威所承认、认可和确认的利益诉求或价值主张，在其现实性上体现为一种制度或观念。"①法定的青年发展权，既包括明确的权利主体，即青年是法律上享有自身发展权利的主体，也包括具体的权利内容，即青年在法律上享有的发展诉求，还包括特定的义务主体，即什么人、什么组织对青年的发展诉求承担义务和责任。青年发展权作为一个法律概念，是指青年在法律上能够获得的进步、上升的发展自由。只有青年个体能够享有自身发展的权利，同时在享受这种权利时没有不安全感，青年发展权才谈得上是实现了的。这需要健全的社会制度保护青年个体在享受发展权利所涵盖的自由时，避免受到一般性的威胁或损害。国家要对如何实施青年发展权，进行制度设计，做出制度上的安排，以便有效地保障青年能够享受各项发展权利。青年发展权实施的制度化赋予了各项青年发展权以确定的制度存在形式，但是，青年发展权的实施总是伴随着社会变迁和青年变化而不断变化的。青年发展权的实施是一个开放的动态的发展系统，青年发展权的内容在不断更新，形式在不断改进，因此，青年发展权的保障制度需要不断地进行创新。青年发展体系是一个青年发展要素的进步与青年发展保障机制的优化两者共同提升的综合体系。

目前，青年发展权在实施中存在一些不足之处。例如，青年发展资源在数量上相对匮乏，在质量上总体不高，在空间上分布不均衡。"青年人在那些能够直接影响他们自己的问题上，经常被剥夺发表想法的权利。在许多家庭、学校、职业场所，甚至在那些公众集聚的地方，青年像未成年人那样被视为需要照顾、容易摆布以及需要成年人的'控制'。"②青年的发展权没能得到充分的保障和实现，这不仅表现在部分青年的生存还面临着种种

---

① 罗兵：《权利与人的发展——基于历史唯物主义的视角》，博士学位论文，中共中央党校，2017。

② 苏颂兴：《青年"充权"理论与自我实现——2004年海外青年研究的一个热点问题》，载《青年研究》，2005(1)。

困难和障碍，还表现在青年作为社会重要主人的地位尚未真正地得到确立，他们为自己的事做主、表达自己意愿和展现自己能力的自我实现程度亟待提升。这些问题反映了青年发展缺乏相关法律制度的保障或保障不够，因而保障并实现青年的各项发展权已经成为青年发展工作的重要手段和重要内容。我们要推进以青年发展权为核心的法律、制度建设，使青年发展权法律化和制度化，使发展权成为青年在现实生活中能够享有的既定权利。

落实青年发展权应进行制度创新和制度变革，为青年发展构建一整套有效的可行的制度和体制。要注重青年发展制度的整体设计和协调推进，将应对性措施和长期性措施结合起来，以此维护青年发展的权利，为青年实现自身发展创造更良好的环境。《中长期青年发展规划》是党中央、国务院从整体上对青年发展做出的中长期制度设计，各地区和各相关部门要切实推进实施。在实施中，要结合本地区、本部门的具体情况进行细化，采取一些应对性的措施。对于《中长期青年发展规划》的实施来说，基础性的是青年受教育权与青年就业权的有效保障。教育和就业，不仅是青年发展的重要领域，而且与青年其他领域的发展息息相关，是青年能力提升和核心竞争力打造的支撑。推进青年发展权的实施，就必须建立与之相适应的青年教育制度和青年就业制度。无论是教育还是就业，都要解决公平问题和质量问题。对于青年就业，我们不能完全依靠以市场配置为核心的就业制度来解决，应强化政府的青年就业保障功能，建立健全青年再生型就业保障模式和青年发展能力的职业化培训机制。

青年发展权的制度创新，要注重听取青年的意见，反映青年的呼声，吸纳青年的参与。青年发展权是青年参与、促进和享受自身发展的统一。青年有权参与国家和地区相关青年发展政策和具体方案的制定和实施。联合国《发展权利宣言》在序言中提出"全体人民和所有个人积极、自由和有意义地参与发展"[1]，第一条提出"每个人和所有各国人民均有权参与、促进并享受经济、社会、文化和政治发展"[2]，第二条提出"人应成为发展权利的积极参与者和受益者"[3]。青年参与到国家和社会公共事务的决策、管理过程中去，既有利于保障青年的权利和利益，也有利于保障决策、管理的科学化和民主化。青年的参与是青年监督政府部门如何实现青年发展权的有效

---

[1] 陆德生等：《人权意识与人权保障》，543 页，北京，中国长安出版社，2014。

[2] 同上书，544 页。

[3] 同上书，545 页。

手段。青年对自身发展活动的积极有效参与，是促进经济社会发展的重要因素。青年的参与不只是被动的进入，不只是由决策者提供一个发展的机会，而是指青年积极主动地参与制定青年发展的决策，争取更多的自身发展机会和实施自身发展方案的行为。

青年发展权不仅仅是一项青年参与发展进程的权利，也是一项公平享有发展成果的权利。发展成果要按照青年的贡献进行分配，青年在参与分配之初应处于平等的地位，知晓分配的规则和标准，一旦自己在利益分配中受到了不公正的待遇，应有相应的申诉途径并能得到合法的处理结果。青年有参与发展的权利和平等享有发展成果的权利，这对不同社会阶层、不同职业领域的青年都是适用的。当然，实际受益者往往更多的是低收入的那部分青年，因为他们在社会上处于不利地位，往往缺乏参与自身发展决策的权利和自由，也难以平等地享有整体发展成果。

二、青年发展权的公平实施

青年发展权作为人权，是对青年获得平等和公正发展的主张。平等的发展是指青年个体在自身发展中能够获得相等的对待。公正的发展是指青年个体能够得到应有的发展。《世界人权宣言》第一条指出："人人生而自由，在尊严和权利上一律平等。"①联合国《发展权利宣言》第八条提出，"所有人在获得基本资源、教育、保健服务、粮食、住房、就业、收入公平分配等方面机会均等"②。我国的《发展权：中国的理念、实践与贡献》白皮书提出："拥有平等的发展机会，共享发展成果，使每个人都得到全面发展，实现充分的发展权，是人类社会的理想追求。"③这都说明了青年发展权应该具有公平性的内涵。

青年发展权的公平性包括三个层次的内容：一是在起点上，各种青年都具有均等地参与自身发展的机会；二是在程序上，政府、学校、家庭和社会，尤其是政府具有促进青年发展的责任，国家的政治、经济、社会、

---

① 陆德生等：《人权意识与人权保障》，509 页，北京，中国长安出版社，2014。

② 赵永琛编：《国际刑法约章选编》，65 页，北京，中国人民公安大学出版社，1999。

③ 国务院新闻办公室：《发展权：中国的理念、实践与贡献》，载《人民日报》，2016-12-02。

文化发展都要有利于促进青年的发展；三是在结果上，青年能够公平享有国家经济社会发展的成果。起始性的条件平等、过程性的机会均等、结果性的公正平等，是青年发展权能够得到顺利实施的基本保证。"青年顺利参与社会生产与生活的过程中，社会采取必要措施确保其发展所需要的教育、资源、住房、就业、收入等的公平对待、机遇均等、条件均衡的社会和谐发展过程。"①公平对待、发展机会均等、发展条件均衡是青年发展权得以实现的前提条件，平等、均衡是青年发展权的起始性要求，公正是青年发展权落实的全局性要求。

从现实情况看，起点的不平等是造成青年发展权失衡的主要原因。青年发展权是关于青年的发展机会均等和发展利益共享的权利。共享机会是共享发展的前提，共享发展的基本内涵是共享机会的平等。在青年的发展中，起点的不平等是造成青年个体发展不平衡的主要原因。发展机会的均等权是青年发展权实现的基础。实现青年发展权，要体现机会均等原则。"发展权是不发达、被边缘化的权利主体争取话语权的产物。"②我们要更多地关注弱势青年群体获得法律和政策上的话语权。美国政治哲学家罗尔斯认为："为了平等地对待所有人，提供真正的同等的机会，社会必须更多地注意那些天赋较低的和出生较不利的社会地位的人们。这个观念就是要按平等的方面补偿由偶然性因素造成的倾斜。"③按照罗尔斯所强调的"适合于最少受惠者的最大利益"的正义原则，在实现青年发展权的过程中，国家应当通过某种社会补偿或再分配，使社会中的每一个青年都能获得均等的发展机会。这就要求政府和社会对于那些发展条件较差的青年个体，在发展机会方面给予优先的照顾和有意识的倾斜。

目前，对于青年发展权，既存在总量不足的问题，也存在群体内部不公的问题。社会不公的最糟糕之处是青年在客观上被划分为不同的等级，并拥有不均等的发展机会和发展条件。非公平性发展已经成为阻碍青年发展权实现的重要因素。伴随家庭经济条件和社会地位的固化，以及青年自身学习和工作的差异化，处在同样年龄阶段的青年群体内部发生着显著的

---

① 丘小维：《社会主义市场经济条件下青年发展权的保障与落实》，载《创新》，2014(6)。

② 汪习根、涂少彬：《发展权的后现代法学解读》，载《法制与社会发展》，2005(6)。

③ ［美］约翰·罗尔斯：《正义论》，何怀宏等译，101页，北京，中国社会科学出版社，1988。

身份、职业和利益的变化，青年在发展上呈现出明显的差异性的特征。青年发展条件的差异性，在现实生活中是随处可见的。例如，一些青年花费几十万、几百万出国留学，而另外一些青年却交不上每年几千元的大学学费。有的青年能够从父母那里获得单独住房，衣食无忧；而许多青年走出校门后，只能在大城市蜗居，过起了多年的"北漂"生活，整日为交房租、还房贷等基本的生计艰难地打拼。生活的艰辛和较低的收入，导致那些青年只能为了生存疲于奔命，无暇顾及自身发展。许多青年在上学、就业和职业发展中，遭受到各种各样不平等和不公正的对待。这些不平等和不公正，制约着青年发展权的有效落实。

有文章指出："非同步性发展是影响青年发展权落实的关键。"①技能低、就业难、买房难、结婚难、收入低等问题是目前许多青年面临的共同问题，而就业难、职业发展空间小是最大的难题。能力不突出、技能不太高、不了解社会需求是青年发展权缺失的突出表现。"非平等性发展是影响青年发展权落实的根本。"②所有青年应该公平享受国家经济社会发展的利益，但是，自然因素和社会因素等现实性存在和历史性积累的不平等，如经济发展的城乡不均、教育资源分布的城乡失衡、个体先天条件的差异、政策制度改革的倾向性等的不对等发展，导致不同青年个体对经济利益和资源的占有不均衡，使不同背景的青年个体在自身发展上存在巨大的差异。这是青年发展权落实的困境，也影响着社会的正常发展。部分弱势青年群体、贫穷青年群体的发展能力不足，欠缺良好的发展机会，这导致青年群体代内及代际发展失衡。实现平等的青年发展权，就要从公共政策上解决青年发展的非同步性和非平等性问题，要致力于为所有青年创造均衡的发展条件。

总的来说，青年发展权作为青年在追求自身发展过程中享有的一项基本人权，具有丰富的内涵、鲜明的特性和实施的路径。阐明青年发展权的含义、内容、特性和实现路径，对于推进《中长期青年发展规划》的有效实施、帮助青年获得更优质的发展具有积极的现实价值，也有利于推动青年发展权利理论乃至整个青年发展理论的科学研究。

---

① 丘小维：《社会主义市场经济条件下青年发展权的保障与落实》，载《创新》，2014(6)。

② 丘小维：《社会主义市场经济条件下青年发展权的保障与落实》，载《创新》，2014(6)。

第八章　青年发展问题

　　青年的发展是在现实生活中进行的，由于受到自身发展条件的限制和外部发展环境的制约，因而不会是一帆风顺的，不可避免地会遇到一些障碍，发生一些困难。在急剧变迁的当今社会，青年发展的新旧问题交织在一起，表现得更加多样，解决起来也更加复杂。青年发展问题必然会引起政府、社会、学校和家庭的广泛关注，成为党和政府制定和实施青年发展政策的直接缘由。对青年发展问题的研究，是青年发展整体研究中一个重要的课题。青年发展问题从如何界定到表现形态，再到应对措施，都需要青年研究者进行认真的分析和准确的判断。只有对青年发展问题进行科学的界定，阐明青年发展问题产生的原因，揭示青年发展问题的本质，我们才能真正找到解决青年发展问题的有效路径。

第一节　青年发展问题的含义和形态

一、青年发展问题的含义

　　青年发展问题是一种非常复杂的社会现象，因此，对其进行完整、准确的界定是不容易的。多年前，有文章指出，"把青年问题研究中特有的一片混沌整理就绪殊非易事。除了一些零星混乱的研究结果之外，我们尚未见到概括性的理论"①。这种对青年问题缺乏概括性理论的状况，时至今日也没有得到根本性的改观，青年研究领域仍然对青年问题缺少系统性的理论阐述。这说明，加强对青年发展问题的研究，不仅是《中长期青年发展规划》实施中的一个重要的实践问题，也是青年研究中的一个重要的理论问题。

　　青年发展问题在隶属关系上，既属于人的发展问题，又属于青年问题。

————————————

　　① ［美］阿瑟·珀尔：《美国青年问题研究的理论趋向》，载《青年研究》，1987(8)。

首先，青年属于特定年龄阶段的人，青年发展问题在很多方面是人的发展的一般问题和共同问题，如人的社会保障问题、人的道德发展问题、人的健康发展问题。在很多情况下，青年发展问题是人们共同面临的人的发展问题。其次，青年发展问题面临着一些与其他年龄阶段的人不同的问题，表现为青年群体特有的问题，如青年生理发展问题、青年教育发展问题、青年就业发展问题。青年处在长身体、长知识、长道德的关键时期，具有面向未来、后劲更足、发展空间大的鲜明特点，因此，青年发展问题与其他人的发展问题相比更为突出，也更加值得政府、社会、学校和家庭给予特别的关注。以往在青年研究领域，人们常说青年问题。其实，青年问题是由青年发展问题与青年生存问题共同构成的。青年的生存和发展既有内在的联系，又存在根本上的区别。对于未成年的青年来说，生存问题是第一位的；而对于青年整体来说，发展问题是第一位的。

青年发展问题界定的复杂性，不只是因为青年发展状况是十分丰富的，而且是因为人的发展问题认定具有一定的选择性。什么是人的发展问题，这本身就不是一个能够简单回答的问题。从学科的因素看，如何界定青年的问题，不同的学科具有不同的理论解释和分析视角。例如，社会学对青年问题的解释，"立足于青年群体受各种社会因素的影响或支配，从而使其行为或行为的结果，溢出现有的社会系统的规范"[1]。青年问题是"指由社会环境、条件、制度等因素所形成的那些影响青年正常社会化发展的社会外在规定性。这种外在规定性又必然表现为各种社会现实问题"[2]。在心理学家看来，青年问题的"根源在于青年的深刻的内心冲突、情绪感染或是不同体验之间的矛盾"[3] 青年的职业融入问题，被解释为青年在情绪、认知上与新的职业环境相适应的问题。青年发展问题的研究是建立在多门学科基础之上的，需要与青年发展相关的众多学科合力地做出理论解释。

"问题"是一个常用词，包含多方面的含义，其中一种含义是指需要解决的矛盾、克服的麻烦和不被接受的状况。毛泽东在《反对党八股》一文中

---

[1]　刘苏津：《关于青年问题的哲学思考》，载《青年研究》，1995(7)。

[2]　郑大俊、高立伟：《当代社会思潮与青年发展问题的思考》，载《思想理论教育导刊》，2009(12)。

[3]　刘苏津：《关于青年问题的哲学思考》，载《青年研究》，1995(7)。

说："什么叫问题？问题就是事物的矛盾。"①青年发展问题是指青年发展中需要解决的矛盾、需要克服的麻烦和不被人们接受的状况。青年的发展问题，从哲学的层面看，无论是人们不认可的、使人烦扰的，还是不合时宜的、有待解决的，都是一种青年发展中存在的矛盾。运用矛盾分析法，我们可以把青年发展问题界定为青年在自身发展中出现的矛盾和冲突现象。这种矛盾和冲突现象表现为不协调、不正常、不合规等。青年发展问题可以分为内在矛盾和外在冲突两个方面。

首先，青年发展问题是指青年在自身发展过程中出现的内在矛盾。这种内在矛盾，既包括青年生理、心理发展的矛盾，也包括青年学业发展、就业发展中的矛盾，还包括青年生活保障中的矛盾。一些学者往往把青年问题看成是青年的生活困难。有学者提出，"所谓青年问题，就是在青年的生活上所发生的困难或变态"②。例如，有些青年因为家庭经济困难而不能顺利上大学；或者走出校门后发现，难以找到与学校所学专业相匹配的工作岗位。有学者认为，"所谓问题，就是遇特殊环境或特殊刺激，平日生活习惯不能适应时所发生的困难。一个人遇有问题，就集中力量以求解决，故心态往往反常，发生变态或病态的现象"③。例如，青年上学是正常现象，而因为家庭经济困难，或家庭变故，或不满意而辍学，或因为不及格而退学，都是反常现象。有学者把青年问题看成是"青年苦闷问题"④，当时有刊物还推出"青年苦闷问题"专栏。

其次，青年发展问题是指青年在自身的发展过程中与其他人的发展和社会发展之间发生的冲突。这种外在的冲突，既包括如何与他人建立正常的人际关系，如何形成亲社会的行为，也包括是否接受社会的主流价值观，是否合乎社会的制度规范、道德规范和生活方式。"所谓青年问题，是指那些被认为违反了特定的规范或期望的现象；这些现象被认为是消极的，既不利于青年成长，又不利于社会进步，所以，需要加以解决和克服。这一

---

① 中共中央文献研究室、中国延安干部学院编：《延安时期党的重要领导人著作选编（上）》，186 页，北京，中央文献出版社，2014。

② 周洪宇主编：《教育经典导读（中国卷）》，392 页，武汉，华中科技大学出版社，2013。

③ 李文海主编：《民国时期社会调查丛编：一编·文教事业卷》第 2 卷，556 页，福州，福建教育出版社，2014。

④ 雷海宗：《雷海宗杂论集》，19 页，天津，天津人民出版社，2016。

定义的本质是青年问题属越轨性质或偏差性质。"①从外在冲突的角度看，许多青年发展问题是指以青年为参与主体、对社会发展具有一定负面影响，甚至严重危害社会的行为和现象。这些不良行为和负面现象阻碍了青年的社会化过程，消解了社会的稳定秩序，制约了社会的和谐发展。

从青年发展问题的基本含义看，青年发展问题不只是青年自身的问题，更多地表现为一个社会问题。应该说，青年研究界对于青年问题的社会性，存在比较一致的看法。例如，有研究提出，青年问题是指"有关青年的社会问题。社会问题是由于社会关系失调所引起的使社会全体或一部分人的社会生活难以正常进行的问题。这种失调足以妨碍一个有秩序的社会达到其固有的目的"②。社会问题的特性是社会性，"其起源是社会性的，不是个人或少数几个人能负责的"，"其发展是社会性的，个人或少数人的能力无法控制，更无法将它解决"，"其结果是社会性的，它对许多人会产生不良后果"。"青年在其社会化过程和社会生活中与社会的关系失调，出现影响青年的正常发展、社会安定与进步的问题，就是青年问题。"③还有的研究从社会学研究框架出发，把青年问题界定为"青年中比较普遍存在的、与社会要求不一致或相背离的、并应该着手解决和改变的某些现象"④。这意味着并不是所有青年现象都是青年问题，青年问题具有一定的选择性。青年问题指的是"某些现象被人们所认识或感觉为一种问题，包括为社会的传播媒介所报道、评论，为人们所注目或议论，或者为青年人自己所感受到的"⑤。青年问题的形成具有一定的普遍性，成为问题的某种现象并非只发生在个别青年或少数青年身上，不仅为社会中少数人所关注和认识，而且引起了相当程度的社会反响和关切。青年问题是指"带有某种指向性、表明有关青年的事情与某种（某些）常规的、预定的轨道或人们的意愿、期望不一致的青年社会性问题"⑥。"青年问题产生的根源应从青年与社会的矛盾关系中寻找。正确认识和解决青年问题的决策，也要从社会与青年的矛盾关系入

① 刘苏津：《关于青年问题的哲学思考》，载《青年研究》，1995(7)。
② 王虹生等主编：《工青妇大辞典》，716 页，北京，中国经济出版社，1990。
③ 同上书，717 页。
④ 谢维和：《论青年问题》，载《青年研究》，1992(2)。
⑤ 谢维和：《论青年问题》，载《青年研究》，1992(2)。
⑥ 张永红：《20 世纪 60 年代美国青年运动及其社会应对研究》，173 页，北京，新华出版社，2014。

手。"①以上研究表明，青年发展问题作为一种青年问题，常常表现为一种社会问题。

青年发展问题不是青年发展中的个别问题，也不是少数青年发展中的问题，而是多数青年具有的共同的发展问题，或至少是相当部分青年中的倾向性问题。青年发展问题的形成，在于它具有相当范围的普遍性。"这种普遍性包括两层意思。它或者是指形成问题的某种现象并非只发生在个别青年或少数青年身上，而具有一定的广泛性，是一定历史时期青年中比较普遍的现象；或者是，这些现象不仅仅为社会中少数人所关注和认识，而引起了相当程度的社会反响和关切，并常常为社会组织所注意。所以，青年问题本身还具有一种量的特点。由此可见，青年问题的认定是一件比较复杂和严格的事情。切不可简单、草率地把青年中出现的种种现象一概归为青年问题。"②明确这一点是有必要的，也是很重要的。一段时间以来，青年研究领域存在以偏概全的现象，即针对少数青年的某种行为，就冠以某某青年之名，似乎这种行为是青年中的普遍现象。

二、青年发展问题的形态

青年发展问题是如何在现实中呈现的，存在哪些现实的青年发展问题，这是需要进行概括分析的。

从历史看，关于青年发展的问题，中国古代一些文学作品有所涉及，典型的是青年追求自由恋爱与父母包办婚姻的冲突，如元代《西厢记》中张生与崔莺莺的爱情故事。近代有学者从青年本体角度对青年问题进行了研究。例如，杨贤江在《民国日报》上发表《青年问题》一文，把青年问题分为家庭、经济、身体、交友、求学、动作、婚姻、人生观八个方面。③ 这八个问题在今天看来仍然是突出的青年发展问题。可见，青年发展问题有一定的历时性联系，这种超越时间的联系恰恰说明青年发展问题不是在某个时间单一发生的，而是源于青年这个人生阶段共同面临的发展问题。

青年发展问题，除了有超现实的历时性特征外，更有当下的现实性特

---

① 杨雄：《社会转型与青年发展》，24 页，上海，上海社会科学院出版社，2004。
② 谢维和：《论青年问题》，载《青年研究》，1992(2)。
③ 本书编委会编：《20 世纪 20 年代的上海大学》下卷，925～926 页，上海，上海大学出版社，2014。

征。今天的青年发展问题，在社会急剧变革的情况下，比以往更为复杂，更加多样，更具有时代特征。在一般意义上说，青年发展问题表现出相当的复杂性。这种复杂性，既有青年群体与其他年龄人群之间的发展不平衡问题，也有青年群体内不同个体之间的发展不平衡问题。青年发展上的不均衡，不只存在于地区之间、城乡之间、行业之间，还存在于阶层之间、家庭之间、个体之间。当代青年在学习、工作和生活中遇到了很多过去从未遇到过的困难。青年发展问题是现实的存在，表现在青年发展的多个方面，如价值观问题、心理健康问题、能力素质问题、婚恋就业问题、违法犯罪问题等。青年发展在总体上存在着青年素质和能力的普遍提升还难以完全适应社会发展的需要问题，青年社会关系的日益丰富与人际关系的功利化相矛盾，青年的精神文化需求日益旺盛与价值观念错位相矛盾等现象。这些现象是青年发展问题复杂性的反映。

《中长期青年发展规划》指出，青年发展与经济社会发展相比，与青年的新期待相比，还存在不少亟待解决的突出问题："青年思想教育的时代性、实效性有待增强，用共产主义和中国特色社会主义引领青年，用中国梦和社会主义核心价值观凝聚共识、汇聚力量的任务尤为紧迫；青年体质健康水平亟待提高，部分青年心理健康问题日益凸显；青年社会教育和实践教育需要加强，提高教育质量的任务仍十分艰巨；青年就业的结构性矛盾比较突出，影响就业公平的障碍有待进一步破除；青年创业创新的热情有待进一步激发，鼓励青年创业创新的政策和社会环境需要不断优化；人口结构的新特点新变化使得青年一代的工作和生活压力不断增大，在婚恋、社会保障等方面需要获得更多关心和帮助；统筹协调青年发展工作的体制机制还不完善，各方面共同推进青年发展的合力有待进一步形成。"① 可见，青年发展存在多方面的问题，具有多种表现形式。其中，以下青年发展中的几个具体问题，特别需要也很值得青年研究界的关注。

一是青年对主流价值观的认同问题。价值观是青年发展的重要内容，在青年发展中发挥着重要作用，对青年的一生都具有持续的影响力。在当今开放的世界中，随着人们社会交往的频繁，人们的各种思想观念相互激荡，有些消极落后的思想观念在互联网的助推下得到快速的传播，这使得缺乏辨别力的少数青年出现了反主流、反权威的意识，在一定程度上消解了他们对主流价值观的认知和认同。这个问题要给予特别的重视和进行切

---

① 《中长期青年发展规划（2016—2025 年）》，3～4 页，北京，人民出版社，2017。

实的解决。青年研究者要加强对青年价值观的研究，尤其是从多学科的角度研究青年价值观是如何形成和发展的。需要指出的是，解决青年的价值观问题，需要对青年进行思想政治教育，改进青年思想政治教育的方式，但不能只停留在思想教育上，还要进一步从政策和制度上引导青年、教育青年，善于运用法治思维和法治方式培育青年的社会主义核心价值观。

二是青年受教育机会不均的问题。教育是青年发展的重要途径，直接关系着青年能够如何发展和发展到什么程度。对于来自低收入家庭的那些青年来说，教育是改变命运的桥梁。然而，市场经济的竞争加剧了社会的分层和个人的分化，青年个体的受教育机会打上了自身社会阶层的烙印，来自农村家庭和城市弱势群体的青年在教育机会竞争中处于劣势地位。名牌大学中来自低收入家庭的青年比例比以前更低，这使得教育改变青年命运的功能正在减弱，为此有人发出了"寒门难出贵子"的慨叹。这需要教育行政部门从高校招生、学生管理、就业指导等多方面入手，运用政策工具，给予那些低收入家庭的青年更多的政策倾斜和支持，增加这些青年获得公平教育的机会。

三是青年的生活压力问题。青年学生的生活依靠父母，他们生活水准的高低取决于自己父母收入的高低。职业青年在整体上说依靠自己赚钱生活。由于职业青年的职位职级较低，处在单位利益分配链条的低端，他们收入相对较低，而衣食住行、交友成家的花费又较大，因此，较多青年面临较大的生活压力。一些职业青年入不敷出，吃了上顿没下顿，被媒体不客气地称为"日光族""月光族"。大城市房价居高不下，青年的住房问题非常突出，高房价对于缺少父母资助的那些青年来说无疑是压力如山。有调查显示，许多大学毕业生把四成收入交了房租，两成城市青年因住房压力而晚婚晚育，三分之二的城市青年感到住房支出使他们倍感压力。一些住在拥挤的城乡接合部的大学毕业生曾经被一些研究不客气地称为"蚁族"。近年来媒体对"北漂""蜗居"等现象进行了热烈的议论，青年住房问题成为社会关注的一大热点。对于青年的生活压力过大的问题，用人单位要打破论资排辈现象，为青年在职场中脱颖而出提供机会，给予青年在收入分配上更多的话语权。政府部门可以通过廉租房、大学生公寓等方式，为大城市青年提供一定的住房保障。

四是大龄青年的婚恋问题。男大当婚，女大当嫁，这是天经地义的事情。但是，对于不少青年来说，恋爱不易，结婚更难。在农村，经济条件差的男青年难以找到对象，难以组建家庭。在城市，收入和住房等生活压力制约着青年的婚恋，大城市还受到婚恋观念、生活方式等因素的影响，存在许多大龄未婚青年。在庞大的适婚青年群体中，单身青年的比例较高。对于大龄青年的婚恋问题，青年组织可以通过联谊活动等为大龄青年搭建相识的平台，政府部门和社会各界要为青年提供公平的发展机会，这使得青年能够有更多的收入，能够克服制约结婚的物质障碍。

五是青年就业问题。就业是民生之本，更是青年发展的新支点。高校毕业生和青年农民工的就业问题一直是媒体关注的焦点。目前，每年都有数以百万计的高校毕业生需要就业。一些青年在择业时遇到"拼关系""拼爹"现象，面临不公平的择业机会。有的高校毕业生一时没能找到工作，没有生活收入，只能继续依靠父母支持得以生活，被一些研究不客气地称为"啃老族"。解决青年的就业问题，在根本上有赖于国家的经济发展。政府部门要为高校毕业生就业提供更好的政策支持，营造一个公平就业的社会环境。用人单位和高校要为高校毕业生提供更有效的就业服务。对于那些来自贫困家庭的暂时没找到工作的高校毕业生，政府应该开发一些公益性岗位，有针对性地为这部分人提供临时的就业机会。

六是青年职业发展问题。青年一旦走出校门，就进入了职场。职业发展是青年继教育发展之后的重要发展，甚至比教育发展更为重要。青年职业发展的理想状态是人岗相适，人尽其才，才尽其用。但是，在青年中学非所用、用非所长的现象常常可见。青年的职业发展在很大程度上受到家庭因素和条件的影响，面临着不公平的发展问题。在许多行业和单位，除了资历、才能、业绩外，青年的职场晋升受到任人唯亲等不正当途径的严重干扰，这削弱了青年自我发展机会的创造能力。为了解决青年职业发展的问题，用人单位要注重对青年职工的培养，积极鼓励青年的岗位学习、岗位成长，敢于大胆使用青年人才。政府部门和用人单位要共同营造一个更加公平的同场竞技、选贤任能的职业发展环境。

第二节　青年发展问题的产生因素

一、青年发展问题产生的客观因素

从哲学上说，凡事有因才有果。青年发展问题的产生也不例外，是由多方面因素造成的。

有些青年发展问题的发生，具有一定的自然性。从生理和心理发展的角度看，在人的一生中，青年早期是充满发展风险的阶段。随着青年早期时的激素的分泌，外貌的剧烈变化，以及性意识的觉醒和成人意识的产生，未成年的青年会产生许多困惑和烦恼。从 20 世纪初开始，国外就有学者关注部分未成年青年表现出来的学习障碍、情感失常、反社会行为、越轨行为、青春期心理危机等心理发展问题。青年早期被有的学者称为"叛逆期""暴风骤雨期"，这未必是普遍适用的，但可以说此时属于人的心理发展问题的多发期。

尽管青春期理论只是对未成年的青年的认识，而不涉及已成年的青年，但是，从整个青年阶段看，青年发展问题具有一定的自然性因素。人的困扰和麻烦问题，一般说来在 14 周岁之前还没有发生，在 35 周岁以后大多已经解决，因此，人在青年时期急迫的问题纷至沓来，青年的心灵往往会受到很大冲击，常常是难以平静的。例如，大龄未婚青年常常被家人不厌其烦地催婚，这导致有的青年害怕在春节见到家人，甚至编造事由以躲避回家。不同时代对青年的年龄界限是有差异的，考虑到青年年龄的时代差异，当代青年问题发生的时间区间与孔子当年说的"吾十有五而志于学，三十而立"具有一定的相似性。14 周岁之前，属于少年儿童时期，受到家庭的抚养和保护，受到家长和教师的教育，处在政府、家庭、学校和社会安排和预设的物质生活、思想意识和人际关系的环境之中，正常情况下是较少有社会问题的，即使存在也往往不会有多大的问题。到 14 周岁成为青年之后，这种相对安静平顺的情况发生了急剧的变化。一个人进入青年阶段，自我意识就会明显地增强，初次发现外部世界的多样性和复杂性，其求知欲也特别强烈，真正开始了"志于学"，此时会出现不少学习、生活和工作问题。这些问题伴随着高中教育、大学教育和随后的就业，到了 35 周岁以后，青年发展中的很多问题基本得到解决。即使没有解决的，也基本定型，不再成为突出的问题了。

青年发展问题常常与青年民生问题分不开。社会在总体上是由中老年人管理和控制的，青年尽管也参与社会管理，但在更大程度上是被管理和控制的对象，尤其是青年学生的基本社会角色是被教育者和被管理者。在社会生活中，青年大多是人微言轻，在人的权利和利益的分配中处于相对不利的境况。这主要是由于年龄和资历、经验，青年在公共政策中缺乏建议权和制定权，在社会利益分配中缺乏选择权和决定权。未成年的青年不用说，即便已经成年甚至已经就业的青年，也大体上是如此。青年在职场中普遍入职的时间相对不长，具有的职位相对较低，除了那些真正实施了绩效考核的企业或技术创新的企业外，在广大的职业领域，青年群体的收入是偏低的。青年民生问题还涉及劳动就业、收入分配、医疗保障、教育公平、物价上涨等与青年最直接、最现实的利益相关问题。大多数青年不仅处在职业竞争的前沿阵地，同时面临着生活成本高昂、工作压力大的现实境况。生活保障的缺失、社会支持体系的缺位，使得众多青年难以在物质世界和资本空间中占有一席之位。庞大的青年农民工群体不仅很难进入公共事务决策层和资本世界之中，而且其情感和精神空间也面临贫瘠化的问题，精神文化生活比较贫乏。城市青年特别是白领群体、高知群体，不仅工作压力巨大、生活节奏快速，而且情感生活存在缺失，直接导致大龄未婚青年的出现。即使拥有博士学位的高校青年教师，作为优秀青年群体，在巨大的生活压力面前，也常常显得力不从心，有太多的无奈和无助。有的高校青年教师迫于生活成本压力而倾力于短期的功利行为，有的则不能安心自己喜欢的教学和科研，这导致优秀青年人才创造力和智力资源的严重浪费。现实生活的巨大压力和精神文化生活的严重缺乏，使得一些青年从现实逃离到虚拟网络中，在虚拟世界里寻求数字化的人际交往乐趣和虚幻的精神刺激。在大城市打拼的青年，如果缺少家庭的经济支持，就会在购房、结婚、孩子教育方面感受到巨大压力，即使那些获得稳定职业的青年白领，也有不少人难以承受这些压力。巨大的经济压力导致许多青年不敢轻易放弃目前的工作去寻求自我发展的机会和空间。

生产力的发展是青年发展的重要基础。当代青年生活在我国经济持续快速发展、人们生活水平普遍有了大幅提升的时期，这本是青年发展的良好物质条件。但是，过分的物质追求和感官享受是不利于青年实现全面发展的，甚至会扭曲青年发展的状态。"技术理性的全面统治使得人将其追求的目标指向人的精神世界之外的感性世界。其结果是，人不断地控制并受制于外在存在物和人的感性存在自身，从而自身沦落为工具性的存在。因此，技术理性的全面统治必然导致人作为人自身的自由的全面的丧失。这就是现时代人的发展的根本困境。"[①]许多青年的发展为物所累，这阻碍了青年的精神发展。一些青年沉溺于追求物质的快乐之中，为了获得更多的物质享受，不惜透支自己的体力与精力。有的青年在精神上为物欲所困，滋生痛苦、失望、郁闷等各种负面情绪。

青年发展是各个青年的发展，但是，在现实生活中，青年个体之间在

①　陈俊：《人的发展困境与实践智慧》，载《科学技术与辩证法》，2008(1)。

发展资源上存在不平等甚至不公平的现象。例如，在青年教育方面，公共教育分配机制不是很合理，国家对基础教育的投入存在城乡地域差别，农村青年难以得到城市青年那样良好的教育条件，这导致农村青年在总体上的受教育水平比城市青年低不少，农村青年进入重点大学读书的比例远远低于城市青年。在就业方面，青年受到多方面因素包括家庭背景的影响，面临不公平的就业机会。青年教育和就业的不公平，会进一步衍生出青年婚姻问题和家庭稳定问题，从而演变为影响青年发展的深层次问题。青年个体在获取公共发展资源方面存在的不公平，导致不同青年参与社会竞争的起点和机会不平等。

青年发展是一个社会化的过程，但是，现实的情况是青年发展的社会化不足与过度社会化并存的问题。青年发展的社会化不足是指部分青年对社会规范的内化程度不够充分，不能有效地适应并顺利参与正常的社会生活。受教育的不足和社会环境的负面影响，使得一些青年没能获得融入社会生活的必要技能，常常产生负面情绪，甚至走上违法犯罪的道路。青年过度社会化是指社会处于一种大一统的格式化状态，过分强调社会共性，过度建构社会秩序，而忽视青年的特性，压抑青年的个性。在一个青年普遍被过度社会化的社会中，青年个性的发展因为被视为越轨甚至异端而处于被压制状态，这会扼杀青年应有的生机和活力，窒息青年的创新精神和创造能力。

当代社会是一个高度开放、快速变化的社会，对于青年的发展来说，比以往有更大的风险。"不断制造、生产与分配风险，不仅成为现代社会发展所呈现出来的基本特征，而且也成为现代社会人的发展风险生成的重要根源。"①青年发展问题是与其所处社会的发展不确定性直接联系在一起的。当代社会具有鲜明的市场性、开放性、流动性特征，这不可避免地会给青年的发展带来各种风险。首先，从市场性看，市场具有一定的盲目性和不确定性，它把制造和生产的风险转移给社会生活的各个人群，而对于涉世不深、阅历不足、资历不够的青年群体来说，其面临的风险往往更大。例如，市场择业、市场创业给部分青年带来失业、失败的风险。其次，从开放性看，在一个开放的社会中，个人与他人之间的交流和交往更为频繁，也更为复杂，青年个体由于自身生活经验有局限和辨识能力不足，很容易被误导、被欺骗、被伤害。当代青年的生活具有明显的异质性，对于长辈

---

① 黄国泰、张治库：《现代人的发展风险及其预防》，载《学术界》，2010(3)。

来说通常是青年生活陌生化的程度较高，这使得青年在生活方式和消费方式上容易出现发展问题。最后，从流动性看，人的流动意味着不稳定，而不稳定意味着发展的风险。对于生活在当代社会中的青年而言，一切都在快速变化，一切都呈现出前所未有的不稳定性，其自身发展潜藏着各种风险。典型的是未成年的青年面对常年在外打工的父母，忍受着见不到父母的面、得不到父母的陪伴的痛苦，影响这部分青年的心理健康发展。

青年的发展问题以青年的发展活动为中心，而青年的发展活动遍布国家的政治、经济、文化、社会发展等各个领域，涉及青年的思想、学习、工作、生活等多个方面，因而在本质上是一种极为复杂的社会现象。《中长期青年发展规划》提出了青年发展诸多领域，这些领域正是青年发展活动的区间，而每个青年发展活动的区间都不同程度地存在着青年发展问题。各种青年发展问题有着各不相同的表现形式和发生原因。例如，青年思想道德和青年社会保障属于《中长期青年发展规划》提出的青年发展领域，而青年思想道德问题的发生更多的是直接与青年个体相关，青年社会保障问题的发生则更多的是直接与经济发展水平和政府公共政策相关。

青年发展问题常来源于青年的政治参与和社会参与。从青年参与的角度看，青年对经济、政治、社会事务的参与，既受到青年群体特征和个体因素的限制，又受到社会环境因素的影响，容易形成群体性和个体性的社会矛盾或社会行为，这是导致青年发展问题发生的根本原因。青年的生活世界是一个多维空间，青年为家庭、学校、社区、媒体、网络、工作单位、人际交往等社会环境因素所环绕和浸润着。青年的发展问题的产生总是基于其生活世界和生存境遇的。"在政治参与的语境下看青年群体，我们可以看出，在发展历程中，青年面临着教育、就业、婚姻、住房、医疗等多方面的严峻挑战，在表达内在参与的积极性及总体追求先进性的时候，他们往往会因为生存发展中的种种矛盾和不如意，采用反现实、反传统，甚至是破坏性的行为模式。青年文化中矛盾性的特点，决定了青年注定是现代社会政治参与中积极活跃的力量，但同时也是社会问题，包括社会动乱中最有影响力的群体之一。"[1]青年的发展问题是偏离社会的一般规范和人们的普遍期望的，直接表现为对社会秩序的一定压力，甚至引发社会矛盾，在极端情况下还会带来社会局部乃至全面性的混乱，因此，这被人们普遍认

① 马中红主编：《青年亚文化研究年度报告 2014》，223 页，北京，清华大学出版社，2015。

为是社会运行过程中的一种不稳定因素。对于社会的现存规范和人们的已有期望而言，青年发展问题作为一种对规范的偏离和对期望的偏差，的确是一种不正常的青年现象。以社会和谐为目标看，青年发展问题的存在构成了对社会和谐的挑战，如青年的无序政治参与会冲击已有的社会秩序和政治利益格局。为了引导青年的有序政治参与，《中长期青年发展规划》专门把青年的社会参与和社会融入作为青年发展的十大领域之一，并提出了具体的措施和路径。

青年发展问题属于一种社会问题，但不能反过来说，社会问题就是青年发展问题。这既是不能否认的实际情况，也是不可混淆的逻辑关系。青年研究中存在这样一种说法：青年问题与社会问题存在"同构现象"，即许多社会问题从人口统计学意义上直接表现为青年问题，如就业问题、教育问题、农民工问题，以及道德失范、性与犯罪、艾滋病、心理疾患、网络成瘾等问题；从年龄、数量等特征看，青年已成为存在社会问题的主体人群。这种说法把青年作为存在社会问题的主体人群，显然是夸大了青年在社会问题中扮演的角色，是不符合实际情况的。事实上，社会中除了青年问题之外，更多的是各种跨年龄阶段的人的社会问题，如道德问题、扶贫问题、环境问题、犯罪问题等。即使就某一年龄阶段的人群来说，也存在并不比青年问题更轻的问题。从青年与社会的关系看，青年有社会存在属性，青年是社会的一种"塑造"，社会对青年的影响远远大于青年对社会的影响。从本源上看，青年问题是社会问题在青年中的反映，本与末切不可倒置。如果要用"同构"这个词，也应该是社会问题对青年问题的"同构"，而不是青年问题对社会问题的"同构"。从现实情况看，青年的主体是青年学生和职业青年。青年学生即使是大学生，也是被教育者，一直处在社会化过程之中，不断地为家庭、学校和社会所塑造。职业青年固然比青年学生有更多的参与社会事务和社会治理的机会，有更大的社会影响力。然而，职业青年更多的不是青年的特质，而是所在行业的特质，在社会生活中往往是以职业身份，如教师、商人、律师、警察，出现在人们面前，进行社会生活的。职业青年分属于不同的社会阶层，他们的问题更多地打上了所在职业和行业的特点，与所属职业和行业的人群融为一体。以上文说的所谓"同构"现象为例，农民工问题不只是青年问题，更多的是农民工这个群体的共性问题。道德失范问题，更不能说只是青年问题，因为没有证据说明青年的道德失范比中年人和老年人的道德失范更严重。还应该指出的是，青年本身分为不同的群体，对于同样的社会问题，不同的青年群体的感受是不同的。例如，对高房租、高房价感受最深的是处在恋爱婚姻阶段的大城市青年，而高中生、大学生的感受暂时还不明显。在农村，耕地减少首先打击的是青年农民。关于留守儿童问题，受伤害最大的是青年农民工。有人列举了青年发展问题的突出表现：背离传统文化、心态浮躁焦虑、欺骗造假行为、拜物崇权行为、游手好闲啃老行为、崇拜世俗迷信。这六个问题其实更多的是社会问题，存在于不同年龄阶段的人群之中，不单独在青年中存在，有的问题，如拜物崇权、欺骗造假，不能说在青年群体中更严重。20 世纪 80 年代，有学者追问青年问题的根源，"是不是青年问题呢？不是，是中年问题，也是老年问题"。从历史哲学的角度出发，"青年问题实际上是人性问题"。人的一生"是否对别人、对自己，真正做了一点有意义的事？的确很有问题"①。可见，青年发展问题在本源上是人的发展的共同问题，是社会问题导致的。

二、青年发展问题产生的主观因素

如何看待青年的发展问题，这离不开系统的观点和方法。青年发展问题是客观存在的，也是人们的一种价值判断。从哲学上看，青年发展问题固然具有客观性，也有一定的主观性。青年发展中出现的矛盾和冲突，有的是客观存在，如青年早期的心理发展矛盾、社会化过程中的矛盾；有的是人们的不同看法和认识，如价值观念和生活方式方面的矛盾。在现实生活中，有的青年发展问题具有一定的主观性，被一些人"感到""看作""认为"属于越轨性质或偏差性质，在本质上是违反了特定的社会规范或人们的期望。例如，青年学生的课外学习问题、大龄青年的恋爱婚姻问题，青年对此的看法往往不同于家长。青年发展问题有客观的事实依据，但又包含人们的主观看法和认知，这意味着青年发展问题在很大程度上是人们的认定，有较大的"建构"成分。

青年发展问题的认定是一个包含多种因素的复杂过程，不同的社会阶层、不同的社会群体、不同的个人都会依据自己的标准、立场和看法来判定青年发展问题是否存在、是什么样的存在、如何给予解决。例如，对于青年的价值观问题，不同的人从不同的价值立场出发，会给予不同的评价，

---

① 怀师文化编委会编著：《教育与人性：南怀瑾"心要"》，58 页，桂林，漓江出版社，2016。

甚至会得出截然不同的看法。从认识论角度看，人们在有的青年发展问题上存在统一的看法，而在另外的青年发展问题上存在不一致的看法。在一定意义上说，什么是青年的发展问题，如何评价青年的发展问题，这都与人们的价值判断相关。"青年问题的形成，最重要的原因是它们与社会的价值取向不一致，或者不符合社会要求与准则，或者背离了某些价值取向，以致对社会产生了某种影响。"①每个人对青年发展问题的种类、性质、程度和后果的认识是不尽相同的。如果我们改变青年发展问题的主观标准，就会对青年发展问题做出不一样的认定。可以说，青年发展问题的存在状态是一回事，这种状态在人们头脑中的印迹又是另外一回事。在一定范围内说，如果没有人们的主观判定，就没有青年的发展问题，或者说有什么样的主观判定，就有什么样的青年问题。

从哲学层面看，事物都具有两面性，因而我们要辩证地看待青年发展问题。"从社会层面看，青年问题常常是社会急剧变迁过程中危机症候的提示，是青年对日渐暴露的一些不公平、不合理的社会现象的反应。青年问题往往包含着一定的社会不稳定因素，对社会的和谐与稳定构成威胁。"②有些青年发展问题作为对现有社会规范和人们期望的反抗，表现为一种对社会革新的呼声和要求社会改变的压力，这常常能够推动政府制定和完善相关法律政策，甚至会推动社会的进步。从这个意义上说，青年发展问题不一定全部是负面的社会现象，有时也包含一定的进步性。有研究者提出，"青年激进主义有良莠之分"③。青年中的激进行为在很多情况下会导致无政府主义，但"在提出时代课题、唤醒民众、感召后来者、推动社会变革等方面往往起着积极的作用。因此，不能简单地将激进主义当作坏的东西加以抛弃"。"青年激进主义有其值得称道的地方，因为它反映了青年对社会的关注和承担责任的自觉态度。对于一个社会来说，缺乏青年的激进主义，这个社会就有失去生机与活力的危险。"④诚然，从理论上说，现代社会的和谐不能被简单地理解为一种一潭死水、静止不变的状态，而应该是具有高度灵活性和开放性的社会状态。如果是这样，那么人们就不能单一地以是

---

① 谢维和：《论青年问题》，载《青年研究》，1992(2)。引文有改动。

② 张永红：《20 世纪 60 年代美国青年运动及其社会应对研究》，173 页，北京，新华出版社，2014。

③ 同上书，174 页。

④ 同上书，174 页。

否有利于现有社会秩序和既得利益分配来判定所有青年发展问题的是与非。例如，从历史上看，1919年的五四运动、1935年的一二·九运动等，曾被看成是青年发展问题，但这些运动后来被认定是积极的进步的青年运动。是与非，要根据青年发展问题的立场和角度而定。"一些青年问题的存在，是以偏差为特征的，它对既有规范起到一定的动摇作用，但促使整个社会要有特定的办法来解决旧的和谐中的不合理问题。"①例如，在改革开放初期，新的社会变革仍在起步阶段，旧时代的种种社会矛盾尚待解决，种种社会压力往往凝聚成尖锐而急迫的文化思想问题，以各种冲突的形式表现出来，青年问题便是如此。"从本质上看，青年问题是一个仍显单一的社会面临多元开放时必然面临的社会问题，久已压抑、集中爆发的开放要求和仍显保守的社会状况并不适应。"②在改革开放之前职工收入实行平均主义的情况下，青年职工出现了消极怠工的问题。这是偏离管理者期望的，但它构成了一种压力，推动了劳动分配制度的改革，这就是坏事能够变为好事。在当今我国全面深化改革的新时期，一些已有秩序和利益包含一些不合理的因素和落后的成分，因此，对这些不合理和落后秩序的打破是实现社会进步的前提。"青年问题是否频繁出现，可以引申为社会的偏差程度的有关结论，但是，一个社会容忍偏差的程度，不但是衡量既有秩序可靠程度的标志，而且也是社会进步的体现。"③每个社会面临的青年发展问题是不一样的，随着社会的进步，一些青年的发展问题得到解决，又可能出现新的青年发展问题，因而不能简单地以青年发展问题的多少作为社会进步与否的测量标志。从根本上防止青年发展问题的出现，在现实的社会运行结构中是不可能做到的。人们不能以有无青年发展问题作为社会进步的标准，关键是要看能否有效地对青年发展问题进行管控和治理，以及如何有效地解决青年发展问题。

对于青年发展问题，青年研究界存在一种"代沟"的说法。这种说法起源于20世纪60年代美国人类学家玛格丽特·米德所著《代沟》一书。该书把两代人之间存在的差异说成是"不可逾越的鸿沟"和隔阂，甚至断言这种隔阂或裂缝是不可愈合的，因而导致两代人的冲突也是不可避免的。有著作指出，"'代沟'论者完全从'代'的概念出发分析两代人的关系，这是违

① 刘苏津：《关于青年问题的哲学思考》，载《青年研究》，1995(7)。引文有改动。
② 宋文坛：《青年的位置》，载《当代作家评论》，2016(6)。副标题略。
③ 刘苏津：《关于青年问题的哲学思考》，载《青年研究》，1995(7)。

背科学的。事实上，青年人和老年人由于年龄的差别，在生活方式、兴趣爱好等方面始终存在着差异，这属正常现象，根本不是什么'代沟'"①。从自然法则来讲，人类社会的发展离不开前后两代人的相互衔接，没有前一代人的创业，后一代人就不可能生存；没有后一代人的努力，前一代人的事业也不可能得到再发展。从这个意义上讲，两代人之间是相互依存、相互协作、取长补短、承先启后的关系，没有什么"不可逾越的鸿沟"。"代沟"论者把青年分为怀疑的一代、反抗的一代等，这是有悖于现实情况的。在阶级社会里，青年个体作为社会的一员，具有阶级属性，他的思想无不打上阶级的烙印。分属于不同领域、各个阶层的青年，其思想意识和价值观念是不完全一样的，因此，只有运用阶级观点和阶级分析的方法来看待他们，才能认清他们的主流与支流、长处与短处、积极与消极，这是分析和认识青年的正确方法。如果对青年不做阶级分析，把各种各样的青年笼统地归结为哪一"代"，是不可能真正地认识到青年的本质的。② 另外，依照文化人类学的研究，青年发展中的代际问题并不具有普遍性。在社会生活中，青年与社会之间整体上调试得非常成功，大多数青年个体没有剧烈的"反抗"或"敌视"，青年群体在社会中成长得很顺利，没有真正意义上的越轨或偏差迹象。其实，"代际的命名本身就夹杂了历史的、社会的、文化的等诸多因素，是话语权力争夺的场域"③。对于父辈与子辈的考察，人们可以发现，"他们对青年时期所面临的成长问题的表达具有内在结构与情感逻辑的一致性"④。我们看到，相似年龄段、相似的经历和经验在一定程度上决定了人们具有相似的思想方式，不同代际的差异是客观存在的。我们不否认青年与中老年人在思想意识、生活方式上存在一定的差异性，这是产生青年发展问题的一个重要原因。但是，把这种有限差异一概说成是两代人之间的"代沟"，这未免太夸大其词了，难以说是严肃的准确的青年研究。

---

① 黄蓉生主编：《青年学研究》，58 页，成都，四川人民出版社，2009。
② 同上书，58 页。
③ 吕鹤颖：《"80 后"青年问题与代沟弥合》，载《学术研究》，2019(8)。
④ 吕鹤颖：《"80 后"青年问题与代沟弥合》，载《学术研究》，2019(8)。

第三节　青年发展问题的治理措施

一、青年发展条件的改善

　　青年发展问题是与社会中的经济、政治、文化问题紧密相连的。青年的发展在形式上包括青年自身的发展和青年与社会的融合发展，但在本质上是青年如何在社会生活中实现自身发展，因此，青年发展问题总是与社会发展问题联系在一起的。在现实生活中，青年发展问题常常被人们归因于青年自身。例如，有人认为青年的感性、冲动及心理不成熟是造成青年发展问题的根源，还有人认为青年的活力、创新性和超前性导致了青年发展问题的出现。这样的看法事实上掩盖了青年发展问题的真相和实质。我们要把青年现象和青年问题放到更广阔的社会生活中去看待、去认识、去分析。"只有将青年放到特定的社会历史背景中、放到特定的社会变迁过程中去分析，才能更深刻、也更全面地认清各种青年现象和青年问题的本质。"①"从根本上说，青年问题是社会问题在青年群体中的体现，而非青年自身的问题。""青年问题虽然不是社会问题的全部，但却是社会系统问题在青年群体的体现，其产生的原因、影响及解决之道都具有社会性和系统性，只有寻根探源，才能真正解决问题。""解决青年问题，就必须运用系统的观点，从社会结构入手，深入分析青年问题所反映的社会矛盾及其深层的社会根源。"②青年发展问题是一种社会发展问题，也浓缩了社会发展中的诸多问题。青年发展问题的产生，具有深刻的社会根源，是与青年发展相关的社会矛盾的集中体现。因此，应对青年发展问题，要从社会寻找原因，通过社会变革化解社会矛盾，改善青年发展的社会条件，促进青年与社会的协调发展。

　　从实践情况看，良好的社会环境是解决青年发展问题的关键所在。青年发展问题的产生与青年在社会中的定位和角色密切相关。"青年生存于社会的种种规定之中。社会通过各种途径和手段制约青年，社会的青年观，社会的青年政策，社会的教育制度，社会的舆论力量，都形成对青年发展

---

　　① 风笑天：《社会变迁背景中的青年问题与青年研究》，载《中州学刊》，2013(1)。
　　② 张永红：《20 世纪 60 年代美国青年运动及其社会应对研究》，175 页，北京，新华出版社，2014。

的决定性影响。"①青年发展问题不仅是青年发展的一种内在规定，而且是社会发展的一种外在规定。青年的发展受到社会发展的决定性制约，青年发展问题终究是社会的一种设定和结果。在社会生活中，青年既是受重视的人群，也是在很大程度上受控制的人群。社会在其现实性上仍然是由中老年人主导的社会，青年在社会生活中更多的是参与者而不是主导者，常常是配角而不是主角。有研究指出，青年的反叛运动往往"反映了青年中积累起来的意义系统、表达方式和手段，青年试图通过这些方式和手段向处于主导地位的意义系统发起挑战，以改变自身处境并获取社会的认同"②。可见，解决青年发展问题的基本措施是社会应该给予青年更多的表达机会，更充分地吸纳青年的意见。政府、学校和家庭等各个方面都要努力创造条件，让青年能够有效地参与社会。青年的参与使得青年有机会扮演不同的社会角色，能够帮助青年检视自我，更准确地认识自我，也获得丰富的切身体验，从而更客观地认识社会。在青年的参与中，青年为社会的发展服务，社会也为青年的发展服务，青年与社会形成了一种和谐共生的良性关系。

青年发展问题固然有自身的原因，但不能只被看成是青年个体能力和适应的结果，而同时应看成是社会结构和社会政策的缺失。在青年教育、青年就业、青年参与等发展问题上，制度环境是影响青年发展的关键因素。青年的发展应该具有平等的发展机会，然而，"事实上却是各种权利、机会和规则的不公平，社会成员身份代际传递现象愈演愈烈，致使不少青年在进入社会后出现各种同自身发展不适应的状况，严重的甚至产生反社会性质的犯罪问题"③。总体而言，青年的发展与社会的发展是正相关的，社会的发展为青年的发展提供了更多的机会，不断拓宽的青年发展渠道推动了青年发展数量与质量的持续提升。但是，就不同青年群体和个体而言，青年的发展在现实中仍然存在许多方面的障碍和不公平。这种不公平体现在青年的教育、就业等多个方面，包括青年发展的支持规则。

解决青年发展问题，要认真审视社会对待青年的方式，解除不利于青年发展的种种制约和束缚，为青年发展提供更为有利的社会条件。要正确

① 杨雄：《社会转型与青年发展》，21页，上海，上海社会科学院出版社，2004。
② 张永红：《20世纪60年代美国青年运动及其社会应对研究》，177页，北京，新华出版社，2014。
③ 潘国雄：《"三大公平"与青年发展研究》，载《探求》，2013(1)。

处理青年的发展与人的发展、与社会发展的关系。青年的发展是人的发展的重心所在，是社会发展的根本所在，以此为基础才能确立青年的发展对社会发展的工具性价值。社会要通过青年发展政策的支持，满足青年发展的要求，为青年优质、全面、自由的发展创造良好的条件。习近平2019年在纪念五四运动100周年大会上的讲话中说："我们要关注青年所思、所忧、所盼，帮助青年解决好他们在毕业求职、创新创业、社会融入、婚恋交友、老人赡养、子女教育等方面的操心事、烦心事，努力为青年创造良好发展条件，让他们感受到关爱就在身边、关怀就在眼前。"①也就是说，为了解决青年的毕业求职、创新创业、社会融入、婚恋交友、老人赡养、子女教育的难题，政府和社会要改善和优化青年发展条件，给予青年发展更多的关心和支持。

青年发展问题作为一种普遍性的存在，其产生具有一般性的根源。只有找到青年发展问题产生的一般性根源，我们才能更好地解决青年发展的具体问题。青年发展问题的解决有赖于社会整体面貌的改善，而针对青年发展问题的具体措施也有助于推动社会问题的解决。"从历史上看，在一个国家的现代化进程中，总会伴随着不断出现的青年问题，尤其在现代化转型时期，青年与社会的冲突往往表现出常态化的特征，成为人们日常生活的组成部分。"②因此，治理青年发展问题的关键是找到一条适宜的路径，并将这条路径加以制度化和法治化。《中长期青年发展规划》提出了形成和完善"具有中国特色的青年发展政策体系和工作机制"③的目标。《中长期青年发展规划》的制定和实施，就是力求把由青年的不同诉求产生的青年发展问题纳入公共政策的范围，使得青年发展问题能够在制度框架下得到有序的解决。制度化地解决青年发展问题，不是消极应对青年发展问题引发的危机，而是要积极整合相关党政部门的资源，争取社会资源的支持，凝聚支持青年发展的力量，形成促进青年发展的合力。

① 习近平：《在纪念五四运动100周年大会上的讲话》，载《人民教育》，2019(9)。
② 张永红：《20世纪60年代美国青年运动及其社会应对研究》，178页，北京，新华出版社，2014。
③ 《中长期青年发展规划（2016—2025年）》，5页，北京，人民出版社，2017。

二、青年发展动力的激发

辩证地看待青年发展问题，就要树立青年发展的外部条件与内部因素相结合的观点。

青年的发展是青年的身心随着时间推移而不断成熟的自然过程，也是青年以个体身份适应社会现实、参与社会活动的过程。青年发展问题是青年走向社会过程的矛盾表现。青年阶段内在地包含着不成熟与成熟的矛盾性，青年既有不成熟的问题，更有走向成熟的希望。从身体发育、心理成熟，到人际交往、社会参与，一个人进入青年阶段，就意味着要比少年儿童面对更多的新情况、新环境，出现一些新的矛盾和问题。青年发展问题的出现具有相当程度的客观必然性。有的青年在进入社会后出现各种与自身发展不相适应的状况，严重的甚至会产生犯罪问题，这些问题的发生固然不能完全归咎于青年本身，但是不能否认青年自身是重要的因素，否则就解释不了大多数青年为什么不会出现这样的问题。

青年发展问题固然是一个社会问题，但也有青年的主体因素，因此，我们不能仅仅从社会角度寻找青年发展问题的治理对策，不能忽视青年在解决自身发展问题中的能动作用。青年是有意识的独立存在，具有人的自主性和主体性。对于青年发展问题，我们不能只看到社会因素，而忽视青年的自身因素。如果撇开青年的自身因素，我们就很难解释为什么在同样的社会环境中、在同样的自然成长阶段，有的青年会出现某种发展问题，而其他青年却不会出现这种发展问题。例如，具有世界普遍性的青年发展问题是青年犯罪，但青年犯罪毕竟只是极少数青年的行为。青年犯罪行为固然有社会因素，但更普遍的是青年个体因素。对于违法犯罪这样的严重问题，我们不能夸大社会因素，而否定人的自身原因。总的说来，解决青年发展问题，在宏观上需要社会条件的不断改善，微观上需要青年自身的努力。

在广大青年勤于学习、勇于奋斗、积极作为的情况下，近年出现了一个社会比较关注的问题，即部分青年的奋斗精神问题。有人把青年与"佛系"相连，制造了怎么都行、不大走心、看淡一切的"佛系青年"一词。"佛系青年"的常用语是"都行""可以""随它去""没关系"。这个网络流行语曾经在全国人民代表大会、全国人民政治协商会议上引发了人大代表和政协委员的关注。从现实条件看，中国形成了世界上人口最多的中等收入群体。

当代青年生活在一个相对富裕的社会，普遍衣食无忧，一些青年难免产生动力不足、安于现状的心态。尽管社会日趋富裕，但社会竞争日益激烈，这给不少青年带来了发展的压力。青年维持基本生活并不难，向上发展却要付出代价，这就容易产生"佛系青年"的现象。如何让青年找回奋斗的青春是人们要直面的一个青年发展问题。

青年作为 14 周岁至 35 周岁的人，正处在人生发展的关键时期。这是一个奋斗的年龄。宝剑锋从磨砺出，梅花香自苦寒来。青年个体只有勤奋学习才能提高本领，只有艰苦奋斗才能做出成绩。一个青年学生如果上课时要么玩手机，要么发呆或睡觉，课余时间沉迷游戏，不上图书馆，也不进运动场，他无疑是在荒废青春，学不到什么本领。一个职业青年如果上班时心不在焉，一味玩手机，刷微信，手里的工作能拖则拖，实在拖不了则敷衍塞责，就不会有前途，只会被淘汰。所有成功的事业都是汗水和智慧换来的，一个人偷过的懒迟早会变成打脸的巴掌。年轻是一个人勤奋学习、刻苦工作的资本。一个青年读过的书、学过的技能、做过的工作都不会白费，这是在默默地积蓄力量，这种力量一定会在某个时间成为跨越人生难关的桥梁。

中国进入了新时代，各方面春意盎然，万象更新，越来越接近民族振兴伟大目标，这使得当代青年处在一个奋斗的时代。民族振兴和国家强起来不会是轻轻松松就能实现的，青年自身的幸福生活也不会出现天上掉馅饼的现象，唯一的路径是不懈奋斗、接力奋斗。青年是标志时代最灵敏的晴雨表，青年的精神状态在很大程度上概括了最具前沿性的时代精神。艰难困苦，玉汝于成。青年奋斗，有一分耕耘就有一分收获，将终生受益；反之，少壮不努力，老大徒伤悲。当代青年要与时代同发展共进步，在民族振兴和国家强大的伟大实践中留下青春奋斗的足迹。"历史承认那些为共同目标劳动因而自己变得高尚的人是伟大人物；经验赞美那些为大多数人带来幸福的人是最幸福的人。"①青年只有积极参与社会发展，在社会的全面进步中贡献智慧和汗水，才能实现自身与社会的协调发展。

---

① 《马克思恩格斯全集》第 40 卷，7 页，北京，人民出版社，1982。

第九章　青年发展政策

　　青年发展不是一个自发的过程，政府等公共部门有必要对青年发展进行人为干预。青年发展需要青年发展政策作为支持。如何运用政策工具对青年发展事务进行有效的治理，是值得青年研究界持续关注的一个重要课题。青年发展政策是一种独立存在的公共政策，具有独特的政策价值。青年发展政策，在内容上涉及青年发展的各个领域，有着丰富而深刻的内在规定性；在形式上包括专门的青年发展政策文本和散落在相关公共政策中的某些青年发展条文，存在多种样式的政策文本。青年发展指标是一项促进青年发展的政策工具，科学的青年发展指标能够促进青年发展政策的有效实施。在推进国家治理体系和治理能力现代化的新形势下，我们有必要加强对中国特色青年发展政策体系的研究和建构。

第一节　青年发展政策的一般分析

一、青年发展政策的必要性分析

　　青年发展政策是党委和政府等公共部门制定的、旨在促进青年发展的行为准则。这些行为准则包括法律法规在内的各种规范性文件。在政策关系上，青年发展政策既属于党的青年工作政策，又是政府公共政策的有机组成部分。青年发展政策具有导向作用，能够把各种青年发展事务纳入党的群团工作事务和政府公共事务的范畴中进行管理，整合青年发展的各方资源，优化青年发展的社会条件，从而保证党和国家关于青年发展事务的意志得到体现、措施得到落实。

　　根据历史唯物主义的观点，人是生产力中最积极、最活跃的因素。青年作为年龄在14周岁至35周岁的人，生命力非常旺盛，是最充满生机和活力的社会群体。青年既是国家强盛的希望，又是国家发展的力量。青年对于国家的发展来说，是最重要的战略资源。只有青年发展得好了，国家才能发展得好。从青年发展与国家发展之间的关系看，青年的发展具有内在的政策需求，应该纳入国家公共政策的范畴，得到国家公共政策的支持。青年的发展不是一个自发的过程，而是一个自觉的过程，离不开青年自身以外的资源供给和力量推动。也就是说，青年的发展与促进青年发展的公共政策之间存在正相关的关系。因此，国家和地方都要积极制定和实施能够促进青年发展的公共政策。中国制定《中长期青年发展规划》，为新时代的青年发展提供强有力的公共政策支持，这是青年发展与国家发展相一致的实践反映，具有客观的必然性。

青年发展政策作为服务青年发展的公共政策，属于青年政策的范畴。在实际工作中，青年在很多情况下没有被当作独立的社会群体，没有被看成公共政策服务的独立对象。在现行的政策科学中，人们往往以政策领域如教育、就业、健康、住房作为研究对象，很少以社会群体如少年、青年、中年作为研究对象，这使得青年政策长期没能进入高校和科研机构的政策研究视野，游离于学术界的公共政策研究之外。在高校的公共政策教材中，不只是没有关于青年政策的专门内容，甚至没有"青年政策"的概念。也就是说，青年政策目前没有成为公共政策研究中独立的问题域。青年具有庞大的人口数量和广泛的分布领域，而且正处在人生成长和发展的关键时期，因此，在公共政策研究领域，青年政策应该有一席之地，应该加强对青年群体的政策研究。《中长期青年发展规划》的制定和实施在实践上说明，青年政策应该成为我国公共政策中一个独立的政策领域。

青年发展政策的存在依据，从根上说在于青年发展事务的客观性和独立性。从青年的群体特征看，青年处在成长期、发展期，青年的生理正在发育，心理正在成熟，阅历还欠丰富，价值观还有待成型，因而比较容易受到外部因素的干扰、影响，甚至伤害。青年作为特定年龄阶段的人群，在生理心理、生活方式、价值观念、教育就业、公共事务参与等广泛领域，具有许多不同于其他年龄人群的发展性诉求，这需要党委、政府等公共部门以青年发展政策的方式给予特殊的保护。"青年在品德、知识、能力等发展中，面临各种学习问题，需要学校、社会和家庭共同努力，尤其是国家出台优化青年成长环境的法律政策、政府出台促进青年学习成长的教育政策。同时，青年的就业和职业发展也面临一些问题，需要政府出台支持青年就业和创业的公共政策，需要国家有关方面为青年的职业发展给予政策支持。青年学习成长顺利了、职业生涯顺利了，才能融入社会生活，成为合格的社会成员。"①可见，青年发展政策是青年发展的内在需求。

从公共治理的角度看，社会生活中存在大量涉及青年发展的公共事务，这是青年发展政策应该独立存在的现实理由。青年发展事务涉及青年的教育培训、健康卫生、就业创业、文化生活、不良行为矫正等多个方面。《中长期青年发展规划》提出了青年发展的 10 个领域，每个领域都涉及一项或多项青年发展的公共事务。为规范管理青年发展的公共事务，党委、政府等各个公共部门有必要制定针对青年群体的特定发展政策。凡是党委、政府等公共部门为解决各项青年发展的公共事务而制定的公共政策，都属于青年发展政策。

青年发展是在社会生活中进行的，受到社会上多方面外在因素的影响，自然离不开相关公共政策的支持。解决青年发展问题，促进青年的更好发展，根本路径是运用公共政策的手段，给予更多的政策支持。从政策科学的角度看，青年发展问题是一个公共政策问题。青年发展政策是为了解决青年发展问题而制定的，解决青年发展问题是青年发展政策的基本目的。青年尤其是未成年的青年，在社会角色上缺乏完全的独立性，在公共政策领域缺少足够的话语权，这在客观上需要党委、政府等公共部门为青年的发展提供更多的支持，更好地维护青年的发展权利，这是青年发展政策独立存在的外在依据。制定青年发展政策，既是促进青年发展的前提条件，也是促进青年发展的基本手段。青年发展政策已经成为国家实现青年利益、发挥青年作用、培养青年人才的重要载体。

公共政策是群体利益的一种反映形式，利益是公共政策的核心要素。无论在理论上还是在实践中，任何社会群体都存在自身的独特利益。青年利益与全民利益尽管在总体上、在根本上是一致的，但在某些具体利益上不完全重合，存在与其他群体之间的利益差异性，具有独立的利益存在。也就是说，青年群体具有不完全等同于其他年龄群体的自身利益。从群体利益的角度看，青年发展政策的本质是对社会整体利益做出和实施有利于青年发展的权威性分配。青年发展政策对青年发展的相关事务做出规定，实际上是一种社会利益的选择和分配。青年发展政策的利益选择，既不是盲目的，也不是任意的，而是有目的、有计划地改善青年发展的条件，消除青年发展的障碍，这使得青年能够实现自身优质、全面和自由的发展。

---

① 张良驯主编：《中国青年政策的创新发展——全面深化改革新时期青年政策研究报告》，3～4 页，北京，中国青年出版社，2015。

　　制定和实施青年发展政策，是国际社会的普遍做法。自从联合国确定
1985 年为"国际青年年"以来，国际社会普遍对青年发展给予了比以前更多
的重视，比较关注青年在人的发展中的特殊需求，并实施了多领域、多形
式的青年发展政策。1995 年第 50 届联合国大会通过的《到 2000 年及其后世
界青年行动纲领》，第一次提出了具有世界意义且比较系统的关于青年发展
的政策框架和行动指导原则，是联合国成立以来在青年发展领域通过的最
具有综合性和纲领性的指导性文件，成为青年发展事务国际化进程中的一
个重要的里程碑。该文件指出，各国的青年人既是发展的主要人力资源，
又是社会变革、经济发展和技术革新的主要推动者。他们的想象力、理想
及充沛的精力对他们所在社会的不断发展至关重要。因此，特别需要重新
推动制定和执行青年政策和方案的工作。用政策处理青年人的难题和潜力
的方式，将影响到当前社会和经济状况及后代的福祉。该文件提出了青年
事务的 10 个优先领域，即教育、就业、饥饿与贫穷、健康、环境、药物滥
用、青少年犯罪、闲暇活动、女孩和青年妇女、青年充分和有效地参与社
会生活和决策。2005 年第 60 届联合国大会通过审查《到 2000 年及其后世界
青年行动纲领》十周年来的执行情况，重申《到 2000 年及其后世界青年行动
纲领》的精神，并增列了青年事务的 5 个新的优先领域，即经济全球化对青
年男女的复杂影响、使用和获得信息通信技术、青年感染艾滋病病毒概率
激增及其对青年的影响、青年积极介入武装冲突、在老龄社会中关注代际
关系的重要性。[①] 通过分析可以发现，以上 15 个青年事务优先领域，从全
球经济中的青年、市民社会中的青年和处于危机中的青年三个方面界定了
青年发展的含义和内容。这说明，社会中存在特殊的青年发展事务，青年
发展政策具有客观存在的独立价值和发挥作用的独特空间。联合国提倡各
国制定跨部门、一体化的国家青年发展政策，主张把青年发展问题纳入国
家发展战略之中，采用全面协调的方式解决青年的发展问题。

　　世界上大多数国家制定了综合性的青年政策，并建立了跨部门的青年
工作协调机构。例如，德国《社会法典》第八部是《儿童与青少年专业工作
法》，对青年的工作机构做出了法律规定，在联邦政府中设立青年工作的专
门机构，各州设立地方青少年事务局，由各级政府青年工作机构负责制定
和实施青年发展政策，协调各种社会组织参与青年发展事务。可以说，按

---

　　① 　共青团中央国际联络部主编：《国外青年与青年工作 2007》，332 页，北京，外
文出版社，2007。

照国际社会的普遍做法，青年发展政策是一个全面性的、配合社会整体发展的政策，旨在从公共政策上保证青年发展事务能够进入政府的工作领域，促使青年发展问题能够得到政府的协调解决。当然，青年发展政策作为针对青年群体的公共政策，必然会受到一个国家的政治、经济和社会发展状况及历史文化的影响，因此，其无论是在内容上还是在形式上，青年政策都具有国家的特色。

中国的青年发展政策是党政机关、立法机关、群团组织等公共部门制定的旨在促进青年优质、全面、自由发展的行为准则。在中国，青年发展政策既是执政党的群众工作的重要内容，又是政府公共政策的重要内容。正因如此，《中长期青年发展规划》才由中共中央、国务院共同发布。任何一种青年发展政策总是通过一定的政策形式得以体现。中国的青年发展政策的形式，主要表现为相关法律法规和党政部门的规范性文件。第一，青年发展政策体现在相关法律法规之中。例如，《中华人民共和国宪法》第十九条规定国家发展社会主义的教育事业，第三十三条规定国家尊重和保障人权，第四十二条规定公民有劳动的权利和义务，第四十六条规定国家培养青年在品德、智力、体质等方面全面发展，这些条文对维护青年发展权、保护青年的教育权和就业权等做出了明确的规定。《中华人民共和国教育法》《中华人民共和国劳动法》《中华人民共和国就业促进法》等保障了青年在接受教育、劳动就业方面的基本权利。此外，《中华人民共和国未成年人保护法》《中华人民共和国预防未成年人犯罪法》两部法律，为保护未成年的青年的合法权益，提供了比较详细的法律依据。第二，青年发展政策体现在党和政府的相关规范性文件之中。例如，《中国共产党章程》第十章专门对党团关系做出了规定，提出"党要坚决支持共青团根据广大青年的特点和需要，生动活泼地、富于创造性地进行工作，充分发挥团的突击队作用和联系广大青年的桥梁作用"，这有利于党在青年工作中维护和实现青年的发展权利。此外，党政部门出台了多个针对青年发展的政策文件，如中共中央办公厅、国务院办公厅2006年印发的《关于进一步加强和改进未成年人校外活动场所建设和管理工作的意见》，对未成年人的校外教育做出了政策安排。具有里程碑意义的是2017年4月发布的《中长期青年发展规划》，从国家层面对青年发展做出了总体安排和整体部署，提出了青年发展的基本思路、主要措施和工作框架，是一个综合性的青年发展政策，对青年发展产生积极的影响。《中长期青年发展规划》提出了到2020年具有中国特色的青年发展政策体系初步形成，到2025年实现具有中国特色的青年发展政策体系更加完善的目标，这个目标一旦实现，将会对我国青年政策的建设和发展产生很大的推动作用。

二、青年发展政策的价值分析

任何公共政策都蕴含着某些特定的价值。"在不同的、多元的、对抗的'价值丛林'中寻求、理解、廓清、考量、确认、表达价值是人们行为尤其是决策行为的首要决定因素。"[1]"社会成员服从政策，执行政策，就是服从于特定的价值意识与价值取向。"[2]无论是政策制定者，还是政策执行者，都注重政策的价值因素。可以说，价值选择是公共政策活动的核心要件，价值分析是公共政策分析的中心环节。

我们要对青年发展政策进行研究，就要在分析青年发展政策事实和政策规范的基础上，进一步阐述其政策价值。只有开展价值分析，我们才能透过现象看本质，找到青年发展政策的制定依据，把握青年发展政策实施的关键问题。青年发展政策的制定和实施过程，是一个确认价值、分配价值和实现价值的过程。在当今利益多样化、不同社会群体利益分化加剧的情况下，青年群体的发展诉求比以往更加具有独立性和特殊性。相应地，青年发展政策的价值问题更为凸显，也更加多样。对青年发展政策的价值问题进行研究，是青年发展政策理论建构的基础性课题，在很大程度上决定着青年发展政策的水平和层次。

青年发展政策对青年的发展做出制度性的规定，增加社会利益分配中的青年发展比重，实质上反映了青年发展政策主体的价值选择。"青年政策的价值选择是官方决策者根据自身价值判断做出的，表象上是政策制定者对青年政策的理解和期望，本质上是政策制定者对于青年政策的价值追求，反映出特定的价值偏好。"[3]任何一项青年发展政策都是面向青年发展领域的措施和规范，都蕴含着党委、政府对青年发展事务的管理、对青年发展工作展开的价值选择。青年发展政策的价值选择"不是一次完成的，而是存在一个从政策问题的认定、政策目标的确立、政策方案的发布，到政策绩效

① 张国庆主编：《公共政策分析》，325 页，上海，复旦大学出版社，2004。
② 陈庆云：《公共政策分析》，83 页，北京，中国经济出版社，1996。
③ 张良驯：《中国青年政策的价值分析》，载《青年探索》，2017(4)。

的评估、政策内容的调整的过程"①。青年的发展出现了一些问题，而这些问题的解决受制于公共政策的缺失，这往往是青年发展政策得以制定的缘由，也是青年发展政策如何实施的依据。影响青年发展政策的价值选择的决定性因素，是青年发展政策的问题及其政策主体对这些问题所持的价值判断。"怎样认识和对待青年，对青年的社会地位、作用以及现实生活中的青年现象、问题做如何理解和判断，引导青年向什么样的方向发展，等等，都是受政策主体的价值观所影响和决定的。"②某项青年发展政策有何种价值，有多大价值，这既具有政策本身的客观性，又具有政策主体的主观性，是两者的有机统一。青年发展政策的价值，在一定意义上说，是被政策主体"赋予"的。青年发展政策的主体需要的满足状况和程度，在很大程度上决定着青年发展政策价值的品质和数量。青年发展政策的制定者对青年发展持有何种价值观念，就会相应地做出与这种价值观念同方向、同性质的价值选择。青年发展政策的价值选择是对青年发展政策的问题和价值观的反映。无论是青年发展政策的制定，还是青年发展政策的执行，以及青年发展政策的评估，都受到政策主体持有的青年发展价值观念的牵动和指引，应该说在工具理性中贯穿着价值理性。

青年发展政策的价值分析包括价值基点、价值标准和价值机制三个基本方面。价值基点分析、价值标准分析、价值机制分析三者共同体现了青年发展政策的独特价值，形成了青年发展政策的价值分析的基本框架。

在青年发展政策的各个价值要素中，有一个符合政策主体的愿望和利益的基点性价值。这个基点性价值体现在青年发展政策的文本之中，贯穿于青年发展政策的活动，是青年发展政策得以制定的出发点，也是青年发展政策如何实施的落脚点。中国青年发展政策的价值基点是"党管青年"原则。这个原则是在《中长期青年发展规划》中首次公开出现的，可以说是从如何促进青年发展的角度提出来的。"党管青年"原则成为中国青年发展政策的价值基点，根本在于中国共产党与中国青年之间存在密切的关系，即党的事业离不开青年，青年的成长依赖于党。我们党在革命、建设和改革中取得的所有成就都有青年洒下的汗水和智慧，都凝聚着青年的热情和奉献，代表广大青年、赢得广大青年、依靠广大青年是我们党不断从一个胜利走向下一个胜利的重要保证，因此，我们党"要用极大力量做好青年工

---

① 张良驯：《中国青年政策的价值分析》，载《青年探索》，2017(4)。
② 田杰：《青年工作理论概要》，60页，北京，中国青年出版社，2003。

作，确保党的事业薪火相传，确保中华民族永续发展"①。青年工作是党的群众工作之一，属于党的工作范围。"党管青年"原则是由中国特色社会主义群团发展道路决定的，反映了中国青年发展的本质要求，即坚持党对青年发展工作的领导，把广大青年培养成中国特色社会主义的建设者和接班人。中国共产党是中国青年发展政策的制定和实施的主导者，正是党的领导为中国青年发展工作提供了方向标和助推器。《中长期青年发展规划》就是由中国共产党的领袖提出、在党中央的直接领导下得以制定和发布的。

青年发展政策包含在众多的公共政策之中，衡量其政策价值的基本标准是"青年首先发展"的理念。人的发展具有阶段性特征，而青年正处在人生发展的关键期，青年发展对于人的一生发展具有至关重要的作用。不仅如此，青年发展还超越自身的范围，对国家和社会的发展具有希望和未来的意义。正因为青年发展在人的发展、国家发展和社会发展中具有特殊的地位，所以青年发展政策的价值标准是，国家在推动人的发展的过程中，要首先促进青年发展。实现青年的首先发展，是人类文明发展和社会进步的一个标志。良好的青年发展政策，能够最大限度地促进青年的优质发展，增加社会的公共利益。青年要首先发展，这体现了青年发展政策内容的伦理性、政策过程的公正性和政策结果的公益性。青年发展政策在本质上是党和国家关于青年在党和国家事业发展中所扮演的角色、所承担的责任及所享有的权利等内容的整体计划，是一种着眼于党和国家事业发展的促进青年首先发展的公共政策。《中长期青年发展规划》首次提出了"青年首先发展"的理念，"不是基于青年与其他年龄群体的比较，而是基于党和国家事业长远发展的根本考量"②。"青年首先发展"的理念成为中国青年发展政策的价值标准，根本在于青年是国家发展的现实力量和未来希望，青年发展与国家发展具有很高的关联度。实施《中长期青年发展规划》，重要的是充分体现"青年首先发展"的理念，确保青年在现实社会中能够得到优先发展。为了贯彻"青年首先发展"的理念，各级党委和政府要更多地关注青年发展问题，把青年发展纳入经济社会发展的整体战略之中，摆在公共政策规划的优先位置，通过相关法律法规、政策措施，切实加强青年发展工作，把促进青年发展的各项工作落在实处。要保证青年有机会参与公共事务和公共治理的决策，通过各种途径广泛听取青年群众对公共事务和公共治理的

①　习近平：《在纪念五四运动100周年大会上的讲话》，载《人民教育》，2019(9)。
②　张良驯：《中国青年政策的价值分析》，载《青年探索》，2017(4)。

意见。"青年首先发展"的理念要体现在青年发展在社会资源分配的优先性上和公共政策制定的先导性上，这就要制定和实施更多的青年发展政策，把更多的公共资源用在青年发展的事业上。

青年发展政策的制定和实施，存在一个如何运行的机制问题。只有建立起良好的政策价值实现机制，我们才能制定出好的青年发展政策，并使之得到有效的实现。因此，《中长期青年发展规划》专门就该规划的实施机制提出了要求，做出了安排。从公共政策的实践看，政策执行是政策从提出到考核成效的核心环节，直接关系到政策的成效。一项青年发展政策在制定后，关键在于能否得到有效的实施。青年发展政策只有在解决青年发展问题、提升青年发展水平的过程中，才能展现其政策价值的有效性。在公共政策领域，许多政策是单一部门能够独立实施的，如教育政策由教育部门单独实施，税务政策由税务部门单独实施，但是，青年发展政策往往不是单一公共部门能够独自实施的，可以说，跨部门协同实施是青年发展政策的基本特征。青年发展政策之所以具有跨部门的特性，是因为青年不是一个孤立、封闭的社会群体，而是一个联系、开放的社会群体，分布在社会生活的各个领域，因而青年发展事务涉及广泛的领域和众多的内容，具有跨界性，这在客观上需要众多相关部门的合作共治。只有建立良好的政策运行机制，我们才能真正实现青年发展政策的目标和效用。青年发展政策的价值实现机制，可以根据实际情况，采用青年发展工作领导小组、联席会议等不同的方式进行，如《中长期青年发展规划》实施工作部际联席会议。但是，无论采用什么方式，核心都是要形成党政领导牵头、党政部门参与的多部门合作共治的实施机制。其中，共青团组织作为党领导的先进青年的群众组织，要在党的领导下，积极主动地发挥好青年发展工作的协调作用。这是《中长期青年发展规划》做出的明确规定。

第二节　青年发展政策的内容和形式

一、青年发展政策的内容

青年发展政策要实现支持青年更好发展的目标，就必须有能够促进青年发展的政策内容。根据逻辑一致性原则，青年发展政策的内容应符合青年发展的含义，切合青年发展的实际，并具有一定的层次性。

从国际上看，各个国家青年发展政策的内容有相同点，也有不同点。

1995 年第 50 届联合国大会通过的《到 2000 年及其后世界青年行动纲领》提出了青年发展的 10 个优先领域，2005 年联合国大会第 60 届会议又增列了青年发展的 5 个优先领域。联合国提出的这 15 个青年发展优先领域，明确了全球范围内要优先考虑、具有共性的青年发展问题，为各个国家制定本国的青年发展政策提供了一个可以参照的内容框架。许多国家借鉴联合国提出的这个青年发展政策的内容框架，制定了本国的促进青年发展的行动纲领和实施计划，取得了新的积极成效。但需要指出的是，一个国家制定什么样的青年发展政策，是由这个国家青年发展的基本状况、制度环境、社会条件和文化传统等多种因素决定的。世界上不存在放之四海而皆准、完全超越国情、在各个国家都同样适用的青年发展政策体系。这是因为青年发展政策总是针对特定国家的青年发展所面临的现实问题而制定和实施的，并要根据时间推移和情况变化进行适当的调整和完善。不同国家面临不同的青年发展问题，拥有不同的青年发展资源，会相应地采取具有自身特点的青年发展政策。

中国的青年发展政策产生于中国的公共政策土壤之上，在本质上属于党的青年工作政策范畴，因此，在借鉴国际社会做法的基础上，其建设要立足中国国情，符合中国青年发展的实际情况，满足中国青年发展的客观需求。以《中长期青年发展规划》为例，该规划既包含青年教育、青年就业、青年健康等普遍的青年发展领域，也包含青年思想道德、青年文化、青年婚恋等特殊的青年发展领域，因此，这是一个具有中国特色的青年发展政策。

青年发展政策是一种关于青年发展的完整而全面的政策，其内容要得到人们的正确理解和认识。我们曾经长期实行思想教育导向型的青年发展政策，把对青年的思想道德教育作为青年发展政策的主要内容。自 20 世纪90 年代以来，在我国市场经济发展和人的权利意识增强的双重推动下，我国青年发展政策不断地增加了服务青年需求、维护青年权益的内容。近年来，有的人热衷于包括未成年在内的儿童福利政策的研究，这对于以前忽视儿童福利研究来说，具有纠偏意义。但是，我们不能简单地把青年发展政策等同于社会政策，甚至窄化为福利政策，因为即使是未成年人也具有成长性和发展性，除了需要社会的照顾和特别保护之外，还需要思想的教育和价值观的培育。青年发展事务不只是社会事务，还具有政治性，还是政治事务。青年发展政策的内容指向的是青年发展事务，而青年发展事务不仅包括服务青年，还包括教育青年、组织青年和管理青年等内容。中国的青年发展事务，不仅是政府的一项公共事务，而且是党的一项重要工作。这决定了青年思想政治工作在中国青年发展事务中处于优先关注的位置。

中国青年发展政策的基本内容框架有八点：一是关于青年社会角色的政策规定。对青年社会角色的规定，既是青年发展政策的制定依据，又是青年发展政策的内在内容。世界各国普遍重视青年的社会角色，支持青年社会作用的更好发挥。我国百年前的五四运动，就把青年发展与国家前途、民族未来联系在一起。新中国成立后，党和国家最高领导人一贯肯定和称赞青年的社会作用，留下了许多富有哲理、十分精彩的话。例如，"世界是你们的，也是我们的，但是归根结底是你们的。你们青年人朝气蓬勃，正在兴旺时期，好像早晨八、九点钟的太阳。希望寄托在你们身上"[1]。"青年兴则国家兴，青年强则国家强，青年有希望，未来的发展就有希望。"[2]"青年一代的理想信念、精神状态、综合素质，是一个国家发展活力的重要体现，也是一个国家核心竞争力的重要因素。"[3]这些话语对青年的社会作用给予了充分肯定，引导和带动了各级党委、政府关注青年发展的需求、完善青年发展的政策。《中长期青年发展规划》等一些青年政策，不但肯定了青年在经济社会发展中的未来作用，而且肯定了青年的现实作用，这有利于更好地发挥青年在科技创新和管理现代化中的骨干作用。

二是关于青年思想道德建设的政策规定。教育青年和服务青年是青年发展政策有机联系、不可分割的两个方面，因此，思想道德教育是青年发展政策的一个重要内容。我国青年发展工作的着眼点是把青年培养成为中国特色社会主义的建设者和接班人，把最大多数青年紧紧凝聚在党的周围，巩固和扩大党执政的青年基础，这是我国青年发展政策具有政治性的鲜明体现。思想道德教育有利于塑造青年正确的人生观和价值观，帮助青年发扬人性之善，为社会公共利益服务。我国已经形成了多方面的青年思想道德教育政策，尤其是在大学生思想政治工作方面，采取了很多有针对性的政策措施。但是，在社会开放、价值多元、思潮激荡的形势下，青年思想

---

① 中共中央文献研究室编：《毛泽东著作专题摘编（上）》，1104 页，北京，中央文献出版社，2003。

② 中共中央文献研究室编：《江泽民思想年编（一九八九—二〇〇八）》，334 页，北京，中央文献出版社，2010。

③ 中共中央文献研究室编：《关于青少年和共青团工作论述摘编》，9 页，北京，中央文献出版社，2017。

道德建设仍然存在许多新情况，面临不少新的挑战。近年来，青年中出现了一些思想道德问题，这需要我们进一步重视和加强青年的思想道德教育工作。

三是关于青年学习成长的政策。学习成长是青年发展的主要任务，学校教育、家庭教育、社会教育是青年发展政策的重要领域。目前，青年学习成长方面存在的突出问题是应试教育仍然存在，对青年的身心发展产生了各种负面影响。为此，我们要继续改革教育制度，尤其是学校的招生考试制度，这使得青年能够接受到更好的教育、学到更有用的知识和技能。我们要打破把教育只看成学校教育的狭隘思想，从学校教育、家庭教育、社会教育有机结合的角度，重视对青年教育的投入，发挥教育在青年学习成长中的重要作用。

四是关于青年生活和健康的政策。青年的生活和健康是青年发展政策的重要内容。青年发展政策要关注青年的独特生活，帮助青年解决恋爱、婚姻、家庭方面的问题。覆盖城乡的青年医疗保障制度，是近年来我国青年福利政策的重大进展。关注青年的健康，这帮助青年获得合理的营养，得到必要的体育锻炼，养成健康的生活方式。我们要从家庭、学校和社会三个方面保护青年生理和心理的健康。青年发展政策引导青年进行积极健康的生活，远离酗酒、打架、沉迷游戏等不良行为。另外，住房问题是青年发展中面临的突出问题。大学毕业生和进城务工的青年的住房需求，应该在全国统一的住房政策中凸显出来。政府主管部门应该对青年的住房问题做出制度性的安排，大中城市的政府要建立和完善青年的住房政策。

五是关于青年就业和职业发展的政策。就业是青年发展政策的优先领域，大学生就业和农村青年转移就业是青年就业的重点领域。各级政府要大力解决青年就业问题，支持青年创业。工作经验、操作技能和工作信息的缺乏是青年就业的障碍，因此，政府要制定更有针对性的青年就业政策，鼓励和支持各种形式的青年就业培训。有条件的地区可以实行青年补贴性就业。对于已经就业的青年，社会和用人单位要关注青年的职业发展，包括引导青年进行职业规划，支持青年学技成才，在实践中培养青年人才，大胆使用青年人才等。青年刚走上工作岗位，有一个适应的过程。用人单位要从工作机制上引导和支持新入职的青年顺利地适应工作要求，引导其与同事和谐相处、友好共事。

六是关于青年参与的政策。青年参与是青年发展政策的一个目标，也是青年发展政策的一个内容。我们要把青年当成社会伙伴，重视青年在政治、经济、文化和社会领域的全面参与。各级党委和政府要运用公共政策手段，通过制度化的渠道，充分地发挥青年在推进国家治理体系和治理能力现代化中的积极作用。要注重为普通青年提供更多的发言权，让他们有机会表达自己的愿望，有渠道参与社会服务，把普通青年从青年发展政策的被动消费者转变为积极参与者。要规范青年的志愿服务的流程，为青年提供便捷的社会参与机会和平台。

七是关于未成年的青年的司法保护政策。未成年的青年需要得到司法上的特别保护。对未成年青年的刑事司法保护政策，包括对作为侵害对象的未成年青年的刑事司法保护和对作为违法犯罪主体的未成年青年的保护两部分内容。目前，未成年青年的司法保护有待加强，一些未成年的闲散青年、困境青年还处于缺管状态，非法侵害他们的案件频发，食品卫生、交通安全等公共安全事故也会涉及他们。关于保护未成年的青年的相关法律法规，还需要进一步建立健全。

八是关于扶持处境不利的青年群体的政策。扶持处境不利的青年群体是青年发展政策的关注重点。家庭经济困难青年、残疾青年、失去父母的青年、父母在外打工的未成年青年、失业青年、问题青年等都是处境不利的青年。"尽管公共青年政策应当针对所有青年，但应当特别关注最弱势和脆弱的青年群体，如有必要须为其开发特殊的战略和项目。"①政府要针对处境不利的青年出台专门的政策，给予更多的关注，提供更多的帮助，解决这些青年在自身发展上面临的实际困难。

二、专项的青年发展政策

青年发展政策在形式上，既可以表现为专项政策，也可以表现为分散政策。

青年发展的专项政策是指党委、政府等公共部门制定的，专门针对青年发展事务、政策文本题目标明青年主体的公共政策。这是党委、政府等公共部门专门就青年群体的整体发展或某一个方面发展所制定的行为准则。青年发展的专项政策，在政策文本的形式上是专门的，在政策文本的内容上集中在青年发展事务，在政策文本的题名上包含"青年"一词或其他体现

---

① 共青团中央国际联络部主编：《国外青年与青年工作 2007》，231 页，北京，外文出版社，2007。

青年主体的名词。建立青年发展的专项政策，有利于汇聚党政资源，形成多个党政部门共同治理青年发展事务的整体合力。青年发展政策的建设，首要的是制定和实施青年发展的专项政策。

国际上普遍存在青年发展的专项政策。例如，1995 年联合国大会通过的《到 2000 年及其后世界青年行动纲领》和 1998 年世界青年事务部长级会议通过的《关于青年政策和方案的里斯本宣言》，都是全球青年发展的专项政策。联合国 2018 年 9 月发布了"青年 2030：联合国青年战略"，旨在促进全球青年在建设和平、安全、公正和可持续发展的世界中发挥积极作用。联合国青年战略的愿景是"建设一个每位青年的人权得以实现，每位青年都能充分发挥潜力，认可青年力量、韧性和作为变革推动者所做的积极贡献的世界"[1]。联合国青年战略提出了应聚焦力量的五大优先领域：一是接触、参与和倡导——让青年发出更有力的声音，以促进建设一个和平、公正和可持续的世界；二是教育和健康基础——为促进青年获得优质教育和保健服务提供支持；三是通过体面工作增强经济权能——支持青年更多地获得体面工作和足酬就业；四是青年与人权——保护和促进青年权利，支持青年政治参与；五是建设和平与复原力——支持青年人作为和平、安全及人道主义行动的推动者发挥作用。

许多国家针对青年发展事务出台专门的国家政策，进行统一的规范、协调和管理。例如，韩国 2013 年 7 月成立了韩国青年委员会，该委员会作为直属总统机构，是青年的代言人，也是政府在青年问题上的智库，其委员"由从事青年政策制定或具有青年工作经验的公务员、企业精英及学生领袖组成"[2]。美国 2008 年成立了联邦青年项目跨部门工作小组，该工作小组包括美国卫生及公共服务部等开展青年项目的 18 个联邦机构，主要职责是整合政府部门、私营领域及教会、社区组织、志愿服务组织等非营利组织的力量，以更好地服务青年、凝聚青年；明确并推广经实践证明效果良好的工作和项目模式，鼓励各方采用高标准的项目评估体系；宣传跨部门协作的成功范例，推广成功经验；开设联邦青年工作官方网站。[3] 俄罗斯 2014 年 11 月发布《俄罗斯联邦至 2025 年国家青年政策纲要》，该纲要规定了保障

---

[1] 共青团中央国际联络部编：《国外青年与青年工作（2014—2018）》，内部发行，12 页，北京，中国青年出版社，2020。

[2] 同上书，3 页。

[3] 同上书，194 页。

国家青年政策实施的各项原则、优先任务和机制。国家青年政策的实施机制包括法律机制、组织机制、信息机制、科学分析机制、社会机制。其中，实施国家青年政策的组织机制包括建立国家青年政策的协商、咨议和协调机构；撰写俄罗斯联邦青年状况和国家青年政策实施状况的年度报告；制订实施国家青年政策的综合性计划并对实施效果进行监测；在联邦、联邦主体和市级层面对青年状况进行科学调查和分析；通过联邦、联邦主体和市级预算拨款，或通过预算外融资的方式为国家青年政策的落实提供资金。① 印度尼西亚 2009 年颁布了《印度尼西亚共和国青年法》，该法包括总则，原则和目标，青年事务的作用、特征、方向和策略，中央及地方政府的义务、权力和责任，青年的角色、责任和权利，青年意识，青年能力培养，青年发展，协调和合作伙伴关系，关于青年事务的基础设施建设，青年组织，社会职责，奖励，资金支持，过渡条款，附则十六章。② 新西兰青年发展部是负责制定青年政策、实现青年发展的政府部门。新西兰青年发展部具有 6 项职能：一是通过"青年之声"这一品牌活动向国家领导层和社会各界反映青年诉求；二是为政府和有关机构提供有关青年的咨询服务；三是为青年提升知识储备、技能、领导力和公共决策及社会参与提供锻炼的机会；四是以青年发展实践和青年参与理论培训青年工作者；五是与非政府组织、慈善机构和企业实体建立伙伴关系，拓展青年工作力量；六是引领多机构协商与合作，与社会组织、政府部门组建联席会议，协调青年工作，为青年发展提出合理建议。③ 总之，从国际经验看，专门的青年发展政策比非专门的，更加有利于整合不同政府部门的相关资源，形成促进青年发展的协同工作态势和各部门齐抓共管的联动局面。

中国青年人口众多，青年发展事务非常重要，但十分繁杂，因此，青年研究界在 20 世纪 80 年代中期就提出了制定专门的青年发展政策的意见和建议。1992 年初随着国家《工会法》《妇女权益保障法》的颁布，当时的共青团中央研究室就建议制定"青年法"，并就"青年法"的立法工作进行了专题的调查研究。1992 年在北京召开的全国省级团委办公室（研究室）主任会议，对"青年法"的立法工作，进行了广泛的讨论和深入的研究。当时，我们这

---

① 共青团中央国际联络部编：《国外青年与青年工作（2014—2018）》，内部发行，190 页，北京，中国青年出版社，2020。

② 同上书，261～274 页。

③ 同上书，358 页。

些共青团中央研究室调研处的工作人员，在参与这项调研的过程中，积极提出自己的意见和建议，对"青年法"充满热情和期待。共青团中央研究室起草的关于"青年法"的调研报告，引起了上级单位的关注和重视。1994 年 3 月国务院常务会议审议通过的《中国 21 世纪议程——中国 21 世纪人口、环境与发展白皮书》提出，"采取措施，保障青年的合法权益。在 1995 年之前制定施行《青年法》及配套法规，将青年的教育、就业、劳动保护、婚姻恋爱及其他社会权利，以法律形式确定下来，反对一切压制、摧残、歧视、迫害和腐蚀青年的行为，防止青年特别是女青年的人身权利受到侵犯；在国家及地方普遍设立青少年保护工作协调机构；建立和改善青年服务体系和社会保障体系"①。可惜，由于多方面原因，"青年法"后来一直没能进入国家的立法程序。全国人大常委会于 1991 年 9 月通过的《中华人民共和国未成年人保护法》，1999 年 6 月通过的《中华人民共和国预防未成年人犯罪法》，对于促进未成年青年的发展无疑具有重要的意义，但是，这两部法律都是针对未成年人的，只涉及少部分的青年。同时，这两部法律一是关于权益保护，二是关于预防犯罪，也就是说，这两部法律只是针对未成年青年的某一方面的发展而不是针对其整体发展的法律。因此，这两部法律不属于专门的青年发展政策。

1993 年 5 月共青团十三大后，共青团中央机关干部到全国各地，就如何推动共青团工作的新发展，进行了为期 1 个月的调研活动。我们在调研中感受到当时的共青团工作正在发生新的变化，必须创新共青团工作的路径方法，才能形成市场经济条件下共青团工作的新格局。1993 年 12 月，共青团十三届二中全会通过了《在建立社会主义市场经济体制进程中我国青年工作战略发展规划》，决定把实施"跨世纪青年文明工程"和"跨世纪青年人才工程"作为青年工作再上新台阶的突破口。此后，共青团中央着力实施青年志愿者活动、希望工程、青年文明号活动、青年岗位能手活动等，创造出了具有广泛社会影响、受到青年积极参与的青年工作品牌。这些品牌活动较好地整合了党政资源和社会资源，时至今日仍然对青年发展产生着积极的推动作用。但是，从青年发展政策的角度看，这个关于青年工作的规划存在以下几个方面的不足。第一，这是共青团中央全会的决议，属于共青团中央的规范性文件，从国家公共政策的效力看，层级不够高。第二，这

---

① 《中国 21 世纪议程——中国 21 世纪人口、环境与发展白皮书》，183 页，北京，中国环境科学出版社，1994。

只是共青团组织制定和实施的，尽管有的工作项目，如青年文明号活动，在实施中也争取到一些中央国家机关相关部门的参与和支持，但整体上毕竟不属于跨部门的青年发展政策。第三，这个文件主要提出了共青团组织善于开展的促进青年发展的具体活动，但缺乏对青年发展的整体上的制度性安排，没能形成长效机制，这导致一些品牌活动在以后要么不开展了，要么力度逐渐减弱。总之，缺乏专门的青年发展政策是我国青年发展政策建设中存在的一个突出问题，这制约着我国青年工作的有效开展和青年的发展。

这种缺乏综合性、跨部门的青年发展专项政策的状况，直到《中长期青年发展规划》的发布，才有了根本性的改变。《中长期青年发展规划》的特点有三点。第一，政策效力较高。这个文件尽管不是法律，但是以中共中央、国务院的名义下发的，属于中国最高层级的规范性文件，具有很高的政策效力。第二，跨部门。这个文件从中国经济社会发展的战略高度，对中国青年发展做出了整体性和制度性的安排，属于国家层面的政府专项规划，涉及许多中央国家机关，不单是共青团中央的部门规划。第三，综合性。这个文件是专门针对青年制定的公共政策，提出了青年思想道德、青年教育、青年健康、青年婚恋、青年就业创业、青年文化、青年社会融入与社会参与、维护青少年合法权益、预防青少年违法犯罪、青年社会保障 10 个青年发展目标或发展措施。因此，这个文件是我国第一个专门针对青年发展的国家政策，对于增强各级党委和政府更加关注和支持青年的发展，对于推进中国青年发展事业，具有极其重要的意义。

此外，各级党委和政府制定了一些青年学生发展的专项政策。例如，2016 年 12 月，中共中央办公厅、国务院办公厅印发《关于进一步引导和鼓励高校毕业生到基层工作的意见》，针对高校毕业生到基层工作中存在的动力不足、渠道不畅、发挥作用不够、发展空间有限、服务保障不力等问题，提出了多渠道开发基层岗位、健全保障措施、实施高校毕业生基层项目、畅通流通渠道、加大财政支持力度、健全工作机制等政策措施。2017 年 11月，政府多部门联合制定了《高校毕业生基层成长计划》，包括实施能力素质培育计划、岗位锻炼成才计划、职业发展支持计划、基层成长环境营造计划、基层成长服务体系建设计划、后备人才计划。

除了党委、人大和政府之外，共青团作为党领导的先进青年的群众组织，也是青年发展政策的一个主体。这就是说，共青团中央制定的关于青年发展的文件，也属于国家层面的青年发展政策。例如，共青团中央于

1994 年 2 月下发的《关于在全国开展创建"青年文明号"活动的意见》，致力于加强青年的职业文明建设，组织和引导青年立足本职岗位诚实劳动、文明从业，树立适应社会主义市场经济要求的敬业意识、创业精神和质量、效益、安全、竞争、服务等观念，在全社会展现当代青年的精神风貌，为推进社会主义物质文明和精神文明建设做出贡献。共青团中央 2019 年印发的《关于切实做好新兴青年群体工作的意见》，针对青年网络作家、文创青年、影视行业青年从业者、青年自媒体人、街舞青年、快递小哥等，建立有效联系，进行思想引领，提供针对性服务，促进建功立业。此外，共青团中央多年来联合相关国家部委制定了不少青年发展政策，取得了较好的政策效果。例如，共青团中央联合多部门实施的"大学生志愿服务西部计划"，招募了一定数量的普通高等学校应届毕业生或在读研究生，到西部基层开展为期 1—3 年的志愿服务工作，鼓励志愿者服务期满后扎根当地就业创业。该计划属于针对大学生的青年发展政策，自 2003 年以来持续实施，已累计选派近 30 万名大学生志愿者到中西部 2100 多个县市区旗基层服务，成为有效的实践育人工程、就业促进工程、人才流动工程和助力扶贫工程。当然，一些共青团单独制定的青年发展政策，由于受到公共政策效力不高和共青团资源有限的制约，往往难以取得理想的政策效果。

三、分散的青年发展政策

青年发展政策除了专门针对青年发展的政策文件外，还包括在非专门针对青年的公共政策文件中涉及青年发展的相关条文。这些涉及青年发展的政策条文，可以称为青年发展的分散政策。青年发展的分散政策是指在不是专门面向青年群体的公共政策中，有一项或几项具体的条文提及青年群体、涉及青年发展事务。应该说，大多数公共政策是面向不同年龄人口的，不是针对特定年龄人群的。青年群体分布在各行各业、各个领域，在学习、工作、生活上与其他年龄人群相互交叉，因此，青年发展政策与其他公共政策存在广泛的横向联系。在面向不分年龄人群的公共政策中，那些专门针对青年发展的条款，也属于青年发展政策。

中国青年发展的分散政策，体现在多个法律法规之中。例如，《中华人民共和国宪法》第四十六条规定，"国家培养青年、少年、儿童在品德、智力、体质等方面全面发展"。可见，青年的发展在国家根本法中有明确的体现。《中华人民共和国教育法》中的部分内容，如公民依法享有平等的受教育机会，受教育者在入学、升学、就业等方面依法享有平等权利，教育应当坚持立德树人，要培养德、智、体、美等方面全面发展的社会主义建设者和接班人，这些都直接涉及青年的教育发展。《中华人民共和国劳动法》中的部分内容，如劳动者享有平等就业和选择职业的权利、取得劳动报酬的权利、休息休假的权利、获得劳动安全卫生保护的权利、接受职业技能培训的权利、享受社会保险和福利的权利、提请劳动争议处理的权利，以及法律规定的其他劳动权利等，都与青年的就业发展相关。《中华人民共和国婚姻法》中的部分内容，如实行婚姻自由、一夫一妻、男女平等的婚姻制度，夫妻在家庭中地位平等，结婚必须男女双方完全自愿等，都与青年的婚姻发展相关。

2019年12月下发的《国务院关于进一步做好稳就业工作的意见》是对全国稳就业工作的总体安排，不属于青年政策的范畴，但第十三条是关于稳定高校毕业生等青年就业的，就属于一项青年发展政策。这一条提出继续组织实施农村教师特岗计划、"三支一扶"计划等基层服务项目；公开招聘一批乡村教师、医生、社会工作者充实基层服务力量；扩大征集应届高校毕业生入伍规模；扩大就业见习规模，适当提高补贴标准，支持企业开发更多见习岗位，这主要是针对青年就业的。国家税务总局等五部委2014年联合下发的《关于支持和促进重点群体创业就业有关税收政策具体实施问题的公告》，不是专门针对青年的，但有专门条文讲到毕业年度高校毕业生从事个体经营的，可以享受相应的税收优惠，这些条文也属于青年发展政策的范畴。

在青年发展的分散政策中，青年发展事务散落在相关的法律法规、规章制度、工作文件之中，因此，这种青年发展政策是一种内隐式的青年发展政策。这些公共政策的主轴是公共事务，不是青年事务，也不是青年发展事务。把这些公共政策说成是青年发展政策，从学术研究的角度看，"是青年研究者辛辛苦苦地对相关文件进行仔细查阅、收集后，才从各种公共政策中寻找、提炼和总结出来的"①。尽管如此，但是在某一项具体的公共政策中，照顾青年发展利益的特殊性，对青年发展做出相关具体条文的规定，有利于促进青年的优质发展，因而具有积极的青年发展意义。

此外，立法机关和政府法制部门在制定与青年人群相关的法律法规时，

---

① 张良驯：《论我国青年政策的独立性、完整性和专项性》，载《中国青年研究》，2015(2)。

通常会征求共青团组织的意见。共青团组织要很好地利用这种青年代言人的良好机会，在进行调查研究、听取青年诉求、征求专家意见的基础上，积极提出能够促进青年发展的意见或建议，或者对于征求意见稿中涉及青年发展的条文提出修改和完善的意见。这达到了共青团组织真实地运用公共政策手段为青年发展服务的目的，有利于青年发展政策的制定和实施。

第三节　青年发展指标的设置

一、青年发展指标的一般界定

青年发展政策制定得是否科学，是否得到了有效的执行，还需要开展有针对性的评估活动。由于青年发展政策的评估需以青年发展指标作为重要依据，因此，制定和实施青年发展指标属于促进青年发展的一种政策工具。这意味着关于青年发展指标的研究属于青年发展政策研究的范畴。

青年发展指标是衡量、监测、评估、预测青年发展状况的基本标准。这是一种针对青年人口的专题性的人的发展指标，是研究青年发展各要素的基本情况、相互关系、所处环境和发展趋势的技术工具。20 世纪 90 年代初，中国青年研究界就开始了对青年发展指标的研究。有文章认为，青年发展指标是"衡量与监测青年发展各个要素及其相互关系的现状和发展趋势的尺度和手段"，是"根据一般指标理论和体系而引申出的，对青年进行教育、引导、管理和研究的一种重要工具。它可以帮助人们充分认识青年的现状，及时准确地发现青年成长过程中的各种变异，为青年的发展提供全面、具体的目标，并为制订各项有关的青年政策提供依据"[1]。有文章指出，制定青年发展指标"首要和关键的指标是青年年龄的界定"[2]。对于青年年龄，前文已做了专门的界定。根据《中长期青年发展规划》的规定，青年发展指标中的青年年龄范围应为 14 岁至 35 岁。

青年发展指标在本质上是青年发展观的反映，体现了青年发展政策的价值追求和目标导向。青年发展指标要依据青年发展内容进行设立，而选

---

[1]　谢维和：《关于建立我国青年社会发展指标体系的初步设想》，载《青年探索》，1991(3)。

[2]　中国青少年研究中心课题组：《当代中国青年发展状况指标体系研究概述》，载《中国青年研究》，2005(5)。

择哪些核心内容作为青年发展指标设立的依据，是基于青年发展指标设立者的价值判断的。青年发展指标从现象上看是青年发展的数据及其数量关系，但这些数据和数量关系所反映的是人们对青年发展的期望和关于青年发展目标的设想。从一般意义上说，有什么样的青年发展的政策价值和政策目标，人们就会设立什么样的青年发展指标。青年发展指标的设立是为了通过可监测的数据，衡量青年发展的基本状况，预测青年发展的未来发展，以引导政府等公共部门按照新的青年发展观的要求，采取促进青年发展的针对性措施。

青年发展包含多个领域、多个层面的内容，因此，青年发展指标不是单一的，而是复合的。多方面的青年发展指标构成了青年发展的指标体系。按照联合国《社会和人口统计体系》一书所言，指标体系是指"一些有规律的、互相作用和互相依赖，并且联合起来的指标群或指标组合"①。青年发展指标应充分体现以青年为中心的衡量标准，以青年人群作为指标的基数来计算平均数或比例数，反映青年自然属性、社会属性和精神属性发展的基本状况。青年发展问题复杂多样，因而用单一的指标无法揭示青年发展的本质和全貌，但是多个指标如果只是进行简单的拼凑和堆积，也不能形成科学的青年发展指标体系。只有把客观上存在连带关系，并且能够揭示青年发展本质的多个指标进行科学的分类组合，我们才能形成真正意义上的青年发展指标体系。在完整的青年发展指标体系中，各个指标之间必然通过某种内在逻辑关系紧密地连接在一起，这种指标架构既符合青年发展的一般理论，又切合青年发展的政策取向。国家和地方都可以建立青年发展的指标体系，对青年在经济社会发展中的情况做出真实的客观的评价，通过多种指标的建立来准确地了解和掌握青年发展的基本状况及其变化趋势。建立青年发展的指标体系，既是反映青年的发展意愿和诉求的民意调查，又是治理青年发展事务的科学手段。对青年发展各类指标的准确测评和比较，可以为制定青年发展政策、编制青年发展规划提供基础性的数据和政策性的依据，从而增强青年发展事务治理的科学性和有效性，提升青年发展工作的层次和水平。

在我国青年工作的实践中，以前缺乏制定和实施青年发展指标的做法。我国青年工作的主要方式是动员、号召和活动，总体上既缺乏运用指标的

---

① 朱庆芳、吴寒光：《社会指标体系》，17 页，北京，中国社会科学出版社，2001。

思维，也缺失科学运用指标的手段，这使得青年工作的过程难以得到及时的监控，成效难以得到准确的评估。《中长期青年发展规划》尽管提出了一些关于青年发展的基本思路和工作措施，但总的情况是原则性很强，操作性不足。《中长期青年发展规划》的重要意义是解决了对青年发展进行规划的"有"的问题，不足之处是对许多青年发展问题的阐述过于原则化和宽泛化。在这种情况下，制定和实施青年发展指标，既是推进《中长期青年发展规划》实施工作的现实需要，也是对该规划文本的有益补充。正是在这种背景下，共青团中央在《中长期青年发展规划》发布后，在2017年6月就启动了青年发展指标的制定工作，广泛开展调查研究，多方征求相关部门及专家学者的意见。令人欣喜的是共青团中央、国家统计局《关于印发〈中长期青年发展规划〉(2016—2025年)统计监测工作方案的通知》在2019年12月25日出台。这个方案的提出，标志着我国开始对青年发展工作进行统计监测，是运用指标开展青年工作的重大创新。

青年发展指标制定和实施的重要性在于其具有多方面的独特功能。青年发展指标具有描述、解释、监测、评价、预测五项基本功能。描述功能是指人们通过青年发展指标，能够描写和叙述青年发展的状况，说明青年发展"是什么"，从而判断和明确青年发展的性质、状态和特征。解释功能是指人们通过青年发展指标，能够对青年发展状况进行阐述，合理地说明青年发展的变化原因、青年发展各要素之间的联系和青年发展的内在规律，回答青年发展"为什么"，从而揭示青年发展的影响因素和发生作用的路径。监测功能是指人们通过青年发展指标，能够依据对青年发展数据和资料的分析，对青年发展的情况进行监视和检测，动态地反映青年发展的实时变化，及时对青年发展的不正常变化进行预警。评价功能是人们通过青年发展指标，能够根据监测结果对青年发展的状况、程度和水平做出评论和介绍，提出改进青年发展措施的对策。预测功能是指人们通过青年发展指标，能够在掌握现有青年发展信息的基础上，依照科学的理论和方法，对未来青年发展的可能情况进行预先的测定，从而预先了解青年发展的过程与结果，预报可能出现的各种问题。

青年要完成走向成熟、接受教育和成家立业的人生任务，要经历从学校到职场、从原生家庭到自建家庭的转换。这要求青年发展指标既能够反映青年的"生命历程特征",又能够帮助青年"适应和完成角色的转换"①。对于国家青年政策来说,"建立一套科学有效的、全面反映青年发展状态与趋向的指标体系,对强化全社会青年工作意识以及对党和国家制定社会发展规划与制定青年工作方针政策意义非凡"②。对于青年工作者来说,"建立科学的青年发展指标,就可使每个青年工作者全面了解青年的现状与发展趋向,及时掌握青年的发展脉搏"③。建立青年发展指标,可以直观地、确切地测定青年发展的程度,预测青年发展的变化,这既有利于对青年发展进行政策干预,帮助青年实现更好的发展,也有利于正确评价青年在经济社会发展中的状况,更充分地发挥青年的社会作用,促进青年得到更好的发展。

二、青年发展指标的现实状况

1995 年联合国大会第 50 届会议和 2005 年联合国大会第 60 届会议先后两次提出了教育、就业、健康等 15 个青年事务的优先领域。这些青年事务优先领域,界定了国际青年发展的基本范围,为各国制定青年发展指标提供了参考框架。但是,国际上没有一个公认的用来度量青年发展状况的青年发展模型和架构,不同的国家和地区都是按照各自的青年发展理念和数据资料,来进行青年发展指标的分类,选取青年发展指标的范畴。在实际工作中,国内外存在多种青年发展指标或青年发展相关指标。其中,代表性的有以下几种。

第一,联合国人类发展指数(Human Development Index)。这不是直接的青年发展指标,但与青年发展指标存在密切的关系。联合国开发计划署从 1990 年开始发布人类发展指数,用以作为衡量各国社会经济发展程度的统计标准。人类发展指数由健康长寿、教育获得和生活水平三部分内容构成。其中,健康长寿部分,用出生时的预期寿命来衡量;教育获得部分,用成人识字率(占 2/3 权重)和小学、中学、大学综合入学率(占 1/3 权重)共同衡量;生活水平部分,用实际人均 GDP(购买力平价美元)来衡量。这三

---

① 王丛彦、张雅文:《沪港青少年发展指标体系比较研究》,载《当代青年研究》,2017(2)。

② 陈志夫:《建立科学的青年发展指标体系》,载《青年探索》,1996(6)。

③ 陈志夫:《建立科学的青年发展指标体系》,载《青年探索》,1996(6)。

个方面的指标组合起来，就可计算出各个国家的人类发展指数。人类发展指数设计的理念是，人类发展并不仅仅是收入和财富的增加，还是人类不断扩大自身需求的过程。基于人获得健康生活水平的需求、获得文化知识的需求和提高生活品质的需求，人类发展指数以三项基础变量进行测算，并依测算结果，进行人类发展指数的国别排序。人类发展指数是健康、教育和收入三个分指数的算术平均值。人类发展指数超过 0.9 的国家为发达国家，超过 0.85 的国家为准发达国家。[①] 有著作认为，人类发展指数"从多个维度反映了人类发展的程度，但纵观所有关于人类发展指标的研究，无不将人视为经济人或有限理性的经济人，强调其物质和精神需要，这种从需求的角度分析人的思路不过是将人看成是具有多重需求的生物体；这些指标强调人类的总体，将人与人之间的关系抽象成社会，忽略了人与人之间的具体关系"[②]。

第二，全球青年发展指数（Global Youth Development Index）。这是全球范围内影响最大的国际青年发展指数。英联邦为了对青年发展进行监测和衡量，制定了全球青年发展指数，从教育、健康和福利、就业与机会、政治参与、公民参与 5 个方面，对全球 183 个国家和地区的青年发展状况进行衡量和比较。其中，教育维度包括中等教育入学率、识字率、"数字原住民"比例 3 个指标；健康和福利维度包括青年死亡率、精神疾病比例、酒精滥用比例、吸毒（药物滥用）比例、艾滋病病毒感染比例、全球福利指数中的得分 6 个指标；就业与机会维度包括"尼特"族比例、青年未就业与成年未就业比例、少年生育率、拥有正规金融机构账户情况 4 个指标；政治参与维度包括是否有青年政策、是否有选民教育、声音是否能达于官方 3 个指标；公民参与维度包括志愿服务时间、帮助陌生人的情况 2 个指标。[③]

第三，国家青年发展指标。在我国，2019 年 12 月 25 日，共青团中央、国家统计局《关于印发〈中长期青年发展规划〉（2016—2025 年）统计监测工作方案的通知》提出了《中长期青年发展规划（2016—2025 年）》的统计监测指标。该统计监测指标由"领域""目标""主要评价指标""计量单位""数据来源"5 个部分组成。其中，"领域"部分与《中长期青年发展规划》中的青年发

① 张维迎：《经济学原理》，369 页，西安，西北大学出版社，2015。
② 巫文强主编：《人的发展经济学研究》第 3 辑，30～31 页，南宁，广西人民出版社，2013。
③ 杨守建：《青年发展规划的监测评估研究》，载《中国青年研究》，2017(9)。

展领域一致，即包括青年思想道德、青年教育、青年健康、青年婚恋、青年就业创业、青年文化、青年社会融入与社会参与、维护青少年合法权益、预防青少年违法犯罪、青年社会保障 10 个领域。"主要评价指标"部分分为"核心指标"和"重要指标"2 种，每个领域分别提出了 1 至 5 个指标。具体情况是，青年思想道德领域设立了"高校、中学和职业学校思想政治理论课每学期课时"1 个指标；青年教育领域设立了"义务教育巩固率""高中阶段毛入学率""义务教育阶段进城务工人员随迁子女在公办学校就读比例""新增劳动力平均受教育年限""高等教育毛入学率"5 个指标；青年健康领域设立了"青年体质达标率""青年学生（14—18 周岁）近视检出率""青年学生（14—21 周岁）肥胖检出率"3 个指标；青年婚恋领域设立了"适龄青年结婚登记人数""青年离婚登记对数""初婚平均年龄"3 个指标；青年就业创业领域设立了"16—24 周岁青年调查失业率"1 个指标；青年文化领域设立了"青年文化人才培养数量""青年平均年图书阅读量""青年互联网渗透率"3 个指标；青年社会融入和社会参与领域设立了"各级人大代表、政协委员中的青年比重""建档立卡贫困人口中的青年比例""青年注册志愿者数量""内地青年出国（境）总人次"4 个指标；维护青少年合法权益领域设立了"未成年人获得法律援助人次"1 个指标；预防青少年违法犯罪领域设立了"专门学校数，在校学生人数""青少年（未成年人）罪犯人数和比重""查出治安违法人员、刑事案件作案人员、吸毒人员中青少年人数"3 个指标；青年社会保障领域设立了"残疾青年接受高等教育和中等教育人数""残疾青年就业率"2 个指标。"数据来源"涉及教育部、国家体育总局、国家卫生健康委员会、民政部、国家统计局、中央宣传部、文化和旅游部、国家广播电视总局、中国文学艺术界联合会、中共中央网络安全与信息化委员会办公室、全国人民代表大会常务委员会办公厅、全国政协办公厅、国务院扶贫开发领导小组办公室、共青团中央、国家移民管理局、司法部、最高人民法院、公安部、中国残疾人联合会 19 个中央国家机关。

其他国家也制定了青年发展指标。例如，美国的青年发展指标体系包括家庭、学校、健康、公民与价值、未来（含就业）5 个维度。日本的青年发展指标体系包括人口、健康与安全、教育、就业、青少年犯罪及不良行为、青年管理政策、对社会的认识、家庭观念、与人交往的观念 9 个维度。[①] 印

---

① 刘刚：《青年发展指标：概念内涵、体系框架和指标测量》，硕士学位论文，复旦大学，2010。

度《国家青年政策（2012 年）》，提出了青年的健康指数、教育指数、工作指数、幸福指数、参与指数 5 个监测指标。① 此外，美国国家教育统计中心在2011 年发布了美国青年发展报告《美国青年：向成年的过渡》。该青年发展报告提出的青少年发展指标涉及几十年来美国 14 周岁至 24 周岁青少年生活的方方面面，包含青少年及其家庭结构、学校、就业、健康等现状调查及发展趋势的多层次数据。其中尤其注重美国青少年在向成年过渡中发生的变化，例如，受教育比率和年限的增长导致工作时间延后，从而导致组建家庭及对下一代抚养的时间顺延等，追踪青年的成长经历信息，并突出他们在学校内外生活之间的联系。《美国青年：向成年的过渡》包含了青年人口统计、学校、就业、学校或工作外活动、卫生与健康、未来目标 6 个维度的 55 个指标。其中，青年人口维度包括美国青年人口、青年人口预测、出生地、家庭状况、流动性、婚恋、未婚女性的生育率或分娩 7 个指标；学校维度包括入学率、高中入学、高中数学与科学课程的选修、预科考试、13岁和 17 岁的阅读及数学水平、国际 15 岁阅读或数学及科学水平、高中停课和开除、高中辍学、大学准备、高中升学、本科生入学、大学费用、财政补助、联邦援助、本科生学业完成时间、经合组织各国大学毕业率、学业完成或受教育程度 17 个指标；就业维度包括 16 岁和 17 岁学生的就业状况、青年劳动参与及失业、按受教育程度划分的青年失业率、高中辍学者的劳动参与、军队中的青年、青年收入中位数、青年贫困率、青年接受公共援助比率 8 个指标。学校和工作外活动维度包括课外活动、学校作业外的计算机使用、家庭作业、志愿工作、宗教信仰、投票、拘捕、暴力犯罪的受害者 8 个指标。卫生与健康维度包括健康保险、健康状况、体重和肥胖、体育锻炼、疾病、残疾、抑郁、药物滥用、人身安全、性行为、死亡原因 11 个指标。未来目标维度包括教育期望、价值观、2002 年春季的高中二年级学生最终毕业率、2002 年春季的高中二年级学生的高等教育率 4 个指标。

日本自 1956 年开始发布《青少年白皮书》，在青少年指标体系的基础上，向社会和国民广泛介绍日本青少年发展状况、存在的问题及与青少年相关的政策和措施，为完善青少年政策、优化青少年成长环境提供了重要依据。青少年发展数据在法律规定下，由政府每年向国会提交，并向社会发布。青少年发展数据包含青少年人口、青少年健康、青少年安全、青少年教育、

① 张良驯主编：《中国青年政策的创新发展——全面深化改革新时期青年政策研究报告》，23 页，北京，中国青年出版社，2015。

青少年劳动就业、青少年违法犯罪、青少年生活和意识 7 大类别 200 多项。除去一些三级指标随着具体情况有所变动外，一、二级指标的整体结构具有较高的稳定性，基本保持了数据的连续性、可比性及进行国际比较的可行性。①

第四，地区青年发展指标。一些地区制定了青年发展指标。例如，《香港青年发展指标》是一套用来评估青年发展状况的指标，每个指标反映了某一个时期某一领域的青年发展状况。该指标涵盖以下领域：青年人口概况、教育、就业、身心健康、青年犯罪与偏差行为、闲暇活动及消费倾向、公民与社会参与、价值观和竞争力。② 香港的青年发展指标包含青年发展的负向指标。"香港卫生署及其他相关部门均定期公布儿童被虐待的数据，儿童及青年自杀、失踪、意外死亡、辍学率、遭遇校园暴力、参与吸毒与援交等在内地看来较为敏感的数据。"③此类负向指标的公布可以促进公众更积极地关注青年发展的问题，进而为青年发展创造更好的社会环境。只有真实、全面的指标体系才能反映出青年发展状况的全貌，才能帮助政府制定有针对性的青年发展政策与措施。

我国青年研究界从不同的角度，对青年发展指标的框架和内容做出了理论上的阐述。其中，代表性的观点如下。

第一，青年发展指标是对青年发展状况和趋向的定性评价与定量评价相结合的科学评价体系，包括"个体发展指标、整体发展指标与社会期望指标"。其中，个体发展指标包括生理发展指标、心理发展指标、卫生健康指标、物质需求指标、婚恋家庭指标、异常行为指标。整体发展指标包括文化教育指标、劳动就业指标、时间分配指标、人际关系指标、青年价值观指标、社会公益事业指标。社会期望指标包括社会结构合理化指标、社会差别缩小指标、开发青年资源指标、社会合理控制指标。④ 这是我国较早的对青年发展指标进行的研究。

第二，青年发展指标的基本框架包括"客观指标、主观指标、相关指

① 张华：《日本青少年发展指标体系的特点及其借鉴意义》，载《中国青年研究》，2014(4)。

② 王丛彦、张雅文：《沪港青少年发展指标体系比较研究》，载《当代青年研究》，2017(2)。

③ 王丛彦、张雅文：《沪港青少年发展指标体系比较研究》，载《当代青年研究》，2017(2)。

④ 陈志夫：《建立科学的青年发展指标体系》，载《青年探索》，1996(6)。

标"三个部分。客观指标也叫社会统计指标，是对青年发展状况的既成事实及其数量表现的一种真实记录，描述的是青年现状。例如，青年人口的年龄构成、健康状况、文化构成、教育状况、职业构成、劳动参与、产业分布、收入水平、婚姻家庭结构、闲暇与消费状况、社会参与状况、偏离行为等，都可以通过社会统计的方式得到准确的反映。主观指标则包括青年对自身生存状态的感受和青年对自身发展的期望与规划两类。前者表现为"满意不满意"，后者表现为"希望怎么样""打算怎么办"。主观指标一般需要通过问卷与访谈进行测量。相关指标是一组与青年发展直接相关的变量。通常应当包括青年工作、青年教育保护与社会保障、青年政策与立法、青年生活环境、弱势青年群体的社会救助、青年偏离行为的社会矫正、青年工作与研究的社会投入等。相关指标一般需要通过文献资料、社会统计、座谈访问等方式收集整理。这样，青年发展指标体系应由精确化的统计数据、标准化的调查问卷和系列化的文献资料共同构成。青年发展指标体系不仅可以清晰地描述青年生存发展的现状和国家、地区间的差异，而且可以及时了解青年对自身状况是否满意和对社会发展适应的程度的情况，以及对自身发展的需求情况，还可以监测导致这种不满意、不适应的原因，对青年发展趋势进行预报，制定调整相关变量，改善青年状况的针对性对策。[①]

第三，青年发展指标包括"统计指标和意向指标"两类。"统计指标主要反映青年在经济社会发展各领域中的具体特征和状况等客观变量"[②]，并进行相应的测量与计算。"意向指标主要是反映青年的价值观念、态度意愿、行为趋向以及社会对青年的评价等主观变量"[③]，并用量化的方式进行分析、判断和预测。这两类指标都是建立青年发展指标体系所必须依赖的。

第四，青年发展指标体系包括三个层面的指标。一级指标包括"青年人口状况指标""青年健康状况指标""青年教育状况指标""青年就业状况指标""青年恋爱婚姻状况指标""青年消费与闲暇状况指标""青年公民参与状况指标""青年人际交往状况指标"8个指标。每个一级指标分别包括几个二级指标。例如，一级指标"青年教育状况指标"包括"青年受教育指标""青年学习

①　张华：《关于构建中国青少年发展指标体系的思考》，载《青年研究》，2003(8)。

②　上海社会科学院青少年研究所：《青年发展与国家战略——上海社会科学院青少年研究所论文精选》，16页，上海，上海社会科学院出版社，2008。

③　同上书，17页。

状况指标""青年科技素养状况指标"3 个二级指标。每个二级指标包括若干个三级指标。例如，二级指标"青年受教育指标"包括"青年各种文化程度的人口数""各种文化程度青年人口占全部青年人口比重""各类学校在校学生数""各类学校当年招生数""各类学校毕业生数""毕业生升学率""青年辍学数与辍学率""各类成人学校在校学生数""各类成人学校招生数""各类成人学校毕业生数""出国青年留学生数""毕业回国青年留学生数""扫除青年文盲数"13 个三级指标。①

第五，青年发展指标体系包括"人口与家庭、教育与学习、就业与福利、健康与闲暇、人际与参与、犯罪与风险、价值与伦理、环境与政策"8 个子系统。其中，"人口与家庭"指标包括青年人口规模、人口构成及婚姻生育，"教育与学习"指标包括青年受教育水平、学习状况、科学素养，"就业与福利"指标包括劳动参与、劳动收入、社会保障、职业稳定，"健康与闲暇"指标包括青年体质状况、心理状态及闲暇生活质量，"人际与参与"指标包括青年人际关系及参与政治生活、社会生活状况，"犯罪与风险"指标包括青年尤其是未成年人犯罪状况、潜在风险及预防和矫正，"价值与伦理"指标包括青年国家观、民族观、人生观、家庭观、职业观，"环境与政策"指标包括青年发展外部环境及青年对政府服务知晓度、满意度。②

三、青年发展指标的理论阐述

在工作流程上，青年发展指标的设置存在一个从指标框架到指标选择，再到指标运用、指标修正的过程。这个设置过程既要符合学理，具有理论上的逻辑性、周延性和科学性，又要切合实际，具有实践上的操作性、可行性和实用性。

第一，青年发展指标的设置要从青年发展概念出发，符合青年发展的基本含义。青年发展指标作为呈现青年发展状况和程度的一种形式，要以青年发展的内容作为基础，是青年发展内容的数量反映。青年发展指标是针对青年发展内容的，衡量的是青年发展各个要素及其相互关系的现状和

---

① 郗杰英主编：《当代中国青年发展状况指标体系研究》，8 页，郑州，文心出版社，2005。

② 刘刚：《青年发展指标：概念内涵、体系框架和指标测量》，硕士学位论文，复旦大学，2010。

发展趋势。青年发展概念标识了青年发展的关键性因素，如何理解青年发展的含义直接关系到青年发展指标的设置，因此，在青年发展指标设置的过程中，青年发展概念始终发挥着基础性的作用。人们持有什么样的青年发展观，就会设置什么样的青年发展指标。青年发展指标要依据青年发展的内容，而选择哪些核心内容作为青年发展指标设立的依据，这是基于青年发展指标设立者的价值判断而进行的。青年发展指标在现象上表现为青年发展的数据及其数量关系，但在这些数据和数量关系背后的是设立者对青年发展的期望和青年发展要达到的目标。也就是说，青年发展指标在本质上是青年发展观的反映，体现了青年发展政策的价值追求和目标导向。

建立青年发展指标的第一步是根据青年发展的含义确定一个指标框架，以界定测度的对象和选择的指标。在中国，青年发展指标属于《中长期青年发展规划》实施的一个内容，因此要紧扣该规划进行设置，着眼于能够推进该规划的实施，引导青年发展的方向。《中长期青年发展规划》包含 10 个青年发展领域，每个发展领域又包含多个发展方面。对于《中长期青年发展规划》的丰富内涵，提出有哪几个青年发展指标的维度，每个维度确定哪些指标，这需要我们进行认真研究，包括这些指标有没有代表性，关联度有多高，是不是应该这么设置等。青年发展指标是青年发展的一面旗帜，对于《中长期青年发展规划》的实施具有导向性，能够促使该规划朝着党和政府的要求、青年自身的需要、青年工作者希望的方向加以实施。

第二，青年发展指标的设置要简单明了，清晰可见，不能烦琐复杂。青年发展包含多方面、多层次的内容，青年发展指标应该分级设置，但这并不意味着青年发展指标一定是很多的。青年发展指标不是越多越好，或者说越复杂越好，相反地，要使用尽量少的青年发展指标揭示青年发展的状况，展现青年发展的程度。从实践看，国际社会制定的青年发展指标体系，如前文已提及的英联邦全球青年发展指数、美国的青年发展指标体系，在一级指标上通常只是个位数。

我国青年研究界关于青年发展指标的理论研究，普遍存在过于烦琐复杂的问题。其实，青年发展指标应该是反映青年发展最紧要的部分、成为青年发展起关键作用的指标。有的文章和著作提出的青年发展指标之所以过多，是因为其提炼不够导致眉毛胡子一把抓。青年发展指标要避免烦琐，就要抓住要点，总结归纳出关键性指标。这就要求青年发展指标的设置者能够从各种纷繁复杂的指标中，提炼出代表和反映青年发展状况和程度的最紧要的指标。

青年发展指标的设置在层级和数量上都不宜过多，而应该恰如其分，恰到好处。从国际社会的普遍做法看，青年发展指标体系最好是只设立两级指标，不宜有更多的层级。我们可以分两个步骤开展青年发展指标的设立工作：第一步是明确青年发展的内容，对相关内容进行逻辑关系的分析，找出这些内容之间的关联，做出价值判断和选择，在此基础上把核心内容转化成指标，设计出青年发展指标体系的一级指标；第二步再对每个一级指标蕴含的青年发展内容进行归纳，去粗存精，找到核心要素，提炼出关键指标，形成青年发展指标体系的二级指标。在青年发展指标体系的两级指标中，每一级设立多少个指标，是需要进行认真论证的。从联合国的发展指数只有健康长寿、教育获得和生活水平3个一级指标，英联邦全球青年发展指数只有教育、健康和福利、就业与机会、政治参与、公民参与5个一级指标的做法看，我们可以提出，青年发展指标体系的一级指标最好是个位数，一般不超过6个。至于青年发展指标体系的一级指标的指向，我们可以借鉴国际社会的普遍做法，确定为青年健康、青年教育、青年就业、青年参与和青年不良行为等。需要指出的是，中国青年发展事务属于党的青年工作的内容，制定和实施《中长期青年发展规划》是为了把青年培养成社会主义建设者和接班人，巩固和扩大党执政的青年群众基础，因此，中国青年发展指标体系中首要的一级指标应该是青年的政治发展，核心是青年对中国政治制度和发展道路的认可程度和参与情况。青年对政治制度、发展道路的认同，如何体现在青年发展指标上是需要好好研究的。另外，在青年发展指标体系的每个一级指标下面，我们可以根据本地区青年发展的具体情况，再设立几个二级指标。二级指标也不宜过多，应该只是个位数，一般不超过5个。这样就形成了由几个一级指标和几个二级指标组成的青年发展指标体系。在青年发展指标体系中，无论是一级指标还是二级指标，每个指标的占比都可以有所区别，应采用加权平均计算的方式，得出最后的分值。

第三，青年发展指标的设置要考虑指标数据获取的可行性。青年发展指标固然首先要从应然上进行设置，但同时要考虑数据获取的现实操作性。也就是说，青年发展指标的设立，既要着眼于应然，符合学理，也要注重实然，现实可行。青年工作者面临的一个现实问题是如何获取青年发展指标的相关数据。青年发展指标的数据，要符合可行性的内在要求，具有明晰的获取渠道，能够正常获取得到。青年分布在各行各业，青年发展事务具有跨界性，这决定了《中长期青年发展规划》的实施是一个复杂的政策执行过程。青年发展指标的数据不是单一部门、单一层级能够独自完成的，需要进行跨部门、跨层级的协同治理。协同部门只有充分认识到青年发展指标的意义和自身的责任，才能主动地提供必要的青年发展指标数据。

青年发展指标是一种数量关系，因而对于难以用统计数据直接反映的那些青年发展内容，就要进行适当的转化，设立可替代的指标。例如，对于青年健康发展指标，尽管经常参加体育锻炼的青年数这个数据很难拿到，但可以选择以下两个替代的数据：一是青年肥胖比例，因为肥胖是国际上通用的健康评估指标，肥胖在很大程度上反映着身体锻炼情况，当然有些肥胖是基因导致的，但更多肥胖代表的是不健康的生活方式；二是青年的主要疾病，如心脑血管疾病等，这方面的相关数据可从政府卫生健康部门找到。

青年思想道德发展的指标设立，往往难以直接形成，而需要进行内容的转化。根据《中长期青年发展规划》的规定，青年思想道德发展的主要内容包括青年能够积极践行社会主义核心价值观，增强中国特色社会主义道路自信、理论自信、制度自信、文化自信，为实现中国梦而奋斗。青年的理想信念状况、价值观状况如何设立指标，如何进行数量统计，需要青年发展指标的设立者转换思路，建立某一个可操作性指标，用相对应的变量去进行抽样调查。例如，可以从服务提供方的角度进行指标设立，把大中学校思想政治课的课时作为青年思想道德发展的一个指标。有著作提出，青年发展指标包括统计指标和意向指标两类。其中，统计指标主要反映青年在经济社会发展各领域中的具体特征和状况等客观变量，并进行相应的测量与计算。意向指标主要是反映青年的价值观念、态度意愿、行为趋向及社会对青年的评价等主观变量，并用量化的方式进行分析、判断和预测。这种意向指标的提法，以及把青年价值观念等称为主观变量的说法，都是不准确的，容易否认青年发展指标的客观性。另外，青年发展指标的设立要尽可能数量化，但其中既要有量化的指标，又要有少数质性的整体判断指标。对于难以量化的像青年价值观这样的内容，如果我们生硬地对其进行量化，该内容就更容易变形走样。

对于共青团组织来说，青年发展指标的数据如何抓取，是一个重要问题。青年发展指标的设立，要具有明晰的数据获取渠道，能够拿到相应的数据。青年发展指标涉及多个国家部委，共青团中央已经通过《中长期青年发展规划》实施工作部际联席会议这个平台，争取相关部委提供青年发展的相应指标，这是一个主要途径。有文章指出，"一方面，要积极争取政府统计部门的支持，将青年发展的部分常规指标纳入统计序列，并进行规范化处理。另一方面，可以积极协调有关职能部门，对现有统计指标进行二次开发，这样既可以大大降低统计成本，又能提高数据有效利用率。比如，有些统计指标，只需要在原有的统计类别和分层中增添一个年龄组变量，便可以满足青年发展指标的统计要求"①。这就是说，关于青年发展指标的数据获取，最重要的是得到国家统计部门和国家相关部委的支持，首先要提供现有的数据，然后是开发新的数据。除了政府部门提供相关数据外，共青团组织可以开展抽样调查，形成调查数据，提供给青年工作者参考。

---

① 刘刚、李永敏：《青年发展指标体系构建及测量方法》，载《当代青年研究》，2011(1)。

第十章　《中长期青年发展规划》

　　《中长期青年发展规划》得以制定和实施，是中国青年政策建设中具有划时代意义的重大突破。《中长期青年发展规划》是针对青年人群的发展政策，符合公共政策建设的一般规律。《中长期青年发展规划》具有丰富的青年工作思想，存在一个从政策制定到政策实施，再到政策评估的完整的政策过程。运用公共政策学的理论和方法，从政策制定、政策思想、政策实施、政策评估四个维度对《中长期青年发展规划》进行完整的政策分析，就可以看到该规划得以制定的必然性及其蕴含的深刻思想，就能够发现该规划实施和评估的路径方法，从而帮助青年工作者科学和理性地推进该规划的有效实施。

第一节　《中长期青年发展规划》的制定

一、《中长期青年发展规划》的内容分析

　　2017 年 4 月，中共中央、国务院印发《中长期青年发展规划》，对新时代中国青年的发展做出了战略规划、总体部署和全面安排。这是中国第一个综合性、跨部门的国家青年政策，结束了国家层面长期没有高层级青年发展政策的状况，标志着中国青年政策建设取得了突破性的发展和历史性的前进。

　　《中长期青年发展规划》文本，在结构上由开头、序言和四部分内容组成。开头部分从青年的社会地位和作用的角度，指出了制定该规划的依据，并对该规划中的青年年龄做出了界定。序言部分既指出了我国青年发展事业所取得的巨大进步和历史性成就，又指出了还存在的亟待解决的突出问题。序言部分对青年的社会作用做了明确的界定，即青年是国家经济社会发展的生力军和中坚力量。序言部分提出，党和国家事业要发展，青年首

先要发展。"青年首先发展"理念的提出，对于推进青年发展事业具有重要的指导意义。

第一部分包括指导思想、根本遵循、总体目标。在指导思想中提出要坚持"党管青年"原则，把青年发展事业直接纳入党的事业范畴。在根本遵循中提出要坚持"以青年为本"，这更加凸显了青年的主体地位。在根本遵循中提出了青年发展工作的基本格局是党委加强领导，政府、群团组织、社会等各方面协同施策。

第二部分包括发展领域、发展目标、发展措施，提出了青年思想道德、青年教育、青年健康、青年婚恋、青年就业创业、青年文化、青年社会融入与社会参与、维护青少年合法权益、预防青少年违法犯罪、青年社会保障10个发展领域和44条发展措施。

第一个发展领域是青年思想道德。发展目标是广大青年积极践行社会主义核心价值观，进一步增强中国特色社会主义道路自信、理论自信、制度自信、文化自信，进一步提高思想道德水平和文明素质，更加巩固为实现中国梦而奋斗的共同思想道德基础。发展措施有加强青年理想信念教育，在青年中培育和践行社会主义核心价值观，分类开展青年思想教育和引导，强化网上思想引领4项措施。

第二个发展领域是青年教育。发展目标是青年受教育权利得到更好保障，基本公共教育服务均等化逐步实现，教育公平程度明显提升，新增劳动力平均受教育年限达到13.5年以上，高等教育毛入学率达到50%以上。发展措施有提高学校育人质量，科学配置教育资源，强化社会实践教育，促进青年终身学习，培育青年人才队伍5项措施。

第三个发展领域是青年健康。发展目标是持续提升青年营养健康水平和体质健康水平，青年体质达标率不低于90%；有效控制青年心理健康问题的发生率，青年心理健康辅导和服务水平得到较大提升；引领青年积极投身健康中国建设。发展措施有提高青年体质健康水平，加强青年心理健康教育和服务，提高各类青年群体健康水平，加强青年健康促进工作4项措施。

第四个发展领域是青年婚恋。发展目标是青年婚恋观念更加文明、健康、理性，青年婚姻家庭和生殖健康服务水平进一步提升，青年的相关法定权利得到更好保障。发展措施有加强青年婚恋观、家庭观教育和引导，切实服务青年婚恋交友，开展青年性健康教育和优生优育宣传教育，保障青年在孕期、产假、哺乳期期间享有的法定权益4项措施。

第五个发展领域是青年就业创业。发展目标是青年就业比较充分，高校毕业生就业保持在较高水平；青年就业权利保障更加完善，青年的薪资待遇、劳动保护、社会保险等合法权益得到充分保护；青年创业服务体系更加完善，创业活力明显提升。发展措施有推动完善促进青年就业创业政策体系，加强青年就业服务，推动青年投身创业实践，加强青年就业权益保障 4 项措施。

第六个发展领域是青年文化。发展目标是更好地引导青年传承中华优秀传统文化、弘扬社会主义先进文化；青年文化活动更加丰富，文化精品不断增多，传播能力大幅提升，人才队伍发展壮大，服务设施、机构和体制更加健全；青年对提升国家文化软实力贡献率显著提高。发展措施有加强文化精品创作生产，丰富青年文化活动，造就青年文化人才，优化青年文化环境，积极支持青年文化建设 5 项措施。

第七个发展领域是青年社会融入与社会参与。发展目标是青年更加主动、自信地适应社会、融入社会；青年社会参与的渠道和方式进一步丰富和畅通，实现积极有序、理性合法参与；共青团、青联、学联组织在促进青年社会融入和社会参与中的主导作用充分发挥，带动各类青年组织在促进青年有序社会参与中发挥积极作用；青年参与社会主义现代化建设的积极性、主动性进一步增强，青年志愿服务水平进一步提高；不同青年群体相互理解尊重；青年对外交流合作不断拓展。发展措施有健全党领导下的以共青团为主导的青年组织体系，着力促进青年更好地实现社会融入，引领青年有序参与政治生活和社会公共事务，鼓励青年在经济社会发展中充分发挥生力军和突击队作用，引导青年社会组织健康有序发展，增进不同青年群体的交流融合，增强港澳台青年的国家认同、民族认同和文化认同，支持青年参与国际交往 8 项措施。

第八个发展领域是维护青少年合法权益。发展目标是维护青少年权益的法律法规和政策体系更加完善，得到全面贯彻实施；保护青少年权益的工作体系和工作机制更加健全，合法权益得到切实维护；侵害青少年合法权益的行为受到有效打击和遏制。发展措施是全面贯彻实施有关青少年发展的法律法规，完善青少年权益维护的法律法规和政策，健全青少年权益保护机制，依法打击侵害青少年合法权益的行为 4 项措施。

第九个发展领域是预防青少年违法犯罪。发展目标是青少年法治宣传教育常态化、全覆盖，青少年法治观念和法治意识不断增强，成长环境进一步净化；形成比较完善的重点青少年群体服务管理和预防犯罪工作格局，建立对有严重不良行为和涉罪的青少年进行教育矫治的有效机制，青少年涉案涉罪数据逐步下降。发展措施有加强法治宣传教育，优化青少年成长环境，做好重点青少年群体服务管理工作，完善未成年人司法保护制度4项措施。

第十个发展领域是青年社会保障。发展目标是社会保障体系充分覆盖青年急需的保障需求，并在各类青年群体之间逐步实现均等化。发展措施有加强对残疾青年的关心关爱和扶持保障，加强青年社会救助工作2项措施。

第三部分是重点项目，提出了青年马克思主义者培养工程、青年社会主义核心价值观培养工程、青年体质健康提升工程、青年就业见习计划、青年文化精品工程、青年网络文明发展工程、中国青年志愿者行动、青年民族团结进步促进工程、港澳台青少年交流工程、青少年事务社会工作专业人才队伍建设工程10个项目。

第四部分是组织实施，提出了加强对规划实施工作的组织领导，建立健全青年发展规划体系，充分发挥共青团维护青年发展权益重要作用，加强服务青年发展阵地建设，保障青年发展经费投入，营造规划实施良好社会环境，建立规划实施情况监测评估机制7项工作内容。

二、《中长期青年发展规划》制定的理论分析

任何一项公共政策得以制定，都不是无缘无故的，而是有着深刻的现实背景和历史理由。我国处在经济建设、政治建设、文化建设、社会建设、生态文明建设五位一体大发展的新时代，存在一些公共问题。从政策科学的角度看，在众多的公共问题中，为什么青年发展问题能够成为一个公共政策问题、《中长期青年发展规划》能够进入国家的公共政策议程，这需要青年研究界做出科学的理论阐述和正确的政策解释。

第一，执政党的意志在《中长期青年发展规划》的制定中起到了核心作用。

党的建设与青年的发展紧密相连，党的事业兴旺发达需要青年的优质发展和积极作为。在中国的政治体系中，青年工作属于党的群众工作的范畴，共青团组织属于党领导的群团组织。党对青年工作实行直接领导，根据党和国家事业发展的需要，研究、谋划和部署青年发展工作。党的政治理念为《中长期青年发展规划》进入国家的公共政策议程奠定了政治基础。

党把青年作为党和国家事业发展的有生力量和未来希望，从党对青年的要求和期望出发，确立了青年发展的领域、目标和措施。青年发展政策包含什么内容，哪些青年发展内容能够成为《中长期青年发展规划》提出的青年发展领域，每个青年发展领域具有什么样的目标、需要采取什么措施，这既取决于青年发展的实际状况，也取决于党对青年发展的价值判断和政治选择。因此，《中长期青年发展规划》的出台，充分体现了我们党对青年成长成才的亲切关怀，对青年事业发展的殷切期望。

政治领袖作为执政党意志的代表者，是青年发展政策议程的创始者和影响青年发展政策议程的关键人。在中国，事关国家经济社会发展全局、全面和长远的决策，通常是由执政党的领袖提议的，重大的青年发展政策和青年工作决策更是如此。从实践情况看，无论是在国家层面，还是在地方层面，青年发展政策问题的认定、重大青年发展政策的设立，往往是由党组织及其主要负责人提出和决定的。制定《中长期青年发展规划》，是习近平同志提出来的。2015 年年初，习近平在中央有关部门报送的一份关于青年发展状况的报告上做出批示，提出要从国家发展战略和国家安全的高度关注青年问题，制定青年发展规划。这是中国制定《中长期青年发展规划》的直接缘起。在中共中央领导下，由共青团中央牵头，35 个中央部门和单位参与，历时近 2 年起草了《中长期青年发展规划》。共青团中央进行了多方面的论证研讨工作，包括开展青年发展状况的专题调查，与有关中央国家机关进行多次协商沟通，面向党政部门、专家学者、青年群众等广泛征求意见和建议。其间，多位中共中央领导人通过听取汇报、做出批示、发表讲话的方式，就如何制定《中长期青年发展规划》提出了具体要求。可以说《中长期青年发展规划》得以进入国家公共政策议程，是政治领袖在对青年的社会角色和发展现状进行事实判断的基础上，做出的一项政治决定和政策决断。《中长期青年发展规划》文本分别经过中共中央政治局常委会会议、国务院常务会议、党中央书记处会议研究审议。可见，《中长期青年发展规划》的制定，具有明显的高层推动的政策特征。《中长期青年发展规划》由中共中央、国务院联合发布，其政策层级是很高的，属于中国最高级别的规范性文件。

第二，青年发展问题的客观存在是《中长期青年发展规划》得以制定的现实依据。

《中长期青年发展规划》的制定，是问题导向的，源于青年发展问题的现实存在。青年发展政策议程建立的出发点是针对青年发展问题提出解决这些问题的具体政策措施。青年发展问题尽管在不同时期都有不同程度的存在，但在社会转型期和急剧变化期出现得更频繁，表现得更突出。全面深化改革导致的社会急剧变迁、带来的青年快速变化，成为分析当代中国青年发展问题的基本时代背景。根据《中长期青年发展规划》发布前一年，即 2016 年英联邦对 183 个国家青年发展指数进行的评定排名，中国的青年发展指数为 0.578，排在第 118 位，低于 0.616 的全球青年发展平均指数。①英联邦青年发展指数所采用的指标，未必具有通用性，有的不完全适用于中国，因此，这种排名难以完全反映中国青年发展的真实水平。但是，毋庸讳言，目前我国青年发展中的确存在多方面的不足，基本状况还不令人满意，整体水平还需要进一步提升。《中长期青年发展规划》指出："青年发展事业与社会主义现代化建设的新要求、经济社会发展的新形势、广大青年的新期待相比，还存在不少亟待解决的突出问题。"②《中长期青年发展规划》提到了青年思想教育的时代性和实效性有待增强等青年发展的问题，还提到了统筹协调青年发展工作的体制机制还不完善的问题，这两个方面的问题使得《中长期青年发展规划》的制定具有现实的必然性。对于青年的发展问题，许多人发表过看法，表示过担心。例如，对于青年的教育问题，无论是专职教师还是普通家长，都说出了自己的看法和观点；对于青年的健康问题，不少人给予了关注，提出了意见；媒体对于青年发展问题不断地进行报道，公众人物时不时地谈论评说，这引起了社会对青年发展问题的广泛讨论。可以说，《中长期青年发展规划》的制定，是党和政府对人们普遍关注青年发展问题做出的积极的政策回应。

包括思想政治问题和民生问题在内的青年发展问题，如果不能得到及时的解决，而任其持续累积、蔓延，就会使得一些青年产生对他人、对社会的不满，严重的还可能引发群体性事件，引起社会动荡。从现实情况看，这些社会动荡固然有经济和政治的复杂因素，但不能否认的是部分青年的发展问题推动了他们参与其中，并成为活跃分子，有的还是骨干分子。事实告诉人们，青年发展问题如果没能得到及时而有效的解决，就可能导致部分青年生活窘迫，成为社会边缘群体，或者其思想观念不正确，缺乏法治意识和法治思维，在这种情况下，一旦有某种外在因素的引发，就很容

---

① 张良驯：《多源流理论视域下青年发展规划的政策议程研究》，载《中国青年研究》，2017(9)。

② 《中长期青年发展规划(2016—2025 年)》，3 页，北京，人民出版社，2017。

易发生群体性事件。应该说，解决青年发展问题是一项维护国家社会稳定和政治安全的基础性工作。正是从这个意义上看，青年发展问题成为《中长期青年发展规划》得以出台的现实原因。

《中长期青年发展规划》指出的青年发展问题，许多是长期存在的，其中一些也有相应的青年政策加以调整，但是，以往青年政策的"碎片化""孤立性"较为严重，没有统一的政策规划和整体上的政策安排。《中长期青年发展规划》作为综合性、跨部门的青年政策，从整体上对青年发展做出规划，超越了单个党政机关的角度，能够较好地解决青年发展政策"零星化""碎片化"的问题。《中长期青年发展规划》不仅提出了青年发展的10个领域，而且在每个领域都提出了青年发展的目标和措施，并提出了10个重点项目，这些措施一旦得到落实，就会极大地促进青年发展问题的切实解决，有力地推动青年实现更优质、更全面、更自由的发展。

第三，《中长期青年发展规划》得以制定，是国家治理体系和治理能力现代化的客观要求。

青年发展事务属于国家的公共事务，需要适应国家治理体系和治理能力现代化的新要求。在国家治理中，人的因素是最活跃的因素，而青年是最富有生机和活力的力量。青年分布在社会生活中的各行各业、国家治理体系中的各个层级。数以亿计的青年参与国家治理，为国家治理现代化增添了巨大的能量。当代青年具有较高的素质和能力、较强的创新创业意识、较好的国际视野，在国家治理中可以发挥更大的作用。国家对青年的中长期发展进行总体性的规划，做出制度性的安排，有利于引导和促进青年的优质发展，进一步发挥青年在国家现代化治理中的生力军作用。

从青年工作机制看，我国青年工作多年来的通常做法是开展各种主题活动，但缺少具体的制度设计和机制建设，因而无论是工作项目还是工作内容都存在聚焦不够的问题，缺乏整体性和连续性。国家治理现代化在客观上要求我们采用法治思维和法治方式推进青年工作，通过制定综合性、跨部门的青年政策，提高青年工作的制度化水平。青年发展问题浓缩了社会的诸多问题，涉及社会多个方面，因而其解决需要相关党政部门和社会方面的协同合力。为了更好地发挥青年在国家治理现代化中的积极作用，青年工作必须得到进一步加强，进行进一步的改善。制定《中长期青年发展规划》，有利于把青年发展和青年工作纳入国家治理体系之中，使其得到更好的政策保障。青年发展是一个自然的变化和进步的过程，也是一个人为的干预和促进的过程。国家有必要对青年的发展进行适当的干预和管理。

青年的发展包含自然因素的作用，青年生命力旺盛，学习力很强，这决定了青年发展具有内在的必然性。青年通过学习和实践，会天然地提高自身各种素质和能力，实现自身的更好发展。但是，青年如何发展、其发展的速度和质量，不完全是自发的，这需要国家公共政策的干预和调节。制定《中长期青年发展规划》，就是要把青年发展纳入国家治理体系中，运用公共政策的手段，对青年发展进行目标设定和过程管理，促进青年发展按照国家的要求、社会的期望、家庭的期待和青年自身的意愿，实现有序的发展，以取得新的更大的进步。

三、《中长期青年发展规划》制定的实践分析

《中长期青年发展规划》尽管是 2015 年开始进入国家的政策议程的，但在此之前，共青团中央已经进行了多年的青年政策实践，一些地方也制定了本地区的青年发展相关规划，这些为《中长期青年发展规划》的制定做了实践上的准备，并提供了可资借鉴的青年发展规划文本。

第一，共青团中央的青年政策实践，为《中长期青年发展规划》的制定提供了政策事实和政策价值的基础。

共青团作为党和政府联系青年的桥梁和纽带，是青年政策的重要主体，长期致力于争取党委、政府出台青年发展政策。20 世纪 90 年代初，共青团中央研究室就"青年法"的立法工作，在全国进行了广泛的调查研究，并形成了专门的调查报告。这份调查报告上报中央有关部门后，为 1994 年 3 月国务院常务会议在审议通过的《中国 21 世纪议程——中国 21 世纪人口、环境与发展白皮书》中做出制定"青年法"的决定，提供了事实和法律依据。尽管"青年法"后来一直没能进入立法程序，但共青团多年来克服青年工作法律支持不足的不利条件，采用联合相关党政部门下发文件的方式，制定了许多针对青年发展的政策。例如，共青团中央从 1994 年初开始，分别联合国家 20 个部委制定了开展青年文明号活动的政策文件，对青年的职业道德教育、职业技能训练和职业效益考核做出了政策规定，这有效地动员了政府资源和社会资源为青年的职业发展提供更好的服务。此外，共青团多年来联合国家相关部委实施了青年志愿者西部服务计划、青年就业见习计划等许多青年工作项目，积累了青年发展政策的丰富实践经验。无论是"青年法"的探索，还是与国家相关部委联合发文，以及青年工作项目的实施，都为《中长期青年发展规划》的出台奠定了政策基础，创造了政策条件。共青

团中央多年来开展的"挑战杯"竞赛、12355 青少年服务台等工作,实施的青年马克思主义者培养工程、青年网络文明发展工程等许多项目,直接成为《中长期青年发展规划》的文本内容。对《中长期青年发展规划》文本进行分析后,我们可以发现,从工作思路、工作原则,到工作内容、工作措施,该规划具有明显的共青团痕迹,散发出浓郁的共青团味道。可以说,共青团中央的政策实践为《中长期青年发展规划》的制定提供了备选方案和政策建议。

第二,地方青年发展相关规划的制定和实施,为《中长期青年发展规划》的出台提供了实践探索和参考文本。

中国一些省市从 21 世纪初开始就制定了本地区的青年发展相关规划。2000 年,中共山东省烟台市委、烟台市人民政府依托市青少年工作委员会,发布了《烟台市青少年发展纲要(2000-2005)》。这个纲要是中国列入政府专项规划序列的第一个青年发展相关规划。此后,一些省市县先后制定了青年发展的相关规划。在《中长期青年发展规划》发布之前,已经制定和实施本地区青年发展规划的地区有上海市、北京市、重庆市、江苏省、浙江省、湖南省、江西省、山西省、河南省,以及陕西省西安市、湖北省武汉市、黑龙江省哈尔滨市、山东省烟台市、广西壮族自治区南宁市、安徽省合肥市、河南省焦作市、广东省河源市、浙江省丽水市、山西省阳泉市、江苏省扬州市,以及浙江省丽水市莲都区、浙江省桐庐县、四川省犍为县等行政区。这些地区发布的地方青年发展规划周期普遍为 5 年,与地方的经济社会发展规划周期相一致。多层级的地方青年发展规划为《中长期青年发展规划》的制定,进行了积极的探索,积累了丰富的经验。

地方青年发展规划的体例和内容为《中长期青年发展规划》的编制提供了有益的参考。例如,《上海市青少年发展"十三五"规划》包括上海青少年发展的背景和趋势、青少年发展的指导思想和总体目标、青少年发展的任务与举措、青少年发展的重点项目、青少年发展的保障措施 5 个部分。该目标提出了价值体系等 9 个测量板块和青少年诚信行为等 16 个核心指标。这些内容成为《中长期青年发展规划》编制的参照和借鉴。

第三,青年研究界的学术研究,为《中长期青年发展规划》的出台提供了学理依据和理论参考。

青年研究界提出的青年发展政策建议,对《中长期青年发展规划》备选方案的选择和政策议程的建立产生了积极的促进作用。多年来,一些青年研究者对制定综合性的青年政策的必要性和可行性进行了理论研究,提出了政策建议。例如，1994 年出版的《当代青年社会学》一书提出，无论是发展中国家还是发达国家，对于青年问题的解决，都"开始强调一般性的青年政策体系与专项政策的结合"①，而不是单纯采用"头疼医头，脚疼医脚"的解决措施。"这就需要一般性的青年政策体系作为依据，没有这一点，青年问题的解决不可能有效和彻底。"②2005 年发表的《关于完善我国青年政策的几点思考》一文提出，国际社会的普遍做法是实行综合性的青年政策，"我国有必要制定包括青年法、政府青年总纲在内的集中性的综合青年政策"③。2009 年发表的《当代社会思潮与青年发展问题的思考》一文提出，"破解青年发展问题的重点应该放在完善和健全国家、社会现有的涉及青年发展的政策"上，"最主要的是，国家应当尽快专门制定有关青年发展的中长期战略规划，从制度与法律层面确定青年发展的优先地位，以实现青年与社会共同发展的双重目标"④。该文章明确提出要制定关于青年发展的中长期战略规划，这具有十分积极的意义。2015 年出版的《中国青年政策的创新发展——全面深化改革新时期青年政策研究报告》一书，把青年政策的内容概括为"关于青年地位和作用的政策"，"关于青年思想引导的政策"，"关于青年学习成长的政策"，"关于青年生活和健康的政策"，"关于青年就业和职业发展的政策"，"关于青年参与的政策"，"关于青年司法保护的政策"，"关于扶持弱势青年群体的政策"⑤八个方面。这些内容在《中长期青年发展规划》中得到了不同程度的体现。

第二节 《中长期青年发展规划》的思想

一、关于青年社会作用的思想创新

《中长期青年发展规划》在对中国青年发展进行专项规划的过程中，总

---

① 谢维和、陆建华、曲力秋：《当代青年社会学》，402 页，北京，中国青年出版社，1994。
② 同上书，402 页。
③ 张良驯：《关于完善我国青年政策的几点思考》，载《中国青年研究》，2005(7)。
④ 郑大俊、高立伟：《当代社会思潮与青年发展问题的思考》，载《思想理论教育导刊》，2009(12)。
⑤ 张良驯主编：《中国青年政策的创新发展——全面深化改革新时期青年政策研究报告》，11~13 页，北京，中国青年出版社，2015。

结和发展了近年来中国青年工作的思想理论，提出了很多具有时代特征的青年思想和青年工作思想，实现了青年工作理论的与时俱进。

《中长期青年发展规划》的理论创新，首先反映在青年观上。青年观是人们建立在实践基础上的关于青年的本质特征和社会作用的基本观点。如何认识和看待青年发展，是青年工作需要面临的首要问题，也是制定青年发展政策的逻辑起点。人们"有什么样的青年观，就会制定什么样的青年政策，开展什么样的青年工作"[①]。中国的青年政策是建立在马克思主义青年观之上的，《中长期青年发展规划》坚持和发展了马克思主义青年观。《中长期青年发展规划》基于青年发展的战略地位，"站在党和国家事业后继有人、兴旺发达的高度，把青年发展摆在党和国家工作全局中更加重要的战略位置，整体思考、科学规划、全面推进"[②]，把促进青年发展作为国家的一项基础性、战略性工程。

青年发展地位源于青年具有的独特社会作用。《中长期青年发展规划》开头就指出："青年是国家的未来、民族的希望。青年兴则民族兴，青年强则国家强。"[③]可见，《中长期青年发展规划》是从青年的社会作用说起的，青年的社会作用是制定《中长期青年发展规划》的出发点。《中长期青年发展规划》在序言中的第一句话是"党和国家历来高度重视青年、关怀青年、信任青年，始终坚持把青年作为党和人民事业发展的生力军，为青年在革命、建设、改革中施展才华创造条件、提供舞台"[④]。这表明，《中长期青年发展规划》的制定体现了党和政府对青年发展的重视，对青年具有的生力军作用的肯定。应该说，青年是国家的未来和民族的希望，青年是经济社会发展的生力军和突击队，把青年兴盛与民族振兴、国家富强联系在一起，这是党和政府一贯持有的马克思主义青年观。《中长期青年发展规划》进一步提出青年是党和人民事业的生力军，这样的提法强化了青年的生力军角色，突出了青年的生力军作用。

《中长期青年发展规划》提出，"青年是国家经济社会发展的生力军和中

---

① 张良驯：《新时代青年工作理论创新研究——对〈中长期青年发展规划（2016—2025年）〉青年工作思想的分析》，载《青年发展论坛》，2018(1)。

② 《中长期青年发展规划（2016—2025年）》，4页，北京，人民出版社，2017。

③ 同上书，1页。

④ 同上书，1页。

坚力量"①。这句话在肯定青年生力军作用的基础上，第一次在国家青年政策中认定青年是国家经济社会发展中的中坚力量。中坚力量意味着青年个体在一个集体中是骨干分子，在一项事业中起到支撑作用。"中坚力量的新界定，突破了以往讲得最多的'青年是未来'的说法，是对青年社会角色的一种新的现实定位，具有丰富的内涵和深刻的含义。"②在以往，受父权主义文化的影响，社会普遍把青年看成是不成熟、依附性、从属性的"过渡人"。无论在家庭、学校中还是在社会上，青年与中老年人"没有平等对话、平等共事的权利"③。"当青年提出自己的各项需要时，通常得到的答复是：你们现在的任务是学习，未来是属于你们的。殊不知，到'未来'那一天降临时，现在的青年已经不属于青年了。"④这就意味着青年对现在缺乏拥有感。国家只有使青年在社会生活中"获得平等发展的机会，青年的角色冲突才有可能减少"⑤。未来导向强调青年的未来性，这固然有道理，但不能因此忽视青年的现在性。"青年观上过分重视青年的'未来'价值，恰恰就容易忽视青年的当前的价值，忽视青年发展中存在的问题和出现的新情况新问题，未来导向不是青年观的完全失误，而是一种不完整的青年观，是对青年认识片面性的一种体现。'未来导向'倾向下的青年观可能会导致忽略青年的'现在'，忽略青年现实中的需求，无视青年诉求，即'青年问题'的出现。"⑥青年时期从 14 周岁到 35 周岁，具有长达 22 年的时间跨度，许多青年能够成熟地进行思考和行动，因此，我们不能简单地认为青年的参与只是属于未来，而应该认可他们的当下参与，承认青年参与的独立价值和重要作用，从而积极支持青年更加广泛地进行社会参与。

从代际更替来看，青年是未来，这是自然规律，具有必然性。但是，青年不仅是一种未来存在，也是一种现实存在。仅仅把青年定位在未来上，而忽视青年的当下作用，这是不符合事实的，也是不完整的。从实际情况看，广大青年在革命战争年代冲锋陷阵、抛洒热血，在社会主义建设时期

---

① 《中长期青年发展规划（2016—2025 年）》，3 页，北京，人民出版社，2017。

② 张良驯：《新时代青年工作理论创新研究——对〈中长期青年发展规划（2016—2025 年）〉青年工作思想的分析》，载《青年发展论坛》，2018(1)。

③ 邝海春：《困惑的新生代——现代青年社会学》，115 页，南宁，广西教育出版社，1989。

④ 同上书，115 页。

⑤ 同上书，115 页。

⑥ 张春枝：《中国共产党青年观研究》，博士学位论文，武汉大学，2013。

辛勤劳动、挥洒汗水，在改革开放时期创新创业、攻坚克难，在中国各个历史时期都发挥了不可替代的骨干作用。可以说，国家各项事业的持续发展是与一代又一代青年的接力奋斗分不开的，凝聚着各个年代青年的辛勤、汗水和智慧。青年在经济社会发展的各个领域，都是活跃的劳动者和创造者，而在体育、军事、高新技术等领域更是毋庸置疑的中坚力量。除了体育、军事主要由青年参与和支撑之外，人们多年前就在媒体上谈论，IT 企业的主要经营者、管理者或创办人也是青年，青年已经成为计算机领域的中坚力量。可见，《中长期青年发展规划》把青年作为国家经济社会发展中的中坚力量，是符合实际情况的，"是对青年更为完整的社会定位"[1]。从国际上看，有的国家在青年政策中明确肯定青年的重要现实作用。例如，2009 年颁布的《印度尼西亚共和国青年法》指出，"青年作为民族运动先驱，在国家解放、统一、宣布主权的过程中起到了中坚力量的作用"。"在民族复兴和觉醒过程中，青年起到至关重要的作用。"[2]《墨西哥国家青年计划（2014—2018 年）》指出，青年"过去和现在都是国家社会政治与文化历史的主角"，"引领着文化、经济和社会趋势与变革"。[3]

　　青年是经济社会发展的生力军和中坚力量的社会定位，决定了青年要承担起时代赋予的社会责任。一代青年有一代青年的历史际遇和时代责任。《中长期青年发展规划》指出，未来 10 年是实现"两个一百年"奋斗目标、实现中华民族伟大复兴中国梦的关键时期，这需要青年一代充分发挥作用，在改革发展稳定的第一线建功立业、接续奋斗。青年一代有理想、有本领、有担当，国家就有前途，民族就有希望，实现中华民族伟大复兴就有源源不断的强大力量。近代以来，历代青年都富有民族复兴的梦想，都为实现这个伟大梦想做出巨大的贡献。中华民族伟大复兴的中国梦终将在一代又一代青年的接力奋斗中变为现实。现在，我们越来越接近实现中华民族伟大复兴的目标，距离目标越接近，越需要广大青年的努力奋斗。实现中国梦，青年责无旁贷。广大青年要勇于肩负起为中国梦而奋斗的时代责任。中国正在致力于在 21 世纪中叶成为社会主义现代化强国。从今后 30 年的时

---

　　[1]　张良驯：《新时代青年工作理论创新研究——对〈中长期青年发展规划（2016—2025 年）〉青年工作思想的分析》，载《青年发展论坛》，2018(1)。

　　[2]　共青团中央国际联络部编：《国外青年与青年工作（2014—2018）》，内部发行，261 页，北京，中国青年出版社，2020。

　　[3]　同上书，15 页。

间跨度看，实现中国梦的历史接力棒正在交到当代青年的手中。这一代青年的优质发展，直接关系到国家富强和民族复兴目标的实现。《中长期青年发展规划》指出，"赢得青年才能赢得未来，塑造青年才能塑造未来"，要通过推进青年发展，"努力形成青年人人都能成才、人人皆可出彩的生动局面，为实现'两个一百年'奋斗目标、实现中华民族伟大复兴的中国梦注入强劲、持久的青春动力"[①]。当代青年生逢其时，与中国走向强大同生共长，青年必将成为中国梦实现的历史见证者和伟大实践者。

二、关于青年工作原则的思想创新

青年工作原则是指青年工作所依据的基本准则。以前人们较熟悉的青年工作原则是坚持党的领导、发挥党和政府联系青年的桥梁和纽带作用，坚持围绕中心、服务大局的方向，坚持服务青年的工作生命线等。《中长期青年发展规划》在阐述其"指导思想"时提出了"坚持党管青年原则"[②]。"党管青年"是继党管干部、党管人才之后，又一个针对特定人群的党的工作原则。"党管青年"原则的提出，是党的青年工作理论的重大创新，是做好新时代青年工作的根本保证。"党管青年主要是管战略、管政策、管协调、管服务，包括提出青年发展战略，制定和实施重大青年政策，协调各方面力量共同参与和推动青年工作，为青年学习成长、干事创业提供具体服务。"[③]《中长期青年发展规划》是由中共中央、国务院共同发布的，这本身就是党管青年原则的一个生动体现。坚持党管青年原则，要充分发挥党总揽全局、协调各方的领导核心作用，进一步从战略高度来看待和谋划青年的发展工作。党管青年原则有利于青年工作的力量整合和青年发展的资源供给，它将优化青年发展的环境，创造青年发展的条件，这对于青年的更好发展将产生重要的推动作用。

坚持党管青年原则，既是确保党的事业能够接续奋斗、代代相传的必要措施，也是确保青年一代能够健康成长、全面发展的关键所在。党管青年原则要求各级党组织研究青年学习成长的特点，遵循青年成长发展的规

① 《中长期青年发展规划（2016—2025年）》，4页，北京，人民出版社，2017。

② 同上书，4页。

③ 张良驯：《新时代青年工作理论创新研究——对〈中长期青年发展规划（2016—2025年）〉青年工作思想的分析》，载《青年发展论坛》，2018(1)。

律，针对不同青年群体采取不同的对策，既加强对青年的思想引导，又关心青年的实际利益，为青年成长发展提供有针对性的教育和服务。《中长期青年发展规划》肯定了党组织在为青年"施展才华创造条件""激发青年的参与热情和创新活力""解决青年的现实问题和迫切需要"①方面的重大作用。同时，这也是对党组织如何帮助青年发展提出的明确要求。创造条件、激发热情、解决问题三个方面，是党组织在青年发展中的工作着力点，也是如何促进青年发展的具体路径。党组织只有做好了这三个方面的工作，才能够促进青年实现更好的发展，把青年培养成为党的事业的接班人和建设者。

坚持党管青年原则，就要优化青年发展的环境。青年在成长发展中不可避免地会遇到各种困难，出现一些发展问题，社会的急剧变化还会加剧青年发展问题的出现。从社会角度看，解决青年发展问题就要考察社会对待青年的方式，消除不利于青年发展的种种制约因素，为青年发展提供良好的社会环境。为了优化青年发展的环境，我们要制定和实施各种青年发展政策。政策是利益调整的手段，利益是公共政策的核心要素，因此，青年发展政策的本质是对社会利益做出有利于青年发展的权威性分配。党是政策目标的创制者、利益表达的聚合者、重大政策的决策者。许多重大青年政策的制定，是由党组织及其负责人提议或决定的。青年发展政策属于党的群众工作政策的范畴。坚持党管青年原则，就要以切实实施青年发展政策为保障，让青年获得实实在在的政策红利。落实党管青年原则，一方面有利于推动现有青年发展政策的有效实施，另一方面有利于推动制定更多新的青年发展政策，从而更好地照顾青年的特殊利益诉求，使青年有更多的获得感。

落实党管青年原则，就要加强党对青年工作的领导。党管青年原则强化了青年工作是党的群众工作的本质属性。国务院设立了妇女儿童工作委员会，把妇女工作纳入政府工作范围。与妇女工作不同，青年工作在政府序列中没有设立工作机构，只是属于党的群众工作序列。因此，各级党组织要把青年工作作为党的工作的有机组成部分，与党的其他工作如组织工作、宣传工作一起，同安排、同实施、同考核。

---

① 《中长期青年发展规划（2016—2025年）》，1~2页，北京，人民出版社，2017。

三、关于青年工作方式的思想创新

青年工作方式是指人们在青年工作中采用的手段、方法和载体。青年工作的对象、条件和环境在不断发生变化，这必然会提出创新青年工作方式的要求。青年工作方式的创新要求是长期存在的，而在社会急剧变化时期尤其强烈。在改革开放初期，如何创新青年工作方式曾经引起青年工作实务界和研究界的热烈讨论。在全面深化改革的当今时代，青年工作方式的改变不只是必然的，而且是紧迫的。

《中长期青年发展规划》在阐述"根本遵循"时要求"坚持以青年为本，尊重青年主体地位"①。以青年为本，看似是青年工作的理念和原则，其实是青年工作的根本方式。以青年为本之所以属于工作方式，是因为理念是行动的先导，任何具体的工作方式都源于对工作方式的基本理念。以青年为本，作为青年工作的根本方式，孕育了青年工作的其他方式，凸显了青年工作的性质，这使得青年工作与其他工作相区分。无论过去还是现在，青年工作中出现的各种问题，从根本上说是在关于如何开展青年工作的理念上出现了问题，因此，青年工作的理论和实践创新，首先就是要确立以青年为本的工作方式。2018 年 7 月，习近平在同团中央新一届领导班子集体谈话时，提出了党中央关于青年工作的七项要求，其中之一是明确青年工作的路径方法。青年工作的路径方法，首要是以青年为本，做青年友，不做青年"官"。以青年为本成为青年工作的根本方式，是由青年工作的性质和特点决定的。青年工作具有天然的青年性。党之所以要开展青年工作，就是希望能够凝聚青年，把青年团结在党的周围，巩固和扩大党执政的青年群众基础。根据 2015 年 7 月召开的中央党的群团工作会议精神，党的青年组织既要围绕党和政府的工作大局"公转"，又要聚焦服务青年"自转"。无论是服务大局，还是服务青年，党的青年组织都要适应青年生活方式的新变化，转变青年工作方式。中央党的群团工作会议尖锐地提出了群团工作中存在的"机关化、行政化、贵族化、娱乐化"问题。这四个问题对于青年工作来说，实质上是脱离青年的，因此，这要求我们通过密切联系青年来创新工作方式。

理解以青年为本的内涵，关键是理解其中的"本"。以青年为本中的

---

① 《中长期青年发展规划（2016—2025 年）》，5 页，北京，人民出版社，2017。

"本"是指本源、本体、本色。以青年为本作为青年工作的根本方式，包含以下三个方面的含义。一是以青年为本源。这是从青年的根本利益和现实需要出发去谋划各项青年发展工作，帮助更多青年实现自身优质、全面和自由的发展，让青年能够切实享受到经济社会发展各方面的成果。二是以青年为本体。这是尊重青年的主体地位，置身于青年之中，努力成为青年的良师益友，在具体的青年发展工作的策划和实施中充分听取青年的意见和建议，把青年的实际获得作为评判青年发展工作的基本标准。三是以青年为本色。这是采用青年喜闻乐见的工作方式，树立青年发展工作生动活泼、生机勃勃的青春形象，尤其是在青年思想道德教育中做到思想性、知识性、趣味性并重，杜绝呆板的表情、枯燥的言辞和乏味的活动，不断激发青年的青春活力。[①]

青年工作方式属于群团工作方式，不同于机关化、行政化的工作方式，主要不是下发通知、印发文件、召开会议，而是深入青年之中，有针对性地教育青年、组织青年和服务青年。对于广大的基层青年工作者来说，如果他们天天待在办公室打电话、发文件、发微信，就不可能做好青年工作。青年组织在很大程度上是青年群众的自治组织，群众工作具有自我教育、自我发展的特点和优势。青年既是青年工作的对象，又是青年工作的力量。发挥青年自我教育、自我服务的优势，更多地依靠青年做青年工作，这是青年工作方式的重要创新。青年工作者要善于调动青年的积极性，发挥青年的内在活力，敢于和善于变青年工作的对象为青年工作的力量，动员青年进行自我教育、自我组织和自我服务，这样才能彻底打破青年工作中存在的行政化思维定式和让青年当看客的工作惯性。青年组织，尤其是基层青年组织，要积极创新工作思路，在组织活动时请青年一起设计，在部署任务时请青年一起参与，在表彰先进时请青年一起评议，这样才能把青年工作的对象转变为青年工作的力量。一旦把广大青年动员和组织起来，把他们参与青年工作的热情激发出来，把他们的参与度加以提高，青年工作就会拥有源源不断的动力。青年工作者应该看到，与以前社会管理高度统一、青年是高度组织化的个体不同，今天的青年处在频繁的流动之中，其学习方式、工作方式、生活方式都变得更加多样，青年的社会活动表现出明显的非单位化、非集中性、非同一性的特点，再也难以采用行政化的手

---

① 张良驯：《群团改革背景下共青团工作路径方法创新研究》，载《中国青年社会科学》，2019(1)。

段，不能仅靠组织化的方式开展集中性的青年工作。青年工作者要积极思考如何强化青年组织在基层社会治理中的功能定位，寻找嵌入基层多元共治、治理创新的有效路径，在组织化动员的渠道之外，努力拓宽社会化动员的渠道，更多地采用"去组织化"的工作方式来应对"非组织化"的青年活动规律。①

只有增强青年工作的技术含量和专业水准，才能真正做到以青年为本。创新青年工作的技艺、技巧、方法，这是青年工作科学性、专业性的体现。青年工作作为一项教育、组织和服务青年的工作，是需要讲究科学的，是有科学规律可循的。青年工作不像有些人想象的那样简单，没有准入条件，而是一项需要多方面知识和能力的专业工作。这种科学性和专业性体现为青年工作需要知识的积累、技能的训练和技巧的运用。世界上许多国家把青年工作作为专业性工作加以对待。德国《社会法典》第八部是《儿童与青少年专业工作法》，从法律上把青年工作机构称为专业机构，如德国国际青少年工作专业服务机构（IJAB）、德国青少年儿童专业工作组（AGL），地方青少年事务局设有青少年专业工作委员会，青少年协会、福利协会等，其从事的青少年工作都被认定为专业工作。随着青年状况的快速变化和青年工作复杂程度的日益提高，青年工作的科学化、专业化进程不断加快，对科学知识和专业技能的要求日渐增多。青年工作涉及多门学科，需要运用多学科的理论和知识。例如，对青年进行思想教育，需要运用哲学、教育学、思想政治工作学等学科的专业知识；组织青年进行劳动实践，需要运用组织学、管理学、社会学等学科的专业知识；维护青年合法权益，需要运用法学、心理学、社会工作学等学科的专业知识。可见，青年工作的路径方法是跨学科的，具有多学科的专业性。当代青年生活在一个信息迸发、知识爆炸的时代，能够即时获得新的信息和知识，普遍比上一代见多识广，这客观上要求青年工作者提高专业工作能力。青年工作者的知识水平、见识程度如果跟不上身边的青年，"说科技说不上，说文艺说不通，说工作说不来，说生活说不对路，说来说去就是那几句官话、老话、套话，同广大青年没有共同语言、没有共同爱好，那当然就会话不投机半句多"②。青年

① 文嘉：《共青团直接联系青年的路径研究》，载《广东青年职业学院学报》，2016（4）。

② 中共中央文献研究室编：《习近平关于青少年和共青团工作论述摘编》，83页，北京，中央文献出版社，2017。

工作者要想与普通青年说话投机，就要学得多、懂得多，做到心中有数，肚里有货。如果自身知之甚少，讲的东西信息量不大，含金量不高，就不可能真正对青年产生有效的教育影响。为了做好青年工作，青年工作者要更多地了解青年的学习、就业、休闲、娱乐情况，对青年的人生状况和生活业态如数家珍。

当前的青年工作是在互联网广泛应用的背景下进行的。青年是最主要、最敏锐、最前沿的网络用户，互联网已经成为青年学习生活的重要方式、聚集联络的重要空间、交流互动的重要平台。青年大量聚集在网络中，网络成为青年的聚集地，这客观上要求青年工作改变以前单一的组织化动员方式，更多地采用互联网的工作方式。在《中长期青年发展规划》中，"网站"一词出现了 4 次，"网上"一词出现了 5 次，"上网"一词出现了 7 次，"互联网"一词出现了 10 次，"网络"一词出现了 45 次。这充分表明，《中长期青年发展规划》把互联网作为青年工作的重要载体和平台。此外，《中长期青年发展规划》把"强化网上思想引领"作为青年思想道德的四项发展措施之一，把"净化网络空间"作为优化青少年成长环境的重要手段，把"青年网络文明发展工程"作为十个重点项目之一，这些都表明互联网工作方式已经成为青年工作的重要方式。青年组织要大量采用互联网工作方式引导、组织、动员和服务青年，通过互联网工作方式加强对青年的有效覆盖和经常联系。

综上所述，《中长期青年发展规划》较好地总结了中国多年以来青年工作的做法和经验，高度凝练了这些做法和经验中蕴含的丰富思想内涵，因而是中国青年工作思想的创新性发展。

第三节 《中长期青年发展规划》的实施

一、《中长期青年发展规划》的协同实施

从公共政策的全过程看，成功的政策决定有赖于有效的政策执行。《中长期青年发展规划》的制定来之不易，而是否能够得到有效的实施则更为关键。只有凝聚各方面力量，形成合力，《中长期青年发展规划》才能得到有效的实施。《中长期青年发展规划》的实施涉及多领域、多部门、多层级，受到政策环境和政策条件的动态影响，具有治理主体的多元性、治理领域的跨界性、治理系统的协作性的特点，需要相关方进行跨部门、跨层级的合作共治。

第一，青年发展事务属于跨界的公共事务。

政策执行的协同性源于政策问题的跨界性。"青年发展事务之所以要协同治理，是因为该事务超越了单个部门的职责范围，需要多个部门共管共治，因而具有客观存在的跨界性。这种跨界性是青年发展事务协同治理的逻辑起点。"①青年作为处在相同年龄区间的人，分布在学校、企业、机关、农村等不同社会领域之中，在现实生活中表现为青年学生、青年职工、青年农民、青年教师、青年科技人员、青年企业家等不同的社会身份。随着社会阶层的发展变化，很多青年置身于新经济组织、新社会组织和自由职业者之中，以及社区、网络里。青年分布的多领域、多空间，决定了青年发展事务的复杂性、多样性。不同的青年群体既面临着共同的自身发展需要，又有着不同的利益诉求。这些不同的利益诉求不是单一的政府部门能够完全满足的，而需要多个政府部门共同合作，才能得到满足。另外，有的青年发展问题可以由单一的公共部门给予解决，但是，许多青年发展问题不是单一的公共部门能够独自解决的。例如，青年的思想道德问题不只是教育部门的事情，还涉及宣传部门、新闻出版部门等；大学生的就业问题不只是劳动保障部门的事情，还需要高等学校和用人单位共同解决，以及大学生自身的努力。可见，青年发展事务横跨众多领域，涉及众多部门，需要跨部门的协同治理。对于复杂的青年发展问题的治理，只有多个政策主体超越部门边界，进行跨部门的协同合作，才能实现青年发展事务的有效治理。

每个政府部门的职能都是有边界的，在公共治理中有一定的领域和范围。从协同治理的理论看，不同政府部门在履行职责的过程中容易专注于自身领域和范围，通常持有各自的利益诉求，往往从部门自身利益出发做出决策、采取行动，这必然会导致各自为政现象的大量出现。政府部门实行科层制管理，这固然提高了行政效率，但也引发行政管理中出现过度的专业化、碎片化、分散化的管理现象，导致不同部门之间目标有异、沟通不畅、协作困难。政府工作人员如果缺乏部门之间协同治理的理念，就会缺乏对跨部门协同的积极性，从而使得部门之间协同合作时存在较多的障碍，较大地降低公共治理的整体绩效。在缺乏主动合作意愿的情况下，不同部门对于共同参与公共事务治理，难免会有意见分歧，甚至发生利益冲

---

① 张良驯：《青年发展规划实施中的协同治理研究》，载《中国青年社会科学》，2018(1)。

突，因此，这需要跨部门的协同治理，不同部门构建协同合作链条和治理网络，以促进多元主体之间的协调合作。

作为公共事务，青年发展事务需要像其他复杂的公共事务一样，进行跨部门、跨层级的协同治理。众多的青年发展问题超出了单一部门的职责范围和解决能力。为了适应国家治理体系和治理能力现代化的新要求，我们要采用新的治理方式，从跨部门、跨层级两个方面进行协同治理，充分调动各相关部门、各层级的积极性，共同解决日益复杂的青年发展问题，实现青年发展事务的有效治理。

第二，《中长期青年发展规划》的实施涉及众多部门。

青年发展事务的跨界性导致《中长期青年发展规划》实施的跨部门性。《中长期青年发展规划》提出的青年思想道德等 10 个青年发展领域，与党政部门的职能不是一一对应的关系，而是跨越单一部门的工作边界，存在于多种部门边界的交叉地带。例如，青年健康的发展，不只是某一个政府部门的工作职责，而需要国家卫生健康委员会、国家体育总局、教育部等多部门的协作。《中长期青年发展规划》的执行主体之所以要进行合作，直接原因是所面临的青年发展任务、要解决的青年发展问题超越了单一政策执行主体的工作领域和能力范围。解决青年发展的跨界性问题，需要多个部门的共同参与，这是《中长期青年发展规划》的实施具有复杂性的重要原因。如果《中长期青年发展规划》的实施过程只涉及一个部门，并且只由这个部门来对行动独自负责的话，那么其实施的过程就会非常简单，而事实上，由于众多部门之间协调的复杂性，每一个执行者都可能由于各种原因，减缓该规划实施的进度。因此，只有加强相关部门的协作，凝聚各部门的力量，才能取得《中长期青年发展规划》实施的倍增效应。

我国政府序列没有设立专门的青年工作部门，所有的青年发展事务分散在众多政府部门之中。各相关政府部门具有自身的工作职能和目标，形成了不同的利益诉求和价值偏好。单个政府部门对于各类青年发展问题的关注都有自己的视角，不可能对青年发展问题进行全面、完整的研究和安排。对于具有多领域目标的《中长期青年发展规划》，如果相关部门不能进行协同治理，在实施中就会出现部门本位、相互分割的"孤岛现象"。只有跨部门协同治理，才能推动相关部门行动起来，不同部门达成共识，形成合力，把各方面力量凝聚到实现《中长期青年发展规划》的目标和任务上来，使该规划实施中各种要素成为一个作用互补的有机整体。

第三，《中长期青年发展规划》的实施受到众多因素的影响。

从政策科学的角度看，《中长期青年发展规划》能否顺利实施，与多种因素有关。

一是政策问题。政策执行的成效与所要解决的政策问题直接相关。政策涉及范围越广，政策问题的性质越复杂，政策执行的难度就越大。《中长期青年发展规划》涉及几亿青年，而这些青年分布在不同的社会群体之中，有着多种多样的利益诉求，政策执行因而非常复杂。同时，《中长期青年发展规划》指向青年多方面的发展问题，而这些问题涉及众多公共部门及其工作人员，需要调整多重利益关系，因而它在实施中存在很大的难度。

二是政策文本。政策文本的操作性强是政策执行有效的关键所在。一项政策要能够顺利执行，就必须具有很强的操作性，包括政策方案是具体的，政策措施是明确的。《中长期青年发展规划》尽管提出了青年发展的领域、目标和措施，但这些内容包含许多宣言性、描述性的语言，很多方面缺乏可检测、可衡量的具体指标和刚性的工作要求，这给政策执行者留下了较多的空间去选择做什么、不做什么和做到什么程度。进一步说，任何一项政策执行都具有动态性，政策方案即使设计得符合科学和正确，也难以完全适应不断变化的客观事实。随着政策执行的进展和政策条件的变化，《中长期青年发展规划》在实施中必然会遇到一些新情况、新问题，这就需要政策执行者因时而变，修正实施策略，调整实施措施。

三是执行主体。政策实施是一个把政策义务转化为实务的过程。任何政策的执行都是通过政策执行者的实际行为来完成的。《中长期青年发展规划》的实施，必然会受到实施主体的利益诉求和行为倾向、实施部门之间的关系和实施人员的态度的影响。实施主体的利益矛盾会导致《中长期青年发展规划》实施的阻滞现象的发生。如果实施主体不能有效地协同合作，那么《中长期青年发展规划》即使设计得很完美，也不能取得制定者所期望的政策效果。由于制定主体与执行主体不完全同一，因而存在执行主体对《中长期青年发展规划》的认识和理解与制定主体不同的问题。如果对《中长期青年发展规划》的思路、内容和措施，认识不够，理解不清，执行主体就难以实现正确和全面的执行。执行人员的政策水平、管理水平也影响着《中长期青年发展规划》的有效执行。执行人员如果不了解青年发展的状况，就不能有效地分析和解决青年发展的问题。《中长期青年发展规划》能否得到有效执行，关键在于执行人员在主观上是否充分认识该规划的公共价值，并积极参与实施，他们在客观上是否拥有足够的能力和资源完成应该承担的责任。

四是政策资源。政策资源是有助于政策制定和执行的条件集合。《中长期青年发展规划》的顺利实施，需要人力、物力、财力等资源条件的支撑。无论《中长期青年发展规划》制定得多么圆满，如果缺乏必要的用于实施的经费、人员、信息资源，其实施结果也无法达到政策目标。人力资源是影响政策执行的一个重要因素，只有投入足够的合格的执行人员，《中长期青年发展规划》才能有人去实施。如果缺少经费投入，那么《中长期青年发展规划》就会受到物力的制约而无法展开。为此，《中长期青年发展规划》专门强调，实施经费要纳入财政预算，以保障各级政府对青年发展的经费投入。

五是调适对象。政策目标群体是政策作用和影响的对象，《中长期青年发展规划》的调适对象是青年。青年能否认同和接受是该规划能否得到有效执行的基础性因素。青年对《中长期青年发展规划》实施的影响，主要体现在参与或不参与、服从或不服从的态度和行为上。在《中长期青年发展规划》的实施中，如何使青年感到这个实施与自身有关、对自身有利，如何吸纳青年的广泛参与和积极支持，是需要特别关注、用心解决的问题。

以上几方面说明，《中长期青年发展规划》的实施包含多方面的复杂因素，不是单一部门、单一层级能够独自完成的，需要进行跨部门、跨层级的协同治理。

二、《中长期青年发展规划》的实施主体

《中长期青年发展规划》的实施涉及多个主体，只有每个主体都切实承担起自身责任，才能形成协同推进的生动局面。《中长期青年发展规划》针对现实存在的"统筹协调青年发展工作的体制机制还不完善，各方面共同推进青年发展的合力有待进一步形成"[1]的问题，提出要"坚持全局视野，从战略高度看待青年发展事业，党委加强领导，政府、群团组织、社会等各方面协同施策，共同营造有利于青年发展的良好环境"[2]。这提出了我国青年发展工作的基本格局，即党委领导青年发展工作，政府、群团组织、社会共同实施青年发展工作。

第一，党组织应在《中长期青年发展规划》的实施中发挥领导作用。

学术界提出了政策执行的多种模式，如过程模式、系统模式、综合模

式，为《中长期青年发展规划》的实施提供了有益的理论借鉴。但是，任何一个具体的政策执行都是在一定的政治制度和政策环境下进行的，有效的政策执行需要根据不同的行动情境，确定符合实际的恰适模式，做出相应的机制安排。

在中国，跨部门的政策执行存在对权威的高度依赖现象，因而被学术界称为"高位驱动模式"。对于没有上下级隶属关系的多个平行部门参与的政策执行，为保证这些部门之间的有效协同，我们通常会利用某一个具有较高权威性的组织，或者由比这些部门领导人更高层级的领导人来牵头实施。一般说来，平行部门在遇到跨部门的议题或者职责交叉的事项时，往往不会自主进行合作，只有在上级组织或上级领导人的推动下，才可能形成合作局面。根据政策执行的通常情况，《中长期青年发展规划》的实施涉及众多平行部门，如果没有自上而下的协调和监督机制，一些部门出于自身利益的考虑，就可能采取拖延乃至不合作的行为，出现同级部门之间相互推诿和扯皮的现象。为了促使相关部门采取协同行动，由更高层级组织和领导人介入的高位驱动就成为《中长期青年发展规划》实施的最佳模式选择。在《中长期青年发展规划》的实施中，如果两个平行部门之间出现工作分歧，需要进行协调，那么最现实的解决办法是报告给上级单位，在上级单位的干预下拿出双方认可的问题解决方案。在我国，中国共产党作为执政党，总揽全局、领导一切，对国家的立法机关、行政机关和司法机关实施直接的领导。在国家公共权力结构中，党对重大事项进行决策，对重要政策的制定和实施做出决定。这样就形成了党对政策的执行进行领导、党政相互"嵌入"的具有中国特色的政策执行机制。

从党的工作的角度定位青年工作，我们把青年工作作为党的群团工作的一项重要内容，因此，党委在中国青年工作格局中处于领导地位。习近平2015年7月在中央党的群团工作会议上说："党的群团工作做得好不好，关键在党的领导。各级党委必须从党和国家工作大局出发，切实加强和改进对党的群团工作的领导。"[①]这深刻地指明了党在青年工作中的领导责任。根据中央党的群团工作会议精神，领导共青团等群团组织是各级党委的重要政治责任，也是实现和坚持党的领导的重要政治制度。各级党委要强化管好用好共青团等群团组织的责任担当，用极大的精力来做包括青年工作

---

① 中共中央文献研究室编：《习近平关于青少年和共青团工作论述摘编》，104～105 页，北京，中央文献出版社，2017。

在内的党的群团工作，把党的青年工作摆上重要议程，纳入党委工作总体格局，同党委的其他工作同部署、同检查、同总结。2015 年 1 月印发的《中共中央关于加强和改进党的群团工作的意见》在讲到党的群团工作存在的问题时指出，"有的地方和部门党组织对群团工作重视不够，对群团工作的特点和规律缺乏深入研究，对发挥群团组织作用缺乏有力指导和支持"①。如果一个党组织对青年工作平时不闻不问、漠不关心，甚至一年也不研究一次，青年组织干与不干、干多干少、干好干坏都不关注，既不指方向，也不交任务，那么青年工作是很难做好的。

党是包括青年发展事务在内的公共事务的领导者。《中长期青年发展规划》是中共中央、国务院发布的。各级党组织责无旁贷地要履行好领导责任，发挥好领导作用。《中长期青年发展规划》在"组织实施"部分第一条就强调要"加强对规划实施工作的组织领导"，形成重视青年工作、支持青年发展的工作合力，明确提出，"在党中央统一领导下，设立推动规划落实的部际联席会议机制"，"县级以上党委和政府建立青年工作联席会议机制，负责推动本规划在本地区的落实，协调解决规划落实中的问题"②。这说明，党的领导是《中长期青年发展规划》得到有效实施的关键因素。如果中央、省、市、县四级都能按照《中长期青年发展规划》提出的要求建立党委、政府牵头的青年工作联席会议，那么《中长期青年发展规划》的实施，乃至整个青年工作的开展，都会有焕然一新的局面。《中长期青年发展规划》的实施涉及几十个党政部门，这些部门之间的相互协同和合作并不会自动发生。推进多部门的协同和合作，需要更高层级的机构或权威介入，通过权威性解释、整体性协调、全局性安排，促使各部门形成统一意志，携手并进。尽管《中长期青年发展规划》明确界定了政策目标和政策工具，但有的部门基于自身的认知模式，可能会对政策内容、政策措施和政策项目存在着一定程度的认知偏差。在这种情况下，解释权和强制权对于《中长期青年发展规划》的实施至关重要，成功的政策执行有赖于党组织的领导和推动，通过权威性的政策解释和政治干预，促使相关部门采取协同行动。在涉及这些平行部门的《中长期青年发展规划》的实施中，如果没有党组织的介入，一些部门就可能根据自身的利益诉求和认知状况，对政策目标和政策内容进

---

① 中共中央文献研究室编：《十八大以来重要文献选编》中册，305 页，北京，中央文献出版社，2016。

② 《中长期青年发展规划（2016—2025 年）》，39 页，北京，人民出版社，2017。

行自己的解读，其中难免会出现政策认知的分歧，导致实施工作难以形成合力。党的领导是影响层级性协调和多个平行部门合作的关键因素。如果各级党组织予以高度重视，进行精准安排，那么《中长期青年发展规划》的实施就能取得明显成效。

党的领导是党管青年原则的具体体现。《中长期青年发展规划》第一次在国家政策文件中提出了党管青年的原则。制定和实施综合性的跨部门的青年政策，是党管青年的重要工作内容。落实党管青年原则，就要发挥党总揽全局、协调各方的领导核心作用，进一步从战略高度来看待和谋划青年发展，推动《中长期青年发展规划》的有效实施。党组织对《中长期青年发展规划》的实施进行领导，是党管青年原则的生动实践和具体体现。《中长期青年发展规划》是一项系统工程，必须建立健全党委加强领导，政府、群团组织、社会等各方面协同施策，齐抓共管青年发展事务的工作机制，确保青年发展政策逐项落到实处。要在党委领导下建立多部门协同治理的工作平台，整合党政部门和共青团的力量，再造各个政策主体之间的关系，避免陷入多部门合作困境，防止政策执行陷入碎片化，减少政策梗阻。

第二，政府部门应在《中长期青年发展规划》的实施中发挥主导作用。

政府是公共管理和社会服务的重要主体，大量的公共政策执行涉及政府部门，因此，协同治理中的部门大多是指政府部门。跨部门协同治理在很大程度上是指以目标、机构、资源、业务和服务等要素整合为内容的行政模式。公共政策的执行需要多种资源支撑，而许多资源掌握在政府部门手中，因此，公共政策的执行不可能离开政府部门的参与。《中长期青年发展规划》实施中涉及的中央国家机关，大多数是政府部门。能否调动政府部门的参与积极性，如何发挥政府部门的管理优势和资源优势，对于《中长期青年发展规划》的成功实施具有决定性意义。

政府部门参与《中长期青年发展规划》的实施，首先，要增强对青年发展政策的认知。政策得到有效执行的前提是对政策的认知和认同。青年分布在社会各个领域，青年发展与许多政府部门的工作直接相关，因此，政府部门要认清自身在青年发展工作中的主要角色，积极发挥主导作用。许多国家把青年工作纳入政府工作范畴，建立了负责青年工作的政府部门，对青年事务实施行政管理，为青年发展提供行政服务。我国没有建立专门负责青年工作的政府部门，这导致政府对青年事务的管理不到位，对青年事务的服务缺乏专门性。政府部门要了解《中长期青年发展规划》提出的政策目标、政策内容和政策措施，认同"青年首先发展"的理念和政府部门协同治理的必要性。《中长期青年发展规划》作为一项创制性政策，在实施初期尚未形成明确的实施路线图，这容易使有的政府部门一时停留在观望等待、被动回应的状态。只有建立制度化的联系沟通机制，政府部门才能增强实施《中长期青年发展规划》的自觉性、主动性和创造性。

其次，要通过采取切实的行动、开展有效的工作，促进青年的更好发展。各级政府要关注青年发展事务，增进青年发展利益，为青年教育、就业、社会保障、权益维护等提供更优质的服务。《中长期青年发展规划》提出的青年发展措施涉及众多政府部门，每一个部门都要对照该规划文本，找准自身的工作定位，明确承担的工作任务和工作项目。《中长期青年发展规划》发布后，共青团中央就针对青年发展措施研究了具体工作项目。2017年10月，共青团中央印发了《中长期青年发展规划》"近期工作重点"，提出了50多项重点工作，其中，很多需要政府部门的参与和承担。例如，"加大公共教育投入向农村、边远、民族、贫困地区的倾斜力度"的责任单位是教育部，"面向青年进行常态化健康知识普及宣传"的责任单位是国家卫生健康委员会等，"实施《青少年体育活动促进计划》，组织青少年积极参加'未来之星'阳光体育大会、'走下网络、走出宿舍、走向操场'活动及各类全民健身运动"的责任单位是国家体育总局等，"强化青年就业创业服务""建设一批青年就业见习基地"的责任单位是人力资源社会保障部、国务院国有资产监督管理委员会等。相关政府部门要认真履行主体责任，积极做好这些重点工作。另外，青年发展工作需要资源支撑，需要人财物的投入。《中长期青年发展规划》提出，要"保障青年发展经费投入"，各级政府要"将本规划实施所需经费纳入财政预算"[1]，从资金上支持该规划的顺利实施。

第三，共青团组织应在《中长期青年发展规划》的实施中发挥协调作用。

从政党政治的角度看，由专门的青年组织做青年工作，是因为政党的执政方式分门别类，需要通过分支机构、外围组织去承担某一方面的工作，因此，各国政党普遍建立了旨在广泛联系青年的青年组织来帮助自己做青年工作。我们党不是直接去做广泛的青年工作，而是通过建立有针对性地联系和服务青年的以共青团为龙头的青年组织来开展青年工作。共青团作为专门从事青年工作的群团组织，在青年工作中要积极争取党委的领导和政府的支持，善于协调社会的参与。邓小平1959年在接见共青团中央三届四中全会全体成员时说："共青团要争取党委的领导。党委有时确实忙得

---

① 《中长期青年发展规划(2016—2025年)》，40页，北京，人民出版社，2017。

很，正因为忙，就容易忽略你们，因此要请他们去注意。你们要把自己的活动放在党委的统一规划下。"①能否把共青团工作纳入党委的整体工作之中，这需要党组织的主动作为，也需要共青团组织的积极争取。除了争取党委的领导外，如何更好地争取政府部门的支持，也是共青团组织需要加强的工作。共青团要努力争取更多的政府资源来服务青年的发展。在《中长期青年发展规划》的实施中，要注重协调相关政府部门共同参与各个青年的工作项目，争取政府财政部门为《中长期青年发展规划》提出的青年工作项目做出必要的经费安排，给予足额的经费支持。此外，青年工作是在广泛的社会生活中进行的，离不开社会力量的参与。共青团组织要通过青年联合会、学生联合会、青年企业家协会和青年发展基金会等青年社团，通过志愿服务项目等载体，动员更多的社会资源来服务青年发展。

《中长期青年发展规划》的制定与共青团改革的启动期同步。共青团组织在《中长期青年发展规划》的制定中，发挥了工作协调、意见征求和文本起草的作用。共青团改革不只是工作机构的调整、工作方式的改进，还有工作制度的创新。在共青团改革进行之中，国家出台《中长期青年发展规划》，在推动青年发展问题得到更好解决的同时，促进了共青团的改革创新。《中长期青年发展规划》对于共青团改革的重大意义是建立了共青团组织参与、协调和服务青年发展的国家机制。有《中长期青年发展规划》实施工作部际联席会议这个平台，共青团中央寻求国家相关部委对青年发展工作的支持和参与，就名正言顺、有章可循了。

《中长期青年发展规划》规定了共青团在该规划实施中的协调和督促职责。共青团作为党和政府联系青年的桥梁和纽带，作为党的青年工作部门，自当积极主动，增强实施《中长期青年发展规划》的执行力，充分发挥共青团维护青年发展权益的重要作用。共青团组织长期以来缺乏法律上的功能定位和制度上的职责安排，因此，《中长期青年发展规划》对于共青团组织来说，最大的意义是有了协调党政部门参与和支持青年发展工作的国家政策依据。习近平2018年7月在同中央新一届领导班子成员集体谈话时指出，贯彻落实好《中长期青年发展规划》，共青团责无旁贷，必须加强统筹协调，压实牵头和参加单位责任，一项一项内容加以推进，务必落地见效。各级共青团组织和共青团干部要把握《中长期青年发展规划》的政策目标、

---

① 中共中央文献研究室编：《邓小平文集（1949—1974）》下卷，27页，北京，人民出版社，2014。

政策领域和政策措施，运用政策执行工具，设计政策执行方案，争取政策执行资源，增强处理青年发展事务、解决青年发展问题的能力。

跨部门协同治理既是共青团促进青年发展的必然要求，也是弥补共青团资源不足、促进青年工作有效治理的重要手段。资源依赖理论指出，各种组织之间存在不同程度的依赖关系，没有任何组织是自给自足的，所有组织必须与外部环境进行资源交换才能生存和发展。共青团组织只有依赖其他党政部门提供资源，才能进行青年发展事务治理，提供青年发展服务。在青年发展事务的协同治理中，虽然共青团组织寻求合作的部门不是一成不变的，共青团组织与不同部门之间的合作方式也不完全相同，但是有一点是相同的，这就是如果没有党政部门的参与和支持，共青团组织就不可能顺利完成自己的任务，达到既定的目标。资源依赖理论能够解释共青团组织对党政部门存在的资源依赖关系，共青团组织如果能够透过这种依赖关系，积极主动地寻求相关部门的支持和参与，进行广泛的跨部门合作，就会实现一加一大于二的合力。

从系统论看，《中长期青年发展规划》的实施是由党政部门、共青团组织，以及这些部门和组织的工作人员等构成的一个整体系统来进行的。任何一个要素的不合理和不协调都会引发矛盾，都会影响这个实施系统整体功能的发挥。共青团组织长期以来把协助政府管理青年事务作为自身职责，开展了大量工作，也积累了一定的经验。但是，许多青年发展事务是跨越单一政府部门的边界的，不是单纯的共青团工作领域，呈现出复杂性、多变性的特征，这使得共青团组织面临着重大的工作挑战和压力。从共青团工作看，跨部门协同治理是共青团组织面临的普遍性问题，如何与政府部门、社会组织、企业组织进行合作，直接关系到共青团组织的运行效率和服务青年的工作效率。目前，在《中长期青年发展规划》的实施中，跨部门协同治理尽管已建立了该规划实施工作部际联席会议这个机制，但还缺乏具体的制度保障和操作规范，也缺乏相应的协同工作经验，这可能会导致具体的协同工作很不容易。由于《中长期青年发展规划》实施的相关执行机构所具有的职能、利益不同，相关执行人员的思想意识和素质能力及其对该规划的认知不同，因此，在该规划实施的过程中难免会出现认知不同、意见分歧和利益矛盾，这就需要共青团组织通过具体的细致的协调来解决。《中长期青年发展规划》涉及多部门、多层级、多人员的分工合作，共青团组织只有通过沟通交换意见、消除分歧、减少矛盾、促进合作，才能做到协调一致。

政策执行研究存在一种"整合"路径。这种研究路径主张，"政策执行是通过府际或组织间网络来实现政策目标的，政策执行过程充满着高度的动态性和复杂性"①，"基于政策网络的执行研究首要关注的是谁在参与、如何参与、参与的程度如何，其出发点是参与者以及参与者之间的关系互动"②。这种研究路径为共青团组织协调各方参与和支持《中长期青年发展规划》的实施，提供了有益的借鉴。共青团组织上下级之间、共青团组织与党政部门之间需要进行分工合作，协同一致地实现《中长期青年发展规划》的政策目标。只有各部门协同治理，建立具有广泛联系性的协同组织网络，共青团组织才能有效地解决青年发展的资源不足问题。

三、《中长期青年发展规划》的实施路径

《中长期青年发展规划》的实施，存在两个基本路径：一是横向协同治理，二是纵向协同治理。

第一，《中长期青年发展规划》的横向协同实施。

《中长期青年发展规划》实施的优先选择是进行横向的协同治理。该规划做出的跨部门协同治理的政策规定，并不能保证各相关部门之间形成有意义的关系。在相关部门参与的横向协同治理中，容易出现偏离政策目标、与政策内容不相符合的政策执行失真现象。不同部门之间存在的职责模糊、目标不一、利益冲突和沟通障碍问题，都会导致《中长期青年发展规划》协同治理的失灵。在《中长期青年发展规划》的实施中，不同部门的联系与互动容易滋生预料之外的复杂性，因而要更多地关注政策执行中的多元互动和非线性因果关系。

整合是跨部门协同治理的本质内涵，是协同治理过程中的主要任务。跨部门协同治理不是各干各的，更不是相互掣肘，而是各司其职，各尽其能，优势互补，取得一加一大于二的效果。在《中长期青年发展规划》的实施中，实施主体要立足于通过相关部门之间的互动和协作，实现这些部门之间职能和能力的互补，整合各种稀缺的公共资源。不同部门之间的互动通常是一个获得互补性资源、实现政策目标的过程。目前，《中长期青年发

---

① 宁骚主编：《公共政策学》第2版，342页，北京，高等教育出版社，2011。

② 李宜钊：《论政策执行研究的复杂性转向》，载《海南大学学报（人文社会科学版）》，2015(4)。

展规划》实施中相关部门之间的互动，更多的不是基于资源交换的需要，而是基于政策指令的服从型互动。这种服从型的互动模式并未改变传统的科层制关系模式，各部门往往依然遵循以分工和专业化为特征的传统行政逻辑，难以转变为扁平化的协同工作网络。美国学者古尔德纳指出："每个组织都会努力地保持自己的自主性，跨部门合作意味着组织失去了一些自由和自主性，可能因此失去单方面控制结果的能力，同时还可能受到失败的牵连。"①从实践情况看，服从型互动模式通常不利于不同部门之间伙伴关系的建立，不利于推动政策执行的科学化和现代化。为提升《中长期青年发展规划》实施的效力，实施主体要致力于相关部门青年工作伙伴关系的建立，激发相关部门实施该规划的内生动力，促进各部门青年工作资源整合和能力互补，产生青年工作的倍增效应。

《中长期青年发展规划》的跨部门协同实施，既要整合相关部门的青年发展事务，又要整合这些部门的青年工作关系，两者兼顾，不可偏废。只有从事务结构和关系结构两个方面入手，建设和完善《中长期青年发展规划》实施的协同机制，才能真正实现相关部门的功能互补，切实提升协同实施的效能。不同部门之间青年发展事务的整合，反映的是跨部门协同治理的工具性维度。协同治理过程伴随着不同部门之间关系结构的调整和演化，反映的是跨部门协同治理的关系性维度。从协同实施的工具性维度看，《中长期青年发展规划》的各实施主体把青年发展事务进行分解，借助自身管理职权和专业技能，在本职工作领域内进行分工负责。在该规划的协同实施中，要对原有各自分散的不同部门的要素进行激活和融合，实现各部门要素间的不断耦合。各部门要打破部门壁垒，拿出自身资源，采取实际行动，参与青年发展事务，实现部门要素的互补和耦合，以达成共同的青年发展目标。从协同实施的关系性维度看，通过在青年发展事务上的互动协作，各部门要重新认识和定义彼此间的合作关系，尤其是共青团中央与其他部门的合作关系。协同治理不仅是《中长期青年发展规划》的实施过程，也是相关部门之间建立信任关系的过程，因此，要增进各实施部门之间的信任关系。通过合作共事，各部门之间建立有效的青年工作关系，形成一种稳定高效的青年发展事务协同治理的网络。要注重在《中长期青年发展规划》的实施部门中培育服务青年发展的协同文化，建立起基于共同文化的更为

---

① 周志忍、蒋敏娟：《中国政府跨部门协同机制探析——一个叙事与诊断框架》，载《公共行政评论》，2013(1)。

成熟的伙伴式协同模式。各部门只有在共同的青年发展目标的基础上，结成充满信任关系的协同治理联盟，才能在《中长期青年发展规划》的实施中，实现资源优化配置，做到行动高效协调。

经济合作与发展组织把跨部门协同治理机制分为结构性和程序性两大类。结构性协同治理机制侧重协同的组织载体，即为实现跨部门协同而设计的结构性安排，如领导小组、联席会议。程序性协同治理机制侧重于实现协同治理的程序性安排和技术手段，如面临跨界问题时的议程设定和决策程序、制度化信息交流平台、促进协同的财政工具和控制工具的选择等。在《中长期青年发展规划》的实施中，无论是结构性协同治理机制，还是程序性协同治理机制，都需要进行顶层设计，既创新协同实施的工作机构，又创新协同实施的工作方式。

对于横向协同治理的组织机构，《中长期青年发展规划》提出，在国家层面设立推动该规划落实的部际联席会议机制，在县级以上党委和政府建立青年工作联席会议机制。联席会议由党委和政府牵头、党政部门参与、共青团组织协调和督促。国家层面的《中长期青年发展规划》实施工作部际联席会议2018年12月已经在共青团中央成立，包括中央宣传部、中央网信办、中央文明办、国家发展改革委、教育部、国家民委、民政部、财政部、人力资源和社会保障部、文化和旅游部、国家卫生健康委、国家体育总局、国家统计局、中国社会科学院、共青团中央等10余个成员单位，共青团中央书记处第一书记为部际联席会议召集人。无论是国家层面，还是地方层面的《中长期青年发展规划》实施工作联席会议，都要明确界定相关部门在该规划实施中的职责和任务，具体指导和监督协同治理目标的落实，并把青年发展事务中的参与及完成情况纳入考察相关部门绩效的标准之中，建立责权统一的激励机制。《中长期青年发展规划》实施工作联席会议属于一种青年发展工作机制，既不是一种领导岗位，也不是一个实体组织。该实施工作联席会议可以召开会议，下发文件，也可以组织督导活动，进行表彰奖励。各实施工作联席会议成员单位在会议中，可介绍本部门服务青年发展的工作情况，共同探讨跨部门合作的议题；在会后，各部门就合作达成的协议或一致意见，积极开展本部门的工作。

可资借鉴的是，英、美等国在推动跨部门协同治理时，非常重视部门自身目标和绩效考评与跨部门协同治理目标之间的联系，要求各部门围绕整合的、跨部门协作的目标，确立自身的指标评价体系。我国的绩效评估是基于单一部门职责的分工，往往忽视多部门合作中的绩效评估，并且存在奖惩缺乏刚性的问题，这导致联席会议容易成为松散的会议协商机制，缺乏强有力的组织结构和制度化的运行机制的支撑。当部门内部的绩效评价指标体系具有整合性和跨部门性时，就能有效促进跨部门网络的实现，使得部门主管不仅关心本部门的绩效，同时激发内在的动力作为共同的目标而努力。①《中长期青年发展规划》实施工作部际联席会议，要注重把青年发展事务融入各成员单位自身工作之中，与本职工作同研究、同安排、同考核，我们不能把青年发展事务作为成员单位的额外工作，更不能作为可干可不干的工作。这就需要联席会议各成员单位的联络员切实负起责任，变被动的协同为主动的参与，自觉维护联席会议的有效性和权威性。

第二，《中长期青年发展规划》的纵向协同实施。

《中长期青年发展规划》作为国家层面的青年政策，只有经过省、市、县层级，才能落实到基层。在这个多层级的政策执行链条中，出现政策失真现象的概率是非常高的。政策执行的纵向失真，主要是因为不同层级利益的非完全一致性。《中长期青年发展规划》的制定者追求的是整体利益，但地方执行者往往代表的是局部利益，这存在利益的差别。《中长期青年发展规划》提出，各地要以该规划为指导，编制本地区青年发展规划。这意味着《中长期青年发展规划》的政策目标，需要经历各地的政策细化和再规划的过程。《中长期青年发展规划》的政策目标在自上而下的传递过程中，存在一定程度的信息不对称，这会导致政策执行在下一层级出现某些偏差。在一级又一级的政策细化和实施的过程中，各个实施主体要做到全面、准确地落实《中长期青年发展规划》，防止政策制定与政策执行之间产生"过滤"问题，避免出现政策执行的"折扣"现象。为了解决《中长期青年发展规划》的纵向性政策执行失真问题，需要实行层级性治理。在《中长期青年发展规划》的实施中，每一层级党委的领导力和政府的主导力都非常重要。上一层级如果出现政策领导力和主导力的缺失，就必然会影响到下一层级的有效执行。只有既有国家层面的高位驱动，又有中间层级的细化和转化作用，才能确保《中长期青年发展规划》落实到基层，得到真实性的政策执行。

政策执行的研究既有自上而下的路径，又有自下而上的路径。自上而下的研究路径强调"政策制定与政策执行的分立性"，主张"政策是由上层通过集权、命令、控制来规划和制定的"，并"被转化成为各种具体化的指示，

① 蒋敏娟：《法治视野下的政府跨部门协同机制探析》，载《中国行政管理》，2015(8)。

由下级部门的官员或职员来执行完成"①。自下而上的研究路径强调"政策制定者与执行者之间的互动",认为"政策制定者的核心任务不是设定政策执行的架构,而是提供一个充分自主的空间",给予基层"更多的自由裁量权,使其能够采取适当的措施,建立起一个适应政策执行环境的政策执行过程"②。《中长期青年发展规划》的实施,首先需要高位驱动,以上带下,但不能仅仅采用自上而下的模式,还需要借鉴自下而上的模式。各级政策执行者都能发挥能动作用,基层执行部门及其工作人员对于如何实现《中长期青年发展规划》的政策目标具有实际的影响。《中长期青年发展规划》的政策目标是多方面的、有待细化的,这需要在实施过程中对政策目标和政策文本进行再解释,并以重新解释的政策目标作为行动依据。在《中长期青年发展规划》的实施中,不能只是上级决策下级执行,更不能出现"上级推一推,下级动一动"的消极应付现象,而应该注重发挥下级的积极性、主动性和创造性。下级不能消极、被动地执行上级的决策。相反地,在《中长期青年发展规划》的实施中,下级有着一定的自由选择权,不仅仅是"执行"政策,也常常"做出"政策选择。因此,基层执行者的认知、态度和行为是影响《中长期青年发展规划》实施效果的重要因素。

总的说来,《中长期青年发展规划》的实施是一个复杂的政策执行过程,需要进行多部门、多层级的协同治理。只有充分发挥各个政策执行主体的功能作用,进行跨部门的横向协同治理和跨层级的纵向协同治理,我们才能汇聚各种协同治理的力量,形成协同治理的合力,提高协同治理的效能,从而使《中长期青年发展规划》得到有效的执行,推动青年得到更优质的发展。

第四节 《中长期青年发展规划》的评估

一、《中长期青年发展规划》评估的界定

从政策科学看,一个完整的公共政策,不仅包括科学的政策制定和有效的政策执行,还包括对政策执行后的效果进行准确的评估。《中长期青年发展规划》自发布以来,通过建立跨部门的实施工作部际联席会议机制、出

---

① 宁骚主编:《公共政策学》第2版,337页,北京,高等教育出版社,2011。
② 同上书,339页。

台各个省级青年发展规划、实施青年发展项目等措施，逐步展开政策执行的过程。《中长期青年发展规划》实施的效果如何，出现了哪些新情况，是否存在政策孤岛和政策梗阻的现象，未来走向是什么，下一步如何更广泛、更深入地加以推进，都有赖于开展有针对性的评估工作。

第一，《中长期青年发展规划》评估的含义。

《中长期青年发展规划》属于青年政策，因而其评估属于政策评估的范畴。"公共政策评估是依据一定的标准和程序，对政策的绩效、效率及价值进行判断的一种评价行为，目的在于取得有关这些方面的信息，作为决定政策变化、政策改进和制定新政策的依据。"①根据公共政策评估的一般含义，我们可以认为，《中长期青年发展规划》的评估是各评估主体按照一定的评估标准和程序，充分收集该规划实施效果和效益的准确信息，并运用科学方法分析和判断是否实现、在多大程度上实现了该规划预期的目标，产生了什么样的青年发展效果和青年工作效益的过程。这个过程包含对《中长期青年发展规划》实施的质量、效益、效果等方面进行评价和估量的一系列活动，这些活动的目的是分析该规划实施的状况，改进该规划实施的工作，以促进该规划提出的各项青年发展目标能够得到充分的实现。《中长期青年发展规划》实施的状况如何，有无效果，效果大小，这都需要运用科学可行的技术和手段收集该规划效果的信息，并在此基础上进行仔细的分析和科学的阐释。因此，通过《中长期青年发展规划》的评估，我们可以科学地检验该规划的实施效果，有效地检测该规划的效率和效益，为合理地配置青年政策资源提供依据，从而增强该规划实施的科学性和有效性，提高该规划实施的水平和效益。

从国际上看，许多国家建立了管理青年事务的政府部门，这些青年工作部门普遍对青年政策和青年工作项目进行评估。例如，德国联邦政府、州政府都设立了青年工作部门，这些政府青年工作部门不直接开展青年工作，而是通过制定青年政策、提出青年工作项目的途径，采用招标的方式，吸引和选择社会上的专业青年工作团体参与青年政策的实施，承接青年工作项目。在这个过程中，对青年政策和青年工作项目的评估是一个重要环节，也是政府青年工作部门管理青年公共事务的一项重要工作。近年来，在接待多个欧洲青年工作者代表团来访时，我们发现，欧洲国家青年工作

---

① 陈振明编著：《公共政策学——政策分析的理论、方法和技术》，283 页，北京，中国人民大学出版社，2004。

者提问比较集中的一个问题是中国的青年工作项目是如何进行立项和评估的。应该说，我国青年工作实践，比较重视青年政策的制定和青年工作项目的提出，较少开展青年政策和青年工作项目的评估工作。由此可见，开展《中长期青年发展规划》的评估，不仅有利于该规划的有效实施，而且是我国青年工作的一项实践创新和制度创新。

第二，《中长期青年发展规划》评估的内容。

《中长期青年发展规划》评估的内容，是制定该规划评估标准、建构该规划评估模式、形成该规划评估过程的依据。一般说来，政策评估的内容在不同的政策阶段是不完全相同的。就政策执行的过程看，《中长期青年发展规划》评估的内容包括结果评估、效益评估和效力评估三个方面。《中长期青年发展规划》的结果评估，是对该规划实施后产生的结果的评估，包括实施结果实现该规划设立的预期目标的状况和程度。也就是说，从实际结果上看，该规划是否实现了预期目标，在多大程度上实现了预期目标。《中长期青年发展规划》的效益评估，是对该规划所产生的效益进行分析和评价，是对该规划实施结果与投入之间的关系所做的评估。《中长期青年发展规划》的效力评估，是对该规划的影响力的评估，即对政府、社会、公众、青年所产生的综合影响力的评估。可见，《中长期青年发展规划》的评估是对该规划实施效果进行多方面的系统分析。这种系统的评估性分析具有很强的专业性，是一个包含较高技术含量的过程。

《中长期青年发展规划》评估的立足点是政策影响，而非政策输出。政策输出作为政策的实施主体为追求政策决定与政策声明而实际开展的工作，主要是政策实施主体的工作总结报告所重点关注的内容。政策输出可以表明，为了实施《中长期青年发展规划》，许多工作已经开展了或正在进行，如表明成立了该规划实施工作部际联席会议，召开了多少次该规划实施工作的相关会议，实施了多少个青年发展项目，发布了多少本青年发展蓝皮书，多少个省区市已经制定了省级青年发展规划等。然而，正如美国的威廉·戈姆利所说的，政策"评估不是数豆子的游戏"，不能"聚焦于政策输出而不是政策影响，以求能够制造出发展幻象的统计数据"[1]。《中长期青年发展规划》的评估应关注该规划产生的所有后果，即政策影响。也就是说，《中长期青年发展规划》的评估不能局限于政策输出，而要聚焦于政策影响，

---

[1] ［美］詹姆斯·E. 安德森：《公共政策制定》第 5 版，谢明等译，299 页，北京，中国人民大学出版社，2009。

对所有该规划实施后导致的结果做出客观的评价。

《中长期青年发展规划》属于党的青年工作政策，因而其评估要包含政治性，体现政治性。《中长期青年发展规划》不是一个普通的经济社会发展规划，而是一个政治性很强的专项规划，具有丰富的党的青年工作思想，如青年是国家经济社会发展的中坚力量的青年观、党管青年的青年工作原则、青年首先发展理念、以青年为本的工作方式、各方面协同施策的青年工作格局等。因此，《中长期青年发展规划》的评估内容要切实贯彻党的青年工作思想，充分体现马克思主义青年观，积极为青年服务和为党培养人。

第三，《中长期青年发展规划》评估的主体。

政策评估主体是政策评估活动的实施者，没有评估主体，政策评估就无法开展。《中长期青年发展规划》的评估主体，是指对该规划的效果、效益、效率等方面进行评价、判断的组织和个人。凡是与《中长期青年发展规划》发生直接或间接联系的组织或个人，都可成为评估主体，因而该规划的评估主体不是单一的，这是该规划作为国家青年政策所具有的公共性的体现。《中长期青年发展规划》的评估主体，既包括内部评估者，也包括外部评估者。其中，《中长期青年发展规划》的内部评估者，从评估机构看包括该规划的决策、发布、执行、监督等部门。《中长期青年发展规划》的外部评估者，由该规划决策、发布、执行、监督等部门以外的组织或个人构成，如立法机关、司法机关、大众传媒、社会组织和青年群众等。评估主体在《中长期青年发展规划》评估活动中处于举足轻重的地位，决定着该规划评估标准的制定、评估范围的确定、评估方法的选择，发挥着主导性的作用。

从公共政策评估的实践看，不同的评估主体由于政策立场不同，关注的政策点不同，因此，对于同一项公共政策的评估可能会得出相反的结果。有的政策被官方机构评估为成功的公共政策，而在其他机构看来是失败的，这主要是由于评估者的立场和关注点不同。可见，只有实现评估主体的多元化，才能保证《中长期青年发展规划》的评估做到客观公正。目前，《中长期青年发展规划》已经开展过评估工作，但评估主体只是中国青少年研究中心、中国社会科学院社会学研究所，这是很单一的，也是很不够的。因为，这两个机构都是研究单位，而且分别直属于该规划实施工作部际联席会议成员单位，即共青团中央和中国社会科学院。《中长期青年发展规划》的评估"应逐渐走向由单一主体评估到多元主体评估，由内部评估者到内外评估者的相结合评估，由官方的评估者到官方与非官方相统一的评估"①。《中长期青年发展规划》的评估，要尽可能采用第三方的独立评估。"政策评估第三方通常指政策评估者是政策制定者和执行者之外的人员，独立于政策制定和政策执行之外。"②第三方评估者可以较好地秉持评估的独立性，在利益关系上与《中长期青年发展规划》的制定者和实施者保持一定的距离，并具有评估相关的专业知识和能力，能够运用科学的评估方法，实现该规划评估的科学性，增进该规划评估的社会认可度。

第四，《中长期青年发展规划》的评估程序。

《中长期青年发展规划》的评估程序，依次是评估方案设计、评估活动实施和评估工作总结。评估者要根据这三个评估程序的各自要求，采用有针对性的技术手段和科学的评估方法。

《中长期青年发展规划》评估方案的设计，是评估工作的准备阶段，主要包括确定评估对象、制定评估办法和建立评估制度三项工作。其中，第一步是在认清《中长期青年发展规划》制定的政策意图、基本内容和实施条件的基础上，确定评估的具体对象，解决评估什么的问题。这需要确定是对该规划进行全面的评估，还是根据实施情况和评估的可行性，有选择地进行某一方面的评估。例如，共青团中央青年发展部2018年8月委托中国青少年研究中心进行青年健康领域的评估。第二步是根据评估对象，制定相应的评估办法。评估方法所需要确定的内容主要包括评估目的、评估主体、评估标准、评估模式、评估方法、评估时间等。第三步是在评估办法的基础上，建立相符合的评估制度。这包括如何建立评估机构，如何调配评估工作所必需的人、物、财等评估资源，以及如何组织实施、进行过程监控和建立激励机制等。

《中长期青年发展规划》评估活动的实施，是评估者对该规划进行评估的行动过程。实施评估行动是整个《中长期青年发展规划》评估过程中的中心环节。这一环节的主要任务是运用科学的方法，调查、采集该规划的评估信息，并对这些信息进行统计、分析和研究。为了做好这一阶段的工作，要把握三个关键环节。一是进行信息的收集。政策评估的实质是信息的收集和处理，因此，信息收集是《中长期青年发展规划》评估的基础。信息收

---

① 高兴武：《公共政策评估：体系与过程》，载《中国行政管理》，2008(2)。
② 周建国：《政策评估中独立第三方的逻辑、困境与出路》，载《江海学刊》，2009(6)。

集涉及该规划制定和实施的各个方面，但重点是收集该规划实施的效果及其影响方面的信息。这些信息可以分为两类，即主观性信息和客观性信息，如该规划的效率是客观性信息，青年对该规划效率的认知属于主观性信息。《中长期青年发展规划》评估的信息收集是一项技术性工作，需要采用合适的技术手段。该规划信息的来源，可以采纳可信度高的二手资料，如相关政府部门的政策文献资料和数据资料，尤其是国家统计局的数据，但必须采集一手资料，如通过社会调查取得的信息资料。对于一手资料和二手资料，评估者要有区别地采取不同的信息收集方法。其中，二手资料信息的收集，可以采用文献研究法、统计分析法等；而一手资料信息的收集，则要采用观察法、调查法、个案法、实验法等。二是进行评估分析。这种评估分析包括统计分析、逻辑分析和理论分析三个方面，是从个别到一般、从具体到抽象的过程。其中，统计分析是用统计方法收集《中长期青年发展规划》的各种数据信息，并对这些信息进行系统化的分析和明晰化的解释，使这些信息易于为青年工作者所理解和应用。逻辑分析是用逻辑方法把统计分析的各个结果进行排序组合，阐明这些结果之间的内在关系。例如，考察相关政府部门的支持度与该规划效果之间存在的关系，这就是一种逻辑分析。理论分析是对统计分析和逻辑分析的结论进行归纳、抽象，对《中长期青年发展规划》的实施工作，包括经验优势和不足进行理论提炼，对该规划的实施效果做出总体上的最终评价。可见，《中长期青年发展规划》的评估分析，在不同阶段"所采用的分析手段和方法有很大的不同，评估者在实践中要根据分析信息的特点和评估目标进行选择"①。在进行评估分析时，我们要充分考虑《中长期青年发展规划》影响的广泛性。该规划的影响涉及青年发展的许多方面，既包括预期的影响，也包括非预期的影响；既包括该规划实施系统内部的各种变化，也包括该规划实施系统外部环境的变化；既包括短期影响，又包括长期影响。"在导致这些影响的所有因素中，有些因素难以测定，甚至根本无法测定；此外，各种影响因素也往往难以用同一个计量标准来衡量，这就给政策评估带来了很大障碍。"②《中长期青年发展规划》的实施会对青年发展的实际状况产生影响，但是该规划实施的行动与青年发展状况的改变之间的因果关系不容易确定。青年发展状况的改变

---

① 高兴武：《公共政策评估：体系与过程》，载《中国行政管理》，2008(2)。

② 申喜连：《试论我国公共政策评估存在的困境及制度创新》，载《中央民族大学学报(哲学社会科学版)》，2009(5)。

往往同时受到《中长期青年发展规划》以外的其他因素的影响，该规划在对一些青年发展的影响上缺乏相对的独立性，也就是说，难以确定青年发展的某些具体变化是该规划的单一影响。这些都给《中长期青年发展规划》的评估带来不少的困难，需要在评估分析时做出恰当的权衡比较。三是评估者要把定性分析与定量分析相结合，综合运用定性分析方法和定量分析方法。其中，定性分析方法包括同行评价、当面访谈、电话采访及案例研究等，定量分析方法包括指标设置、问卷调查、数据统计、投入与产出分析等。各种不同方法之间存在互补性，这就要求评估者能够在实践中根据具体情况选择一种主要的分析方法，同时结合其他分析方法，综合地做出评估结论。例如，除问卷调查法之外，可以采用深度访谈法。访谈过程中激发的各种观点，就是评估资料的来源。这种方法不仅把访谈过程视为一次关于《中长期青年发展规划》实施的交谈事件，而且更强调的是访问者与受访者通过互动，共同就该规划的实施进行新的意义建构。另外，对比评估方法，是通过《中长期青年发展规划》实施前和实施后的情况对比，对该规划的政策效果做出分析。

《中长期青年发展规划》评估工作的总结，是评估者处理评估结果、撰写评估报告的过程。任何政策评估都是一个价值识别、确认和选择的过程，《中长期青年发展规划》的制定者和执行者，与该规划评估者之间会存在不同的价值判断。因此，《中长期青年发展规划》评估的结论要有一个与该规划主体和客体互动的过程，以发挥评估的诊断、反馈、完善和开发的作用，使评估结果更具有可信性、有效性和可接受性。在互动过程中，《中长期青年发展规划》的评估者可以采用座谈会、研讨会、发布会、听证会等方式，对评估内容、评估目标、评估标准、评估方法、评估过程和最终结论做出说明。在评估工作总结中，可以采用同行评议法。这就要选择具有丰富专业知识的青年研究专家和青年工作专家，使评估者与被评估者进行充分交流和相互作用，评估者能够认真考虑被评估者的观点。同行评议由青年发展领域的专家组成，这些专家具有青年发展领域的丰富知识，有对青年发展趋势的深刻认识和敏感直觉，因而同行评议对《中长期青年发展规划》实施结果的评判更能体现该规划的间接效益，还能体现该规划效果的潜在性和长远性。同行评议最大的优点是易于操作、成本较低、评审周期短。

《中长期青年发展规划》评估程序的最后一个环节是写出评估报告，在介绍评估情况和评估方法的基础上，重点对该规划产生的实际效果做出客观的全面的陈述，对该规划进行政策价值上的判断，并提出对策建议。其中，对策建议要对《中长期青年发展规划》如何得到更有效的实施做出说明，并阐述相关理由和依据。

二、《中长期青年发展规划》评估的标准

《中长期青年发展规划》的评估标准，是指对该规划进行分析评价时所遵循的客观尺度和准则，是对该规划实施及其结果加以测量和评价的指标体系。没有评估标准，就谈不上科学的评估活动。因此，建立评估标准是《中长期青年发展规划》评估工作的起点和核心内容，也是判断该规划的效果及是否实现了预期目标的重要基础。评估标准直接决定着《中长期青年发展规划》评估的方向和结果。只有设定科学的评估标准，才能确保《中长期青年发展规划》的评估有所遵循，程序正当，结果正确。

第一，《中长期青年发展规划》评估的效益标准。

《中长期青年发展规划》评估的效益标准，是指把该规划实施后产生的各种结果和影响作为评估标准。《中长期青年发展规划》评估的效益标准所涉及的关键问题，不是考察该规划是否按原计划实施，实施过程是否进行得顺利，而是考察该规划实施结果和影响的价值状况。《中长期青年发展规划》实施的结果和影响是多方面的，有直接的，也有间接的；有长远的，也有短期的；有预期的，也有非预期的。其中，主要考察该规划实施后是否实现了预期的目标，是否产生了应有的结果，核心是该规划对青年发展产生的促进作用和党的青年工作要求的落实情况。在使用效益标准对《中长期青年发展规划》进行评估时，评估者要全面、准确、充分地了解和掌握该规划目标的实现状况、总体效果情况和社会影响情况。

效益标准体现了《中长期青年发展规划》的"社会理性"，即该规划的内容符合新时代党的青年工作的要求，与主流的社会意识、社会价值和社会规范相一致。青年既是国家经济社会发展的未来力量，又是非常重要的现实力量。青年事务是政府管理中跨领域、跨部门的重要公共事务。《中长期青年发展规划》是为了解决复杂而棘手的公共问题，以促进公共利益的实现。效益标准要求我们对《中长期青年发展规划》的评估进行理性分析，如该规划的实施是新时代党的青年工作要求的现实反映，与社会主义核心价值观相一致，这有利于培育能够担当民族复兴大任的时代新人，对于促进社会发展、实现公共利益具有重要意义。

第二，《中长期青年发展规划》评估的效率标准。

《中长期青年发展规划》评估的效率标准，是指把该规划取得的效果所消耗的人财物资源的多少作为评估标准。对《中长期青年发展规划》进行评估，不能只看政策效益，还得看政策效率。效率标准主要涉及该规划产生的效益与实际付出的努力之间的关系，衡量的是该规划的成本，主要关心投入资源的多少，投入产出的具体情况。效率标准所考察的问题是，为了得到青年发展的实际结果，人们在《中长期青年发展规划》的实施中，付出了多大的代价，包括单位成本、净收益、成本收益比等具体的指标。

效率标准体现了《中长期青年发展规划》的"经济理性"，即该规划的实施是否对社会有效率，是否以尽可能少的投入获得尽可能多的产出。理想的状态是以最低的成本提供最大的效益，或者提供固定的效益而消耗最低成本，这就需要在对效率与效益进行比较的基础上，开展充分性评估。具体说来包含以下几个方面：一是关于《中长期青年发展规划》实施的固定成本和变动效益，充分性评估就是看在有限的资源条件下，是否使该规划实施的效益实现了最大化；二是关于《中长期青年发展规划》实施的固定效益和变动成本，充分性评估就是看在对该规划实施的期望结果不变的情况下，是否实现了成本的最小化；三是关于《中长期青年发展规划》实施的变动成本和变动效益，充分性评估就是看该规划实施的效益与成本之比是否最大化；四是关于《中长期青年发展规划》实施的固定成本和固定效益，这类问题相对复杂，充分性评估要在双重限制性条件下进行。上述四个方面包含了对《中长期青年发展规划》实施的充分性评估的不同界定，由此我们可以看出该规划实施的成本和效益之间关系的复杂性。

第三，《中长期青年发展规划》评估的青年标准。

《中长期青年发展规划》评估的青年标准，是指把该规划是否有效地回应了青年的实际需求，其结果是否满足了青年的利益诉求作为评估标准。青年标准回应的是《中长期青年发展规划》满足青年的需要、诉求、偏好和价值的程度。青年标准所考察的问题是效益和效率标准是否真正反映了青年的期望和需要，具体的指标是与青年满意度相一致的程度。《中长期青年发展规划》要准确把握和有效回应本该受益的广大青年的实际需求。青年标准的重要之处在于突出了青年需求的因素，强调了青年满意度调查的反馈作用。青年得到了实惠，实现了更优质的发展，这是衡量《中长期青年发展规划》实施的根本标准。

青年标准的重要性在于，即使《中长期青年发展规划》的方案、目标和实施措施等满足了效益和效率标准，其结果可能仍然不能满足青年在现实社会中的实际诉求。青年标准是"以青年为本"这一党的青年工作原则的内在要求。坚持"以青年为本"，《中长期青年发展规划》的实施者就要"从青年的根本利益和现实需要出发去谋划各项工作，帮助更多青年实现对美好生活的向往和需要，让青年能够切实享受到经济社会发展带来的各项成果"①。

青年标准要求对《中长期青年发展规划》的公平性进行评估，看该规划是否公平地对待所有青年，是否特别照顾处境不利的青年群体。青年分布在各行各业，在自身发展上是不平衡的，因此，《中长期青年发展规划》的评估要更好地体现公平。应该说，公平是公共政策制定、实施和评估的基本价值取向。如果说私人决策可以只追求决策的效率和经济效应，那么公共政策具有公共性，应把社会公平公正作为目标。青年标准要衡量《中长期青年发展规划》在公平的成本或收益分配上的实现程度，要考虑到那些最需要获得服务的青年应该得到与他们人数相应的、成比例的服务。青年标准关注的问题是，有哪些处境不利的青年群体，他们在《中长期青年发展规划》中是否得到了平等的对待，是否拥有同样的发展机会。从社会角度来看，《中长期青年发展规划》的目标，不是使少数青年或个别青年群体利益最大化，而是使整体青年的满意度达到最大化。这就要求该规划的评估特别关注那些处境不利的青年群体的发展问题，为他们提供更好的教育、就业、社会保障等方面的政策支持和实际帮助，这使得低收入青年能够有发展空间，处境不利的青年群体也能共享经济社会发展的成果。

第四，效益标准、效率标准和青年标准三者的综合运用。

《中长期青年发展规划》评估的效益标准、效率标准和青年标准三者各有侧重，又相互联系，评估者在实践中要善于进行综合运用，使得这三个标准能够得到充分体现。

效率标准关注的是《中长期青年发展规划》实施中的方式和手段问题，而效益标准关注的是目标和效果的问题。效率标准与效益标准既存在明显的不同，又相辅相成。《中长期青年发展规划》对青年的社会地位和作用做出了富有新意的界定：青年既是国家经济社会发展的生力军，又是党和人民事业发展的生力军，还是国家经济社会发展的中坚力量。这个界定说明，青年发展工作是一项为党育人的工作，是培养中国特色社会主义接班人和建设者的工作。《中长期青年发展规划》的制定和实施，是为了通过政策工

---

① 张良驯：《群团改革背景下共青团工作路径方法创新研究》，载《中国青年社会科学》，2019(1)。

具，促进青年实现更好的发展。《中长期青年发展规划》的评估，要把实现青年发展、培养能够担当民族复兴大任的时代新人作为根本标准，因而应该是效益优于效率，目标先于手段。在《中长期青年发展规划》的实施中，我们既要争取更好的效益，又要追求更高的效率。也就是说，首先要评估《中长期青年发展规划》是否促进了青年发展，在多大程度上促进了青年发展；其次再考察花费了多大的成本来进行效率的评估。

此外，有政治学者把人类社会所追求的五种理性作为政策评价的一般标准：一是"技术理性"，即政策是否对社会产生效用以解决人类所面临的科学技术问题；二是"经济理性"，即政策是否对社会有效率，以最低的成本提供最大的效益，或者提供固定的效益而消耗最低成本；三是"法律理性"，即评定政策是否符合成文的法律规范和各项先例，以探讨政策在社会上的合法性问题；四是"社会理性"，即断定政策的内容是否与社会上流行的规范与价值一致，分析政策在维持社会制度中所做出的贡献；五是"实质理性"，即政策是否追求前述四种理性中的两种或两种以上内容，以及能否解决各项理性之间的冲突问题。① 这五种理性的提出，对于制定《中长期青年发展规划》评估标准具有借鉴意义。我们可以对该规划的评估理性进行分析，如该规划的内容是党的青年工作要求的反映，与我们社会的主流价值观相一致，对于维持我们的社会制度、促进社会发展具有重要意义。

三、《中长期青年发展规划》评估的模式

政策评估的模式是政策评估的理论框架和操作方式，与评估标准密切相关。《中长期青年发展规划》评估的模式，是指根据评估标准对该规划进行评估的系统方法。只有根据实际情况去选择与评估目标相匹配的模式，才能对该规划的评估目的给出可信而有用的分析和解释。

第一，《中长期青年发展规划》评估的目标达成模式。

《中长期青年发展规划》评估的目标达成模式，是指把该规划文本提出的目标作为评估时所持的唯一标准。这种模式把该规划的实施看作一只"黑箱"，既不考虑该规划的实施过程，也不考虑该规划的实施成本。

《中长期青年发展规划》的目标达成模式包括三个步骤：第一，明确该

---

① 陶学荣、陶叡主编：《公共政策学》，213 页，大连，东北财经大学出版社，2016。

规划的总目标和各发展领域的目标，按重要程度对所有目标进行排序，再把这些目标转变成可以测量的客体。第二，测定该规划预定的目标可以在哪些方面和多大程度上得到实现；第三，判断该规划的实施是否实现了预定的目标，在多大程度上实现了预定的目标，或者哪些目标还没有实现。目标达成模式既是对《中长期青年发展规划》目标达成情况的评价，考察该规划是否在目标范围内取得了预期的结果；又是对该规划产生影响的评价，考察所观察到的结果是不是该规划实施的产物。

第二，《中长期青年发展规划》评估的侧面影响模式。

目标达成模型只将《中长期青年发展规划》实施后在目标领域内取得的结果作为评估对象，不考虑它在整个社会范围内带来的其他影响。事实上，《中长期青年发展规划》的实施具有很强的外部效应，"会在目标领域之内、目标领域之外出现许多预料不到的、或不希望出现的结果"，评估者如果要客观、全面地评估该规划，"就必须将这些结果都纳入考察范围"。① 侧面影响模式是指把《中长期青年发展规划》产生的非预期的效果作为一个评估标准。这种模式的特征是，该规划的预定目标仍然是基本的考量，但还要充分考虑到该规划实施导致的侧面影响。评估者只有把该规划产生的各种结果都纳入考察范围，才能使评估做到客观和全面。侧面影响模式对《中长期青年发展规划》的非预期、预料之外的政策效果的关注，正好弥补了不考虑意外结果的目标达成模式的缺陷。

我们在采用侧面影响模式对《中长期青年发展规划》进行评估时，要拓宽评估的视野，广泛考察该规划实施后对青年和青年工作及社会其他方面的影响。例如，从实践情况看，共青团组织作为一个党的群团组织，缺乏与政府部门进行直接联系的制度化渠道。《中长期青年发展规划》的制定和实施，除了直接促进青年的多方面发展之外，还使共青团组织能够从制度上争取相关政府部门的参与和支持，这增强了共青团组织对政府青年工作资源的争取和整合能力。

第三，《中长期青年发展规划》评估的无目标模式。

《中长期青年发展规划》评估的任务是评价和估量该规划的综合效应，这就要求评估者对该规划引发的各种现象和产生的各种结果进行判断，不能带有任何主观倾向性，更不能有预定目标的依附。无目标模式是指评估者在没有任何目标引导和约束的条件下，对《中长期青年发展规划》进行评

---

① 王瑞祥：《政策评估的理论、模型与方法》，载《预测》，2003(3)。

估，全面考察该规划实施带来的各方面影响，包括预期的和非预期的影响。也就是说，无目标模式把计划内和计划外的结果都作为考察因素，对《中长期青年发展规划》的效果持广阔的视角，这要求评估者全面观察该规划的实施，全面关注该规划的结果，特别是一些可能被忽视的结果。

如果说侧面影响模式仍然是以《中长期青年发展规划》的预定目标为基础的，同时强调对各种侧面影响的考察评估，那么无目标模式则完全抛开该规划的预定目标，只关注该规划实施的结果，来判断该规划实施结果的价值。无目标模式要求评估者对《中长期青年发展规划》的决策有清晰的认识，以宽广的视角对该规划的实施进行全面的观察，能够找出各种相关的结果，尤其是对青年发展、青年政策和青年工作的实际影响。

需要指出的是，无目标模式既然是一种不涉及目标的评价模式，完全不考虑评估标准和预定目标，那么评估者就要尽量避免掺入个人的主观因素，以免影响《中长期青年发展规划》评估的客观公正性。

第四，《中长期青年发展规划》评估的利益相关者模式。

《中长期青年发展规划》的利益相关者是指对该规划的目标和执行感兴趣并对其具有影响的所有组织、团体和个人。这些利益相关者包括该规划的目标群体、实施者、资源提供者、项目参与者等。利益相关者模式遵循多元价值协调的原则，统筹考虑青年发展权利保护、国家发展和社会公平等社会价值需要，既把政策评估主体的独立性与相关部门参与有机地结合起来，又在评估模式中结构性地体现政策主体和青年的利益相关性。

利益相关者模式有两个特征。一是全面性。这个模式不局限于既定的《中长期青年发展规划》的目标，而是综合考察该规划在制定和实施过程中所涉及的各种因素，因此可以最大化地反映该规划实施的现实情况。二是专业性。评估者对《中长期青年发展规划》所涉及的专业知识往往知之甚少，这给评估工作带来很大的困难，但通过与利益相关者的交流，通常可以较好地解决这一难题。例如，《中长期青年发展规划》提出的发展领域，大多涉及政府部门，相关政府部门往往更了解这些领域的青年发展状况和改进措施，因而对于如何评估能够提出更专业的意见。

评估者在采用利益相关者模式时，要关注各方利益相关的程度，把青年群体作为利益相关者中的最大权重。《中长期青年发展规划》的评估，在组织原则和价值准则上存在两个不同的导向：一是制定者导向，二是受益者导向。上文说的目标达成模式等是从该规划制定者的角度出发来考虑问题的，属于制定者导向。除此以外，还存在以受益者为出发点的受益者导向模式。这种评估模式基于这样一种观点："公共行政在市场领域为顾客提供物品与服务，顾客表明对服务供应的态度会导致服务交付的改进和顾客满意度的提高。只有按照顾客的需求进行评估，才可能将公众意见反映到评估结论中，进而影响下一步决策。"①受益者导向模式是把《中长期青年发展规划》干预对象的目标、期望、关心和需要作为评估的立足点和出发点，其核心是评估该规划是否使青年群体的关心、需要和期望得到满足，以及得到多大程度的满足。也就是说，受益者导向模式着眼于《中长期青年发展规划》的受益人即青年群体的愿望、需求和利益。《中长期青年发展规划》是为青年服务的，是否调动了青年的参与、是否满足了青年的发展需求、是否促进了青年的实际发展，是衡量该规划成效的基本尺度。

第五，目标达成模式、侧面影响模式、无目标模式、利益相关者模式四者的综合运用。

《中长期青年发展规划》的目标达成模式、侧面影响模式、无目标模式、利益相关者模式都有合理性和可行性，评估者在具体的评估工作中要进行综合运用。

一是要立足目标，又不局限于目标。评估者固然首先要根据《中长期青年发展规划》文本提出的目标，有的放矢地开展评估工作，考察哪些目标得到了实现，哪些目标还没能完全实现。在此过程中，评估者要尽量避免先入为主的思维影响，不受目标的事先限制，要考察该规划实施的实际结果。另外，还要考察《中长期青年发展规划》实施带来的超越于既有目标的各种效应。也就是说，要以目标达成模式为主，辅之以侧面影响模式和无目标模式。

在运用目标达成模式时，评估者要看到《中长期青年发展规划》的目标具有一定的不确定性。对《中长期青年发展规划》进行评估，一个重要方面是考察该规划的实施是否达成了预定的目标，这就要求规划本身具有明确的可测定的目标。但是，"由于政策问题的复杂性以及政策制定者的一些主观因素，政策目标常常难以明确"②。《中长期青年发展规划》在序言部分提出了总目标，在 10 个青年发展领域分别设立了多个目标。在这些众多目标

---

① 陶学荣、陶叡主编：《公共政策学》，224 页，大连，东北财经大学出版社，2016。

② 申喜连：《试论我国公共政策评估存在的困境及制度创新》，载《中央民族大学学报(哲学社会科学版)》，2009(5)。

中，有的青年发展目标难以量化，如青年思想道德的发展目标就不容易量化，有的青年发展项目具有多重目标，如青年教育的发展目标具有学校教育、家庭教育、社会教育多方面的发展目标。在该规划的实施过程中，有的青年发展目标还可能发生变更而被修正，如青年就业创业的发展目标。2018 年 6 月召开的共青团十八大更加强调青年的就业而不是创业，尤其是聚焦建档立卡贫困人口中大学生的就业。《中长期青年发展规划》的制定者和执行者，有时会使用模糊的语言来表达和说明该规划的目标，以此增加应变的能力，如该规划文本只说了保障青年发展的经费投入，但既没有具体说明投入多少经费，也没有指出保障经费投入的具体路径。例如，青年健康作为青年发展的 10 个领域之一，其发展目标是"持续提升青年营养健康水平和体质健康水平，青年体质达标率不低于 90%；有效控制青年心理健康问题发生率，青年心理健康辅导和服务水平得到较大提升；引领青年积极投身健康中国建设"①。在这四个目标中，"持续提升""有效控制""积极投身"等都是难以准确评估的。以上这些情况，都给衡量和评价《中长期青年发展规划》目标的实现情况和完成程度带来很大的困难，因此，评估者要对该规划的各种目标进行细化分析，要把这些目标转化成可操作性的标准。

二是要立足实际效果，又不限于实际效果。《中长期青年发展规划》的评估，重在实际效果，也要兼顾其他。例如，评估者可以在考察该规划实际结果的基础上，还考察该规划的计划和执行的一般情况。评估者要考察《中长期青年发展规划》是否如计划的那样得到实施，实际的实施情况如何，相关的青年发展项目是否在基层得到展开。另外，作为一项公共政策的评估，评估者要关注《中长期青年发展规划》实施的成本，通过成本利益分析和成本效能分析，考察该规划实施的生产率是否最优。

三是要考察评估主体对评估模式的偏好性。《中长期青年发展规划》的评估主体，是指对该规划效果、效益、效率等方面进行分析判断的组织和个人。《中长期青年发展规划》的发布者、执行者、政策对象、第三方，作为不同的评估主体，其出发点不同，关注的环节不同，聚焦的问题不同，因而具有不同的评估视角，采用不同的评估模式。《中长期青年发展规划》的实施者，如共青团组织作为"政策制定者的意图与政策对象的桥梁，往往扮演着中间人的角色"②，他们关注的往往是该规划具体的落实情况，采用

---

① 《中长期青年发展规划（2016—2025 年）》，12 页，北京，人民出版社，2017。

② 高峰：《政策评估的通用模型研究》，载《科技管理研究》，2015(24)。

较多的评估模式为目标达成模式。作为《中长期青年发展规划》的发布者和制定者，党和政府的关注与该规划实施者的关注相比更为长远一些，党和政府更多地关注该规划对青年发展和党的青年工作带来的中长期效果，其所采用的评估模式除了有目标达成模式外，还有侧面影响模式。上级单位还会关心下级单位是如何操作和落实该规划的。作为《中长期青年发展规划》的政策对象，青年关注的是自身能否从该规划中得到实惠，实施的力度是否够大，落实的流程是否烦琐，因而多采用利益相关者模式。

　　综上所述，评估是《中长期青年发展规划》政策过程的重要一环，也是衡量该规划实施成效的重要工作，因而具有独特的政策价值和实践意义。评估者要运用政策评估的理论和方法，把握评估含义、评估标准、评估模式和评估程序，开展科学的评估工作，以促进《中长期青年发展规划》的有效实施，推进中国青年政策的建设和完善。

参考文献

图书

1. [美]阿尔伯特·班杜拉. 社会学习理论[M]. 陈欣银，李伯黍，译. 北京：中国人民大学出版社，2015.

2. [印]阿马蒂亚·森. 以自由看待发展[M]. 任赜，于真，译. 北京：中国人民大学出版社，2002.

3. [美]G. H. 埃尔德. 大萧条的孩子们[M]. 田禾，马春华，译. 南京：译林出版社，2002.

4. 北京大学哲学系外国哲学史教研室. 古希腊罗马哲学[M]. 北京：商务印书馆，1982.

5. 北京大学哲学系外国哲学史教研室. 西方哲学原著选读：上卷[G]. 北京：商务印书馆，1981.

6. 陈庆云. 公共政策分析[M]. 北京：中国经济出版社，1996.

7. 陈振明. 公共政策学——政策分析的理论、方法和技术[M]. 北京：中国人民大学出版社，2004.

8. 陈志尚. 人学原理[M]. 北京：北京出版社，2005.

9. 冯刚. 探索思想政治教育发展的内生动力[M]. 北京：人民出版社，2017.

10. [法]弗朗索瓦·佩鲁. 新发展观[M]. 张宁，丰子义，译. 北京：华夏出版社，1987.

11. 顾明远. 中国教育路在何方：顾明远教育漫谈[M]. 北京：人民教育出版社，2016.

12. 共青团中央，中共中央文献研究室. 毛泽东邓小平江泽民论青少年和青少年工作：增订本[G]. 北京：中国青年出版社，2003.

13. 共青团中央. 中国共青团年鉴：2003[M]. 北京：中国青年出版社，2004.

14. 共青团中央国际联络部. 国外青年与青年工作：2007[C]. 北京：外文出版社，2007.

15. 本书编写组. 《中长期青年发展规划（2016—2025 年）》学习辅导读本[M]. 北京：人民出版社，2019.

16. 共青团中央国际联络部. 国外青年与青年工作：2014—2018[C]. 北京：中国青年出版社，2020.

17. 黄楠森. 人学原理[M]. 南宁：广西人民出版社，2000.

18. 黄蓉生. 青年学研究[M]. 成都：四川人民出版社，2009.

19. 蒋晓虹. 教育心理学[M]. 济南：山东人民出版社，2014.

20. [美]理查德·M. 勒纳. 人类发展的概念与理论[M]. 张文新，主译. 北京：北京大学出版社，2011.

21. 陆德生，等. 人权意识与人权保障[M]. 北京：中国长安出版社，2014.

22. [英]雷蒙·威廉斯. 关键词：文化与社会的词汇[M]. 刘建基，译. 北京：生活·读书·新知三联书店，2005.

23. 路日亮，王定功. 新中国人学理路：第十一届全国人学研讨会文集[C]. 北京：中国商业出版社，2010.

24. [罗]F. 马赫列尔. 青年问题和青年学[M]. 陆象淦，译. 北京：社会科学文献出版社，1986.

25. [美]马斯洛，等. 人的潜能和价值[M]. 林方，主编. 北京：华夏出版社，1987.

26. [美]罗尔夫·E. 缪斯. 青春期理论[M]. 周华珍，等，译. 上海：上海社会科学院出版社，2014.

27. 石丹理，韩晓燕，李希希. 儿童青少年与家庭社会工作评论：第2辑[M]. 上海：华东理工大学出版社，2014.

28. 上海社会科学院青少年研究所. 青年发展与国家战略：上海社会科学院青少年研究所论文精选[M]. 上海：上海社会科学院出版社，2008.

29. 石中英. 教育哲学[M]. 北京：北京师范大学出版社，2007.

30. 陶学荣，陶叡. 公共政策学[M]. 大连：东北财经大学出版社，2016.

31. 王海传. 人的发展的制度安排[M]. 武汉：华中师范大学出版社，2007.

32. 王磊磊. 大学生体质健康发展与干预策略研究[M]. 延吉：延边大学出版社，2017.

33. [德]韦纳特. 人的发展[M]. 重庆：西南师范大学出版社，2011.

34. 王跃平. 逻辑学教程[M]. 北京：北京大学出版社，2015.

35. 王仕民. 德育研究：思想政治教育学科30年发展报告：2014[M]. 广州：中山大学出版社，2014.

36. 谢维和，陆建华，曲力秋. 当代青年社会学[M]. 北京：中国青年出版社，1994.

37. 郗杰英. 当代中国青年发展状况指标体系研究[M]. 郑州：文心出版社，2005.

38. 徐春. 人的发展论[M]. 北京：中国人民公安大学出版社，2007.

39. 肖潇. 马克思人的发展理论及其当代中国论域[M]. 武汉：湖北人民出版社，2014.

40. 夏甄陶. 人是什么[M]. 北京：商务印书馆，2002.

41. 殷陆君. 人的现代化：心理·思想·态度·行为[M]. 成都：四川人民出版社，1985.

42. [美]约翰·罗尔斯. 正义论[M]. 何怀宏，等，译. 北京：中国社会科学出版社，1988.

43. 杨雄. 社会转型与青年发展[M]. 上海：上海社会科学院出版社，2004.

44. 杨雄. 中国青年发展演变研究[M]. 上海：上海文化出版社，2008.

45. 中长期青年发展规划：2016—2025 年[R]. 北京：人民出版社，2017.

46. 中共中央文献研究室. 习近平关于青少年和共青团工作论述摘编[G]. 北京：中央文献出版社，2017.

47. 张国庆. 公共政策分析[M]. 上海：复旦大学出版社，2004.

48. [美]詹姆斯·E. 安德森. 公共政策制定：第 5 版[M]. 谢明，等，译. 北京：中国人民大学出版社，2009.

49. 张永红. 20 世纪 60 年代美国青年运动及其社会应对研究[M]. 北京：新华出版社，2014.

50. 张治库. 现代社会关系视阈下人的发展研究[M]. 北京：光明日报出版社，2010.

51. 郑新蓉，等. 学会求知[M]. 北京：北京出版社，2006.

论文

1. 陈国权. 人的知识来源模型以及获取和传递知识过程的管理[J]. 中国管理科学，2003(6).

2. 陈俊. 人的发展困境与实践智慧[J]. 科学技术与辩证法，2008(1).

3. 陈婷. 制度与人的发展研究[J]. 马克思主义理论学科研究，2018(6).

4. 陈新夏. 人的发展研究的理论范式[J]. 马克思主义与现实，2016(1)

5. 陈新夏. 精神生活与人的发展[J]. 中共中央党校学报，2018(1).

6. 陈志夫. 建立科学的青年发展指标体系[J]. 青年探索，1996(6).

7. 陈自满，疏仁华. "识别"与"总括"：试析青年概念的三位一体结构[J]. 沈阳大学学报(社会科学版)，2012(3).

8. 陈志尚，陈金芳. 关于人的素质的两个理论问题[J]. 北京大学学报(哲学社会科学版)，2000(4).

9. 常修泽. 当代"人"的发展问题论纲[J]. 改革与战略，2008(8).

10. 杜高明. 教育与人的发展新论[J]. 教育评论，2009(2).

11. 杜凌飞. 试述马赫列尔的青年本质观[J]. 青年研究，1988(1).

12. 邓希泉. 青年发展理论的基本问题研究[J]. 中国青年社会科学，2018(1).

13. 风笑天. 社会变迁背景中的青年问题与青年研究[J]. 中州学刊，2013(1).

14. 张利平. 论制度德性的内涵及其意义[J]. 烟台师范学院学报(哲学社会科学版)，2002(2).

15. 付长珍，王成峰. 从生产自身到发展自身——西方劳动观念的变迁及其启示[J]. 上海师范大学学报(哲学社会科学版)，2016(1).

16. 高兴武. 公共政策评估：体系与过程[J]. 中国行政管理，2008(2).

17. 高峰. 政策评估的通用模型研究[J]. 科技管理研究，2015(24).

18. 郭法奇. 人的发展与教育：几个基本问题的思考[J]. 湖南师范大学教育科学学报，2014(2).

19. 郭大俊，余彬梓. 实践与人的发展三题[J]. 创新，2015(4).

20. 胡磊，赵学清. 马克思人的发展理论的本真意蕴和现实进路[J]. 改革与战略，2018(7).

21. 黄国泰，张治库. 现代人的发展风险及其预防[J]. 学术界，2010(3).

22. 黄枬森. 促进人的素质全面发展——兼评《素质教育基本理论研究》[J]. 教育研究，2012(10).

23. 韩桥生. 人的发展视野中的制度德性建设[J]. 求实，2012(5).

24. 胡玉坤，刘文利. 进入国际发展议程前沿的"青年"——概念、多元政策议题与优先关注目标[J]. 当代青年研究，2012(6).

25. 胡玉坤，郑晓瑛，陈功，等. 厘清"青少年"和"青年"概念的分野——国际政策举措与中国实证依据[J]. 青年研究，2011(4)。

26. 韩庆祥. 论改革开放与人的发展的历史逻辑[J]. 治理研究，2019(3).

27. 何颖. 发展权：人权实现与发展的保障[J]. 新视野，2008(5).

28. 蒋敏娟. 法治视野下的政府跨部门协同机制探析[J]. 中国行政管理，2015(8).

29. 江立华，袁校卫. 生命历程理论的知识传统与话语体系[J]. 科学社会主义，2014(3).

30. 邝海春. 论青年范畴[J]. 青年研究，1986(12).

31. 廖运生，陈勃. 公平正义视阈下当代青年发展机会研究[J]. 江西社会科学，2010(2).

32. 刘香东. 美国积极青少年发展理论刍议[J]. 教育探索，2009(1).

33. 刘燕青. 从知识传授、能力培养到人的全面发展——人类教育观念变革初探[J]. 辽东学院学报(社会科学版)，2009(3).

34. 刘苏津. 关于青年问题的哲学思考[J]. 青年研究，1995(7).

35. 刘刚，李永敏. 青年发展指标体系构建及测量方法[J]. 当代青年研究，2011(1).

36. 刘维群. 青年概念与青年本质之研究[J]. 青年研究，1988(12).

37. 刘向先. 关于人的本质与人的发展的追问[J]. 山西高等学校社会科学学报，2013(4).

38. 刘远杰. 青年发展本质：对我国青年研究的反思[J]. 当代青年研究，2015(1).

39. 李宜钊. 论政策执行研究的复杂性转向[J]. 海南大学学报(人文社会科学版)，2015(4).

40. 李毅红. 青年概念的当代阐释[J]. 北京行政学院学报，2007(5).

41. 吕鹤颖. "80后"青年问题与代沟弥合[J]. 学术研究，2019(8).

42. 马莉. 人的本质探析[J]. 聊城大学学报(社会科学版)，2004(5).

43. 马玉娜. 国外青年发展的法律政策及其启示[J]. 中国青年社会科学，2018(2).

44. 马勇，梁木生. 生活视野下的法哲学三题纲要及启示——以当代知识分化的反思为缘起[J]. 社会科学家，2018(3).

45. 孟庆仁. 论人的发展道路[J]. 齐鲁学刊，2008(2).

46. 孟雪静. 现代性视阈下人的发展困境及对策[J]. 岭南学刊，2018(3).

47. 聂立清，郑永廷. 人的本质及其现代发展——对马克思人的本质思想的再认识[J]. 现代哲学，2007(2).

48. 潘国雄. "三大公平"与青年发展研究[J]. 探求，2013(1).

49. 齐延平. 论发展权的制度保护[J]. 学习与探索，2008(2).

50. 丘小维. 社会主义市场经济条件下青年发展权的保障与落实[J]. 创新，2014(6).

51. 石国亮. 我们为什么要面向青年出台专门的"规划"——从"青年是不是弱势群体"谈起[J]. 中国青年社会科学，2017(4).

52. 苏颂兴. 青年发展指标与青年充权[J]. 中国青年研究，2006(11).

53. 苏颂兴. 青年"充权"理论与自我实现——2004年海外青年研究的一个热点问题[J]. 青年研究，2005(1).

54. 孙玉杰，公文华. 青年健康的现代涵义与标准[J]. 青年研究，1995(9).

55. 申喜连. 试论我国公共政策评估存在的困境及制度创新[J]. 中央民族大学学报(哲学社会科学版)，2009(5).

56. 宋文坛. 青年的位置——1970年代末至1980年代初文学中的"青年问题"论析[J]. 当代作家评论，2016(6).

57. 王丽琳. 人的发展：缘起、终极取向及其实现策略[J]. 现代教育科学，2018(9).

58. 王丛彦，张雅文. 沪港青少年发展指标体系比较研究[J]. 当代青年研究，2017(2).

59. 王力，东建广，宋秀英. 制度变革与人的发展——以改革开放以来中国的制度变革为例[J]. 河北学刊，2006(3).

60. 王喜平. 人的发展：内在动因和社会条件[J]. 理论探索，2008(6).

61. 王政武. 青年发展与就业制度改革研究[J]. 桂海论丛，2016(1).

62. 汪习根. 发展权含义的法哲学分析[J]. 现代法学，2004(6).

63. 文嘉. 共青团直接联系青年的路径研究[J]. 广东青年职业学院学报，2016(4).

64. 文献良. 关于青年概念[J]. 青年研究，1984(10).

65. 吴端. 青年的虚像与实像——对中国的"青年"概念原创时期特征的探讨[J]. 当代青年研究，2009(7).

66. 万光侠. 人学视野中的人的发展蕴涵[J]. 理论学刊，2003(4).

67. 谢维和. 论青年问题[J]. 青年研究，1992(2).

68. 吴潜涛. 正确理解理想信念的科学含义[J]. 教学与研究，2011(4).

69. 谢维和. 关于建立我国青年社会发展指标体系的初步设想[J]. 青年探索，1991(3).

70. 杨耕. "人的问题"研究中的五个重大问题[J]. 江汉论坛，2015(5).

71. 杨华. 人的发展与制度创新的互动[J]. 浙江学刊，2005(6).

72. 姚德利. 论马克思主义人的发展的权利内涵[J]. 当代世界与社会主义，2009(3).

73. 张国安. 马克思关于人的本质的四重含义及其现实意义[J]. 甘肃社会科学，2015(6).

74. 张奎良. 马克思人的本质思想的全景展示[J]. 天津社会科学，2014(1).

75. 张良驯. 论我国青年政策的独立性、完整性和专项性[J]. 中国青年研究，2015(2).

76. 张良驯. 中国青年政策的价值分析[J]. 青年探索，2017(4).

77. 张良驯. 多源流理论视域下青年发展规划的政策议程研究[J]. 中国青年研究，2017(9).

78. 张良驯. 新时代青年工作理论创新研究——对〈中长期青年发展规划（2016—2025年）〉青年工作思想的分析[J]. 青年发展论坛，2018(1).

79. 张良驯. 青年发展规划实施中的协同治理研究[J]. 中国青年社会科学，2018(1).

80. 张良驯. 中长期青年发展规划评估的标准、模式和程序[J]. 中国青年社会科学，2020(1).

81. 张文新，陈光辉. 发展情境论：一种新的发展系统理论[J]. 心理科学进展，2009(4).

82. 张艳斌，张雯雯. 当代青年发展的三重指向及机制构建[J]. 北京青年研究，2016(2).

83. 周明海. 科学发展观对发展权的借鉴、超越与发展[J]. 探索，2009(3).

84. 周志忍，蒋敏娟. 中国政府跨部门协同机制探析——一个叙事与诊断框架[J]. 公共行政评论，2013(1).

85. 周建国. 政策评估中独立第三方的逻辑、困境与出路[J]. 江海学刊，2009(6).

86. 郑大俊，高立伟. 当代社会思潮与青年发展问题的思考[J]. 思想理论教育导刊，2009(12).

87. 朱红文. 在现代性的视野中探求人的发展[J]. 学习与探索，2005(5).

88. 朱巧玲. 人的发展指标的构建——基于马克思主义人的自由全面发展理论的分析[J]. 改革与战略，2011(9).

89. 赵长太. 需要与人的发展[J]. 理论月刊，2005(9).